文史

2002 年第 1 輯

總第五十八輯

全國古籍出版規劃領導小組資助出版

中華書局編輯部編

中華書局出版

編委會名單

目　録

CONTENTS

莊蹻事迹與屈原晚期的經歷

趙 逵 夫

一、屈原研究中一個不能回避的問題

莊蹻暴郢和莊蹻入滇是楚國歷史上的兩個重大事件,也都正在屈原生活的時代範圍之內。但至今學術界對有關莊蹻一些問題的看法很不一致,研究楚辭者也鮮有涉及。據比屈原稍遲、大半生在楚國度過的荀況所説,莊蹻暴郢發生在楚懷王末年齊楚垂沙之戰以後。此時屈原無論在朝、在野,都應與聞其事。屈原于懷王二十四、五年被放之漢北,而三十年又在朝(曾諫止懷王入秦),這期間正好發生垂沙之戰與莊蹻暴郢之事,則屈原的被召回朝同這兩件事有無關係?屈原被放于江南之野,以後曾兩次沿沅水南行,先後至溆浦和沅水上游之地,這個路綫同莊蹻入滇的路綫正好一致,二者之間有無因果關係?還有一些其他相關問題,也都值得作深入研究。

本文首先依據先秦時代可靠的文字記載,對莊蹻暴郢、莊蹻入滇的有關史實加以探討。然後將它們同屈原的活動、屈原的作品聯繫起來,解決一些歷來争論不休或未能解決的問題。希望能徹底弄清莊蹻暴郢、莊蹻入滇這兩個重大歷史事件的有關問題,使我們對屈原生平中的一段重要歷史有一個較清晰的認識,並解決《懷沙》等作品詮釋中的一些疑難。

二、關于史料的甄別與運用

對于莊蹻暴郢和莊蹻入滇之事,早期歷史文獻的記載中就存在一些分歧,今人的看法分歧更大,無論是發生的時間、地點,還是人物的身份,事件的性質,都各言其是,難得統一。對于這個問題的研究,我認爲應該先由比較可靠的材料入手,肯定一些可以肯定的史實,在此基礎上,再對文獻記載有分歧的問題加以客觀的、細致的分析,弄清關係,甄別真僞,廣泛聯繫當時的歷史,力求結論的可靠。

爲此,我們先對藉以立論的有關文獻加以界定、説明。

先秦文獻中記載了莊蹻暴郢事件的,有以下幾種書:

1.《荀子·議兵》。荀況大約在齊宣王十年(前310)左右初至齊,①其時正是楚懷王十九年前後。此後齊楚兩國之間反復離合,事情頗多,荀況不可能一點不知道。荀況至楚國大體在齊湣王十五、六年,當楚頃襄王十三、四年(前286、285),②以後一直在楚,直至去世。則《荀子》一書對莊蹻之事的反映,應絕對可靠。

與此相關的文獻有《商君書·弱民》後的一段文字。按說商鞅生活在荀況之前,但這裏將《商君書》擺在《荀子》之後,因爲《商君書》中提到莊蹻這段文字,在《弱民》篇末,與《荀子·議兵》中一段基本相同。且這段文字與全篇內容不屬,竄簡之迹顯然。蔣禮鴻先生《商君書錐指叙》云:

> 《弱民》篇末所言楚事,與上文語意全不銜接,是乃《商君書》簡策有脱,後人妄以《荀子》之簡補之,豈造是書者之襲成文哉?

蔣先生指出這段文字來自《荀子》,很正確。不過不一定是由于簡策有脱而後人以《荀子》之簡補之。漢初"大收篇籍,廣開獻書之路。迄孝武世,書缺簡脱"(《漢書·藝文志》),武帝時又敕丞相"廣開獻書之路,百年之間,書如山積"(《文選》卷三十八引《七略》)。至成帝時,又使謁者陳農求遺書于天下,詔光禄大夫劉向校經傳諸子詩賦(《漢書·藝文志》)。則簡策散亂而以意綴合者,有是有不是,非有意爲偽。《商君書·弱民》之末所附一小段,很可能即如此形成。此段文字雖爲《荀子》中竄入,但從史料學的角度看,仍有其認識上之價值:一則説明《荀子·議兵》中關于莊蹻的這段文字確爲先秦時所有;二則,兩處文字基本相同,證明今本《荀子》中關于莊蹻的這段文字並無差錯。

2.《韓非子·喻老》。據梁啓雄《韓子淺解·前言》,《喻老》爲韓非作品,沒有多大問題。《史記·老子韓非列傳》言:

> (韓非)喜刑名法術之學,而其歸本于黄老。非爲人口吃,不能道説,而善著書,與李斯俱事荀卿。……
>
> 非見韓之削弱,數以書諫韓王,韓王不能用。于是韓非疾治國不務修明其法制,執勢以御其臣下,富國彊兵而以求人任賢,反舉浮淫之蠹而加之于功賞之上……悲廉直不容于邪枉之臣,觀往者得失之變,故作《孤憤》、《五蠹》、《内外儲》、《説林》、《説難》十餘萬言。……人或傳其書至秦,秦王見《孤憤》、《五蠹》之書,曰……

由《史記》叙述的情形看,韓非著《孤憤》、《五蠹》、《説難》、《内外儲》、《説林》是在已參與政治活動,對諸國情況有了較深入的瞭解之後。那麽《解老》、《喻老》這些側重于理論的學習、體悟,思想上接近于《老子》道家的作品,應作于師事荀卿之前。據《史記·韓世家》:韓安王五年(前234),"秦攻韓,韓急,使韓非使秦,秦留非,因殺之"(《六國年表》、《秦始皇本紀》所載,韓非使秦時間較此遲一年)。韓非入秦之前在韓國亦應有數年政治活動的時間。《秦始皇本紀》言,秦王政十年(前237),秦王使李斯攻韓,"韓王患之,與韓非謀弱秦。"③則韓非此時已在韓國從事政治活動。則《喻老篇》之作,應在前237年之前。據錢穆《先秦諸子繫年》所言,韓非之壽在四十、五十之間,則生于前280年前後,即楚頃襄王十九年前後,所聞莊蹻之事,應亦可靠。

3.《吕氏春秋·介立》。據《史記·吕不韋列傳》,秦王政初立,年少。因戰國之末齊、魏、趙、楚四公子多養食客,而諸侯亦"多辯士,如荀卿之徒,著書布天下"。吕不韋仿效之,"乃使其客人人著所聞",成《吕氏春秋》。則此書之成在秦王政初年。據《秦始皇本紀》,秦王政九年車裂嫪毐,十年吕不韋免去相國,以罪遷蜀。則《吕氏春秋》之書成在秦王政九年(前238)以前。且有關篇章皆門客"著所聞",應有所根據。由《銀雀山出土漢簡》看,《吕氏春秋》中往往將戰國時現成文章等抄編其中(如其中《上農》、《任地》、《辯土》、《審時》和《愛類》,學者們認爲是農家著作)。那麼,《吕氏春秋》中關于莊蹻暴郢等的記載應屬可信。

下面論述中對漢以後有關資料和一些不同説法的鑒別、去取,悉以《荀子》(並參《商君書·弱民》附文)、《韓非子》、《吕氏春秋》三書爲斷,其他祇作爲旁證或參考。與此三書之記載合者或可以互補者取之,與此三書之記載矛盾者皆不作爲主要的立論依據。

三、垂沙之戰與匡章

《荀子·議兵》記荀况對李斯説:

> 楚人鮫革犀兕以爲甲,鞈如金石,宛鉅鐵釶,慘如蜂蠆,輕利僄速,卒如飄風。然而兵殆于垂沙,唐蔑死,莊蹻起,楚分而爲三、四。是豈無堅兵利甲也哉?其所以統之者非其道故也。

《商君書·弱民》篇末附文云:

> 楚國之民,齊疾而均,速若飄風,宛鉅鐵陥,利若蜂蠆;脅鮫犀兕,堅若金石。江漢以爲池,汝、潁以爲限,隱以鄧林,緣以方城。秦師至,鄢郢舉,若振槁。唐蔑死于垂沙,莊蹻發于内,楚分爲五。地非不大也,民非不衆也,甲兵財用非不多也。戰不勝,守不固,此無法之所生也。

關于莊蹻暴郢的時間與背景,上兩段文字一言楚人"兵殆于垂沙,唐蔑死,莊蹻起",一言"唐蔑死于垂沙,莊蹻發于内",意思相同,都明確地指出,"莊蹻暴郢"之事發生在垂沙之戰以後。

但是,關于垂沙之戰,史書中的記載有很多不清楚或互相矛盾的地方。所以,我們先要弄清垂沙之戰的有關問題,以徹底廓清在莊蹻問題上的迷霧。

《史記·楚世家》載:

　　(懷王)二十七年,秦大夫有私與楚太子鬥,楚太子殺之而亡歸。

　　二十八年,秦乃與齊、韓、魏共攻楚,殺楚將唐眛(今本誤作"眜",今據梁玉繩、段玉
裁之說正之),取我重丘而去。

　　二十九年,秦復攻楚,大破楚,楚軍死者二萬,殺我將軍景缺。懷王恐,乃使太子為
質于齊以求平。

《荀子》中說的垂沙之戰,即指殺楚將唐眛、取楚重丘而去的齊楚之戰。由上面材料可以看出
垂沙之戰的起因和後果。

　　《戰國策·楚策三·(蘇子)謂楚王章》云:"垂沙之事,死者以千數。"即言垂沙之戰楚軍所
死人數之多。又《楚策四》:"長沙之難,太子橫爲質于齊。"由《楚世家》記載可知,楚太子質于
齊在垂沙之戰之後,《楚策四》所言"長沙之難"乃"垂沙之難"之誤。長沙,其地在長江以南,
當時楚與齊、秦及三晉作戰皆不及至此。

　　《史記·禮書》基本上照錄上引《荀子·議兵》中那段文字,而"垂沙"作"垂涉",《史記集解》
引許注:"垂涉,地名。"《荀子》楊倞注:"垂沙,地名,未詳所在。《漢書·地理志》沛郡有垂鄉,
豈垂沙乎?"謝墉《荀子》校(出盧文弨手)云:"垂沙,《史記》作垂涉。"無斷語,徒以自亂。王念
孫《讀書雜志》云:"垂字古讀若陀(說見《唐韻正》),'垂沙'蓋地名之叠韻者。《韓詩外傳》及
《淮南子·兵略》並作'兵殆于垂沙'。《楚策》云:'垂沙之事,死者以千數。'則作'垂沙'者是。"
"垂涉"之名,實乃"沙"、"涉"兩字形近致誤而成。

　　垂沙其地,楊倞疑在沛郡(今安徽省淮北市)一帶,顯然與齊、楚交戰情形不合。察其勢,
應在楚方城以南的沘水邊上(當今河南省唐河縣以南。參譚其驤主編《中國歷史地圖冊》第
一冊《戰國:楚越》圖)。

　　《荀子》言楚唐蔑死于垂沙之戰,而《楚世家》中作"唐眛"。梁玉繩《人表考》卷七"楚[相]
唐蔑"下云:"又作唐眛(眛、蔑古通,字從目從末,各本訛眜)。"然而文獻中"眛"、"眜"二字區
分亦不甚嚴。則當時唐眛爲楚令尹。[④]

　　關于這次戰爭的具體情況,《戰國策》、《呂氏春秋》和《史記·六國年表》、《魏世家》、《韓世
家》、《田敬仲完世家》和《樂毅列傳》中都有所反映。《六國年表》楚懷王二十八年:"秦,韓、
魏、齊敗我將軍唐眛于重丘。"在同年相應的幾欄中——

　　秦昭王六年:"蜀反,司馬錯誅蜀守煇,定蜀。日蝕,晝晦。伐楚。"
　　齊國一欄云:"與秦擊楚,使公子將,大有功。"[⑤]
　　韓國一欄:襄王十一年:"秦取我穰。與秦擊楚。"
　　魏國一欄:哀(襄)王十八年:"與秦擊楚。"
　　《韓世家》:襄王十一年(前 301)"秦伐我,取穰。與秦伐楚,敗楚將唐眛。"韓國在秦取其

地之後即與秦聯合攻楚的可能性不大。看來是：楚太子殺秦之大夫亡歸後秦發兵攻楚，韓、魏、齊恨楚國不講信義、棄縱親秦而乘機攻楚。《史記·秦本紀》昭襄王八（"六"之誤）年：

> 使將軍芈戎攻楚，取新市。齊使章子，魏使公孫喜，韓使暴鳶，共攻楚方城，取唐昧。⑥

垂沙其地在楚方城南口。方城爲楚北部大門，垂沙如門限内的影壁，北兵之來，首當其衝。《秦本紀》對于齊、韓、魏三國攻楚的地域範圍及三國率軍之將領也都交待得很清楚，就事情之過程、有關人物的記載而言，應爲信史。有的論著辯説齊、韓、魏攻楚之時秦國究竟是否參加，把一個複雜的問題（有聯合的可能，也有不聯合而同時攻的可能；可能同時，也可能稍有先後等等）簡化爲一個"是否可能參加聯合進攻"的問題，自然難以得到確定的答案。

這裏要指出的是：此次秦、齊、韓、魏共攻楚，秦國主將爲華陽君芈戎，攻楚之襄城（約在今河南省襄城縣西北。秦占領之後，更名爲"新城"，亦曰"新市"）。魏國的主將公孫喜，是攻打陘山（在今河南省漯河市）。《戰國策·趙策四》：

> 魏敗楚于陘山，禽唐明。楚王懼，令昭應奉太子以委和于薛公。主父欲敗之，……

鮑彪注："楚威十一年，魏敗我陘山，時武靈（按：即趙武靈王）未立。懷王二十八年，秦、齊、韓、魏攻楚，殺唐昧，此二十五年。'明'豈'昧'之訛邪？"在"令昭應奉太子以委和于薛公"下又注云："懷王二十九年，使太子質于齊。"按：鮑彪之注是也，"明"、"昧"音近，唐明即唐昧、唐蔑。郭希汾《戰國策注》亦以《趙策四》所記此戰在周赧王十四年（前301），然而又説"陘山之戰在趙肅侯二十一年"，"疑陘山爲重丘之誤"，則非是。蓋赧王十四年齊、韓、魏攻楚，魏攻至陘山而止，齊軍則直打至垂沙。⑦

關于垂沙之戰的過程，《吕氏春秋·處方》有較詳細的記載：

> 齊令章子將而與韓、魏攻荆。荆令唐蔑將而拒之。軍相當（按：指兩軍相對），六月而不戰。齊令周最趣章子急戰，其辭甚刻。章子對周最曰："殺之，免之，殘其家，王能得此于臣；不可以戰而戰，可以戰而不戰，王不能得此于臣。"與荆人夾沘水而軍。章子令人視水可以絶（按：指橫渡）者，荆人射之，水不可得近。有芻水旁者，告齊候者曰："水淺深易知。荆人所盛守，盡其淺者也；所簡守，皆其深者也。"候者載芻者與見章子，章子甚喜，因練卒以夜掩荆人之所盛守，果殺唐蔑。

這段記載很有故事性。章子是一個很了不起的軍事家。章子其名，史書未載。梁玉繩《人表考》卷五云："即匡章""亦曰匡子"。《六國年表》齊國一欄則作"使公子將"。黄式三《周季編略》云："'公子'當作'章子'。"其説是也。而陳奇猷《吕氏春秋校釋》言"章子爲齊之諸公子"，下結論過于簡單草率。按《戰國策·齊策一·秦假道韓魏以攻齊章》云：

> 秦假道韓魏以攻齊，齊威王使章子將而應之，與秦交合而舍。使者數相往來，章子

為變其徽章以雜秦軍。候者言章子以齊入秦。威王不應。而此者三。有司請曰："言章子之敗者，異人而同辭。王何不發將而擊之?"王曰："此不叛寡人明矣，曷為擊之!"

項間，言齊兵大勝，秦軍大敗。于是秦王拜西藩之臣而謝于齊。左右曰："何以知之?"曰："章子之母啓得罪其父，其父殺之而埋馬棧之下。吾使章子將也，勉之曰：'夫子之强，全兵而還，必更葬將軍之母。'對曰：'臣非不能更葬先妾也。臣之母啓得罪臣之父。臣之父未教而死。夫不得父之教而更葬母，是欺死父也，故不敢。'夫為人子而不欺死父，豈為人臣欺生君哉?"

《水經注·比水注》亦述及此事，情節相同。從這段文字看，章子應非齊諸公子。如爲諸公子，則齊王和章子提到章子之父，均不當如此措詞。

另外，從這段文字還可以看出，章子確是一位很有謀略的將軍和很講信用的人。

這就正同《孟子》一書中說的匡章相合。《孟子·離婁下》：

公都子曰："匡章，通國皆稱不孝焉，夫子與之游，又從而禮貌之，敢問何也?"孟子曰："……夫章子，子父責善而不相遇也。……夫章子，豈不欲有夫妻子母之屬哉? 為得罪于父，不得近，出妻屏子，終身不養焉。其設心以為不若是，是則罪之大者。是則章子已矣。

趙歧注："匡章，齊人也。"結合《戰國策》有關記載看，是匡章諫其父，責父以善，父不聽，故父子不相得，父子不與共處。因父子另居，故得不孝之名。據孟子之言，其責任實乃在其父，不在章子。而且章子因其父不容其侍養，自己也"出其妻，屏遠其子"(趙注)，不受妻、子的侍養，以盡其孝子之心。看來，匡章從封建道德的角度看，是一位嚴守孝道、有很高思想修養的人。那麼，他諫父而責以善，當不是由于其他事，當正是因爲其父虐待其母之事。這樣看來，《戰國策·齊策》所說以計破秦軍的章子和《呂氏春秋·處方》所說與楚軍夾沘而軍半年，在齊王嚴責之下大破楚軍的章子，就是匡章。

章子的事迹，在《戰國策·齊策五·濮上之事章》所記周赧王三年(前 312)齊宋圍魏煮棗、秦助魏擊齊的事件中，《趙策四·三國攻秦、趙攻中山章》所記周赧王十七年(前 298)齊、韓、魏三國攻秦事中，《燕策一·燕王噲既立章》所記燕王噲讓國子之、孟子勸齊宣王伐燕事(周赧王元年，前 314)中都提到，《呂氏春秋》的《不屈》、《愛類》中載有他同惠施互相辯駁之事(一次是辯于魏惠王之前)。則大體爲齊威王(前 356——前 320 年在位)、齊宣王(前 319——前 309 年在位)、湣王(前 300——前 284 年在位)時人，與惠施(約前 370——前 318 年)大體同時而稍遲。這與史籍記載垂沙之戰的時代相合。

匡章，有的文獻中也稱作"匡子"。《莊子·盜跖》云："匡子不見父，義不失也。"《釋文》引司馬彪注："匡子名章，齊人。諫其父，爲父所逐，終身不見父。"與前引《齊策一》和《孟子·離婁下》所言章子之事相合。這也就是"通國皆稱不孝焉"的原因。陳奇猷注《呂氏春秋·不屈》謂"是章子至孝，與通國稱不孝之匡章顯非一人"，祇從字面、概念看問題而未能通于事之情，殊不可取。

此次秦、齊、韓、魏攻楚，秦攻方城以北的襄城(秦曰新城)，魏攻方城以東的陘山，齊軍在方城內與楚軍夾比水而軍。垂沙一戰，楚國損失慘重。齊國的主將是匡章，垂沙之戰中一些具體情況的形成同這個人有直接關係，故詳加考述如上。

四、有關垂沙之戰時間、地點的幾個問題

關于垂沙之戰還有三個相關的問題，需要加以辨析澄清。

第一個問題：《呂氏春秋·處方》說垂沙之戰發生在沘水邊上。畢沅《呂氏春秋校正》改"沘"作"沘"，並云：

"沘"舊作"沘"。梁仲子云："舊本《水經》沘水，何氏焯改作'沘水'，注引此文。新校本從《漢書·地理志》改作'比水'，引此作'夾比而軍'。"

按畢校是也。何焯改《水經注》文字亦是。《水經》云："比水出比陽東北太胡山，東南流過其縣南。"酈道元注云："太胡山在比陽北，張衡賦《南都》所謂'天封太胡'者也。"則此比水即在南陽，當方城以內。《水經注》下文引《呂氏春秋·處方》中文字云：

齊令章子與韓魏攻荊，荊使唐蔑應之，夾比而軍，欲視水之深淺，荊人射之而莫知也。有芻者曰："兵盛則水淺矣。"章子夜襲之，斬蔑于是水之上也。

今本《呂氏春秋》原文作"夾沘水而軍"，此引作"夾比而軍"。清何焯改《水經注》文字爲"沘"，戴震主持校訂的武英殿本《水經注》、畢沅《呂氏春秋校正》亦改爲"沘"。歷來治《水經注》者多疑惑于各種異文與解說，或又與漢代廬江郡沘水相牽連。[8]歧之中，又有歧焉。學者們或主作"沘"，[9]或以爲《水經注》原文作"沘"等，[10]各言其是。但是，《漢書·地理志》南陽郡有比陽縣，應劭曰："比水所出，東入蔡。"其地正當楚方城之內。又《後漢書·光武紀上》："與甄阜、梁丘賜戰于沘水西。"李賢注："沘水在今唐州比陽縣南。廬江灊縣亦有沘水。"則水名東漢時作"沘水"。《水經》與注文作"比水"，"沘"、"比"音同。注引《呂氏春秋》文作"夾比而軍"，本無誤。[11]又《隸釋》載《漢北軍中候郭仲奇碑》云："舉廉，比陽長。"又《吉成侯州輔碑陰》有"比陽張超"。則"比陽"、"比水"爲漢以前寫法，東漢以後或加水旁作"沘"。非如有的學者所說《漢書》"比陽"、"比水"之"比"爲"沘"字之誤。將垂沙之戰的地點和比水移于楚方城之外其他地方的各說皆不可信。

第二個問題：《荀子》、《韓非子》、《淮南子》等書中都說齊攻楚、殺唐昧之戰是在垂沙，而

《史記·六國年表》楚國欄則言"敗我將軍唐眛于重丘",《楚世家》言:"殺楚將唐眛,取我重丘而去。"《田敬仲完世家》言:"與秦擊楚于重丘。"《秦本紀》又言:"共攻楚方城,取唐眛。"梁玉繩《史記志疑》卷四云:"又此以爲方城,而《表》及楚與田完二《世家》、《樂毅傳》並作'重丘'。元胡三省《通鑑注》辨之云:'春秋時有二重丘,衛孫蒯飲馬于重丘,杜曰曹邑;諸侯同會于重丘,杜曰齊地。時楚之境皆不及此。'"卷九云:"重丘誤。説在《秦紀》中。"今人繆文遠亦言是垂沙,"《表》文誤作重丘"。但實際上不衹《六國年表》中作"重丘",《史記》中有四處作"重丘"。按:重丘、垂沙,皆楚方城以内之地,非"垂沙"誤作"重丘"。《資治通鑑·周紀三》赧王十四年注云:"《水經注》曰沘水又西,澳水注之。水北出芘丘山,南入于沘水。意者重丘即芘丘也。"胡三省所引《水經注》文見《比水注》,其説是也。唯引文中"沘"應作"比"或"沘",乃因舊本文字訛誤而誤。比水非發源于芘山,比水與芘丘山無關,不能因芘丘山而以"沘水"之寫法爲是。《元和郡縣志》:"慈邱山在慈邱縣西五十里。"芘、慈音近。《一統志》:"澳水今俗名凉河,出沘陽縣西北五十里慈邱山南,流入沘河。"此所謂沘河即先秦時比水,字變而音存。據此,戰國時楚之重丘當在今河南省沘陽縣以北。今之沘陽,即漢以前之比陽。

又梁玉繩《史記志疑》卷四云:"據胡所説,但辨重丘而不及方城。今河南南陽裕州,楚方城地,内鄉東亦有方城也。"看來,各書記載關于垂沙之戰的不同地名,除"長沙"、"垂涉"是因字誤致歧之外,其他都並不衝突:"方城"、"比水"都衹表示較寬泛的地域範圍;垂沙在方城以南的比水邊上,重丘在方城東端。陘山爲此次聯合攻楚中魏軍所攻之地,嚴格説來與垂沙之役並非一回事。弄清了垂沙、重丘、陘山的方位及其同比水(沘水)、方城的關係,更有利于我們認識垂沙之戰的具體情況。

第三個問題:關于垂沙之戰,有的學者又同懷王二十六年齊、韓、魏以楚負縱親而合于秦,共同攻楚之事混同爲一。楊寬《戰國史》第八章《齊魏韓勝楚的垂沙之役》一小節中,其注引《戰國策·秦策》兩段文字云:"都足以證明秦國未參加這一役。"楊氏所引兩段文字,一見于《秦策四·秦取楚漢中章》:

　　　　三國謀攻楚,恐秦之救也,或説薛公:"可發使告楚曰:……。楚疑于秦之未必救己也,而今三國之辭云,則楚之應之也必勸,是楚與三國謀出秦兵矣。秦爲知之,必不救也。……是我離秦而攻楚也,兵必有功。"……于是三國並力攻楚,楚果告急于秦,秦遂不敢出兵,大勝有功。

一見于《秦策三·謂魏冉曰楚破章》:

　　　　謂魏冉曰:"楚破,秦不能與齊縣衡矣。秦三世積節于韓、魏,而齊之德加新焉。……韓、魏支分方城膏腴之地……足以傷秦,不必待齊。

上一段是記楚懷王二十六年(前303)事,見《楚世家》:懷王"二十六年,齊、韓、魏爲楚負其縱親而合于秦,三國共伐楚。楚使太子質于秦而請救。"林春溥《戰國紀年》、于鬯《戰國策年表》俱繫于周赧王十二年(前303),鍾鳳年《國策勘研》,今人繆文遠《戰國策新校注》俱從之。唯顧觀光《國策編年》繫于周赧王十四年。但文中所言事同秦敗楚漢中、藍田,"韓魏聞楚之困,乃南襲至鄧(梁玉繩以爲無魏),楚聞乃引兵歸"之事相接,則不可能是指懷王二十八年事。同時文中説"三國疾攻楚,楚必走秦以告急",顯然其時秦方與楚合,尚未發生楚太子殺秦大夫亡歸之事。

楊氏所引第二段文字也是記懷王二十六年事,于鬯即繫之此年,繆文遠《戰國策考辨》一書中並對各家之説有所論説,[12]以于鬯之説爲是,此不贅。

根據以上兩部分的考證,垂沙之戰發生在楚懷王二十八年(周赧王十四年,秦昭王六年,魏襄王十八年,韓襄王十一年,齊宣王三十九年,即公元前301年),是没有問題的。戰争發生的誘因,先是秦國因楚太子殺秦大夫逃歸而攻楚,圍襄城;齊、魏、韓乘機由北、東兩面進攻楚國,魏軍在方城以東的陘山打敗楚軍,齊軍則乘勢攻克方城東端的重丘,與楚軍夾河而軍六個月,其戰役之關鍵是齊軍渡比水夜襲楚軍,大敗之,殺其將唐眛。

垂沙之戰有關問題皆澄清,下面探討莊蹻暴郢的時間問題。

五、莊蹻暴郢的年代與誘因

《荀子·議兵》言莊蹻暴郢發生在垂沙之戰後,《商君書·弱民》之末所附文字大體與之相同,《韓詩外傳》卷四第十章和《史記·禮書》中各有一段文字,也與《荀子·議兵》中文字基本相同(唯《史記·禮書》中"垂沙"作"垂涉",乃形近而誤,上一部分已言之)。由此看來,楚國在垂沙兵敗之後,即發生莊蹻兵變之事。爲了進一步確定此事,我們對有關事情的過程再加考查。

楚懷王二十七年,秦昭王、魏襄王與韓太子嬰會于臨晉(今陝西省朝邑縣),韓太子至咸陽而歸。秦復予魏蒲阪。[13]同年,楚太子私與秦大夫鬥,殺秦大夫而逃歸。[14]次年蜀反,秦派司馬錯往伐蜀,誅蜀守煇,定蜀(《史記·六國年表》、《秦本紀》)。在此前後,秦伐韓,取穰而去(《史記·六國年表》)。秦華陽君半戎領軍伐楚。齊使匡章領軍,魏使公子喜領軍,韓使暴鳶領軍,乘機聯合以伐楚。從各種史料分析,三國伐楚大約到了夏季。楚使令尹唐眛拒齊師于比水以外,比水兩岸,兩軍相對,"六月而不戰"。齊湣王派周最至比水促匡章急戰,路途遥遠,也應經歷時日。匡章尋找戰機,也得時日。故垂沙之戰,應到了懷王二十八年(前301)冬。

要説明的是:四國攻楚之事開始于齊宣王去世之前,而垂沙之戰發生在齊宣王去世、齊滑王繼位之後(詳下)。雖在同一年,却正值齊宣王死,齊滑王繼位之時。齊宣王死在其十九年(前301)何月,史無明文,姑定在此年秋天(齊師攻楚夾比而軍期間)。滑王繼位,居喪數月,正式過問軍事,也應在此年稍遲些的時候。其派使者前往比水嚴辭斥責匡章,匡章作開戰準備,中間是也應有一個過程。故垂沙之戰楚軍大敗事,應到了懷王二十八年冬。

怎麼知道齊軍渡比水而敗楚是在齊滑王繼位之後呢?《吕氏春秋》載齊王令周最促戰,"其辭甚刻",是言齊王之語極爲嚴厲、尖銳。

本文第三部分引《戰國策·齊策一·秦假道韓魏以攻齊章》所載匡章改變軍隊徽章混入秦軍戰勝秦軍之事,策文中齊王作"威王"。[15]焦循《孟子正義·離婁篇下》云:

> 章子之事,未必在威王之世。威王未嘗與秦交兵。齊秦之鬥在宣王時,而伐燕之役將兵者正是章子。則恐其誤編于威王策中者。

焦循傾向于在齊宣王世,認爲最早祇能到在威王末年。[16]繆文遠《戰國策考辨》卷八對各家之説進行詳細辨説,也主張在齊宣王之時。但我們在第三部分已經考證,齊宣王對匡章是完全信賴的,即使連續有人報告匡章投秦或失敗,也不相信。所以,齊宣王不可能盲目斥責匡章,令他出兵。那麼,嚴辭促匡章出戰的這個齊君,應是滑王,而不是宣王。又:《史記》載齊宣王"喜文學游説之士"(《田敬仲完世家》),而滑王"驕暴"、"自矜,百姓弗堪"(《樂毅列傳》),對臣下常以極尖刻之語斥責之。[17]那麼,章子同楚軍夾沘六月後受譴責,應是受滑王之譴責,而不是受宣王之譴責。

《史記·六國年表》中楚懷王二十八年爲齊滑王二十三年。目前學術界的一致看法,《史記·六國年表》中關于齊國紀年,尤其是威、宣、滑三朝紀年有明顯錯誤,故自司馬光《資治通鑑》以來即對此一段齊紀年進行研究,加以修訂。現在學術界一致的看法,楚懷王二十八年(周赧王十四年,前301)爲齊宣王十九年;楚懷王二十九年(周赧王十五年,前300)爲齊滑王元年。[18]

按先秦時紀年慣例舊君亡、新君立的當年,仍按舊君紀年,至第二年方爲新君元年。那麼,匡章受斥責而同楚交戰已至齊滑王繼位之後(仍稱宣王十九年),即楚懷王二十八年冬。《史記·六國年表》、《楚世家》俱載齊、韓、魏敗楚殺唐眜在楚懷王二十八年,而《樂毅列傳》云:"當是時,齊滑王强,南敗楚相唐眜于重丘。"原因即在此。

垂沙之戰前齊楚兩國軍隊夾沘而軍,至半年之久而沒有開戰,祇説因爲沒有戰機,是説不過去的。軍事上的戰機大多不是等來的,而是主動創造的。我以爲主要原因是齊楚兩國的合縱力量在起作用,尤其是楚國的合縱勢力如淖滑,會盡可能緩和尖銳對立、一觸即發的狀態。從《孟子》、《戰國策》、《吕氏春秋》中有關記載評論和《吕氏春秋·不屈》、《愛類》所載匡章的言論看,齊國的匡章也不是祇知殺伐的一介武夫,而是一個有思想,又講究信義和道德的軍事家,[19]他應知道如何才真正對齊國有利。所以,匡章會借着泚水阻隔、天寒水冷而拖延時日。齊宣王對于楚國的反覆無常、不講信義,自然是十分氣憤,忍無可忍,故齊軍直打至方城以內。但他對七國局勢的總的發展和消長,應有比較清醒的認識。加之他對匡章的信任,和自己當時身體狀況可能不太好(不久即去世),所以軍至比水邊上之後,給楚國以軍事上的威脅,却並未督促匡章立即出戰。湣王即位以後,親自主政,則完全以一種狂暴的心態對待之,斥責匡章,限期與楚交戰。

附帶說一下:垂沙之戰給楚國以致命的打擊,又引發了莊蹻暴郢的事件,但齊國從中並未得到什麼好處,而且也導致了齊國的衰亡。《史記·范睢列傳》記范睢之語云:

> 且昔齊湣王南攻楚,破軍殺將,再辟地千里,而齊尺寸之地無得焉。豈不欲得地哉?形勢不能有也。諸侯見齊之罷弊,君臣之不和也,興兵而伐齊,大破之。士辱兵頓,皆咎其王,曰:"誰爲此計者乎?"王曰:"文子爲之。"(《索隱》:"謂田文,即孟嘗君也。")大臣作亂,文子出走。故齊所以大破者,以其伐楚而肥韓魏也。

這是戰國末期人的看法,反映了實際情况,分析也相當深刻。

我以爲在楚懷王二十八年秦、韓、魏、齊攻打楚國之時,楚朝廷內大臣之間肯定產生了激烈的爭論甚至尖銳的鬥爭:合縱派主張恢復同齊、韓、魏三國的聯盟,共同抗秦;親秦者主張就太子殺死秦大夫逃歸事向秦國陪罪,同齊、韓、魏開戰,以取得秦國的信任。當然也還會有介于兩派之間的中間派、調合派甚至投機派。也就是說,垂沙之戰以前,楚朝廷大臣之間已經出現激烈的鬥爭。不用說,這種鬥爭不僅是在文臣之間,也會擴散至武將之間。所以,在垂沙之戰慘敗之後,合縱派自然十分氣憤,而其他人也會推諉責任,指責對方,親秦派更會反過來說是合縱派擊齊不力、貽誤戰機,甚至誣陷其暗通于齊,背叛楚國。史書皆稱"莊蹻暴郢",則事情自然是發生在都城,其時間又在垂沙之戰以後,則莊蹻的起事顯然是楚朝廷內鬥爭白熱化的結果。因各派意見不一,又各掌有部分軍隊,于是楚朝廷分而爲三、四派勢力。這就是《荀子》等書中說的"楚分而爲三、四"。以前有的學者說,由于莊蹻暴郢使楚國分裂爲三、四部分,這是未能弄清有關問題而從字面上簡單作解,是不可能之事。先秦時王族成員爭位,其結果祇能是其中一個成功,其餘或被誅殺或被驅逐出境,無同時立國者。一個國家分裂爲幾部分,祇可能是卿大夫勢力過强,分裂王室(如三家分晋),但楚國的宗法制度在戰國時仍然十分森嚴,卿大夫一直在王族控制下。所以,"楚分而爲三、四",祇能是指朝臣由于政治觀點不同,形成幾派勢力,均以保社稷爲名自重。垂沙之戰以後楚國出現的這個局面,既是外交方針上重大分歧的暴露,也是對內政策上尖銳矛盾的總爆發。因爲楚國外交政策上的分歧,實質上主要是由于一部分人主張進行改革,而另一部分人反對改革而造成的。

莊蹻暴郢發生在垂沙之戰發生之後不久,所以可以肯定,應發生于懷王二十八年(前

301)年底。

六、莊蹻其人與莊蹻暴郢的性質

　　關于莊蹻的身份及其"暴郢"的性質,先秦文獻的記載不太清楚,所以理解上就有些分歧。《韓非子·喻老》云:

　　　　莊蹻為盜于境内而吏不能禁,此政之亂也。

這裏將莊蹻稱作"盜",而秦漢以後文獻中更常將他同春秋戰國之間的奴隸起義領袖"盜跖"相提並論。故現在有的學者主張莊蹻是農民起義領袖。而《史記·西南夷列傳》云:

　　　　始楚威王時,使將軍莊蹻將兵循江上,略巴、黔中以西。莊蹻者,故楚莊王苗裔也。

據此,莊蹻是楚國的將軍,他是受命入滇。另外,也有人主張暴郢的莊蹻同入滇的莊蹻為兩個人。

　　又由于《史記》此處言楚威王時莊蹻將兵入西南,故有的學者又認為莊蹻為楚威王時人。本文不孤立地討論這些問題,因為這樣就事論事的辦法得不出一個可信的結論。

　　我這裏仍然依據較早的材料,來確定莊蹻的身份和莊蹻暴郢的性質。

　　《荀子·議兵》云:

　　　　故齊之田單、楚之莊蹻、秦之商鞅、燕之繆蟣,是皆世俗之所謂善用兵者也。是其巧拙、強弱則未有以相君也;若其道,一也。

文中的"繆蟣"即樂毅。"繆"、"樂"古音近("樂"《廣韻》盧各切,先秦古韻藥部,來母;"繆"從"翏"得聲,"翏"《廣韻》力救切,先秦古韻幽部,來母)。"毅"、"蟣"兩字先秦古音相近("蟣"《廣韻》渠希切,先秦古韻群母,微部;"毅",《廣韻》魚既切,先秦古韻疑母,微部。群疑兩紐同位)。前面所引《荀子·議兵》中文字祇是説"兵殆于垂沙,唐蔑死,莊蹻起",並未言其身份為何。從"起"字看,可以理解為人民起義,也可以理解為將帥握兵舉事。同篇中荀況又將莊蹻同田單、商鞅、樂毅並列。下面我們看看田單、商鞅、樂毅有哪些共同特徵,以便由之確定莊蹻的大體身份和特徵。

　　田單,《史記·田單列傳》主要記了以下事:

　　一、為"齊諸田疏屬"(戰國時齊國王族田氏中較疏遠的一支)。

　　二、"湣王時,單為臨淄市掾,不見知。"

　　三、燕國攻齊長驅直入,田單讓宗人斷車軸之長出部分,而以鐵籠束之。至安平城破,齊人慌忙逃跑之際,驅車爭道,多因車軸互相軋礙,弄得行走緩慢,以至于轉斷車壞而被虜,唯田單宗人得脱。

四、燕人引兵東圍即墨，即墨大夫死，衆人因田單“習兵”，立以爲將軍。

五、田單以反間計使燕國以騎劫代樂毅。

六、田單以計布疑陣，又激發城内士庶男女之志氣及對燕軍之仇恨，以火牛陣破燕軍，乘勝追擊，七十餘城又復爲齊，乃由莒迎襄王入臨淄而聽政。

太史公論贊對田單用兵之神奇作了極高評價。

商鞅，《史記·商鞅列傳》中寫到以下幾點：

一、是“衛之諸庶孽公子”。

二、“事魏相公叔座爲中庶子。公叔座知其賢，未及進”。公叔座以商鞅“有奇才”，薦之于魏惠王，囑其如不用則殺之，無令出境。王以公叔之言昏悖。

三、商鞅聞秦孝公下令求賢，三見孝公，先説以帝道，後説以王道，皆不中孝公意。最後説以霸道强國之術，而被任用。

四、爲了變法同守舊派辯于孝公前，孝公任之爲左庶長，卒定變法之令。

五、立木以樹信，進行變法。遷都咸陽，移風易俗，嚴肅法令。

六、伐魏，以陰謀虜魏公子卬。魏割西河之地予秦，而遷都大梁。秦以其功高封以商於之地。

樂毅，《史記·樂毅列傳》所記主要事迹有以下幾點：

一、其先祖樂羊爲魏文侯將，被封于靈壽。

二、“賢，好兵，趙人舉之”。

三、當趙武靈王沙丘之亂時去趙至魏。聞燕昭王求賢，趁出使燕國的機會委質爲臣，燕昭王以爲亞卿。

四、爲燕昭王確定聯合趙、楚、魏以伐齊的戰略，破齊于濟西，又帥燕師獨追至臨淄，破城獲寶而歸。

五、下齊七十餘城，獨莒、即墨未下。會燕昭王卒，惠王立。“惠王自爲太子時不快于樂毅”。田單趁機用反間計。樂毅畏誅，西降趙。

以上三人的共同點是：

一、是王族之疏屬、小宗或貴族之後。

二、都精于軍事、謀略。

三、初時都不被重用。

四、都因特殊的機遇而展示了才能。

由此來看，《史記》説莊蹻是楚莊王之後，本爲楚國的將軍，應屬可信。《急就章》：“莊，楚莊王之後，氏于謚。”《元和姓纂》：“莊氏，芈姓，楚王之後，以謚爲氏。”《通志·氏族略四》同。

莊氏在春秋末有莊善(見《新序·義勇》),戰國初有莊伯(見《吕氏春秋·淫辭》),戰國中晚期有莊周、莊辛,皆楚莊王後裔。莊蹻亦是也。從楚莊王末年至楚懷王末年,大多已成王族"疏屬"。

由《荀子》的記述看,莊蹻是一位習于軍事、很有才能的將軍,其地位可能是裨將軍。[20]大約一直受壓制,未得重用(史書上除了"暴郢"、"入滇"兩事外,不見有其他記載)。

又《吕氏春秋·異用》:"仁人之得飴,以養疾持老也。跖與企足之得飴,以開閉取楗也。"("持"原作"侍",據王念孫說改)。高誘注:"跖,盗跖也;企足,莊蹻也。皆大盗人名也。"梁玉繩《史記志疑》卷三十四、《人表考》卷八于"企足"注云:"莊蹻又名企足,……疑是其字也。"許維遹《吕氏春秋集釋》云:"正文及注'企足'二字並當作'蹻'。'喬'與'企'形近,遂錯分爲二字,以'企足'爲蹻之字也。"陳奇猷《吕氏春秋校釋》云:"《說文》'蹻,舉足行高也'。是'企足'正是'蹻'字之義,則'蹻'乃以'蹻'義'企足'爲字耳。古人以名字之義爲字者正多。"陳說似爲有理。然而古人稱字表示尊敬,此處是說撬門開楗的小偷,則不會稱其字。且文中與"跖"對稱,既名"蹻",則當作"跖、蹻",不當作"跖、企足",一稱名而一稱字。許說是也。

我在《屈原時代楚朝廷内兩派鬥爭的主要人物》一文已考定唐眛即《新序·節士》所說懷王十六年前後任司馬的子椒,他曾通于張儀而"譖屈原"。《鹽鐵論·訟賢》中也說:"屈原遭子椒之譖。"楚國弄到招致秦、齊、韓、魏聯合進攻的地步,正是唐眛、子蘭、上官大夫之流親秦亂政的結果。尤其是楚懷王二十四年唐眛接替昭魚爲令尹,[21]此後同秦國勾結越來越緊:二十四年楚助秦伐魏,圍皮氏;二十五年楚吾得率師伐韓,秦助楚圍雍氏。故"二十六年齊、韓、魏共攻楚。楚使太子入質于秦而請救,秦乃遣客卿通將兵救楚,三國引兵去"(《楚世家》)。不料懷王二十七年楚太子殺秦大夫亡歸,秦楚反目,秦王、魏王與韓太子嬰會于臨晉之王城(《六國年表》、《秦本紀》)。次年秦攻楚襄城,于是韓、魏、齊三國乘機攻楚,報懷王二十六年未報之仇,使楚國處于兩面受敵的境地。而具體作戰中,楚國又任用庸人,故導致全軍覆没。

《戰國策·楚策三·(蘇子)謂楚王曰章》[22]云:

> 為主死易。垂沙之事,死者以千數。為主辱易。自令尹以下,事王者以千數。

所謂"以千數",猶今言"數以千計"。古有"十千"、"二十千"之類的說法,以"千"爲計數單位。實際上垂沙之難楚國死者數萬人。又《吕氏春秋·介立》云:

> 鄭人之下轅也,莊蹻之暴郢也,秦人之圍長平也,韓、荆、趙,此三國者之將帥貴人皆多驕矣,其士卒衆庶皆多壯矣,因相暴以相殺,脆弱者拜請以避死,其卒遞而相食,不辨其義,冀幸以得活。

"鄭人下轅"當即《史記·六國年表》及《鄭世家》、《韓世家》所載韓景侯元年(前407)"鄭敗韓于負黍之役"一事,[23]具體情況已不清楚。趙長平之戰,則是秦王用反間計使趙國以趙括代廉頗爲將,秦國則暗用白起,圍困趙軍,使其絶糧四十六日,至内部"陰相殺食",最後趙括被射死,趙軍四十萬人皆降。秦遣其小者二百四十人歸,其餘盡坑殺之。前後斬首虜四十五萬人。[24]

由《戰國策》、《吕氏春秋》的記載,結合前面所引《荀子》中有關記載看,莊蹻應是楚國一位很有軍事才能的將軍。他在垂沙之戰以後發動兵變,看來他是參加了垂沙之戰的。但楚懷王信任令尹唐眛等人,並不聽他的建議,他不但得不到重用,還會受到打擊、排擠。垂沙之戰慘敗,唐眛死,失敗的責任便落到未死的裨將身上。可能莊蹻看到齊楚關係的完全破裂,自己作爲同唐眛、上官大夫、昭睢、子蘭等對立的軍事人物,將成替罪羊,便在郢都發生兵變。

《論衡·本性篇》云:"盗跖非人之竊也,莊蹻刺人之濫也。"這是説跖不贊成人的偷盗行爲,莊蹻刺譏一些人的貪婪。由此也可以看出,莊蹻正是因爲奸黨的互相勾結、打擊賢能,貪婪誤國,懷王又是非不明,偏聽偏信,才在走投無路情況下發動兵變的。那情形,恐怕同後來歷史上反覆出現過的"清君側"的事變差不多。不然,爲什麼戰國末年的人常將莊蹻暴郢同趙長平之戰的失敗聯繫起來,並説"將帥貴人皆多驕貴"?爲什麼説"相暴以相殺"?其"將帥貴人",正是指令尹唐眛及其親信、追隨者;"相暴以相殺"正是指莊蹻兵變之後殺那些佞上欺下、民憤極大的奸佞之臣。而上官大夫、子蘭等又會借着懷王的力量,派軍隊進行鎮壓。"脆弱者拜請以避死,其卒遞而相食",這不衹是説長平之戰前趙軍的情況,同時也是指垂沙之戰前後楚軍的情況。

上面結論的提出,還有一個重要的依據,便是幾種先秦典籍中都説"莊蹻起,楚分而爲三、四",或説"莊蹻發于内,楚分爲五"等。如果莊蹻是一個起義的農民領袖,他不可能將楚國"分而爲三、四"或"分爲五",相反,統治階級倒有可能緩和内部矛盾,從而去全力鎮壓被看作洪水猛獸的"盗賊"。

這樣看來,《荀子》楊倞注"蹻初爲盗,後爲楚將",是正好説反了。至今尚有人説莊蹻投降之後奉命開發西南,是未能由最早史料入手探討此事所致。

這裏需要強調指出,在有關莊蹻的最早的幾種文獻中,没有將莊蹻同盗跖相提並論者。在《荀子》中七次將跖與蹻並列,蹻雖被以惡名,但不同昏君桀並列,也不同被完全視爲盗賊的跖並列,這與蹻爲楚莊王之後,爲楚之能將,後又領兵入滇、終王于滇有關。將蹻同跖並列來提,是秦漢以後的事。所以説,過去以蹻爲農民起義領袖,以莊蹻暴郢爲農民起義,乃是一個誤會。這個誤會是由于對史料缺乏真僞和時代先後的分析造成的。

七、屈原由漢北回朝前後楚國的形勢

屈原在懷王二十四、五年被放于漢北雲夢任掌夢之職，㉕他從漢北回來的時間，自清代蔣驥以來，多傾向于懷王二十九年。

蔣驥《山帶閣注楚辭》附《楚世家節略》懷王二十九年在"秦復攻楚，大破楚軍，……王恐，乃復使太子質于齊而求平"下按云：

> 原（按指屈原）始為楚東接齊援，誠良策也。十八年使齊之行，殆以原素睦于齊，欲令謝過以復舊好。不幸又為張儀連橫之說所愚。自後倏合倏離，反覆無定，至于諸國交攻，喪師無日。使原立朝，豈容默默而已哉？益知諫釋張儀之後，當復以讒放也。兹因秦伐而求平于齊，豈悔心之萌，而原所以復還也歟？

蔣驥在這段文字中講了屈原被放漢北的理由，又講了在懷王二十九年被召回朝廷的原因。

游國恩先生也主張懷王二十九年被召回朝。他在《論屈原放死及楚辭地理》一文中說：

> 漢北之放，為時歷四、五年。其召回也，蓋在懷王二十九年，此亦考諸史實而可知者。……竊意屈子之被召必在是年。何者？齊，秦之勁敵也。屈子之結齊援，楚之善策也。十八年使齊之行，或以其素所睦恰之故。今又重創于秦，秦且合齊以擊楚，則懷王悔恨之餘，召歸屈原，使挾質入齊，謝前過以復舊好，自意中事。不然，明年懷王將入秦會盟，漢北逐臣，緣何有諫無行之事乎？是則漢北之放而復召，斷在是時可知也。㉖

游先生這裏依據《史記》中記載的史實論證得很清楚。他在該文所附《屈原年表》中于懷王二十九年亦云：

> 秦復攻楚，大破之，殺其將景缺，懷王恐，乃質太子于齊以求平，召回屈原于漢北，使使于齊。

此欄下《備考》又云："按屈原被召，史亦不載。然本傳有次年諫王入秦之事，則是年必復召矣。"游先生反覆申說，可見對此結論的堅信。

姜亮夫先生的看法同游先生一致。姜先生在《屈原事迹續考·八·屈子年表》懷王二十九年列"屈原居漢北"，"秦復攻楚，大破之，殺其將景缺。懷王恐，乃質太子于齊以求平"兩事。懷王三十年下按云：

> 原本在漢北，然上年使太子質齊，則復用原謀也。疑即在此時南歸。

同游國恩、姜亮夫先生觀點相近的有孫作雲先生。他認爲"屈原放逐于楚懷王二十五年至二十七年間"，"秦楚關係最好的三年，是楚王二十五、二十六、二十七三年。我想屈原在懷王之世被放三年，就在這三年以內"。亦以屈原之召回在懷王二十九年前後。㉗衹是孫先生據《卜居》"屈原既放三年"之語,以屈原在漢北僅僅三個年頭,未必是。因爲即使此"三年"之"三"爲確數,在屈原作《卜居》之後也不一定馬上被召回朝,故其在漢北的時間在三年以上的可能性較大。

所以,我們以爲屈原應是在懷王二十九年被召回郢都的。

以往有的學者雖將屈原從漢北召回朝廷同垂沙之戰聯繫起來,却少有人同莊蹻暴郢聯繫起來考察,實際上這個問題被回避了。準確地説,屈原是在懷王二十九年春秦庶長奂攻克襄城、斬首二萬、殺楚將景缺之後被召回朝的。下面我們聯繫先秦典籍中關于莊蹻事件的記述,來進一步考察屈原被召回朝的背景。

《荀子·議兵》中有一段文字説到"莊蹻起,楚分而爲三、四"。《史記·禮書》也轉引了這段文字,作:

> 楚人鮫革犀兕,所以爲甲,堅如金石;宛鉅鐵施,鑽入蜂蠆,輕利剽速,卒如熛風。然而兵殆于垂沙,唐眜死焉;莊蹻起,楚分而爲四、參。是豈無堅革利兵哉?其所以統之者非其道故也。

其中"四、參"的"參"即"叁"(三)。這一段文字除個別地方外,同《荀子》中基本相同。其中文字上的小異,于我們要論證的問題並無影響。無論是"分而爲三、四",還是"分而爲四、三",都是指分而爲幾。但這是指哪一個範疇上的分裂?是疆土?還是政權?還是政治勢力?還是指政治見解?我以爲是指朝廷内由于政治主張的不同而分裂爲三、四種勢力集團。回顧楚國此前四、五年的歷史,自懷王二十四、五年屈原被放漢北,不久陳軫離開楚國,楚國合縱派被瓦解,親秦勢力掌握大權,于是楚國助秦國攻打韓、魏。由于楚國的背叛縱親協議,懷王二十六年齊、韓、魏聯合攻楚,因秦國的救援而三國引兵去。不料懷王二十七年秦與魏王、韓太子相會于臨晋,接着有楚太子殺死秦大夫逃歸事,秦楚反目。次年秦與齊、魏、韓共攻楚。又由于唐眜部署、指揮上的失誤和將士的驕橫,造成楚國的慘重失敗。由于楚將領中早已存在着分歧和衝突,戰争失敗之後又有一個追究責任的問題(由《左傳》中記載看,楚將領在戰争失敗後,如未戰死,又未得國君赦令,則不能入國門,故多有自殺者)。莊蹻本來受排擠未得重用,而親秦派把持朝政,又打擊他。唐眜已死,他還能活下來嗎?加上他對親秦派的一再誤國滿腔的憤怒,故鋌而走險。

本文第五部分已説過,莊蹻之亂以後,楚國内親秦和聯齊抗秦派之間的鬥争至白熱化狀態,各種調和派、投機派也會趁機取漁人之利。當時,楚國親秦的人物有上官大夫、子蘭、昭雎(懷王二十八年同唐眜分別領兵拒齊、韓、魏之軍,懷王二十九年尚阻止景翠以六城賂齊以太子爲質的決策,見《戰國策·楚策二·齊秦約攻楚章》)、桓臧。主張抗秦的有景翠、淖滑(昭滑)、范蜎等。當時昭陽、杜赫已不一定在世。調和派、中間派有景鯉、昭萴等。威、懷時老臣昭魚曾兩任令尹,當時已不一定在世。昭應大約也屬于這一類。當然還會有些其他人。中下層官吏,也不會是對國家的政治、外交一無關心。屈原《卜居》中寫的鄭詹尹,《漁父》中寫的隱者漁父,都對屈原表示了同情,對懷王後期的政治在無可奈何的情況下采取了隨波逐流或無可如何的態度。

由于親秦政策幾乎將楚國斷送,而在垂沙之戰以後秦庶長奂又帥軍攻楚襄城(《六國年表》楚欄),次年(秦昭王七年,楚懷王二十九年)拔之(《秦本紀》作"拔"新城。本爲楚之襄城,秦拔之,而名之曰"新城"。六年攻,而七年拔之,故雲夢出土秦簡《編年紀》作"六年,攻新城",《秦本紀》七年作"拔新城")殺景缺,楚士卒死者二萬。㉘楚朝廷震動,懷王恐懼,于是楚朝廷這場鬥爭的結果,抗秦派暫時占了上風,中間派人物也會傾向于采取緊急措施恢復齊楚邦交以遏制秦國的大舉進攻。于是景翠以兩朝老臣臨危受命,"以六城賂齊,太子爲質"(《戰國策·楚策二·齊秦約攻楚章》,參《史記·楚世家》)。楚王能令景翠主持進行如此重大的決策,則屈原之由漢北召回朝廷,也應是景翠的提議。

因爲秦國從楚懷王二十八年年底攻楚襄城,至次年初攻克襄城,則屈原的被召回朝,應在懷王二十九年初。

蔣驥和游國恩先生都指出屈原此次回朝,是爲了護送楚太子往齊恢復齊楚邦交。《戰國策·趙策四·魏敗楚于陘山章》載是"令昭應奉太子以委和于薛公"。大約是屈原與昭應同行,屈原被倉猝召回,職務尚不及昭應之高,以昭應爲正使。此次仍然由屈原出面斡旋恢復齊楚邦交,不應僅僅看作是憑借着個人的關係;這主要因爲在齊國看來,它反映了楚國外交政策的轉變和外交信用的恢復。屈原是堅定的抗秦派,一貫堅持聯齊抗秦,他的進退,實成了楚國對外政策轉變的晴雨表。

莊蹻暴郢,應主要因爲唐眛、子蘭、上官大夫等奸佞的把持朝政,打擊忠良,一再誤國,其中自然也包括屈原的被打擊、遣放。從政治主張來說,莊蹻同屈原應是一致的。屈原的回到朝廷,一是秦庶長奂在楚國發生莊蹻暴郢事件的情況下又加緊攻楚,取襄城,斬首二萬,殺將軍景缺,楚朝廷上下希望盡快恢復齊楚邦交,以遏制秦國一舉亡楚之勢;二是借以消除莊蹻暴郢這一突發事件引起的不安定因素。由于統治者對造反的事總是加以掩蓋、抹殺,楚國當時又被排斥在周王朝諸侯文化圈子之外,消息相對閉塞,故有關屈原回朝後處理莊蹻事件的具體情況已不得而知。但是看來莊蹻的軍隊很快退出郢都,轉移到荒鄙的江南黔中地帶去(詳下一部分)。屈原回朝之後,同昭應一起完成了護送太子橫至齊國的使命。

八、莊蹻入滇與屈原先統一南方的政治主張

關于屈原在外交上聯齊抗秦、先統一南方的思想,我已在《淖滑滅越與屈原統一南方的政治主張》一文中作過詳細論證。㉙據《史記·楚世家》記載,楚國從戰國初年起即同齊越兩國爭奪淮泗之地。㉚楚惠王十一年"滅陳而縣之"。四十二年滅蔡(在新蔡,即今河南省新蔡縣)。㉛"四十四年,楚滅杞,與秦平。是時越已滅吳,而不能正江淮北;楚東侵,廣地至泗上"。㉜則楚國當時勢力已至泗水上游,同齊、魯、越争鋒。㉝楚簡王元年(前431),"北伐滅莒"。此後約110年間,齊、楚、越時時圍繞泗上之地用心機,使兵將。楚懷王六年(前323),大司馬昭陽在攻打魏國之後,尚欲"移兵而攻齊"。可見楚國在很長階段中是將發展的目標放在東北方向的。自楚懷王十年屈原任左徒之後,才改變與齊、越争奪泗上的戰略,而向南發展。懷王十年"城廣陵"。㉞懷王十六年、十八年屈原兩次使齊,建立和恢復齊楚邦交,派淖滑(昭滑)經營越國,五年而滅越。這都反映了屈原一面合縱抗秦,一面先統一南方的方略。爲什麼要采取這樣的方略? 因爲如果祇楚國一國同强秦相抗,不聯合山東五國,秦國就會用連橫的辦法將山東六國各個擊破,甚至先聯合五國攻楚。而如果楚國同三晋及齊國競力中原,四國會聯合首先對付楚國,使强秦坐收漁人之利。所以,楚國要向統一全國的方面努力,祇有先向南方,向東南和西南發展。事實上,楚民族的發展史,便是一部不斷向南發展的歷史;它的歷史功績,也正是在開發江漢流域和長江以南廣大地區上。當初楚先公之所以不斷向南發展,因爲楚人與商、周不是同姓,故在商周兩朝楚人都受到攻擊,難以在中原安身。而且中原地域有限,爲此有限之地而長期互相攻戰,對中原人民來説是一個無盡的災難。而向南發展却容易得多,是將先進的文化帶向落後的地區,推動那裏社會的發展,會得到那裏廣大人民的擁護。到春秋戰國時代,長江流域的文化達到相當高的程度,是同楚民族的不斷向南發展有關係的。屈原的方略一方面是總結楚國歷史經驗的結果,一方面是分析列國時勢所得出,具有重大的戰略意義。在楚國的合縱派同親秦派的長期鬥争中,聯齊抗秦成了楚國合縱派的共同主張。同山東五國合,則勢不能取其地;同强秦相抗又很難在短時期取勝,便祇有向南發展。這一點也成爲楚國合縱派的共同主張。楚懷王十八年之後淖滑五年而滅越,即説明這一點。

本文第五部分説過,莊蹻與楚王同姓,懷王末年任神將之類的官職,有軍事才能,而長期受到壓制,不被重用,垂沙之戰以後被迫發動兵變。可想而知,莊蹻不可能再回到朝廷。他撤出郢都後,祇有轉移到朝廷統治薄弱的地方,以爲暫時存活之計。很明顯,莊蹻在楚國北部是難以立足的,北部不僅是楚王朝長期經營之地,楚人的故都和先王公卿之廟在那裏,而

且夾在楚、秦、韓、魏、齊之間,會受到這些國家的圍剿。他祇有趁着楚國北部外患緊急,無暇顧及之機,迅速轉移向長江以南開發較遲的黔中地區(當今湖北省西南部與湖南省西北部,長江與澧、沅之間)。這一帶山大水急,人口稀少,交通不便,即使楚王派兵圍剿,也難得計。《韓非子·喻老》云:

> 莊蹻為盜于境內,吏不能禁,此政之亂也。

所謂"政之亂",即是指當時朝廷大臣政治見解不一致,相互不能協調。這就使莊蹻在短時間中立足于楚國境內有了可能。

　　莊蹻兵變在楚懷王二十八年(前301)年底爆發後,給楚國腐朽的貴族階級以沉重的打擊。後來又撤出郢都,長途轉移,其隊伍應是很壯大的。東漢王充《論衡·命義篇》有一段文字,可以說明這一點:

> 行惡者禍隨而至,而盜跖、莊蹻橫行天下,聚黨數千,攻奪人物,斷斬人身,無道甚矣,宜遇其禍,乃以壽終。

"聚黨數千",可見並非一般所謂盜賊,而是率領有很多士兵;"橫行天下",可見並非祇在一個地方,而曾長途轉戰。莊蹻雖不一定明確同朝廷相抗,但實際上形成了一支與朝廷相對立的力量。所以,莊蹻祇能短時間活動于楚境內,不可能長期割據一方,役民徵稅,形成政權。根據當時的形勢,他祇有繼續向西南少數民族地區轉移。這既合于楚國長遠的發展戰略,合于莊蹻作爲楚國宗臣的初衷,同時,也是其保持生存唯一可走的路。因爲莊蹻的身份(與楚王同姓,爲楚將軍)和思想(希望正直當道,民富國強),使他不可能走上完全同朝廷對抗的道路,而當時的情形又不可能再回朝廷。在楚國的局勢稍爲安定之時,他便本着爲社稷效力的初衷,按着屈原開發和統一南方的戰略,沿沅江而向西南發展。《史記·西南夷列傳》云:

> 始楚威王時,使將軍莊蹻將兵循江上略巴、蜀、黔中以西。莊蹻者,故楚莊王苗裔也。蹻至滇池,地方三百里,旁平地肥饒數千里,以兵威定屬楚。欲報歸,會秦擊奪楚巴、黔中郡,道塞不通。因還,以其衆王滇,變服從其俗以長之。㉟

沈欽韓《春秋左氏傳補注》云:"《華陽國志》作頃襄王,與秦取黔中事較合。"《漢書·西南夷兩粵朝鮮傳》與《史記》文字略同,當是據《史記》記載之。黔中正當沅水下游。顯然,莊蹻入滇之前是在黔中,後溯沅水向南。

　　《史記·西南夷列傳》關于莊蹻事迹的記載有兩個錯誤:一、以莊蹻爲楚威王時人。二、以莊蹻入滇的路綫是循江而西,經巴、蜀入滇。關于第二點我們放在下一部分談。關于第一點,應如楊寬先生所說,"祇是因爲楚威王時楚的聲威盛些",㊱在流傳中將這一壯舉自然而然地歸在強盛的時代。這是在沒有確切記載的情況下進行推斷的自然邏輯,也是人們普遍心理的反映。

晋常璩《華陽國志》卷四《南中志》云：

> 周之季世，楚威王遣將軍莊蹻，溯沅江，自且蘭以伐夜郎，植牂柯，繫船于是。且蘭
> 既克，夜郎又降，而秦奪楚黔中地，無路得反，遂留王滇池。蹻，楚莊王苗裔也。

此文中"楚威王"，《漢書·地理志》顔注、《藝文類聚》卷七十一、《北堂書鈔》卷一百八十三、《太平御覽》卷一百六十六、卷七百七十一都引作"楚頃襄王"，看來，原文應作"楚頃襄王"，後人據《史記》妄改之。⑤《呂氏春秋·介立》高誘注又誤"威王"而爲"成王"（"威""成"二字形相近），移到了春秋時代。古書流傳久遠，魯魚亥豕，在所難免，由史書考之可明。梁啓雄《韓非子淺解》在《喻老》篇注引《史記》文字，並云"據此，莊蹻是楚威王時人"，實爲欠考。譚介甫《屈賦新編》所附《屈原〈哀郢〉研究》云："莊蹻將兵順江西上，是從楚威王時開始的，但並不是在楚威王時成功的。我嘗揣想當時情事，認爲莊蹻略取巴、蜀、黔中，拓地很廣，費時必多，他的大功告成于懷王在位的前半期，後或因'功高震主'，而又在外過久，竟被讒退職了。"説莊蹻"加入民衆之後"發動了起義。同時又説他在'暴郢'失敗後以黔中"作爲根據地"，到頃襄王二十二年楚國再失巫、黔中，才退保滇池。按譚先生此説，即以楚威王去世之年（前329）莊蹻三十歲計，至懷王二十九年他已五十九歲，民衆還有可能"共戴"他爲首領起義，他還有可能領導起義隊伍"奪取政權"嗎？至頃襄王二十二年已八十二歲，他還有可能率領民衆轉戰西南，據滇稱王嗎？實缺乏深入探討，而以臆想代替研究，殊不可信。

唐張守節《史記正義》在《西南夷列傳》"牂柯江"下引《華陽國志》文作"楚頃襄王"：

> 楚頃襄王時，遣莊蹻伐夜郎，軍至且蘭，椓船于岸而步戰。既滅夜郎，以且蘭有椓船柯處，乃改其名爲牂柯。

與今本《華陽國志》文字小異，而詳略可以互補。牂柯即故且蘭（在今貴州省貴定縣東北，黃平縣西南），正當沅水上游。《後漢書·南蠻西南夷列傳》文字與《史記正義》在"牂柯江"下所引《華陽國志》文字全同，時間也作"頃襄王時"。因劉宋時范曄《後漢書》成書遲，書成不久即有梁朝劉昭爲之作注，不似《史記》在流傳之初時經竄改增補。故《史記》原文有可能本作"楚頃襄王時"。

《華陽國志》在上引一段文字之末説莊蹻"遂留王滇池。蹻，楚莊王之苗裔也"。《北堂書鈔》卷一百三十六、《太平御覽》卷一百六十六、葉夢得《玉夢雜書》、《蜀中廣記》卷六都引作"遂留王之，號曰莊王"。過去學者論此，多取此非彼、取彼非此。我以爲這兩點並不衝突。即使原文中祇有二者中之一句，另一句也是後人據他書所載有關事情的文字校改而成，至少是反映了有關的傳説。莊蹻如非楚莊王之後，則不會以"莊"爲氏；而之所以稱爲"莊王"，也是因爲其氏爲"莊"。

至于《荀子》、《韓非子》、《呂氏春秋》及《史記》、《華陽國志》俱作"莊蹻"，而《後漢書》作

“莊豪”，乃因“豪”、“蹻”二音上古相近（“蹻”，先秦古韻宵部，溪紐；“豪”，先秦古韻宵部，匣紐。溪匣爲同位雙聲，二字先秦古韻又同部，則音近），而且其意義也比較相近。“豪”“蹻”兩字都有“壯大”之義。⊗

以前有人説“蹻”爲草鞋之義，以證莊蹻是農民起義領袖。然而距莊蹻時代不遠的荀況將莊蹻同田單、商鞅、樂毅並列，《史記》、《漢書》、《後漢書》、《華陽國志》中都説莊蹻爲楚之將軍，則莊蹻並非農民或其他下層勞動者，解莊蹻的“蹻”爲草鞋之義，也缺乏根據。

楚懷王末年起而爲盗的莊蹻同入滇的莊蹻是一人，不是兩人。宋王應麟《困學紀聞》卷十二認爲是兩個莊蹻，皮錫瑞《師伏堂筆記》亦云：“疑楚有兩莊蹻，並非一人。蹻既爲盗，吏不能禁，又安得爲將軍將兵？其爲異時異事可知。”今人陳奇猷《吕氏春秋校釋·介立》注引皮錫瑞説，並云：“皮説是。《漢書·古今人表》下中列有嚴蹻（即莊蹻，避漢明帝諱改“莊”爲“嚴”），與楚威王相接。班固既列嚴蹻爲第八等，則必是指爲盗之嚴蹻，亦可證爲盗之嚴蹻在楚威王時。”此俱欠考。其理由不用多説。陳奇猷先生所説班固既列在第八等，“則必是指爲盗之嚴蹻”，也未必。本爲將軍而發動兵變，統治者皆指之爲盗，也不會列在第七等以上，則同時指曾爲將軍之莊蹻，以班固的標準衡量之，也並無不合。至于《古今人表》中與楚威王相接，乃同《漢書·西南夷兩粵朝鮮列傳》一樣，是完全依據《史記》的原因。唐杜佑《通典·邊防三》以爲是一人。並云：

> 自楚威玉後，懷王立三十年，至頃襄之二十二年秦取巫、黔中，《後漢史》（按即指《後漢書》）則云頃襄王時莊豪王滇。豪即蹻也。若蹻自威王時將兵略地，屬秦陷巫、黔中，道塞不還，凡經五十二年，豈得如此淹久？或恐《史記》謬誤，班生因習便書，范所記詳考為正。

言語不多，抵得很多長篇大論。可惜有的學者並未注意，至今仍有主兩莊蹻者。

梁玉繩《史記志疑》亦以王應麟之説“未取信”。文多不録。

莊蹻兵變後在屈原由漢北回朝廷之後不久即撤離郢都，暫住黔中。後來一則由于形勢所迫，二則其思想同屈原等聯齊抗秦派的戰略思想一致，故莊蹻溯沅水南行，到夜郎。大約他在攻取夜郎、滇等西南少數民族小國、部族時打着楚王朝的旗號，號稱是奉楚王之命平定西南，故史有楚王遣莊蹻伐夜郎之説。總之，爲將軍的莊蹻同爲盗的莊蹻爲一人，應無可疑。後來他向西南發展，雖然是形勢所迫，但一定程度上體現了屈原的戰略思想。

九、莊蹻入滇路綫與屈原的辰陽、沅江之行

懷王三十年（前299），莊蹻盤據黔中。楚國當時南有内患，北有外憂，首尾不能顧，故懷

王接秦昭王信之後拒屈原、淖滑(即昭滑,亦稱昭子,今本《史記》誤作昭雎)之諫而與武關之會,亦有恃秦以遏制内患之意。不然,先一年已質太子以合于齊,何能又改而合于秦,"面相約"以"結盟"(《楚世家》)。懷王入秦之後,秦並不是像此前幾次秦楚交涉一樣對商於等秦楚間地提出要求,而是"要以割巫、黔中之郡"。這個變化是有原因的,這就是:當時莊蹻盤據黔中,巫郡又是秦通向黔中所必經。秦國這樣提是以替楚國剿滅莊蹻爲由的。"楚王欲盟,秦欲先得地"。爲什麼而結盟,史無明文,這是史官諱言其事。國君被趕得東逃西竄,史書也往往祇以"狩于某地"了之。統治階級總不願意承認有下犯上的事實。楚王"欲盟",是要秦國先明確幫助楚國剿滅莊蹻的責任;秦國則先要得地。楚懷王看出了秦國的詭計,不答應秦國的要求,于是秦國挾楚懷王至咸陽。楚國内在此緊急關頭,幾派勢力出于不同的目的,在迎太子歸國繼王位的問題上達成了協議。太子横于懷王三十年後半年歸國繼位,次年爲頃襄王元年。

楚頃襄王元年(前298),因爲楚國不受秦國的挾制,另立新君,秦"昭王怒,發兵出武關攻楚,大敗楚軍,斬首五萬,取析十五城而去。"[39]大約莊蹻此時已向南轉移。楚悼王之時吴起"南收揚越","遂有洞庭蒼梧"。[40]屈原也一直主張開拓南方,但此方略在楚國並未能一直得到貫徹。此次莊蹻的行動,可以説是繼楚國熊渠以來賢君明主及吴起等有遠見大臣之志,根據屈原的戰略開發西南的一次壯舉,在中國歷史上有其重要意義。

莊蹻入滇的時間,大約在頃襄王繼位之後不久。因爲當時國内大局已定,莊蹻對抗朝廷,比在懷王之時更難被朝中所容忍。莊蹻等要求生存,祇有遠走蠻荒之地。

關于莊蹻入滇的路綫,《史記·西南夷列傳》説是"循江上略巴、蜀、黔中以西",意謂由郢都沿長江上至巴,西至于蜀境,然後南入滇。《後漢書·南蠻西南夷列傳》言"從沅水伐夜郎,軍至且蘭。……既克夜郎,因留王滇池"。存在較大分歧。但事實上《史記》所説路綫在當時是難以通過的。張正明《楚史》云:

> "循江上",若不取道清江流域的五姓巴人方國,則必取道烏江流域的七姓巴人方國,談何容易!"從沅水",即經由黔中,可繞過上述兩個巴國,循沅水支流潕水西上入夜郎。且蘭在今貴州黄平縣一帶,臨沅水上游的沅陽河。且蘭以西,改舟行爲陸行,雖道路崎嶇,但入滇尚稱便利。[41]

張正明先生的道理講得很清楚。看來,同對莊蹻生活年代的記載一樣,《史記》是由傳聞而加以推斷,《後漢書》的記載則來自《華陽國志》或更早的有關記載(《華陽國志》的記述當有所本)。

莊蹻撤出郢都後,水路沿江而東,入洞庭,然後沿沅水西南行,經枉渚,辰陽(今湖南辰溪)、鐔城(今湖南靖縣南)至且蘭。且蘭克,夜郎降,遂有夜郎之地,西至于滇(今雲南昆明)。

關于屈原在頃襄王時代被放江南之野的時間,戴震《屈原賦注》附汪梧鳳《音義·下》云:

> 屈原東遷,疑當頃襄元年,秦發兵出武關攻楚,大敗楚軍,取析十五城而去。時懷王辱于秦,兵敗地喪,民散相失,故有"皇天不純命"之語。

《音義》所據史實,見于《史記·屈原列傳》:

> (懷王)長子頃襄王立,而以少子子蘭為令尹。楚人既咎子蘭以勸懷王入秦而不反也,令尹子蘭聞之,大怒,卒使上官大夫短屈原于頃襄王,頃襄王怒而遷之。

《新序·節士》也有同樣記載:

> 懷王子頃襄王,亦知群臣諂誤懷王,不察其罪,反聽群讒之口,復放屈原。

汪梧鳳之說是對的。事實上戴震、汪梧鳳之前,明代的黃文煥和清代的蔣驥已指出這一點。《楚辭聽直》反駁了屈原卒于頃襄王二、三年間的說法,提出屈原被放于江南之野,"非頃襄王初年則次年"。《山帶閣注楚辭·楚世家節略》頃襄王元年云:

> 秦攻楚,大敗楚軍,斬首五萬,取析十五城。
> 屈原遷于江南陵陽,當在是年仲春。

清馬其昶《屈賦微》于《哀郢》篇云:

> 懷王失國後三年卒于秦。此文之作,又後六年。忽若去不信者,言不信其去國忽已九年也。

此所謂"懷王失國",即指頃襄王繼位事。意謂《哀郢》作于被放九年之後,則被放江南之野,當在頃襄王元年。今人劉永濟、姜亮夫等先生亦取此說。

劉永濟《屈賦通箋》卷五于"民離散而相失兮,方仲春而東遷"下引述朱熹、王夫之、戴震《屈原賦注》附《音義》之說後按云:

> 三說不同,戴說最近理。朱氏凶荒之說,不如戴氏兵亂之可據。王氏遷陳之說雖新,而吳汝綸已謂為太晚(頃襄徙陳在二十一年),屈氏不及見,其說之不足信可知。

劉先生在其《箋屈餘義·史記屈原列傳發疑》又云:

> 被放之時,頃襄王即位之元年,秦師壓境取楚十六城之後也。

劉先生在其《屈賦音注詳解》中又申述此說。

姜亮夫先生《屈原事迹續考·八·屈子年表》中于頃襄王二年下云:"屈原見遷,必不後于此時矣。"[42]胡念貽先生亦取此說。[43]湯炳正先生的《九章時地管見》主張在頃襄王二年,說亦相近。陸侃如《屈原評傳》言"在懷王死後不久,大約在頃襄王三年或四年"。按:子蘭、上官大夫之流急于藉機將屈原從朝廷中趨出去,大概是不會等懷王回來或死後才下手的。陸說顯然欠妥。

大約,就在莊蹻由黔中向南轉移的當中,秦國由漢中一路向楚國北部進攻,"發兵出武關

攻楚,大敗楚軍,斬首五萬,取析十五城而去"(《楚世家》)。楚國何去何從,必然意見不一,楚
朝廷內鬥爭又一次達到白熱化狀態。親秦派自然想乘頃襄王尚不太瞭解朝中鬥爭的實質所
在之時,儘快剪除禍患,從而長期控制頃襄王。《史記·屈原列傳》中說,新任令尹的子蘭"卒
使上官大夫短屈原于頃襄王",于是屈原被放于"江南之野"。其具體地點,開始在羅霄山脉
以東的陵陽,限制其不能超過長江夏水至江北(《哀郢》"江與夏之不可涉")。

　　根據《哀郢》一詩所寫,屈原被放離開郢都之後,至洞庭湖口西南行入洞庭湖(《山海經·
海內東經》言洞庭"一曰東南西澤",意謂東北與西南走向的澤,"西澤"者,言入湖口之後,湖
身偏向西。流入洞庭的大水也多由西方注入湖中或江中)。詩中說"過夏首而西浮",即言過
夏首(夏水由長江分出之地)東行一段後,向西南入洞庭。這個路綫,同莊蹻向黔中轉移的路
綫應是一致的(莊蹻向黔中轉移,也以由水路入洞庭湖,由湖西南登陸西行爲便)。

　　《哀郢》寫詩人在湖上的情景是:

　　　　心嬋媛而傷懷兮,眇不知其所跖。順風波以從流兮,焉洋洋而為客?陵陽侯之泛濫
　　兮,忽翱翔之焉薄?心里結而不解兮,思蹇産而不釋。

看來,詩人沿湖邊飄浮了很久。他悲傷,他惆悵,不知該在何處登岸,不知該走向何處。這當
中是否也包含了對莊蹻的惦念與關心?不得而知。但詩中的"眇不知其所跖"等句,似乎也
可以從兩方面理解。

　　《哀郢》中回憶部分結束後之一段,亦可堪注意:

　　　　外承歡之汋約兮,諶荏弱而難持。忠湛湛而願進兮,妒被離而障之。堯舜之抗行
　　兮,瞭杳杳而薄天。衆讒人之嫉妒兮,被以不慈之偽名。憎慍惀之修美兮,好夫人之慷
　　慨。衆踥蹀而日進兮,美超遠而逾邁。

這自然可以看作是詩人對自身遭遇的感慨,但也應包含了對朝廷中奸佞之徒打擊排擠忠良
(包括良將莊蹻),逼得他們走投無路,以至遠離朝廷的悲憤。

　　屈原在頃襄王元年二、三月間到了陵陽(《漢書·地理志》廬江郡:"廬江出陵陽東南,北入
江。"則其地在江西省西部靠近湖南的廬水發源處,大約在今安福以西,廬水以北,武功山以
南)。在那裏停留了約大半年時間,于當年秋天起身仍由水路往湖沅一帶。《涉江》一詩即記
其行程:

　　　　朝發枉渚兮,夕宿辰陽。

枉渚其地在今洞庭湖西之常德以南。辰陽在今湖南省西部之辰溪縣,俱在沅水邊上。屈原
用這些地名來記路程,說明這些地方在黔中是比較大的城邑或站口。莊蹻以數千人南行,也
應在這些地方駐扎過,當地人應知道一些有關莊蹻隊伍的事情。屈原到了溆浦水口(其地今
叫江口)後,再未沿沅水南行,而是東南進入溆水,在溆浦駐了一些時日,在那裏寫了《涉江》

一詩。

> 深林杳以冥冥兮，猿狖之所居。山峻高以蔽日兮，下幽晦以多雨。霰雪紛其無垠
> 兮，雲霏霏而承宇。

這正是詩人在溆浦居處所見眼前的景象。所以下面説"幽獨處乎山中"。屈原寫沅水之行，
有關心莊蹻活動的因素，祇是不便説出，而祇在詩中流露出同情、惋惜和掛念的心情而已。
屈原九年後所寫《哀郢》一詩中，仍然流露出這種心情（上文已言及），祇是更爲含蓄。

一〇、屈原的第二次沅水之行與《懷沙》一詩的隱情

頃襄王十六年（前283）四月之前，詩人又有辰陽、沅江之行，《懷沙》一詩紀其行。詩的
開頭説：

> 滔滔孟夏兮，草木莽莽。傷懷永哀兮，汩徂南土。

其亂辭中又説：

> 浩浩沅湘，分流汩兮。修路幽蔽，道遠忽兮。

大約仍入溆水，由溆水上游向東入湘水。這同《涉江》反映的頃襄王元年秋冬之季沅水之行
的路綫大體一致。

《懷沙》中有幾句，雖然舊的解釋也可通，但總覺得在表現詩人的思想情緒方面，還隔着
一層。今聯繫以上考定的事實，重新加以詮釋。這主要有四處。

第一處：

> 易初本迪兮，君子所鄙。章畫志墨兮，前圖未改。

王逸注："本迪，常道。""章，明也。志，念也。"朱熹《集注》釋後二句爲："譬之工人章明所畫法
未廢，不能遽變也。"蔣驥注"畫"爲規畫。合而觀之，原詩後二句之意大體可明。問題在于：
屈原已被放十五年，完全被抛在政治圈子之外，他怎麼還説"規畫"、"繩墨"、"前圖未改"（先
前的計劃未變）之類的話呢？我以爲這是指他所主張的開拓南方的戰略而言。他雖然被打
擊、放逐，但莊蹻在一定程度上實踐了他的理想。這四句是説：改變了當初所定應走的路子，
那是君子所鄙視的。規畫顯明，繩墨牢記，當初的宏圖並未被廢棄。

第二處：

> 進路北次兮，日昧昧其將暮。舒憂娱哀兮，限之以大故。

"大故"一詞，王逸以來多釋爲死亡。但除此句外，古代再無將"大故"解作"死亡"之例證。秦
漢以前比較普遍的是指重大事故，多指對國家、社會有重大影響的禍患。如："凡國之大事，
致民；大故，致餘子。"（《周禮·地官·小司徒》。鄭玄注："大故，謂災寇也。"）或指嚴重的過失、

罪惡。如："故舊無大故,則不棄也。"(《論語·微子》。孔安國曰:"大故,謂惡逆之事。")由第一個意思可以引申爲指父母喪,但不用于指自身的死亡。所以,我以爲《懷沙》中"限之以大故"的"大故",意爲大的事故,指叛逆之事。詩人當時雖然被逐出朝廷,爲閑散之身,但尚不敢與莊蹻有所聯繫,也不敢明顯地對他表示同情或支持。這四句是說自己爲什麽走到沅水上游之地時再不敢東南行,雖然他爲"舒憂娱哀"而南行,但以不成爲反叛朝廷之人爲原則。

　　第三處:

　　　　萬民之生(一作"民生稟命",一作"民生有命"),各有所錯兮。定心廣志,余何畏懼兮。

詩人被放已十五載,至垂暮之年,如果子蘭、上官大夫之流不怕落一個殺死宗臣的罪名,則屈原可能早已被殺掉,何待此時! 則此"余何畏懼"云云,不是指因觸犯了上官大夫、子蘭之事而言,乃是指自己雖然沿莊蹻入滇路綫南行,但自己覺得"定心廣志",忠于社稷,一心爲國,並無違背楚先王先公之處,因而也無所畏懼。

　　屈原兩次沿沅水南行,不可能聽不到關于莊蹻的消息。沅水流域的老百姓必然會同莊蹻的軍士有千絲萬縷的聯繫。屈原第二次作沅水之行,其目的仍然是爲了知道莊蹻向西南發展的情況。

　　第四處:

　　關于《懷沙》的題意。《懷沙》一詩題意,王逸至洪興祖皆未作解釋。朱熹覺得題目的意義並不清楚,故第一個作解。他說:"《懷沙》言懷抱沙石而自沉也。"但自先秦至晚近,"沙"同"石"的意思區別顯然。《説文》:"沙,水散石也。"段注:

　　　　《詩正義》引作"水中散石",非是。《水經注》引與今本同。……《大雅》傳云:"沙,水旁也。"許云"水散石",與毛不異。石散碎謂之沙。

可見,漢以前"沙",衹指水所衝刷的細碎的沙石,或水旁沙岸,與"石"的意思完全不同。沙鬆散無法抱(所謂"一盤散沙"),故有人說屈原是"懷沙囊以自沉"(見夏大霖《屈騷心印》引),夏大霖對"懷沙囊自沉"之説表示了懷疑的態度。若真需抱重物以自沉,當地自有大石,何必縫囊盛沙,如許費事? 況且《史記·屈原列傳》中說"于是懷石,遂自沉汨羅以死",《悲回風》中也說"驟諫君而不聽兮,重任石之何益?"朱熹解《懷沙》爲"懷抱沙石",顯然十分牽强。另外,從《懷沙》一詩的本文看,結尾雖然表現了死的決心,但詩的主旨不在于説明死的方式(包括懷石與否)。

　　因爲朱熹此解過于牽强,故明清有的學者提出新解。首先是明代汪瑗,在其《楚辭集解·懷沙》中説:

　　　　世傳屈原自投汨羅而死,汨羅在今長沙府。此云"懷沙"者,蓋原遷至長沙,因土地

　　之沮洳、草木之幽蔽,有感于懷而作此篇,故題之曰"懷沙"。懷者,感也。沙,指長沙。
　　題《懷沙》云者,猶《哀郢》之類也。

汪氏又云:"此篇所言愛其死者,亦以己之謫居長沙。"汪氏並指出,東方朔《七諫·沉江》中"懷
沙礫以自沉"一句,"蓋東方朔誤解"。說東方朔《七諫》誤解"懷沙"之義,甚是。然以"沙"爲
長沙,似有未當。屈原自沉汨羅而死,《悲回風》、《惜往日》及賈誼、司馬遷並言之,不能認爲
是後人猜想。《懷沙》爲自沉前之作,也從詩本文"知死不可讓,願勿愛兮。明告君子,吾將以
爲類兮"四句可以看出,汪氏言"皆設言其欲死,而深見其不必死",亦與全詩之意不合。(《悲
回風》爲唐勒、宋玉之類淮楚作家的作品,從"浮江淮而入海","望大河之洲渚"等句可以看
出。屈原既要自沉,又懷之,可謂矛盾。則汪氏之說難以成立,可謂顯然。李成玉《楚辭箋
注》、錢澄之《屈詁》皆襲其說。亦因舊說難通,無奈而從此説。

　　我以爲《懷沙》字面意思是"懷想垂沙之事",實際上是懷想莊蹻的結局。《荀子·議兵》
云:"兵殆于垂沙,唐蔑死,莊蹻起,楚分而爲三四。"莊蹻之被迫起事,直接同垂沙之戰相關。
詩人于垂暮之年重沿沅水而行,存有瞭解莊蹻由黔中向南的行動的用意,思想比較複雜,因
而回想當年,感慨萬千。故詩中反覆說到朝中奸邪顛倒黑白的事。如:

　　　　玄文處幽兮,矇瞍謂之不章;離婁微睇兮,瞽以為無明。變白以為黑兮,倒上以為
　　　　下。鳳皇在笯兮,鷄鶩翔舞。

在被放十多年之後仍講這些話,應是因事觸發的結果,不會是憑空產生的感慨。但南方的沅
湘一帶並無與屈原政治上的挫折相關的地方,我以爲這是莊蹻行軍駐扎過的地方引起他對
垂沙之戰有關情況的回想而產生的。

　　　　邑犬之群吠兮,吠所怪也。非俊疑傑兮,固庸態也。

這不是指庸人如何對待自己而言,而是指垂沙之戰中奸佞平庸之輩對莊蹻的態度而言;也不
是詩人以俊傑自喻。《荀子·議兵》中將莊蹻同商鞅、樂毅、田單相提並論,説他是"善用兵
者",則莊蹻正所謂俊傑之士。

　　由以上四點可以看出,《懷沙》一詩的蘊含,我們以往並沒有完全體味出。過去由於沒有
弄清它的寫作背景、没有揭開它同莊蹻入滇這件事的關係,更未弄清莊蹻的身份、政治傾向
及入滇的動機,所以我們對《懷沙》一詩的解釋就顯得很浮淺,好像詩人在被放十多年之後還
在重複着一些無病呻吟,而且對一些詩句以至題目意義的解釋也都顯得牽強。按照舊説,很
多讀者在讀完《懷沙》之後會想:詩人至垂暮之年,何以還顛沛至于沅水上游之地? 我們説,
他不是爲了作詩而旅游,更不是爲了作詩而作詩,他首先是一位政治家,是一位失敗的改革
家,一位誠摯的愛國者。他無意爲詩人,而結果成了一位真正的詩人。

一 一、幾個問題的辨析

屈原在莊蹻暴郢後的楚懷王二十九年初被召由漢北回到郢都；頃襄王元年二月他被放江南之野時又正好在莊蹻向夜郎一帶轉移的前後。莊蹻兵變及其活動不可能在屈原頭腦中沒有反映，屈原也不可能對這些事沒有看法。對這些問題我們已考述如上。因爲這個問題的複雜性，有幾個相關問題以前有學者曾經涉及或作過較深入的研究，我們在看法上又有些分歧，這裏需要加以辨析與澄清。

第一個將屈原在頃襄王朝被放事件同莊蹻暴郢聯繫起來的是譚介甫先生。[44] 他在其《屈賦新編·通論·屈原的前後遭遇》部分說：

> 秦合齊、魏、韓共興師伐楚，楚軍大敗于垂沙，殺大將軍唐眛，取重丘，將裨、士佐死傷以千數，兵卒死的無法統計。楚都混亂，物價高漲，人民覺得活不下去了，因而激起暴動，共戴莊蹻為首，反對楚王朝，形勢極度緊張。懷王此時急用屈原，因為他平日對人民尚有好感之故。但此外又派蕙（靳尚）、茝相助，要他們共同解決此事。屈原深知王朝的腐朽，人民的憤怒，故主張改革。但懷王尚不覺悟，主張維持政令，還要使用壓力；屈原因怨懷王不察民心，以致觸怒懷王，而右徒乘機煽動集矢屈原，造謠誣蔑。在群情激憤之下，楚王朝所在的兩個東門區域全毀。懷王匆遽間衹得率領他的貴族和臣工遷到郢都。……
>
> 二十九年春二月，屈原陷入了這個窮困的境地，萬不得已，雜在人群中，東向逃難，由郢浦轉夏水流亡到夏浦，暫時停留下來。

該書附錄《屈原〈哀郢〉的研究》一文中專門有一節談莊蹻暴郢。其中說：

> "暴郢"失敗後，莊蹻所率領的民衆不會是束手待斃的，因為巴、蜀、黔中以西本是莊蹻開出來的邊地，他們退回去作為根據地是很便利的。

譚先生的分析很有值得肯定的地方，如以爲莊蹻暴郢之後懷王急用屈原以平息事態，莊蹻在暴郢之後轉移到了黔中一帶。這都是真知灼見。但譚先生的論述有相當一些完全出于臆想，缺乏嚴密的考證，有的顯然不合于史實，有的問題前人已經解決，譚氏未予重視。故其論述給人的感覺是牽強附會，漏洞較多。所以譚先生雖然提出了莊蹻事件同屈原生平的關係，但學術界很少有人予以重視。

首先，譚先生以爲屈原在莊蹻暴郢後回到朝廷才有政治改革之事，這顯然與《史記·屈原列傳》所記草擬憲令的時間（懷王十六年以前）不符。屈原正是由于草擬憲令、進行變法改革，才引起了腐朽的舊貴族的仇恨，他們同秦國內外勾結，捏造事實，使楚懷王對屈原失去信任,去其左徒之職。後雖因楚國屢敗于秦而曾任命屈原出使齊國,但最終放之于漢北。屈原經過這兩個事件後,雖然在懷王二十九年被召回朝,使其護送太子入齊爲質,以復舊好,但不可能再重新掌握大權;何況朝廷中與屈原觀點一致的人有的被放逐,有的到他國,有的消沉,有的變質,一時也難以形成一個可推行改革的堅强隊伍。從懷王方面説,當時祇是應急,希望平息緊張事態,不可能考慮到什麽政治改革之事。所以説,譚先生的這個看法是難以成立的。

　　其次,譚先生説屈原"對于莊蹻起義暴力奪取政權是反感的,因他反感,故須逃避以流亡;因他主張改革,故又遭到非罪的棄逐"。"二十九年春二月,屈原陷入窮困的境地,萬不得已,雜在人群中,東向逃難……"。譚先生將屈原被放于江南之野的原因歸之于主張改革,無論從屈原作品看,還是從楚國懷襄之際歷史看,都缺乏依據。而將屈原被放後離開郢都的時間定在懷王二十九年,更明顯與《史記·屈原列傳》的記載不符。《史記·屈原列傳》中明確記載是因爲屈原怨子蘭勸懷王入秦而不返,"令尹子蘭聞之大怒,卒使上官大夫短屈原于頃襄王,頃襄王怒而遷之"。時在頃襄初立之時,原因是抱怨子蘭等人的媚秦誤國,此皆不能置疑的史實。如連這些也加以更改,那屈原生平事迹就無法研究了。

　　第三,譚先生將屈原離開郢都東行的原因説成是反感莊蹻"以暴力奪取政權",也缺乏根據,且同屈原作品反映的情況不能吻合。似乎屈原此次遭到棄逐並未被放,他的到江南之野,祇是自己要逃難。如果真的這樣,在莊蹻軍隊撤離郢都之後,詩人就會回到郢都,何以九年而不返,流落于沅湘一帶(《哀郢》"忽若不信兮,至今九年而不復"),而又慨嘆"冀壹反之何時",並且説:"鳥飛反故鄉兮,狐死必首丘。信非吾罪而棄逐兮,何日夜而忘之?"(《哀郢》)同時,《哀郢》詩中也祇是感嘆奸臣之誤國,"忠湛湛而願進兮,妒被離而障之"、"衆踥蹀而日進兮,美超遠而逾邁"。並未及于莊蹻暴郢迫使詩人離開郢都之意。看來,譚先生之説與屈原作品不合。而且,如果屈原因逃避莊蹻而東行,那麽,在莊蹻的隊伍轉移到黔中一帶之後,屈原也不會由陵陽經鄂諸、方林,溯沅水而上(《涉江》"乘舲船余上沅兮"),至枉渚、辰陽、溆浦等地,因爲這些地方也正是莊蹻剛剛駐扎活動過的地方。

　　譚介甫先生關于莊蹻起義本身,在不少論斷上也難以成立。比如,他説"莊蹻順從民衆的意志,反對惡劣統治,當時爲憂國愛民之心所驅使,振臂一呼,各處響應,把楚國析成三、四部分"。以莊蹻爲人民起義的領袖,要"暴力奪取政權",這是不合乎史實的。以莊蹻將楚國分爲三、四個部分,也不可能。他並未推翻楚王朝取得政權,何能將楚國析成幾部分?

　　又如譚先生言莊蹻爲"威王時將軍,帶兵順大江西上略取巴、蜀、黔中以西","及到頃襄王二十一年失鄢郢,二十二年再失巫、黔中郡,莊蹻不得不保滇池"。祇這一段話中,就有好幾處地方,或同當時歷史不合,爲不可能之事;或不合乎文獻記載;或對不同文獻的記載缺乏

甄別等,都存在一些問題。比如關于莊蹻生活的年代問題,唐代杜佑《通典》卷一八七已言:

> 若莊蹻自威王時將兵略地,屬秦陷巫、黔中郡,道塞不還,凡經五十二年,豈得如此淹久?或恐《史記》謬誤,班生因習便書。范曄所記,詳考為正。

錢穆《先秦諸子繫年》考楚頃襄王亦稱“莊王”,已爲定論。莊蹻實乃在頃襄王時由黔中順沅水南下(非西入巴、蜀),至牂柯,攻取夜郎。譚先生仍據文獻中誤字以莊蹻爲楚威王時人,從而牽强附會其行事,殊不可取。再如關于莊蹻入滇的路綫的説明,也有問題。如果像譚先生所説,屈原的兩次沅水之行就完全衹是爲了旅行或無目的的流浪。

此外,譚先生在對屈原作品和楚史的解釋與論述上,也有些疏漏。如靳尚于懷王十八年已死(見于《戰國策·楚策二·楚王將出張子章》),而譚先生以靳尚于懷王末年尚在朝。至于其以“蕙”和“茝”爲屈原之時的楚朝臣,以“草派”爲左徒派等等,早有人撰文指其附會之甚,此處不再多説。

但不論怎樣,譚先生能將屈原在懷襄之間的活動同莊蹻之事聯繫起來,反映了譚先生在屈原研究上並非人云亦云,照抄他人之説,而是能提出一些創造性看法。衹是因爲莊蹻事迹文獻記載多有矛盾,存在問題較多,故論述上多所失誤。

對《九章》中反映的屈原沉湘之行問題作了深入探討的,有蔣天樞先生。蔣先生于1962年發表的《〈楚辭新注〉導論》提出不少新説,引起學術界的關注。蔣先生是將屈原的被放江南之野的時間定在頃襄王遷陳之後,[45]認爲其時黔中爲秦所占,屈原自請往黔中以圖收復。文中説:

> 楚在遷陳後,秦已移其兵力以略韓趙,對東方六國作平面“席卷”,頃襄因得在此形勢下偷安旦夕,群小和秦以保寵祿之計因得實現。此際而公言圖秦,特形勢所不許,亦群小所深惡。……其次,已隔離之廣大南土,實楚兵源所在,圖秦事業所需之兵力,在東,則淮水流域之楚東國,在南,則沅湘之所謂“南國”也。顧此時沅湘南實已為楚“鞭長莫及”之棄地,無人前往,亦無人敢往。屈原毅然以此自任,期己為救國之“彭咸”,且期己為建立大業之呂望、伊尹也。故甘負流放之名,以實現其黜職前未竟之志。

儘管蔣先生將屈原被放江南之野定于頃襄王遷陳之後,將《離騷》和《九章》的作時定在頃襄王二十一年之後,有的學者提出不同意見,但蔣先生注意到屈原的沅湘之行非無目的的游蕩,而同他關心國家的前途和命運有關,畢竟是善于讀詩,能由字面以體會詩心。衹是,根據《史記·屈原列傳》所記,屈原被放江南之野,在頃襄王初立之時。所以,我們認爲以屈原兩次沉湘之行同關心莊蹻開發西南之事有關,更合乎當時的歷史。因爲,屈原以被黜之身而深入秦軍控制下的黔中,恐怕難以達到收復失地的作用。況且他進入沅水中上游,直至溆浦。“深林杳以冥冥兮,乃猿狖之所居。山峻高以蔽日兮,下幽晦以多雨。”深入如此荒鄙之地,恐

未必是爲了發動和組織群衆以抗秦。蔣先生言:

> 《涉江》篇叙屈原越洞庭湖後溯沅西上,所明著經行之地爲枉渚、辰陽,枉渚在今湖
> 南常德南,辰陽則辰水入沅處。……秦所置郡,疑去楚舊黔中郡不遠,《涉江》所言辰陽,
> 豈即楚黔中郡都治所在歟?……以此爲政治重心,遠馭南及于蒼梧,形勢爲便。屈原至
> 辰陽時,其地既經歷秦人占領變化,舊楚政治人員殆早俘死逃亡,亦可能尚有散處其地
> 者。屈原在此當有若干時期之停留。……辰陽外唯見"入溆浦",其方向已轉而東南行,
> 此後僅言及山深林密,不復著明所至之地。意其當由湘西深入,以南至于蒼梧地區。頗
> 疑九疑山一帶爲屈原駐留最久之區也。

蔣先生所言屈原由洞庭湖至溆浦所行路綫及洞庭湖以南地理狀況(爲避過繁以上引文中有
所删節)大體皆是。推測辰陽爲黔中郡郡治,亦是,大體在辰陽溆浦一帶也。有可能屈原在
辰陽、溆浦稍久,也主要在于瞭解莊蹻的情況,表現出對于開發南方的關心。

　　蔣天樞先生的《〈楚辭新注〉導論》是幾十年來無數研究楚辭學論著中所僅見的對屈原在
沅湘一帶的活動的目的性進行深入探討的論文,體現了學術的創新,至今具有參考的價值。

　　由以上各部分的考證可以知道,楚懷王二十八年,秦使將軍芈戎攻楚襄城,齊、魏、韓乘
機攻楚,魏公孫喜敗楚于陘山,齊將匡章攻克重丘,直至楚方城内的比水邊上,與楚軍隔水相
持六月之久。在此期間齊宣王死,湣王繼位。齊湣王嚴詞督促匡章開戰。此年冬齊軍渡水
襲楚國,殺楚將唐眛,楚軍死者以千數。由于楚軍將、神中的矛盾和朝中奸佞當道,年底引發
了楚裨將莊蹻的兵變。懷王二十九年初,秦攻取楚襄城(秦曰新城或新市),斬首二萬,殺楚
將景缺。楚朝廷在内憂外患交攻之下,將屈原由漢北召回,一以穩定莊蹻暴郢後郢都的局
面,一以出使齊國,以太子爲質,恢復齊楚聯盟以對付秦國。屈原同昭應護送楚太子至齊,完
成了使命。時莊蹻早已撤出郢都,至黔中地帶。懷王三十年秦國一面使庶長奐攻楚,取八
城,一面遺書楚王,願與結盟以平定黔中。懷王至武關,秦迫脅其割黔中、巫郡。懷王不許,
秦遂挾之至咸陽。楚國内則由齊國迎太子歸而立爲王。頃襄王元年,秦復攻楚。于是楚朝
廷内抗秦親秦兩派矛盾再一次激化。屈原對于子蘭勸懷王赴武關之會之事有所抱怨,子蘭
令上官大夫在頃襄王前造謠、陷害屈原。于是屈原被放于江南之野。他同逃難的民衆一起
沿長江向東。在洞庭湖盤桓一段時間之後,又沿江至廬水(今贛江與廬水的合流)上游的陵
陽,當年秋天又沿江經鄂渚、方林入沅水,經枉渚、辰陽直至溆浦,瞭解了莊蹻離開黔中以後
行動及狀況。屈原在投汨羅自殺的那年春季前後,又一次作沅水之行,以瞭解莊蹻向西南用
兵的狀況,回想當年垂沙之戰前後事及自己和莊蹻受打擊排擠之事,作《懷沙》。我們弄清了
這一段的歷史,便可以看出:從楚懷王末年至屈原投水而死,詩人的行動、思想仍然同楚國的
一些重大事件息息相關。他不斷爲國家的安定、富强和發展而進行努力,即使在失去任何權

力之後,他心中也仍然祇有國家前途和政治理想的實現。屈原是一位真正的詩人。

學術研究,總是在前人研究的基礎上進行的。但是,無論是受到前人的啓發,或利用前人某些結論,一切材料,總要從頭作起,以求對材料"一網打盡",又去僞存真,辨別遲早,根據自己的學術積累及識力重新進行論證與推斷。本文之與前賢同者,不得不同;異者,亦不得不異,一以史料、作品及當時之歷史背景爲準繩,以推定各節各點。莊蹻暴郢、莊蹻入滇這兩件事及它們同屈原生平的關係,都牽扯到很多其他事,諸如垂沙之戰發生的時間(究竟是楚懷王二十八年,還是二十九年,在齊宣王時,還是在齊湣王時)、地點(是在今河南,還是在今安徽? 泚水、沘水、比水以何者爲是? 垂沙、重丘、垂涉、長沙、方城、陘山等地名的關係究竟怎樣)、戰争的經過和有關人物的一些情況等,學術界的看法至今存在較大的分歧,或解説上存在疏漏。爲了將這兩件事同屈原生平的關係徹底弄清,我在很長時間當中一直在思考和探索有關問題。現在總算是作到有愜于心,揭示了屈原在懷王二十八年至去世前這段時間中的主要經歷及思想狀況,弄清了楚國歷史上莊蹻暴郢和莊蹻入滇這兩個重大事件的基本狀況,使其他有關一些事情也便迎刃而解。

① 《史記·孟子荀卿列傳》言荀卿"年五十始來游學于齊"。漢應劭《風俗通義·窮通篇》云:"孫卿有秀才,年十五始來游學。"宋晁公武《郡齋讀書志·子類·儒家類》取《風俗通義》之説,作"年十五",清胡元儀《郇卿別傳考異》第三條詳考之,亦以爲當作"年十五"。盧文弨校劉向《荀卿新書序録》亦云:"當從《風俗通義》作'年十五'。"盧説是。劉向《序録》云:"方齊宣王、威王之時,聚天下賢士于稷下,尊寵之。……是時,孫卿有秀才,年五十(按當作"年十五"),始來游學。"盧文弨曰:"按《史記》,威王在宣王之前,《風俗通·窮通篇》作'齊威、宣王之時',是也。"按:盧氏此説誤。"威"乃"湣"字之誤也。以荀況初至齊在齊宣王十年(前310)左右,則荀況至黃歇死時(前238)也已88歲(《史記》本傳言"春申君以爲蘭陵令。春申君死而荀卿廢,因家蘭陵")。

② 參錢穆《先秦諸子繫年·荀卿自齊適楚考》,梁啓雄《荀子簡釋·年表》。

③ 錢穆《先秦諸子繫年·李斯韓非考》以此事有誤,以爲"李斯下韓乃在非入秦之後"。按:此言"下韓",意謂欲攻而下之,非謂即已攻滅。韓非入秦之前,未必無李斯攻韓之事。錢説非。

④ 《史記·樂毅列傳》:"齊湣王强,南敗楚相唐眛于重丘。"《漢書·古今人表》"楚唐蔑","楚"字下當脱"相"字。《古今人表》所列人名,除國君諡號前、"公子"、"相"之前加國名外,其餘均不加,無在人名前加國名之例,則顯然脱"相"字。

⑤ 《史記·六國年表》以周赧王十四年(前301)爲齊湣王二十三年,誤。《史記》記齊國紀年多有錯誤。此年應爲齊宣王十九年。

⑥ 《秦本紀》于秦昭王六年至九年紀事紊亂十分嚴重。《資治通鑑》中有所修訂,然而未弄清致誤之由,以意加以調停整理,故仍有未當。繆文遠《戰國史繫年輯證》亦仍然存在混亂。《睡虎地雲夢秦簡·編年紀》載:昭王"六年,攻新城。"而《秦本紀》載"七年,拔新城。"是六年攻,而七年攻取之。又《編年紀》于昭王八年書"新城歸"當是因爲秦昭王七年攻取新城之後,因楚國取得齊國支持,又收復之。《史記·秦本紀》中將"使將軍芈戎攻楚,取新市。齊使章子,魏使公孫喜,韓使暴鳶共攻楚方城,取唐眛"三十一字置昭王八年,當因《秦紀》有所紊亂,太史公誤以"八"(古"六"字)爲"八"也。新市《睡虎地雲夢秦簡·編年紀》作"新城"。《史記·六國年表》楚懷王二十九年欄作"襄城"。蓋其地本屬楚,名襄城,秦國初占,名之曰"新城"或"新市"。據譚其驤《中國歷史地圖册》第一册,其地在洛陽以南。繆文遠《戰國史繫年輯證》以新城在河南襄城縣,當方城之東北。兩説之地相去不遠。古城邑之址時有遷徙,往往有先後幾處。

⑦ 上引《趙策四·魏敗楚于陘山章》在"主父欲敗之"下尚有二十七字,多有脱誤,故不録。

⑧　《漢書·地理志》廬江郡：“沘山，沘水所出，北至壽春入芍陂。”陳奇猷《呂氏春秋集釋》卷二十五《處方》注引沈祖綿云：“以地勢考之，齊去南陽遠而廬江近，其爲廬江無疑。”直以齊楚垂沙之戰發生在今安徽省六安市（安徽之沘水即今淠水），大誤。

⑨　蔣維喬、楊寬、沈延國、趙善治《呂氏春秋彙校》，上海中華書局，1937 年排印本。

⑩　明朱祖埤《水經注箋》，爲明代以前《水經注》最佳校刊本，顧炎武稱之爲“三百年來一部書”（閻若璩《古文尚書疏證》卷六下引）。其《處方》于垂沙之戰仍誤作“夾沘而軍”。

⑪　陳奇猷《呂氏春秋校釋》卷二十五《處方》注尚言“此未詳”。舊本《水經》本作‘沘水’，何焯改作‘沘水’，蓋以《漢書·地理志》有沘水。然《地理志》並未說及與齊楚之戰有關，僅‘沘’‘沘’字形相近而已，安可即據《漢志》以改此？退而言之，此沘水果即《漢志》之沘水，‘沘’‘沘’二形必有一誤，安知《漢書》非‘沘’之誤，而必謂此及《水經》‘沘’爲‘沘’之誤耶？何氏所改，可謂誣妄之甚矣。諸家又從何氏改此。豈可謂能明辨是非乎？”陳氏引文繁多，實未能弄清齊楚垂沙之戰發生之地點，祇就各書異文判斷之，而以他人不能明辨是非，可謂過矣。

⑫　繆文遠《戰國策考辨》，中華書局 1984 年 7 月版 54 頁。

⑬　見《史記·六國年表》及《秦本紀》、《韓世家》、《魏世家》。

⑭　見《史記·楚世家》。此事與上一事之先後據《資治通鑑》。

⑮　《戰國策·秦策一》秦假道韓魏以攻齊章，林春溥《戰國紀年》繫于周顯王三十七年，即齊威王二十五年；黃式三《周季編略》繫于周顯王二十一年，即齊威王九年；顧觀光《國策編年》繫于周顯王十二年，即齊威王元年；于鬯《戰國策年表》繫于秦惠公四年，即齊威王二十三年。

⑯　錢穆《先秦諸子繫年·匡章考》以爲《戰國策·齊策一》所記章子使齊軍“變其徽服以雜秦軍”以取勝，齊威王不信流言之事在秦惠王稱王（前 325）之前，即齊威王三十二年之前，則更早于宣王時。

⑰　齊湣王之對臣下粗暴，亦見于其他記載。如《呂氏春秋·權勛》記齊湣王之時樂毅帥五國之師伐齊，齊湣王使觸子領兵，同“天下兵”（即五國之兵）相遇于濟水之上，“齊王欲戰，使人赴觸子，恥而訾之曰：‘不戰，必劙若類，掘若壟！’”高誘注：“劙，滅也。若，汝也。壟，冢也。言不堪敵而戰、克破燕軍，必劙汝種類、平掘汝先人之冢也。”觸子對此怨恨在心，就打算故意讓齊軍大敗。於是按湣王的命令同五國之兵交戰，便擊金退兵。五國之兵追來，齊軍大敗，觸子以一乘去，莫知其所。齊將達子帥其餘卒駐軍于秦周，將士困乏，使人向湣王請金，湣王不但不給，反而罵道：“殘若堅子之類！惡能給若金？”（“殘若”原作“若殘”，據劉師培之說改）。

⑱　關于戰國齊紀年參新版《辭海》所附《中國歷史紀年表》，上海人民出版社 1976 年以來多次重印《中國歷史紀年表》，楊寬《戰國史》附錄《戰國大事年表》（上海人民出版社 1980 年第二版、1998 年第三版），金景芳《中國奴隸社會史》附《戰國年表》（上海人民出版社 1983 年第一版）。

⑲　《呂氏春秋·不屈》：記匡章謂惠子于魏王前曰：“蝗螟，農夫得而殺之，奚故？爲其害稼也。今公行，多者數百乘，步者數百人；少者數十乘，步者數十人。此無耕而食者，其害稼亦甚矣。”又《愛類》記其質問惠施：“公之學去尊，今又王齊王，何其到（按：古“倒”字皆作“到”）也？”“齊王之所以用兵而不休，攻擊人而不止者，其何故也？”可見匡章是反對策士撥弄于諸侯之間，也反對諸侯間的攻戰殺伐的。

⑳　裨將軍：《漢書·項籍傳》顏注：“裨，助也。相輔助也。”《楚世家》言懷王十七年秦虜楚“大將軍屈匄，裨將軍逄侯醜等七十餘人”。則一軍中大將軍一人，而裨將軍有多人。

㉑　見《屈原與他的時代·屈原時代楚朝廷內兩派鬥爭的主要人物》之六《司馬子椒即唐眛考》，人民文學出版社 1996 年 8 月第一版。

㉒　《戰國策·（蘇子）謂楚王曰章》，篇首“蘇子”二字爲衍文，見繆文遠《戰國策新校注》534 頁，巴蜀書社 1987 年版；繆文遠《戰國策考辨》147 頁，中華書局 1984 年 7 月版。因文中所反映思想與蘇秦不合。

㉓　“鄭敗韓于負黍”之役見《史記·六國年表》及《鄭世家》、《韓世家》韓景侯元年（前 407）載。《呂氏春秋·介立》所言“鄭人下轂”當即指此。“處”、“黍”先秦古韻均屬魚部，“黍”字穿母三等，“處”字審母三等，先秦皆歸透母，兩字先秦古音相近，故得假借。“轂”由“處”得聲，音同“處”。

㉔　見《史記·秦本紀》、《趙世家》、《白起傳》、《廉頗列傳》附趙奢傳。

㉕　參拙文《屈原未放漢北說質疑與放逐漢北的新證》，刊《中國文學研究》1990 年第 3 期，又《中國古代近代文學研究》1991 年第 1 期；《屈原被放逐漢北任掌夢之職考》，刊《北京社會科學》1996 年第 1 期，又《中國古代近代文學研究》1996 年第 6 期。

㉖　游國恩《楚辭論文集》，作家出版社 1957 年 1 月第 1 版。

㉗　孫作雲《屈原在懷王時被放逐的年代》，原刊 1953 年 10 月 3 日《光明日報》的《史學》專刊第 14 期，收入《楚辭研

究論文集》，作家出版社 1957 年版。

㉘ 《史記·秦本紀》記秦昭王七年（楚懷王二十九年）伐楚事最爲混亂。《六國年表》此年秦國欄："樗里疾卒。擊楚，斬首三萬。"楚國欄："秦取我襄城，殺景缺。"《楚世家》："秦復攻楚，大破楚，楚軍死者二萬。殺我將軍景缺。"除楚軍所死人數一作"二萬"、一作"三萬"外，其餘皆一致。《秦本紀》則將"庶長奐伐楚，斬首二萬。涇陽君質於齊"置於昭王六年。知此十五字當在昭王七年者，除以上三處記載秦伐楚，斬首二萬均在昭王七年外，《六國年表》齊國欄於此年有"秦使涇陽君來爲質"。《田完世家》同。可見這十五字俱是由昭王七年竄入六年。又《秦本紀》于昭王九年"奐攻楚，取八城"乃昭王八年事（見《六國年表》、《楚世家》），因與昭王九年（楚頃襄王元年）秦攻楚，取十六城之事相混而置此。在"取八城"之下又有"殺其將景快"五字，乃昭王七年文字，誤入此。景快即景缺（上同音相近）。因《秦本紀》將同一事分在兩處，致使梁玉繩誤以爲兩事，言"二景必兄弟也"。

㉙ 《淖滑滅越與屈原統一南方的政治主張》，見《屈原與他的時代》。又《屈原的一統思想與美政思想》，刊《甘肅社會科學》1996 年第 2 期、第 3 期。

㉚ 《左傳·哀公八年》載吳師由武城入魯境即是證明。吳之本境，直至武城（今山東省棗莊市以北）。魯哀公十二年越滅吳，其地遂爲越所有，越又北上與齊楚爭地，《孟子·離婁》言"曾子居武城，有越寇"，是證。楚也極力向東北方向發展。

㉛ 見《楚世家》。滅陳時間《集解》引徐廣以爲惠王十年事，梁玉繩《史記志疑》考證在楚惠王十一年（前 478）。

㉜ 春秋時有兩杞國，周封之杞遷于緣陵（在今山東省濰坊市以南），"殷杞"在今山東省新泰、寧陽、泰安三縣交界地區。見王恩田《從考古材料看楚滅杞國》，刊《江漢考古》1988 年第 2 期。楚滅之杞，應爲殷杞，正當泗水上游。

㉝ 參何浩《楚滅國研究》，武漢出版社 1989 年 11 月第一版。

㉞ 見《史記·六國年表》。關於屈原任左徒的時間，蔣驥《山帶閣注楚辭·楚世家節略》主張在懷王十一年之前，聶石樵《屈原論稿》主之；陸侃如《屈子年表》、姜亮夫《屈原事迹續考·屈子年表》主張在懷王十年。拙文《〈戰國策〉中有關屈原初任左徒時的一段史料》主在懷王十年。

㉟ 《史記·西南夷列傳》原文此段文字下尚有"秦時常頞略通五尺道，諸比國頗置吏焉。十餘歲，秦滅"。梁玉繩《史記志疑》卷二十四摘引原文略去"秦時常頞略通五尺道，諸比國頗置吏焉"，而言由莊蹻王滇至秦滅共七十年，以《史記》言"蹻王滇後十餘歲而秦亡"爲誤，乃梁氏所據原文有誤也。有人據梁氏之說而疑及莊蹻入滇年代，故附論之。

㊱ 楊寬《戰國史》354 頁注，上海人民出版社 1981 年 7 月第 2 版。

㊲ 清顧觀光《華陽國志校勘記》引諸書之引文後說："必《華陽國志》古本如此，後人依《史》、《漢》改耳。"顧說是。

㊳ 《尉繚子·攻權》："夫力弱，故進退不豪，縱敵不擒。"《史記·魏公子列傳》："平原君之游，徒豪舉耳，不求士也。"其"豪"字俱爲壯大義。《詩·大雅·崧高》："四牡蹻蹻。"毛傳："蹻蹻，壯貌。"又《周頌·酌》："蹻蹻王之造。"毛傳："蹻蹻，武貌。"又《魯頌·泮水》："其馬蹻蹻。"毛傳："言强盛也。"又古"蹻"同"趫"，勇健、矯健之義，與强壯之義相近。

㊴ 《史記·楚世家》。《六國年表》作"取我十六城"。又《秦本紀》昭王九年作"奐攻楚，取八城"，乃誤以昭王八年事移此。《秦本紀》在"取八城"之下所記"殺其將景快"。則應爲秦昭王七年事。《六國年表》楚懷王二十九年："秦取我襄城，殺景缺。"《楚世家》懷王二十九年："秦復攻楚，大破楚，楚軍死者二萬，殺我將軍景缺。"《楚世家》與《六國年表》記載一致。梁玉繩《史記志疑》于此未能深考，調合此兩處同《秦本紀》之矛盾曰："二景必弟兄也。"其實乃是一事而誤在兩年中，"景快"即景缺。

㊵ 《戰國策·秦策三》述蔡澤語（"攻"，據王念孫說改作"收"）；《後漢書·南蠻傳》。

㊶ 張正明《楚史》，湖北教育出版社 1995 年 7 月第一版 344 頁。

㊷ 姜亮夫《楚辭學論文集》，上海古籍出版社 1984 年 12 月第一版，61 頁。

㊸ 胡念貽《屈原小傳》，見胡氏《楚辭選注及考證》，岳麓書社 1984 年 11 月第一版（該文爲胡氏去世後整理者據其所存遺稿整理，仍以《惜往日》、《悲回風》爲屈原作品，同胡氏生前正式發表的論著相矛盾）。並參胡念貽《屈原作品的真僞問題及其寫作年代》，見胡氏《先秦文學論集》，中國社會科學出版社 1981 年 12 月第一版。

㊹ 譚介甫《屈賦新編》44—45 頁。中華書局 1974 年版。下面所引一段見該書 376 頁。

㊺ 《〈楚辭新注〉導論》《中華文史論叢》第一輯，中華書局上海編輯所編輯，1962 年 10 月出版。95 頁："屈原在遷陳之後被放。"

《宋書》中一個來自佛教的譬喻故事

王 邦 維

《宋書》卷八九《袁粲傳》有"狂泉"故事：

　　（袁粲）又嘗謂周旋人曰：昔有一國，國中一水，號曰狂泉。國人飲此水，無不狂，唯國君穿井而汲，獨得無恙。國人既並狂，反謂國主之不狂為狂，於是聚謀，共執國王，療其狂疾。火艾針藥，莫不畢具。國主不任其苦，於是到泉所酌水飲之，飲畢便狂。君臣大小，其狂若一，眾乃歡然。我既不狂，難以獨立，此亦欲試飲此水。①

故事很可能是袁粲自己的創作。袁粲劉宋孝武帝至順帝時人，順帝昇明二年(477)遇害，年五十八。

這一故事，顯然是從佛經《雜譬喻經》中的"惡雨"故事變化而來。《雜譬喻經》，比丘道略集，其中第十七個故事爲"惡雨喻"：

　　外國時有惡雨，若墮江湖、河井、城池水中，人食此水，令人狂醉，七日乃解。時有國王，多智善相。惡雨雲起，王以知之，便蓋一井，令雨不入。時百官群臣，食惡雨水，舉朝皆狂，脫衣赤裸。泥土塗頭，而坐王廳上。唯王一人，獨不狂也，服常所著衣，天冠瓔珞，坐于本牀。一切群臣，不自知狂，反謂王為大狂，何故所著獨爾。眾人皆相謂言："此非小事，思共宜之。"王恐諸臣欲反，便自怖懼，語諸臣言："我有良藥，能愈此病。諸人小停，待我服藥，須臾當出。"王便入宮，脫所著服。以泥塗面，須臾還出。一切群臣，見皆大喜，謂法應爾，不自知狂。七日之後，群臣醒悟，大自慚愧。各著衣冠，而來朝會。王故如前，赤裸而坐。諸臣皆驚怪而問言："王常多智，何故若是？"王答臣言："我心常定，無變易也。以汝狂故，反謂我狂。以故若是，非實心也。"如來亦如是，以眾生服無明水，一切常狂。若聞大聖常說諸法不生不滅，一相無相者，必謂大聖為狂言也。是故如來隨順眾生，現說諸法是善，是惡，是有為，是無為也。②

比丘道略事跡不詳。僧祐《出三藏記集》卷二，記載鳩摩羅什所譯佛經，其中講"《雜譬喻經》一卷"，並有小字注"比丘道略所集"。③羅什爲中國歷史上最著名的譯經僧之一，姚秦時人，所譯佛經在當時及後代流傳都極廣。道略則有可能是鳩摩羅什的一位弟子。南朝佛教盛行，孝武帝對佛教信仰頗深。《袁粲傳》中就有孝武帝"率群臣並於中興寺八關齋"的記載，袁粲當時亦在群臣之列。因此袁粲看來是有機會知道"惡雨"故事的。東晉南北朝時代，譯出佛經甚多，佛經中多有譬喻故事。佛教的譬喻故事，往往設想奇異，頗具文學色彩，受到文人以及一般群衆的歡迎。傳本佛經中除鳩摩羅什翻譯的《雜譬喻經》以外，以《譬喻經》爲題的作品還有好些種，大致都是這一時代的作品。"狂泉"與"惡雨"兩個故事之間，存在因襲關係，正可以說明這一點。

　　狂泉故事，後來還被收入一些類書，如《册府元龜》卷九一七。④明代的徐文長，言行狷介，被時人目爲"狂士"，他寫有一首《臨江仙》，其中一句是："未需磨慧劍，且去飲狂泉。"典故即出於此。文長顯然也讀過佛書，因爲"慧劍"一詞也是佛教中常見的語言。

---

① 中華書局標點本，第八册，第2231頁。過去有人引書，把這個故事看成是袁粲撰《妙德先生傳》的一部分，但如果仔細玩味上下文，會發現其實不是。
② 《大正新修大藏經》第四卷，第526頁中至下。
③ 《大正新修大藏經》第五十五卷，第11頁上。
④ 北京中華書局本，第十二册，第10845頁上至10847頁下。

兩漢京師戍衛軍制中若干問題探微

黄　今　言

漢王朝爲拱衛其統治中心,有效地駕御和控制全國政局,對京師常備軍的建設十分重視。當時京師常備軍的主要構成有:宮廷禁衛軍、宮城近衛軍和京師戍衛軍,形成了以拱衛皇帝爲中心任務的三層保衛圈制度。

宮廷禁衛軍是以"期門、羽林"爲主體的郎衛。①宮城近衛軍與京師戍衛軍,即通常所說的"南軍"與"北軍"。前輩學者對"南、北軍"的稱謂、駐地、職權範圍以及二者的區別等,多有攻功和論考。②然各家詮釋往往殊異,在時段上也只言及漢初者多,或存偏弊之嫌。本文不涉及宮廷禁衛軍和宮城近衛軍,③僅就兩漢京師戍衛軍(北軍)④的統屬、任務、兵力及其地位的發展演變等問題,做些簡要的論列和探討,旨在就教于同仁。

一

京師戍衛軍的統御機構或主管部門爲何? 它直接歸誰統領? 史實表明,這在兩漢時期有別。關于西漢的統屬問題,由于文獻記載粗略,後世學者對此說法不一。頗滋疑竇。爲正本清源,需要首先回顧史實。據《漢書·百官公卿表》載:

> 中尉,秦官,掌徼循京師,有兩丞、候、司馬、千人。武帝太初元年更名執金吾。屬官有中壘、寺互、武庫、都船四令丞。都船、武庫有三丞,中壘兩尉。又式道左右中候、候丞及左右京輔都尉、尉丞兵卒皆屬焉。

"中尉,秦官",有史可證。據董悦《七國考·職官》:秦惠王時有"中尉田真黄"之說。⑤"中尉"武官,其屬官除"兩丞"之外,"候、司馬、千人"也均爲武官。漢初承襲秦制。武帝更名執金吾後,設中壘、寺互、武庫、都船等,機構擴大,屬官增多,權限上升,且所有京輔地區的軍隊,皆歸執金吾屬下統領。這說明有關軍隊的統屬問題,班固並非沒有大致上的交待。

然後世論者在言及西漢京師戍衛軍的統屬時,卻多有歧議:(1)是認爲漢初南北軍皆衛尉統領。如程大昌《雍録》卷八南北軍及畿内兵制條曰:武帝之前南北軍皆統隸于未央衛尉。至武帝時則北軍不屬衛尉矣。(2)是認爲北軍歸中尉統領。如王應麟《玉海·兵制》條曰:"漢宮城内爲南軍,宮衛屯兵屬焉,衛尉主之;京城門外之北軍,京輔兵屬焉,中尉主之。"馬端臨《文獻通考》主從此説。(3)是認爲北軍歸中壘校尉統領。如錢文子《補漢兵志》曰:"北軍在未央北,爲軍壘門,置中壘校尉,以一校守之。有事屯兵其中,事已輒罷,武帝時有諸校尉,則常屯矣。"陳元粹注曰:"漢初有南北軍,則中壘校尉掌北軍壘門,當是高帝所置。諸吕反,太尉不得入,北軍則中壘校尉所守也。……"就是説,武帝之前的北軍統領是中壘校尉,武帝後仍以中壘主之。

今根據前引《百官公卿表》的記載,考之以上各家之言,似當慎審:謂衛尉統隸北軍之説,明顯失誤,這混淆了宮城衛士與京師戍卒的區别,不明其各有統屬關係。而其它二説,乃似乎皆忽略了時間序列上的先後。因爲"中尉"一職,雖爲秦制,然漢初並無"中壘校尉"之設,其時的北軍當屬中尉統領。故北軍屯兵有"中尉卒"之稱。中壘校尉既非設于漢初,則陳元粹説"中壘校尉掌北軍門壘,當是高帝所置",誠然不確。但武帝太初元年,"中尉"更名"執金吾"後,北軍乃非"中尉"所轄,而當由執金吾屬下的中壘校尉直接統領。職官易名,權限範圍有變。因此,西漢戍衛軍的統領,應當漢初爲"中尉",後爲"中壘校尉"才是確論。

時至東漢,又有不同。當時執金吾屬下的武官,除保留"武庫令"外,其他各官皆省。如《後漢書·百官志》曰:

> (執金吾)本有式道、左右中候三人,六百石。……中興但一人,又不常置,每出,以郎兼式道候,事已罷,不復屬執金吾。又省中壘、寺互、都船令、丞、尉及左右京輔都尉。

> (西漢)舊有中壘校尉,領北軍營壘之事。有胡騎、虎賁校尉,皆武帝置。中興省中壘,但置中候,以監五營。

這説明,東漢改組戍衛軍時,不僅執金吾屬下的"式道候、左右中候",實際上已經取消,而且主領北軍營壘之事的"中壘校尉"也被省掉。省免中壘後,另設"北軍中候"一人,"掌監五營"。

由此可見,兩漢京師戍衛軍的統領,並非固定不變。它經歷了先由"中尉",繼之"中壘校尉",後爲"北軍中候"監領的演變過程。

至于統領京師戍衛軍的具體人選,西漢一代有大致上的記録。據《漢書·百官公卿表下》,當時先後擔任過中尉或執金吾者,有60餘人以上。例如:

任中尉者:

漢高帝元年至十一年(前206—前196),先後有周昌、丙猜、戚鰓等。

文帝元年至十四年(前179—前166),有宋昌、周舍等。

景帝元年至後元二年(前156—前142),有嘉、衛綰、郅都、寧成、廣意等。

武帝建元元年至元封六年(前140—前105),有張歐、韓安國、趙禹、李息、殷容、司馬安、霸、王溫舒、尹齊、豹等。

任執金吾者：

漢武帝太初改制後，從天漢二年至後元二年(前99—前87)，有杜周、范方渠、郭廣意等。

昭帝始元元年至元平元年(前86—前74)，有馬適建、壺信、李壽等。

宣帝本始二年至甘露二年(前72—前52)，有辟兵、邳元、延年、廣意、賢、田聽天等。

元帝初元元年至竟寧元年(前48—前33)，有馮奉世、李延壽、王章等。

成帝建始元年至綏和二年(前31—前7)，有任千秋(長伯)、輔、辛慶忌、韓勳，翟方進、廉褒(子上)、尹岑(子河)、趙護(子夏)、宏、王幼公、閻宗(君闌)、孫雲(子叔)等。

哀帝建平二年至元壽二年(前5—前1)，有公孫禄(中子)、海蟜望(王君)、肖育、毋將隆、申屠博、韓容(子伯)、孫建(子夏)等。

平帝元始元年至元始二年(1—2)，有任岑、尹賞等。

從這個任職名單看，其人選非同一般。當時太守爲中尉者有3人，廷尉爲中尉者2人，少府、中大夫、關都尉、右輔都尉、河間太傅爲中尉者各1人，而由中尉任職後升遷爲御史大夫者2人。又太守爲執金吾者5人，光禄大夫爲執金吾者4人，京兆尹爲執金吾者2人，其他如廷尉、中少府、太僕、水衡都尉、護羌校尉、五官中郎將、中郎將、將作大匠、護軍都尉、右輔都尉以及安平侯、弋陽侯等爲執金吾者各1人。而由執金吾升遷爲御史大夫者3人，遷爲丞相者1人。當然，還有一些人是由于文獻失記，難于詳知。這僅僅是從《百官公卿表》所看到的概要。

東漢"執金吾"、"北軍中候"的任職名單，《後漢書·百官志》未留下記載。但從執金吾買復、陰識、劉般、耿秉、朱徽等人的行事觀之，其地位也是較高的。(後詳)至于北軍中候，秩級僅"六百石"，雖然官位不高，又文獻多未記下其姓名，然它同樣是深受漢廷信任的要臣，此乃似無可疑。

二

京師戍衛軍的任務是什麼？其在前、後漢的職掌是否完全一致？長期以來，若明若暗，未加細辨。考之兩漢四百餘年，隨着領導體制的不斷調整變化，對之確乎不可統論。

西漢太初改制之前，中尉所領的戍衛軍，其主要職掌是負責京師治安、防盜防亂，穩定京城秩序。如《漢書·百官公卿表》曰：

中尉……掌徼循京師。如淳注曰："所謂游徼、徼循禁備盜賊也。"

《文獻通考·兵考》曰：

　　（中尉）掌京師盜賊，按考疑事。

能説明中尉這一職掌的具體事例多有。當時幾乎凡有中尉之迹，文獻一般都載有治獄、執法之事。如《漢書·淮南王傳》："（淮南王謀不軌）漢公卿請逮治王……上不許公卿，而使漢中尉宏即訊驗王。"《史記·郅都傳》："郅都爲中尉，丞相條侯至貴倨也，而都揖丞相。是時民樸，畏罪自重，而都獨先嚴酷，致行法不避貴戚，列侯、宗親見都，側目而視，號曰蒼鷹。"又《史記·寧成傳》："長安左右宗室多暴犯法，于是上召寧成爲中尉。其治效郅都，其廉弗如，然宗室豪傑，皆人人惴恐。"大量史實表明，此時中尉的職責主要是徼循京師，按考疑事，懲治不法。每當有警之時，或發生政亂，中尉所領之兵便奉命救急。

　　武帝太初改制後，執金吾機構擴大，京師戍衛軍的基本職掌，仍是巡察京師，維持治安，禁備盜賊。但是，比之漢初，較多地強調了"戍衛"和"武備"的職能。古人在對《百官公卿表》"執金吾"條作注時，對此已有透示。例如：

　　應劭曰：吾者，御也，掌執金革以禦非常。

　　師古曰："金吾，鳥名也，主辟不祥。天子出行，職主先導，以禦非常。

這時由于錯綜複雜的社會問題和民族矛盾上升，故捍衛京師，加強"金革"武備，"以禦非常"，顯得更爲突出。執金吾警備的範圍較前擴大，從京城擴展到整個三輔王畿地區。所謂"左右京輔都尉、尉丞兵卒皆屬焉"即是。當時"衛尉巡行宮中，則（執）金吾徼于外，相爲表裏，以擒奸討猾"。⑥還有一點，就是執金吾屬下之主要吏員的分工更爲具體、明確。例如：

　　中壘校尉主北軍壘門内，尉一人主上書者獄。上章于公車，有不如法者，以付北軍尉，北軍尉以法治之。⑦

　　寺互，掌官府門禁。⑧

　　武庫令……主兵器。⑨

　　都船……都船獄令。⑩

　　式道左右中候。應劭注曰："式道凡三候，車駕出還，式道候持麾至宮門，門乃開。"⑪

可見，此時從皇帝出行時充當"導從"，到官府門禁、武器保管、都船詔獄等等，均設有專人負責。執金吾有權逮捕和處理罪犯，並有自己的監獄。專政職能明顯加強。

　　尤當值得重視者，武帝爲加強武備，在北軍原有兵力的基礎上，又組建了"八校尉"，常駐京師及其附近，使京師戍衛軍的陣容進一步擴大，兵力更爲充實。增強了武備職能。這"八校尉"的名稱和職掌，據《漢書·百官公卿表》云：

　　中壘校尉掌北軍壘門内，外掌西域。屯騎校尉掌騎士。步兵校尉掌上林苑門屯兵。越騎校尉掌越騎。長水校尉掌長水宣曲胡騎。又有胡騎校尉，掌池陽胡騎，不常置。射聲校尉掌待詔射聲士。虎賁校尉掌輕車。

所謂“八校尉”，就是八個兵團，包括騎兵、步兵、車兵等多個兵種。這支新增的軍隊，是“以兵爲職”的常備軍。它不僅負有保衛京師的重任，並且也還經常奉命對外遠征。它以騎兵爲主，是具有各種聯合作戰能力的强大綜合兵團。故此時的京師戍衛軍，對外作戰能力顯爲加强。于是，此後“執金吾”主掌戰爭的職能，便逐漸被“中壘校尉”所取代。

東漢時期的京師戍衛軍，沿用西漢“北軍”的舊名，形式上仍分兩部分，即執金吾所領和北軍中候所轄。但它們的職掌及編制與西漢大異其趣。

首先，執金吾的權限較前進一步縮小，只“主兵器”和巡警京師城外。如《後漢書·百官志》曰：

> 執金吾……掌宮外戒非常水火之事。月三繞行宮外，及主兵器。

在執金吾屬下，僅有“緹騎”和“持戟”了。但秩級仍是“中二千石”，優以厚禄。故史稱：“輿馬導從，充滿于路，世祖微時歎曰：‘仕宦當作執金吾’。”一度成爲人們所羡慕的對象，被認爲是“斯最壯矣”。然“中興以來，但專徼循，不預國政”。[12]表明中興以後，比之過去，相對削減了一些地位和權勢。

但“北軍中候”一職，經過改組後，乃專主宿衛京師洛陽，成爲京師戍衛軍的主體力量。如《後漢書·百官志》曰：

> 北軍中候一人，六百石。本注曰：掌監五營。

所謂“五營”，也就是“五校”。即屯騎校尉、越騎校尉、步兵校尉、長水校尉、射聲校尉。其任務都是“掌宿衛兵”。具體言之，首先一項職責就是擔負京師守備及扈從車駕。如據記載：

> 大駕鹵簿，五營校尉在前。[13]

> 帝崩……閉城門、宮門。近臣中黃門持兵，虎賁、羽林、郎中署皆嚴宿衛，宮府各警，北軍五校繞宮屯兵。[14]

> 衛士千人，在端門外，五營千騎在衛士外。[15]

五營兵不僅負有戍衛京師、警備洛陽城之責，而且奉命遠距離征戰的任務比前更爲頻繁。這方面的事例殊多。例如：

> （安帝永初元年）是時羌反，斷隴道，漢遣（鄧）騭將左右羽林、北軍五校及諸郡兵征之。[16]

> 安帝永初三年冬，南單于與烏桓大人俱反。以大司農何熙行車騎將軍，中郎將龐雄爲副，將羽林、五校營士……共擊之。[17]

> （靈帝）中平元年，黃巾賊起，四府舉（盧）植，……將北軍五校士，發天下諸郡兵征之。[18]

自東漢光武帝精兵簡政、"罷材官、騎士"裁減地方軍後,往往兵源不繼,每有重大戰爭,多靠京師戍衛軍出擊。"使南北二軍交驚于境"。[19] 結果,"王旅無復鎮衛之職,而奔命四方之不暇"。[20] 京師戍衛軍被迫四處應付邊患,京師的安全也就難于得到保障。

時至東漢末季,階級矛盾激化,由于京師戍衛軍衰落,京城洛陽守備日漸空虛,故于中平元年(184)黃巾起義時,漢靈帝爲加強軍事鎮壓,采取緊急措施,以河南尹何進爲大將軍,將兵屯都亭(洛陽附近),置"八關都尉",[21] 以事防守,加强京師洛陽周圍的警備。至中平五年(188)又設"西園八校尉"。如據《後漢書·袁紹傳》注引樂資《山陽公載記》云:

> 小黃門蹇碩為上軍校尉,虎賁中郎袁紹為中軍校尉,屯騎校尉鮑鴻為下軍校尉,議郎曹操為典軍校尉,趙融為助軍左校尉,馮芳為助軍右校尉,諫議大夫夏牟為左校尉,淳于瓊為右校尉,凡八校,謂之西園軍,皆統于碩。

這西園八校尉的設置,固然與宦官、外戚之間的矛盾有關,但也是京師戍衛軍窳敗的直接反映。因爲當時京師戍衛軍忙于應外,無力拱衛京師,所以才采取這一非常舉措。當然,此舉仍未挽救東漢政局的最終危亡。

綜上所述,兩漢的京師戍衛軍,既是武警部隊,又是戍守部隊。隨着政治形勢的發展,其任務在不同時期内各有側重,所發揮的功效也有不同。

三

京師戍衛軍的員額或兵力有多少? 它是怎樣進行訓練? 前人對此論之甚少。需要通過稽考零散資料,略陳大概。

西漢前期,制度初創,京師戍衛軍的編制、員額,似無制度規定,有時可能較多。《漢書·高帝紀》載:

> 十一年七月,上乃發上郡、北地、隴西車騎,巴蜀材官及中尉卒三萬人為皇太子衛,軍霸上。

這屯軍霸上的"三萬人",究竟是指來自上郡、北地、隴西、巴蜀及中尉卒的總數? 抑或單指"中尉卒三萬人"? 意思有些含混。若是軍霸上的"中尉卒"就有三萬人,則説明當時京師戍衛軍的兵力至少在三萬人以上。比照漢初的宮城近衛軍,即衛尉所領的"衛士"二萬人,[22] "中尉卒"比"衛士"多三分之一是有可能的。

武帝之時,戍衛軍的機構、編制較前擴大,其兵力規模估計也不少于數萬。據《漢書·王溫舒傳》云:

> 是時,上方欲作通天臺而未有人,溫舒請覆中尉卒,得數萬人作。

這裏的"數萬人",自然非指一、二萬。時任中尉的王溫舒,一次就查出漏役的"中尉卒"數萬人,表明當時兵源是充足的,若是需要,隨時可以徵調。特別自武帝增設"八校尉"、擴充北軍之後,京師戍衛軍的兵力當更爲增多。當時"八校尉"的兵力,文獻沒有記錄,今就保守估算,若每校尉700人,[23]八校則5600人,這是精銳部隊。再加上原有中尉(執金吾)所統領的兵力,京師戍衛軍的總兵力至少也在二、三萬之間,甚至更多。"八校"的士兵來源,自屯騎至虎賁七校所屬,除胡騎多爲降漢匈奴兵外,其餘皆徵自三輔地區的漢人,當然也有少量來自招募。

王莽在位之年,内外各種矛盾複雜,義軍蜂起,此時京師的兵力也有不少。史稱:

> 莽拜將九人,皆以虎爲號,號曰九虎,將北軍精兵數萬人東向。[24]

這一史實表明,王莽時期京師戍衛軍不少於二萬人以上乃很顯然。

東漢情況有別,在光武帝"偃武修文"思想的指導下,京師戍衛軍進行了整編和壓縮,其兵員定額,略有員數。

當時執金吾所轄之兵甚少。《後漢書·百官志》注引《漢官》曰:

> 執金吾,緹騎二百人,持戟五百二十人。

"緹騎"即騎兵,其成員多出身于富裕家庭。"持戟"是步兵,他們多出身寒門。執金吾所領的兵力僅700人。不僅員額大量減少,而且按士卒的出身貧富來編制兵種,這是值得注視的一大變化。

北軍中候所監領的"五校"。當時各置一校尉,秩比二千石,"掌宿衛兵",司馬一人,千石。其各自的吏員和兵力不等。如《後漢書·百官志》及《漢官》注曰:

> 屯騎校尉……員吏一百二十八人,領士七百人。
>
> 越騎校尉……員吏百二十七人,領士七百人。
>
> 步兵校尉……員吏七十三人,領士七百人。
>
> 長水校尉……員吏百五十七人,烏桓胡騎七百三十六人。[25]
>
> 射聲校尉……員吏百二十九人,領士七百人。

這個數字表明,北軍五校所領的兵力,總計僅4000多至5000人左右,比西漢的八校裁減了不少。累計東漢執金吾和五校之兵力,大約不到西漢武帝時的二分之一。

東漢京師戍衛軍的士兵來源,最初可能有相當一部分是劉秀的原從士兵改編而成。後來主要依靠"招募"。當時的屯騎、越騎等大多數是由募兵組成的。因爲募兵的特點是享有"賜錢",以宗族地域爲單位,沒有固定的服役期限。[26]故久而久之即職業化,並形成父死子繼的制度。安帝元初二年(115),漢廷任劉尚爲中郎將,"將羽林、緹騎、五營子弟三千五百人屯三輔以備羌"。[27]這是三輔地區屯兵子孫相繼,可以世襲的一個例證。自安、順以降,由於長

期對羌戰争,造成"國用不足"、財政虧缺嚴重,因而又出現了買賣"緹綺、五營士"的情況。如據記載:

　　　至安帝永初間,募入錢穀,得爲虎賁、羽林、緹騎、營士。㉘

　　　桓帝延熹四年,減公卿以下俸,貸王侯半租。占買關内侯、虎賁、羽林、緹騎、營士、五大夫,錢各有差。㉙

由于緹騎、五營士實行占買,故不少"商賈惰游子弟",加入到了京師戍衛軍隊伍,"而營衛之選也衰"。㉚東漢末期的"西園八校",兵員數量文獻没有交待。究其兵源,似當主要也是來自招募,且多數是長期在役的職業兵。

　　士兵的戰斗力與軍事訓練密切相關。爲提高京師戍衛軍的素質和作戰能力,秦和西漢的統治者對軍訓自來比較重視。例如:秦朝就曾"盡徵其材士五萬人爲屯衛咸陽,令教射狗馬禽獸"。㉛迄至西漢明確規定:"非教士不得從徵","士不素習,不得應召"。㉜地方上的"正卒",被徵發到京師"屯戍"、擔負常備軍後,仍要按照要求進行各種軍事訓練。當時的軍訓科目是多方面的,擇其要者有三:

　　首先是學習兵法與戰陣。如《漢官儀》曰:"武官肄兵,習戰陣之儀。""官兵皆肄孫吳六十四陣,名曰乘之。"又《漢書·刑法志》:

　　　武帝平百粵,内增七校,外有樓船,皆歲時講肄、修武備云。

所謂"肄兵"、"講肄",主要是指學習兵法,包括"習戰陣之儀"、"演練陣法"。兵法和戰陣,不僅武官要學,士兵也然。孫吳兵法,博大精深,總結了先秦豐富多彩的實戰經驗。到西漢時它仍然列爲學兵的經典。

　　其二是兵器與兵技巧的訓練。凡士兵要"教以五兵",使之掌握"弓矢、殳、矛、戈、戟"等兵器。其中尤其强調"弓射"的技能。據《漢書·藝文志》:當時有《逢門射法》2 篇;《陰通成射法》11 篇;《李將軍射法》3 篇;《魏氏射法》6 篇;《强弩將軍王圍射法》5 篇;《望遠連弩射法具》15 篇;《護軍射師王賀射書》5 篇等。這些皆屬兵技巧範圍。《漢書·刑法志》注引孟康曰:

　　　技巧者。習手足,便器械,積機關,以立攻守之勝。

　　　材官、騎士,習射御、騎馳、戰陣。㉝

當時騎兵要會"騎射",車兵要習"駕御",材官要能"蹶張"。不論地方軍還是京師常備軍,皆當如此。可見,如何使兵卒與武器緊密結合,是當時軍訓的核心内容之一,要求也嚴。

　　其三是開展各種軍事體育訓練。所謂"蹴鞠"、"角抵"、"投石"、"超距"等活動。這方面的記載,不時可見。例如:

　　　今軍無事,得便蹴鞠,有書二十五篇。㉞

　　　至元帝時,以貢禹議,始罷角抵,而未治兵振旅之事也。㉟

軍隊無事"便蹴鞠"即踢足球。當時在三輔離宮中築有球場,供軍士訓練之用。"角抵",近似後世的摔跤或相撲。長期以來,已將其列爲訓練士兵、"治兵振旅"的一個科目,至元帝時"始罷"之。"投石"和"超距",也是軍體活動的經常性内容。西漢甘延壽爲羽林軍時,"投石、撥距,絶于等倫"。㉟"羽林"是郎衛,屬宮廷禁衛軍,估計當時京師的戍衛軍,也不例外,同樣要有"投石、超距"之訓練。

但東漢建國後,光武帝劉秀"省諸郡都尉",又"無都試之役"。㊲結果地方軍的訓練松弛了。京師戍衛軍雖然也還有一定的訓練,但主要來自招募,成份複雜,士兵素質總體水平不如西漢。所以馬端臨説:"光武罷都試後……則京師之兵亦單弱矣,外之士兵不練,而内之衛兵不精。"㊳和西漢形成了鮮明的對比。

四

京師戍衛軍具有什麽優勢? 它的地位和作用如何? 這是涉及到對戍衛軍總體評估的一個問題,于此,根據現有材料試圖做些梗概性考察。

《文獻通考·兵考二》引宋人山齋易氏之言曰:"漢之兵制,莫詳于京師南北軍之屯。雖東西兩京沿革不常,然皆居重馭輕,而内外自足以相制,兵制之善者也。"也就是説,儘管兩漢京師常備軍的組織機構、職掌任務及兵力員額等"沿革不常",多有變革,但都貫徹着一條"居重馭輕"的建軍方針。所謂"居重馭輕",是指重京師以鎮御地方,重京師直接掌握的常備軍,使之馭御和控制各個郡國的地方軍,確保京師常備軍的可靠性。

爲貫徹"居重馭輕"的方針,漢代京師的常備軍,設有宮廷禁衛軍(郎衛)、宮城近衛軍(衛士)和京師戍衛軍(北軍),前已提及。這三者,分工合作,互不隸屬,互爲表裏,相互制約。將最高軍權集中于皇帝之手,這是中國封建兵制的一個顯著特點,對後世影響很大。㊴實行以京師常備軍爲主體的武裝力量體制,這和當時政治上的中央集權統治是相一致的。

在漢代,作爲京師常備軍重要構成之一的戍衛軍,在貫徹建軍方針方面,也體現得很突出。不僅在武裝力量的建置上逐趨完備,而且和地方上的郡國兵相比,具有明顯的特點和優勢。

首先,京師戍衛軍通常由皇室的親信、功臣或要員統領。除前面論及者外,還有大量史實可徵。例如:周昌,因跟隨沛公劉邦"入關破秦,沛公立爲漢王……昌爲中尉"。㊵衛綰在吳楚反時,因"將河間兵擊吳楚有功,拜爲中尉"。㊶毋將隆在哀帝即位後,"以高第入爲京兆尹,遷執金吾"。㊷賈復是帝鄉南陽人,"小好學,習尚書",助統一戰争有功,故"光武即位,拜爲執金吾"。㊸陰識"以太子舅",爲"執金吾"。㊹馬光是馬防之弟,"兄弟貴盛","自越騎校尉,遷執金吾"。⑤劉般是"宣帝之玄孫","積累仁義,世有名節","顯宗嘉之"。"永平十年,徵般行執金吾事……時五校官顯職閑,而府寺寬敞,輿服光麗,伎巧畢給,故多以宗室肺腑居之"。⑥來歙之曾孫歷,"少襲爵,以公主子,……代馮石爲執金吾"。⑦此類事例甚多,不必贅舉。當時,不僅京師戍衛軍的統領任用親信、重臣,而宮廷禁衛軍和宮城近衛軍的統領也然。地方軍則不具備這一優勢。安置皇室的親信、重臣掌握中央常備軍,既有利于集中軍權、加强控制,增加保衛京師安全的可靠係數。同時也反映了京師常備軍的地位優于地方軍。

其二,京師戍衛軍的軍事素質較高。在西漢時期,這支軍隊的兵源和其他軍隊有別。它非來自全國各地的編户民,而是徵自京輔地區的"良家子"。"爲正"與"屯戍",二役合一。在役的兩年,都是以護衛京師爲宗旨,與京師有直接的利害關係。對此,山齋易氏曾有一段議論。他説:

　　竊疑南軍以衛宮城,而乃調之于郡國。北軍以護京師,而乃調之于三輔。抑何遠近輕重之不倫耶? 嘗考之司馬子長作《三王世家》載公户滿意之言曰:"古者天子必内有異姓大夫,所以正骨肉也;外有同姓大夫,所以正異族也。"……郡國去京師甚遠,民情無所適莫可,緩急為可恃,故以之衛宮城,而謂之南軍;三輔距京師為甚邇,民情有閭里、墓墳、族屬之愛,而利害必不相棄,故以護京城,而謂之北軍。其防微杜漸之意深矣。⑧

這段話,並非否認"南軍"即宮城近衛軍的重要。但它也確説明,當時"北軍"即京師戍衛軍的兵員之所以要徵自三輔的原因,主要是由于三輔距京師很近,"民情有閭里、墓墳、族屬之愛,而利害必不相棄"。三輔民對京師的存亡有密切的利害關係,對護衛京師有更强的向心力,在思想上相對可靠。除了這一思想素質之外,在軍事素質上通常也比地方軍好。他們通常對"騎馳"、"射御"比較熟練,有嚴格的入選標準。迄至東漢,雖然徵兵制漸衰,京師戍衛軍的兵源主要采用"招募"。但入募者必須具備身體、技能、勇敢等條件,同時又是職業兵、長期在役,嫻于戰陣,故它同樣比地方軍具有較高的素質。

第三,京師戍衛軍武器精良,擁有雄厚的軍備。武器是衡量軍隊戰斗力的重要標志之一,也是決定戰爭勝負的物質基礎。漢代武器的種類在先秦基礎上有了新的發展。如長兵器有殳、戈、矛、戟;短兵器有刀、劍;遠程兵器有弓、弩;防護兵器有鎧甲、盾牌;守衛兵器有鈎鑲;錘砸、劈砍兵器有錘、樋、杖、鉞、斧等。這些多爲質量精良的鐵兵器,有的已成爲"中國之長技也"。⑨

同時,爲保障需要,京師戍衛軍駐地長安,擁有大規模的武庫。據考古發掘,長安武庫位于長樂、未央二宮之間,南距南城垣 1810 米,安門大街以西約 82 米處。四周築有圍墻,東西長 710 米,南北 322 米,墻厚 1.5 米,總共占地約 23 萬平方米。在這座武庫城内,發現庫房遺址 7 處。各個庫房所存放的武器種類不一。有的存放鎧甲,有的專儲弓弩、箭鏃。在 1 號、7

號庫房遺址都發現銅鐵兵器，計有刀、劍、矛、戟、斧、鏃和鎧甲等，以鐵制兵器爲多，僅鐵鏃就達一千餘件。長安武庫自西漢初修建後，一直沿用到王莽時期。[50]當時全國各地均有武器儲備，見于記載的在洛陽、河南、上郡、潁川、廣漢、山陽、北海、玄菟、張掖、酒泉、漁陽、上黨等地都建有武庫。[51]長安武庫似當主要是供京師常備軍用的。他們擁有這大量的精良武器，意味着其握有一支龐大的物化了的軍隊，無疑對提高戰斗力更爲有利。

在論及軍隊的重要性時，宋人陳傅良在其《歷代兵制》中說："兵之所在，權實歸之，是以在外則外重，在内則内重……内外輕重，一繫于兵。"由于漢王朝組建的京師戍衞軍具有上述優勢，所以它在穩定當時的政局中占有舉足輕重的地位。突出表現在以下三個方面：

京師戍衞軍在維護京師的社會秩序中占有不可或缺的地位。西漢京師長安有戶 8 萬多，人口達 40 餘萬，人員複雜，社會治安秩序一度較亂。王温舒爲戍衞軍統領(中尉)時，在長安，"吏苛察淫惡少年，投缿購告言姦，置伯落長以收司姦"。由于對"姦猾窮治"，結果"中尉部中中猾以下皆伏"。[52]又據記載，當時"長安中，姦猾浸多，間里少年群輩殺吏"。尹賞任長安令時，"雜舉長安中輕薄少年惡子、無市籍商販作務、而鮮衣凶服被鎧扞持刀兵者，悉籍記之，得數百人"。當他遷執金吾後，"督大姦猾，三輔吏民甚畏之"。[53]當時的戍衞軍，"督盜賊，斬伐不避貴勢"。[54]對京師的治安，起到了鎮定社會秩序之效果。

再者，京師戍衞軍在平定内亂中起過重大作用。這方面的記載不少。例如：西漢初，諸吕專權，"大臣欲誅諸吕"。周勃"入據北軍，遂以誅諸吕"、安劉氏。[55]景帝平定"七國之亂"，因北軍主力參戰而獲勝。武帝晚年，戾太子(劉據)在京師發動叛亂，也因北軍"不肯應太子"，[56]而太子失敗。東漢時，竇憲女弟婿郭舉爲侍中，與衞尉鄧疊母元，俱出入宫中，"謀爲不軌"。後被發覺，"和帝幸北宫，詔執金吾、五校勒兵屯南、北宫，閉城門，捕舉。舉父長樂少府璜及疊、疊弟步兵校尉磊，母元，皆下獄誅"。結果，"竇氏被誅，太后失勢"。[57]這些事例表明，在重大的政治斗爭中，京師戍衞軍對穩定當時政局的意義不可低估。

還有一點就是，京師戍衞軍在反擊異族侵擾的征戰中成爲一支重要的骨幹武裝力量。這方面，東漢之時體現得尤爲突出。例如明帝永平年間，馬嚴爲將軍長史，"將北軍五校士、羽林禁兵三千人，屯西河美稷，衞護南單于"。[58]耿恭任長水校尉時，曾"將五校士三千人討西羌"。[59]章帝建初二年(77)，馬防等"將北軍五校兵及諸郡積射士三萬人擊(羌)"。[60]和帝永元九年(97)，"隴西羌反，遣執金吾劉尚行征西將軍，越騎校尉節鄉侯趙世發北軍五校……征西羌"。[61]安帝永初元年(107)，"羌反，斷隴道，漢遣(鄧)騭將左右羽林、北軍五校及諸郡兵征之"。[62]東漢時期，大凡每當重大戰爭，幾乎都有京師戍衞軍出擊，以指揮或協調地方軍、邊防軍作戰。曾有過不少戰績。但到後來，由于政治腐敗，乃往往"徒見王師之出，不聞振旅之聲"。[63]軍威明顯下降，這也是一個不争的事實。

　　史實表明:兩漢時期,作爲京師常備軍重要構成之一的戍衛軍,不僅在建制上日臻完備,而且和地方軍相比,有不少明顯的優勢。這就是:兵力集中,任務明確;士兵的素質較高;武器精良,訓練有素,由皇室的親信要臣統兵,是天子的親軍。因此,它對鞏固統一、穩定當時的政局起有重要作用。

① 拙文:《漢代期門、羽林考釋》,刊《歷史研究》(北京)1996 年第 2 期。
② 前輩學者專論"南北軍"者,有程大昌《雍錄》卷八《南北軍及畿内兵制》。俞正燮《癸巳類稿》卷 11《漢南北軍義》。賀昌群《漢初之南北軍》,刊《中國社會經濟史集刊》。勞幹《論漢代衛尉與中尉兼論南北軍制度》,刊《勞幹學術論文集甲編》,臺北 1976 年第 879—893 頁。蘇誠鑒《西漢南北軍的由來及其演變》,刊《安徽師大學報》1980 年第 3 期。
③ 關於西漢宮城近衛軍問題,臺灣學者廖伯源先生著:《西漢皇宮宿衛警備雜考》一文,刊《歷史與制度》(香港教育圖書公司出版,1997 年版),對其中衛尉所領衛士,言之較詳。可具參考。
④ 長期以來,一般謂衛尉所掌爲"南軍",中尉所掌爲"北軍"。然自漢武帝太初改制後,特別是東漢一代,北軍並非中尉所掌。又京師兵的範圍、職掌及兵力等大有變異。故本文一般不采用"北軍"稱謂,而用京師戍衛軍表述之。
⑤ 《七國考·職官》:趙烈侯時,"以牛畜爲師,荀欣爲中尉,徐越爲内史"。是知戰國時的趙國也有中尉之設。
⑥ 《漢官六種》,中華書局,1990 年版第 17 頁,又《北堂書鈔·設官一部》。
⑦ 《漢書》卷 36《劉向傳》注引如淳曰。又見《漢官六種》,中華書局,1990 年第 90—91 頁。
⑧ 安作璋等《秦漢官制史稿》,齊魯書社,1984 年第 221 頁。
⑨ 《後漢書》志第 27《百官四》,此制東西漢皆然。
⑩ 《漢書》卷 19 上《百官公卿表》注如淳曰。
⑪ 《漢書》卷 19 上《百官公卿表》注。
⑫ 均見《漢官六種》,中華書局,1990 年版,第 145 頁。
⑬ 《漢舊儀·三輔黃圖》曰:"天子出,車駕次第謂之鹵簿,有大駕,有法駕,有小駕。"
⑭ 《後漢書》志第六《禮儀志下》。
⑮ 《文選·東京賦》注。
⑯⑰㉑㉒　《後漢書》志第 11《天文中》。
⑰ 《後漢書》卷 47《梁懂傳》。
⑱ 《後漢書》卷 64《盧植傳》。
⑲ 陳傅良:《歷代兵制·東漢條》。其實,此時已無"南軍"之名,專指"北軍"乃確。
⑳ 《後漢書》卷 86《南蠻西南夷列傳》。
㉑ "八關"即函谷(今河南新安)、廣成(今河南汝陽東)、伊闕(洛陽南)、大谷(今河南偃師西南)、轘轅(今河南登封西北)、旋門(今河南鞏縣東)、小平津(今洛陽東)、孟津(偃師北)。
㉒ 《漢書·武帝紀》:建元元年詔曰:"衛士轉迎送置常二萬人。"是證。
㉓ 參見《後漢書·安帝紀》注引《漢官儀》記的兵力建制。這當是反映東漢壓縮編制後的情況。
㉔ 《漢書》卷 99《王莽傳下》。
㉕ 另據《漢官儀》:長水校尉的領土爲一千三百六十七人。
㉖ 拙文:《漢代型募兵試説》,刊《中國史研究》1989 年第 3 期。
㉗ 《後漢書》卷 5《安帝紀》及卷 87《西羌傳》。
㉘㉚　陳傅良:《歷代兵制》。
㉙ 《後漢書》卷 7《桓帝紀》。"虎賁、羽林"屬宮廷禁軍,即郎衛系統的警備力量。
㉛ 《史記》卷 6《秦始皇本紀》。
㉜ 《漢書》卷 63《武五子傳》及注。
㉝ 《漢官儀》。

㉞　劉向:《別録》。

㉟　《漢書》卷 22《刑法志》。

㊱　《漢書》卷 70《甘延壽傳》。"投石、撥距",即"投石、超距"。

㊲　《後漢書》志第 27《百官四》。

㊳　《文獻通考·兵考》。

㊴　自漢以降,歷代中央常備軍的組建形式和内容雖有損益,但統治者都着眼于中央軍的建設這一點亚未有變。如曹魏時的中軍、唐朝的南北衞兵、宋代禁兵中的上軍、元朝的怯薛和諸衞、明朝的禁軍和京營等,莫非如此。

㊵　《漢書》卷 42《周昌傳》。

㊶　《漢書》卷 46《衞綰傳》。

㊷　《漢書》卷 77《毋將隆傳》。

㊸　《後漢書》卷 17《賈復傳》。

㊹　《後漢書》卷 37《桓榮傳》。

㊺　《後漢書》卷 24《馬援列傳》。

㊻　《後漢書》卷 39《劉般傳》。

㊼　《後漢書》卷 15《來歙傳》。

㊽　《文獻通考·兵考二》。

㊾　《漢書》卷 49《晁錯傳》。

㊿　《新中國的考古發現與研究》,文物出版社,1984 年,第 395—396 頁。《漢長安武庫遺址發掘的初步收獲》,見《考古》1978 年第 4 期。

○51　分見《漢書》之《劉澤傳》、《周亞夫傳》、《成帝紀》、《王莽傳》及《居延漢簡甲乙編》。

○52○53○54　《漢書》卷 90《酷吏傳》。

○55　《漢書》卷 41《酈商傳》。

○56　《漢書》卷 66《劉屈氂傳》。

○57○60　《後漢書》卷 24《馬援列傳》。

○59　《後漢書》卷 19《耿恭傳》。

○63　《後漢書》卷 65《皇甫規傳》。

《續資治通鑑長編》點校本卷三二至卷一二三校勘劄記(一)

高 紀 春

卷三二淳化二年九月己亥(頁 720)：命左僕射李昉兼中書侍郎，參知政事張齊賢爲吏部侍郎，並平章事。

按："左僕射"李昉，《宋史》卷四《太宗紀一》、卷二一〇《宰輔表一》、《宋宰輔編年録》卷二皆作"右僕射"，《宋大詔令集》卷五一有淳化二年九月己亥《李昉張齊賢並相制》，亦云李昉以"右僕射"拜平章事。又《宋史》卷二六五《李昉傳》云："端拱初，布衣翟馬周擊登聞鼓，訟昉居宰相位，當北方有事之時，不爲邊備，徒知賦詩宴樂。屬籍田禮方畢，乃詔學士賈黃中草制，罷昉爲右僕射，且加切責。……淳化二年，復以本官兼中書侍郎、平章事，監修國史。"則李昉端拱初以右僕射罷，至淳化二年九月復以右僕射拜相甚明矣。《宋史》本傳又云："(淳化)四年，昉以私門連遭憂戚，求解機務，詔不允。……後數月，罷爲右僕射。先是，上召張洎草制，授昉左僕射罷相，洎言：'昉居燮理之任，而陰陽乖戾，不能決意引退，俾居百僚師長之任，何以示勸？'上覽奏，乃令罷守本官。"《容齋隨筆·四筆》卷一二《李文正兩罷相》亦載此事可考。又本書本條雖作"左僕射"，然在此以前，凡言李昉爲"僕射"之職，則皆作"右僕射"，如卷三一淳化元年八月癸卯條"秘書監李至與右僕射李昉……等秘閣觀書"即是；在此之後，凡言及其職者，亦皆作"右僕射"，如卷三四淳化四年十月辛未"右僕射李昉，給事中、參知政事賈黃中、李沆……並罷守本官"，卷三六淳化五年五月壬申"以右僕射李昉爲司空致仕"即是。按宋制，左、右僕射，以左爲上，右爲下。李昉自雍熙初爲"右僕射"，至淳化五年以"右僕射"致仕，終其生未嘗升至"左僕射"也。此作"左僕射"必誤。

《皇宋十朝綱要》卷二作"左僕射"亦誤。《宋會要》禮四五之三四、五九之三、儀制一〇之一四、職官一八之四七、七八之四皆作"右僕射"，惟職官七八之六云："(淳化四年)十月十五日，左僕射兼侍郎、同中書門下平章事、監修國史李昉罷爲右僕射。"前作"左僕射"者亦誤。

卷三三淳化三年六月庚申(頁 737)：有蝗自東北來，蔽天，經西南而去。

按：本條，《宋史》卷五《太宗紀二》、卷六二《五行志二·水下》、《文獻通考》卷三一四《物異考二〇·蝗蟲》條皆繫之本年六月甲申。又本年六月癸亥朔，無庚申日。據知本書此處干支必誤，當從上引諸書作"甲申"是。

卷三四淳化四年二月己卯(頁 745)：遣工部郎中、直昭文館韓授[一]，考功員外郎、直秘閣潘慎修等八人分路巡撫。

校記[一]："韓授"，各本同。按《編年綱目》卷四及本書卷三六淳化五年六月己巳編又作"韓援"。

今按：此人姓名，又見本書卷四七咸平三年十二月丙寅、卷四八咸平四年正月丁未、三月乙亥、卷四九咸平四年六月癸丑、卷九九乾興元年九月庚辰諸條，皆作"韓援"；又見《宋會要》儀制七之二、職官四六之三、職官五〇之一、選舉二七之八、刑法五之一六，亦皆作"韓援"。據知此處"韓授"乃"韓援"之誤也。

十六國官制研究

周 偉 洲

在中國歷史上,"五胡十六國"是一個較爲特殊的分裂割據時期,其特點是自漢代以來,內遷至黄河流域的北方和西北的游牧民族,主要是所謂的"五胡"(即匈奴、鮮卑、羯、氐、羌五族),先後在長江、淮河以北建立了二十多個政權。其中,主要有十六國(内包括漢族所建的三國)。這些由五胡建立的政權,統治和管理着人口衆多的漢族和其它少數民族,這在中國歷史上是第一次。因此,五胡所建政權怎樣統治、管理衆多的漢族和其它民族,他們采取什麼統治機構(即官制)實施其政令,維持其統治? 這是一個頗耐人尋味和有意思的問題。過去,中外學者多有從十六國中某一個或幾個國的官制;或從不同的角度,對十六國官制進行研究。① 本文即擬在前人研究基礎上,對十六國官制作進一步探討。不妥之處,望讀者、專家指正。

一、十六國承襲魏晉官制及其特點

十六國時,内遷五胡雖然居地、習俗等有别,且内遷和建立政權時間不同,但無論怎樣,他們建立的政權形式最終還是承襲秦漢魏晉以來漢族所建政權形式,其政治、經濟和意識形態莫不以漢族政權爲模式。其中的官制也不例外。下面爲了叙述方便和系統,將十六國官制分爲最高統治者名號、中樞(中央)、軍事和地方官制四部分,加以考察。

1.十六國最高統治者名號

十六國各政權的官制都有一個發展和成熟的過程。其最高統治者的名號最終也有所不同:有最後直接稱"皇帝"(天子)者,如成漢國李雄,由成都王而稱帝;漢趙國劉淵以漢王即帝位,劉聰、劉曜因之;後趙石勒由趙天王稱帝,石虎由居攝趙天王稱帝;前燕慕容儁以燕王稱帝,慕容暐因之;前秦苻健由天王稱帝,苻生因之,至苻堅降稱大秦天王,未稱帝,其後苻丕、苻登稱帝;後秦姚興稱帝,後又去帝號稱天王;後燕慕容垂以燕王稱帝,慕容寶、慕容盛因之,盛後又改稱庶民天王;南燕慕容德以燕王稱帝,慕容超因之;夏國赫連勃勃由大夏天王即帝位等。②

也有一直稱天王或王者,如北燕馮跋、馮弘均稱天王;南涼禿髮傉檀由西平王、河西王,稱涼王;西秦乞伏乾歸由河南王稱秦王,乞伏熾磐因之;後涼呂光由三河王而稱天王,呂纂、呂隆因之;北涼沮渠蒙遜稱河西王,沮渠牧犍因之。

此外,還有一些漢族所建政權,一直奉晋爲正朔,最高統治者不願名義上稱帝稱王者。如前涼張氏,張軌、張寔、張駿均未稱王,寔、駿稱涼州牧、西平公。然而,實際上張駿時,"所置官僚府寺擬於王者,而微異其名"。③駿子重華即位後,稱西平公、假涼王。至張祚時,曾一度稱涼公,進而稱帝,但爲時很短,其後張玄靚、天錫即位後,仍稱涼州牧、西平公。又如西涼李氏,自李暠(玄盛)至李歆一直稱涼公,而不稱王。④

總之,十六國最高統治者名號,最終或較長時間稱帝者,凡九國(成漢、漢趙、後趙、前燕、前秦、後秦、後燕、南燕、夏國);稱王或天王者,凡五國(北燕、南涼、西秦、後涼、北涼);僅稱公者,凡二國(前涼、西涼)。按魏晋之官制,帝國、王國及公國的制度有很大的區別。因此,十六國各國官制因其建號不同,而其總的職官設置也有所不同。這是在研究十六國官制應首先注意到的問題。當然,事實也不盡然,如上述前涼張駿時,雖稱西平公,但其建置"擬於王者,而微異其名"。而稱王諸國官制無論在職官名和數量等方面,與稱帝諸國相差無幾。

2.中樞之官

丞相、相國　自秦漢至魏晋各朝均置此職,爲百官之首,"皆非復尋常人臣之職"。⑤而各朝丞相掌職、權力不盡相同。十六國五胡所建政權(包括鮮卑化漢人馮氏所建北燕,下同)稱帝稱王者,大多置有此職,有的且分左、右丞相。見於記載的,如成漢國以范長生及其子賁爲丞相,李越、董皎曾爲相國,尹奉曾爲右丞相。漢趙國任丞相者,有劉宣、劉粲、劉曜。後趙國石弘即位後,曾以石虎(季龍)爲丞相,"(石)勒文武舊臣皆補左右丞相閑任",又任郭殷爲丞相;石虎稱帝後,曾以石斌爲丞相;石世即立後,曾以張豺爲丞相,石遵、石鑒爲左右丞相。前秦國任此職的有雷弱兒、苻雄、王墮、王猛、苻法;至苻登時,以楊宣爲左丞相,竇衝爲右丞相;苻丕曾以王永爲左丞相,竇衝爲右丞相。前燕任此職者,有封奕(國相)。後秦國曾以歸降之焦縱爲相國。夏國任此職的有赫連勃勃長兄右他代。西秦國任此職者,有出連乞都、翟勍、元基(熾磐子);左相有乙旃音泥、乞伏曇達,右相有屋引出支、辛靜、元基。北涼國有相宋繇。⑥

太宰、太傅、太保　《晋書》卷二四《職官志》:"太宰、太傅、太保,周之三公官也。魏初唯置太傅,以鍾繇爲之,末年又置太保,以鄭冲爲之。晋初以景帝諱故,又采周官官名,置太宰以代太師之任,秩增三司,與太傅、太保皆爲上公,論道經邦,燮理陰陽,無其人則闕。"稱帝稱王的五胡政權也多置以上職官,見於記載的,如成漢國先後有太傅李驤、太宰李國、太保李始、太師董皎、太保李奕,又以龔壯爲太師,辭不受;漢趙國有太師劉景、劉顗、范隆、張茂,太宰劉曜、劉歡樂、劉延年、劉易、劉雅、王祥，太保劉殷、王育、劉延年、許遐、任顗、劉旭、呼延晏、傅袛（追贈）；後趙國有太保虁安、張豺，太傅條攸；前燕有太宰慕容恪，太傅慕容評、余蔚，太師慕輿根，太保段崇；前秦有太師魚遵、苻纂，太傅毛貴；後秦有太宰姚紹；後燕有太師庫辱官偉，太保段崇，太宰苻模；西秦有太傅索稜等。

太尉、司徒、司空　《晋書》卷二四《職官志》："太尉、司徒、司空，並古官也。自漢歷魏，置以爲三公。及晋受命，迄江左，其官相承不替。"又《通典》卷二〇《職官》記："……周時，司徒爲地官，掌邦教。秦置丞相，省司徒，漢初因之。至哀帝元壽二年（前1）罷丞相，置大司徒。後漢大司徒主徒衆，教以禮義，凡國有大疑大事與太尉同。……魏黃初元年（220）改爲司徒。晋司徒與丞相通職，更置迭廢，未嘗並立。至永嘉元年（307）始兩置焉。"又記："司空，古官……秦無司空，置御史大夫，漢初因之。至成帝綏和元年（前8）始更名御史大夫曰大司空。……魏初又置司空，冠綬及郊廟之服與太尉同。"十六國五胡稱帝稱王諸國多置此三公。如成漢國有太尉李離、張寶，司徒李雲、王達、何點、王瓌，司空李璜、趙肅、上官惇、譙獻之；漢趙國有司徒或大司徒劉歡樂、劉聰、馬景、劉殷、劉裕、劉乂、任顗、劉雅、劉勱、游子遠、崔岳（追贈）、劉綏、劉昶、劉述（以上大司徒）、郭汜（兼司徒），有太尉范隆、王彰、劉咸、劉易，有司空呼延晏、馬景、劉景、劉均，大司空劉延年、呼延晏、朱紀、王育、呼延翼、靳準、曹恂（追贈）、卜泰；後趙國有太尉石虎、虁安、石韜、張舉，司空郭殷、李農，司徒申鐘；前燕國有太尉封裕、陽鶩、皇甫真，司徒慕容評，司空陽鶩；前秦國有太尉雷弱兒、毛貴、魚遵、苻菁、苻安、苻侯、苻纂、張蚝，司徒王猛、苻融（辭不受）、王永、苻廣，司空毛貴、張遇、魚遵、苻菁、王墮、張蚝、徐義、楊璧；後秦國有太尉姚旻、索稜，司徒尹緯（追贈）；後燕國有太尉庫辱官偉，司徒慕容德，司空慕容紹；南燕國有太尉封孚，司徒慕容鐘、慕容惠，司空慕容麟、慕輿拔、鞠仲；後涼有太尉呂纂，司徒呂弘；南凉有太尉禿髮俱延等。

大司馬　《晋書》卷二四《職官志》："大司馬，古官也。漢制以冠大將軍、驃騎、車騎之上，以代太尉之職，故恒與太尉迭置，不並列。及魏有太尉，而大司馬、大將軍各自爲官，位在三司上。晋受魏禪，因其制……凡八公（即太宰、太傅、太保、太尉、司徒、司空、大司馬、大將軍）同時並置，唯無丞相焉。"十六國五胡稱帝稱王諸國有的也置大司馬一職。如漢趙國沿晋制，大司馬與太尉並置，任大司馬的有劉景、劉聰、劉洋、劉和、劉曜、劉雅、劉丹、劉驥、張茂、石勒、劉胤；後趙有大司馬石斌；前秦有大司馬苻安、雷弱兒、苻融、苻纂、竇衝；後涼有大司馬呂弘；北燕有大司馬馮素弗等。

開府儀同三司　《晋書》卷二四《職官志》："開府儀同三司，漢官也。殤帝延平元年（106），鄧騭爲車騎將軍，儀同三司；儀同之名，始自此也。及魏黃權以車騎將軍、開府儀同三司，開府之名起於此也。""三司"，應即指"三公"；儀同三司，意爲非三公而給予三公同等待遇。開府,指開設府署,辟置僚屬。開府儀同三司,往往爲加官。十六國五胡政權大多沿用漢魏以來的"開府儀同三司"加官職。如漢趙國有范隆、陳元達、卜泰、晋懷帝加儀同三司,劉曜、游子遠、石勒、劉胤加開府儀同三司;後趙國石弘曾開府辟召;前秦王猛、張天錫、苻融、楊定、竇衝、王統、毛興、楊壁、王騰、苻冲、張蚝、苻登、徐嵩(追贈)等曾加開府儀同三司;北燕加馮萬泥、孫護開府儀同三司;南燕慕容超曾開府,慕容鎮加開府儀同三司等。

　　特進　此職一般爲加官,"漢官也。二漢及魏晋以加官從本官車服,無吏卒。……特進品秩第二,位次諸公,在開府驃騎上……"。⑦十六國五胡政權中,有此加官者不多,見於記載的有:漢趙國加晋懷帝、王彌、綦毋達、臺産爲特進;前秦有梁平老、强汪、樊世、强德加特進。

　　左右光禄大夫　《晋書》卷二四《職官志》:"左右光禄大夫,假金章紫綬。光禄大夫加金章紫綬者,品秩第二,禄賜、班位、冠幘、車服、佩玉、置吏卒羽林及卒,諸所贈給皆與特進同。……光禄大夫假銀章青綬者,品秩第三,位在金紫將軍下,諸卿上。漢時所置無定員,多以爲拜假賵贈之使,及監護喪事。魏氏已來,轉復優重,不復以爲使命之官"。十六國五胡政權也多置有此職,如漢趙有光禄大夫范隆、朱紀、單冲、庾珉、王俊、卜珝、晋愍帝、游子遠、臺産、辛勉(辭不受),左光禄大夫劉景、劉雅、張寔、劉綏、卜泰,右光禄大夫陳元達、劉殷,金紫光禄大夫王延,上光禄大夫卜泰;後趙石虎時,曾"置上中光禄大夫,在左右光禄上",另有光禄大夫郎闓、劉真,金紫光禄大夫逯明;前燕有光禄大夫皇甫真;前秦有光禄大夫趙俱、强汪、王彫(追贈),左光禄大夫强平、苻冲,右光禄大夫徐義、苻侯,金紫光禄大夫程肱、牛夷;後燕有左光禄大夫庫辱官偉;北燕有左光禄大夫孫護;南燕有左光禄大夫潘聰;夏國有光禄卿党智隆;西秦有光禄大夫乞伏沃陵。

　　十六國五胡政權也承襲了魏晋以來中樞置尚書、中書、門下三省及御史臺的職官,現分述如下:

　　尚書省

　　録尚書事　《晋書》卷二四《職官志》:"録尚書,案漢武時,左右曹諸吏分平尚書奏事,知樞要者始領尚書事。……尚書有録名,蓋自(趙)憙、(牟)融始,亦西京領尚書之任,猶唐虞大麓之職也。和帝時,太尉鄧彪爲太傅,録尚書事,位上公,在三公上,漢制遂以爲常……自魏晋以後,亦公卿權重者爲之。"十六國五胡政權普遍有尚書省之設,故多有置録尚書事一職。如成漢有李壽、李越、李勢任此職;漢趙任此職有朱紀、劉聰、劉粲、呼延晏、劉驥、靳準、劉殷、遊子遠、劉咸、劉胤、劉昶、劉顗;後趙有石邃、石斌、張豺;前燕有慕容恪;前秦有魚遵、苻法、苻融、苻叡、苻方、王猛、王永;後燕有慕容寶、慕容隆(爲録龍城留臺尚書事);後秦有姚弘;後涼有吕弘、吕超;北燕有馮素弗、孫護;南燕有慕容鐘、慕容鎮;北涼有沮渠政德;夏國有赫連瓊(爲録南臺尚書事);南涼有禿髪俉檀、禿髪武臺;西秦有乞伏熾磐、乞伏元基任此職。

与录尚书事一职相当的,还有汉赵国刘聪曾以刘延年为"录尚书六条事"。《资治通鉴》卷八九胡注云:"录尚书六条事始见于此。……如杜佑之言,则六条盖六曹也。"如此,汉赵此职应与录尚书事职相当,后南朝刘宋也沿此职名。

尚书令 《通典》卷二二《职官四》:"秦置尚书令,尚主也,汉因之……后汉众务悉归尚书,三公但受成事而已。尚书令主赞奏事,总领纪纲,无所不统。"十六国五胡政权尚书台(省)建制较为完备,尚书令一职几乎均有设置。如成汉有尚书令杨褒、阎式、王瓌、尹奉、景骞、罗恒、马尚;汉赵有范隆(守尚书令)、朱纪、刘隆、任顗、王鉴、靳明、刘歡樂;后赵有石虎(守尚书令)、夔安(守尚书令);前燕有阴鸷;前秦有梁楞、辛牢、苻柳、姜伯周、王堕、王猛、苻丕、王永、苻纂、徐義、苻冲;后秦有姚旻、姚弼;后燕有慕容德、慕容根;北燕有孙護;南燕有慕容麟、慕容鎮、董銳;夏國有若門;西秦有乞伏熾磐、翟勍、曇達、麴景、木弈于等。

尚书仆射、左仆射、右仆射 《晋书》卷二四《职官志》:"仆射,服秩印绶与令同。案汉本置一人,至汉献帝建安四年(199),以执金吾荣郃为尚书左仆射,仆射分置左右,盖自此始。经魏至晋,迄於江左,省置无恒,置二,则为左右仆射,或不两置,但曰尚书仆射。"五胡政权仆射的设置亦大致如此。如成汉有尚书仆射杨袞、李載、王誓、任顏,左仆射蔡興,右仆射李嶷;汉赵有左仆射范隆、劉殷、馬景,右仆射朱紀、王育、呼延晏;后赵有左仆射郭敖、夔安、韓晞,右仆射程遐、郭殷、張離、張良;前秦有仆射張天錫,左仆射梁安、梁楞、李威、權翼、王猛、苻冲、俱石子,右仆射董榮、王堕、段純、趙韶、梁平老、楊輔;前燕有左仆射皇甫真,右仆射張希、悅悺、李績;后秦有左仆射尹緯、齊难、梁喜,右仆射韋華、梁喜、尹緯;后燕有左仆射慕容楷、張通、慕容盛、慕容麟、慕容根、慕容度,右仆射慕容麟、慕容隆、衛衡、王騰;南燕有左仆射慕興拔、封孚、封嵩、段暉,右仆射丁通、慕興護、張華;北燕有左仆射馮丕,右仆射張興;夏國有左仆射叱以鞬,右仆射乙斗;后凉有左仆射王祥、楊桓;南凉有左仆射趙晃,右仆射郭偉;西秦有左仆射邊芮、元基、翟紹,右仆射秘宣、出連虔、王松壽等。

列曹尚书 《晋书》卷二四《职官志》:"列曹尚书,案尚书本汉承秦置,及武帝游宴后庭,始用宦者主中书,以司马迁为之,中间遂罢其官,以为中书之职。至成帝建始四年(前29),罢中书宦者,又置尚书五人,一人为仆射,而四人分为四曹,通掌图书秘记章奏之事,各有其任。……及魏改选部为吏部,主选部事,又有左民、客曹、五兵、度支,凡五曹尚书、二仆射、一令为八座。及晋置吏部、三公、客曹、駕部、屯田、度支六曹,而无五兵……。"以后列曹均有增减。五胡所建政权凡置有尚书省(台)者,均有列曹尚书,因史籍阙遗甚多,故已无法了解各国所置列曹尚书情况。史籍但云尚书吏部、五兵等为多,不一一列举。但其中有未见於魏晋诸曹尚书名稱者,如刘聪曾"省吏部,置左右选曹尚书";后燕曾置"七兵尚书";夏國置"都官尚书"等。

尚書左右丞、尚書郎　《晋書》卷二四《職官志》:“左右丞,自漢武帝建始四年置尚書,而便置丞四人。及光武始減其二,唯置左右丞,左右丞蓋自此始也。自此至晋不改。”“尚書郎,西漢舊置四人,以分掌尚書。……及光武分尚書爲六曹之後,合置三十四人,秩四百石,並左右丞爲三十六人。”至魏“凡二十三郎”,晋“置郎二十三人”。十六國五胡政權凡置尚書省者,史籍也見有尚書左右丞、尚書郎設置,但記載不詳。

中書省

中書監、中書令　《晋書》卷二四《職官志》:“中書監及令,案漢武帝遊宴後庭,始宦者典事尚書,謂之中書謁者,置令、僕射。成帝改中書謁者令曰中謁者令,罷僕射。漢東京省中謁者令,而有中官謁者令,非其職也。魏武帝爲魏王,置秘書令,典尚書奏事。文帝黄初(220—226)初,改爲中書,置監、令,以秘書左丞劉放爲中書監,右丞孫資爲中書令;監、令自此始也。及晋因之,並置員一人。”五胡所建政權多置此職,如成漢有中書監王嘏;漢趙有中書監范隆、朱紀、崔懿之、劉均,中書令曹恂;後趙有中書令徐光、王波、孟準,中書監王波、石寧,中謁者令申扁;前秦有中書監胡文、董榮、王猛、苻融,中書令賈玄碩、王魚、王猛、梁熙、梁讜;前燕有中書監宋治、陽哲,中書令韓恒;後秦有中書監王周;中書令韋華;後燕有中書令眭邃、常忠;後凉有中書令王祥、楊穎;西秦有中書監姚儁。

中書侍郎、黄門郎　《晋書》卷二四《職官志》:“中書侍郎,魏黄初初,中書既置監、令,又置通事郎,次黄門郎。黄門郎已署,事過通事乃署名。已署,奏以入,爲帝省讀,書可。及晋,改曰中書侍郎,員四人。中書侍郎蓋此始也。及江左初,改中書侍郎曰通事郎,尋復爲中書侍郎。”五胡政權普遍置此職官,除沿晋稱中書侍郎外,也有置黄門郎者。如漢趙有黄門郎傅恂、韋謏,中書侍郎劉敏元;⑧後趙有黄門郎韋謏、嚴生,中書侍郎樂嵩;前秦有中書侍郎王猛、薛讚;後秦有黄門郎段章,中書侍郎王尚;後凉有中書侍郎楊穎、王儒;北燕有黄門郎常陋,中書侍郎褚匡、李扶(中書郎);南燕有中書侍郎封逞、韓範;北凉有中書侍郎張穆;夏國有中書侍郎皇甫徽、胡方回;西秦有中書侍郎王愷等。

秘書監、著作郎　《晋書》卷二四《職官志》:“秘書監,案漢桓帝延熹二年(159)置秘書監,後省。魏武爲魏王,置秘書令、丞。及文帝黄初初,置中書令,典尚書奏事,而秘書改令爲監。……及晋受命,武帝以秘書並中書省,其秘書著作之局不廢。惠帝永平中,復置秘書監,其屬官有丞,有郎,並統著作省。”“著作郎,周佐史之任也。……魏明帝太和(227—233)中,詔置著作郎,於此始有其官,隸中書省。”晋因之。五胡政權沿置此職官,見於史籍的有:後趙有秘書監徐光,石勒曾“拜太學生五人爲佐著作郎”前燕有秘書監聶熊;前秦有秘書監王颺、朱肜,著作郎梁讜、趙泉、東敬;後凉有著作郎段業;後燕有秘書監郎敷;夏國有秘書監胡義周,著作郎趙逸等。

門下省

侍中 《晋書》卷二四《職官志》:"侍中……秦取古名置侍中,漢因之。秦漢俱無定員,以功高者一人爲僕射。魏晋以來置四人,別加官者則非數。掌儐贊威儀,大駕出則次直侍中護駕,正直侍中負璽陪乘,不帶劍,餘皆騎從。御登殿,與散騎常侍對扶,侍中居左,常侍居右。備切問近對,拾遺補闕。"此職爲門下省最高職官,五胡政權普遍置此。如成漢有李賁、李成、李釚、董皎、馮孚;漢趙有劉殷、王育、王彌、石勒、劉乘、卜榦、卜泰、劉岳、喬豫、和苞、楊難敵、張茂、徐邈、劉胤、卜珝(辭不受)、崔岳(追贈);後趙有石虎、石挺、任播、石邃、夔安、申鐘、石礹、韋謏、鄭系、王謨、石斌、徐統;前秦有吕婆樓、魚遵、强國、雷弱兒、苻融、苻法、王猛、張蚝、强益耳、梁暢、苻纂、梁讜、王永;前燕有慕容恪、皇甫真、蘭伊;後秦有姚弼、段鏗、任謙、姚紹;後燕有慕容德、慕容寶、孫勍、悦真;後凉有房晷、吕弘;南燕有慕容超、慕容統、公孫五樓;北燕有馮弘、孫護、王難、陽哲;夏國有胡儼;西秦有方弘、麴景、翟紹、姚儁、元基、出連輔政、乞伏延祚等。

給事黄門侍郎、黄門侍郎 《晋書》卷二四《職官志》:"給事黄門侍郎,本秦官也。漢已後並因之,與侍中俱管門下衆事,無員。及晋,置員四人。"又《通典》卷二一《職官》也記:"門下侍郎,秦官有黄門侍郎,漢因之,與侍中俱管門下衆事,無員。郊廟則一人執蓋,臨軒朝會則一人執麾,凡禁門黄闥,故號黄門。其官給事於黄闥之内,故曰黄門侍郎。初秦漢別有給事黄門之職,後漢併爲一官,故有給事黄門侍郎。掌侍從左右,給事中使,關通中外,及諸王朝見於殿上,引王就座,無員。"五胡政權中,多有置給事黄門侍郎一職,有時稱黄門侍郎。如漢趙有黄門侍郎陳元達、崔懿之、喬詩、喬度;前燕有黄門侍郎申胤、梁琛;前秦有給事黄門侍郎權翼,黄門侍郎李柔、程寬;後秦有給事黄門侍郎古成詵、尹冲、姚和都,黄門侍郎姚文祖;南燕有黄門侍郎張華;西秦有給事黄門郎郭恒等。

散騎常侍、中常侍 《晋書》卷二四《職官志》:"散騎常侍,本秦官也。秦置散騎,又置中常侍,散騎常侍從乘輿車後,中常侍得入禁中,皆無員,亦以爲加官。漢東京初,省散騎,而中常侍用宦者。魏文帝黄初初,置散騎,合之於中常侍,同掌規諫,不典事,貂璫插右,騎而散從,至晋不改。"五胡政權多置散騎常侍,也有中常侍一職。如成漢有散騎常侍王嘏、王幼、常璩,中常侍許涪、王廣;漢趙有散騎常侍曹恂、王忠(追贈)、劉綏、郁鞠、董景道,中常侍王沈、宣懷、俞容;後趙有散騎常侍石宏、石邃,中常侍嚴震,常侍盧諶,崔豹,在石勒稱趙王初,還置有左常侍,董樹任之,右常侍,霍皓任之;前秦有散騎常侍張天錫、苻洛、劉蘭、休密馱、吕光、王猛、苻暉、王騰、楊定、竇衝、王統、楊壁;後秦有散騎常侍席礹、王帛(僅省記爲散騎);後凉有散騎常侍郭黁;北燕有散騎常侍孫秀,左常侍桃鮮;南燕有散騎常侍韓諱、段封之;北凉有左常侍高猛;南凉有中散騎常侍(中常侍)張融;西秦有散騎常侍乞伏務和、郭黁、段暉、沮渠興國等。

散騎侍郎　《晋書》卷二四《職官志》："散騎侍郎四人，魏初與散騎常侍同置。自魏至晋，散騎常侍、侍郎與侍中、黃門侍郎共平尚書奏事，江左乃罷。"由於此職官地位較低，史籍所載五胡政權内不多。僅見前燕有散騎侍郎徐尉，北凉有郭祗，南凉有陰利鹿。

魏晋門下省還置有給事中（僅見北燕有中給事中馮慧懿，南燕有給事中宗正元）、通直散騎常侍、員外散騎常侍等職官。史籍載五胡政權中以上職官很少，不具列。

在五胡政權中樞職官中，還沿魏晋舊制，設置秦漢魏晋中央的"九卿"或稱"列卿"，《晋書》卷二四《職官志》記列卿中有"太常、光禄勳、衛尉、太僕、廷尉、大鴻臚、宗正、大司農、少府、將作大匠、太后三卿、大長秋，皆爲列卿，各置丞、功曹、主簿、五官等員"。現據史籍，將五胡政權各國列卿所置情況大致叙述如下：

太常　《晋書》卷二四《職官志》："太常，有博士、協律校尉員，又統太學諸博士、祭酒及太史、太廟、太樂、鼓吹、陵等令，太史又別置靈臺丞。"又記："晋初承魏制，置博士十九人。及咸寧四年（278），武帝初立國子學，定置國子祭酒、博士各一人，助教十五人，以教生徒。"太常及其所屬太學諸博士，在五胡政權中的設置，對於加速胡漢融合及文化交流意義重大。見於記載的五胡諸國太常及其所屬職官的有：成漢設有"太官令"，應即太常屬太史令，掌三辰時日祥瑞妖災，歲終則奏新曆；後又見有太史令韓豹、韓浩。漢趙有太常朱紀、靳冲、梁胥、楊柯（辭不受）；國子祭酒有劉均，博士張師，崇文祭酒董景道，博士祭酒臺產，太史令宣于修之、康相、卞廣明、臺產、任義。後趙石勒時，曾下詔"每郡置博士祭酒二人"，又"置大小博士"；至石虎時，"下書令諸郡國立五經博士"，"至是復置國子博士、助教"，任國子祭酒有轟熊；又置"女太史"於靈臺，有太史令趙攬，有太常條攸、劉奥（追贈）、王修。前秦有國子祭酒王歡，博士王寔，太史令康權、魏延、王彤。前燕慕容皝即燕王位後，曾以"裴開、陽鶩、王寓、李洪、杜群、宋該、劉瞻、石琮、皇甫真、陽協、宋晃、平熙、張泓等並爲列卿將帥"。後燕有博士劉詳、董謐。後秦有太常權翼、索棱，太史令郭黁、任猗，博士淳于岐，靈臺令張泉。後凉有太常郭黁、楊穎。北燕有太常褚眭，太常丞劉軒，太史令閔尚、張穆。南燕有太史令成公綏。北凉有太史令劉梁、張衍，又曾以劉昞、索敞、陰興爲國師助教、世子侍講。南凉有國子祭酒田玄冲、趙誕，國紀祭酒郭韶，太史令景保。西秦有博士，見於甘肅永靖炳靈寺一六九西秦壁畫；夏國有太常姚廣都。

又魏晋太常所屬還有"都水使者"，主陂池灌溉，保守河渠，史載漢趙國有左都水使者支當，右都水使者劉攄；後趙有都水使者張漸。

光禄勳　《晋書》卷二四《職官志》："光禄勳，統武賁中郎將、羽林郎將、冗從僕射、羽林左監、五官左右中郎將、東園匠、太官、御府、守宮、黃門、掖庭、清商、華林園，暴室等令。哀帝興寧二年(364),省光禄勳,並司徒。孝武寧康元年(373)復置。"史籍所載五胡政權設光禄勳及其屬官有:漢趙有左中郎將宋始;後趙有光禄勳杜嘏,左中郎將文鴦,右中郎將衛麟;前秦有光禄勳李儼,武賁中郎將張蚝,左中郎將鄧綏;前燕有左中郎將慕容築;後涼有武賁中郎將吕纂、吕開;西秦有光禄勳王松壽等。

衛尉 《晋書》卷二四《職官志》:"衛尉,統武庫、公車、衛士、諸冶等令,左右都候、南北東西督冶掾。及渡江,省衛尉。"史籍所載五胡政權有此職者甚少,僅見漢趙有呼延宴、梁芬、劉鋭,南涼有伊力延,北燕有馮賞等任衛尉之職。

廷尉 《晋書》卷二四《職官志》:"廷尉,主刑法獄訟,屬官有正、監、評,並有律博士員。"五胡政權中,見於記載有任此職者,爲漢趙陳元達、喬智明,後趙續咸,前燕廷尉監袁煒等。

大鴻臚 《晋書》卷二四《職官志》:"大鴻臚,統大行、典客、園池、華林園、鈎盾等令,又有青宫列丞、鄴玄武苑丞。及江左,有事則權置,無事則省。"五胡政權中,見於記載任此職者,爲漢趙范隆、李弘、田崧,後趙亶讚(追贈),前燕温統,前秦韓胤、郝稚,後秦梁斐等。

宗正 《晋書》卷二四《職官志》:"宗正,統皇族宗人圖諜,又統太醫令史,又有司牧掾員。"五胡政權中,見於記載任宗正一職者,爲漢趙呼延攸,前秦苻融,後秦姚紹等。

大司農 《晋書》卷二四《職官志》:"大司農,統太倉、籍田、導官三令,襄國都水長,東西南北部護漕掾。"五胡政權中,見於記載任大司農一職者,爲漢趙卜豫、朱誕、卜珝,後趙曹莫,後秦袁虔、竇温,南涼成公緒等。

將作大匠 《通典》卷二七《職官》九將作監條記:"……秦有將作少府,掌治宫室。漢景帝中元六年(前144)更名將作大匠,後漢位次河南尹。……章帝建初元年(76)復置,初以任隗爲之,掌修作宗廟、路寢、宫室、陵園土木之功,並樹桐梓之類,列於道側。魏晋因之。"五胡政權中,見於記載任將作大匠一職者,爲漢趙靳陵、胡元,前燕平熙,夏國叱干阿利等。

少府 《晋書》卷二四《職官志》:"少府,統材官校尉、中左右三尚方、中黄左右藏、左校、甄官、平準、奚官等令,左校坊、鄴中黄左右藏、油官等丞。"五胡政權中,見於記載的,有漢趙少府陳休,後趙任汪及尚方令解飛等。

十六國五胡政權還承襲了魏晋以來中樞御史臺及其職官,主要有:

御史中丞、御史大夫 《晋書》卷二四《職官志》:"御史中丞,本秦官也。秦時,御史大夫有二丞,其一御使丞,其一爲中丞。中丞外督部刺史,内領侍御史,受公卿奏事,舉劾案章。漢因之,及成帝綏和元年(前8),更名御史大夫爲大司空,置長史,而中丞官職如故。哀帝建平二年(前5),復爲御史大夫。……歷漢東京至晋因其制,以中丞爲臺主。"五胡政權多置御史臺,有御史中丞或御史大夫爲臺主。如漢趙有御史中丞諸衍(一作浩衍)、殷凱(一作段凱),御史大夫崔鴻;後趙有御史中丞李矩;前燕有御史中尉(應即御史中丞)陽約;前秦有御史中丞梁平老、李柔；夏國有御史中丞烏洛孤，御史大夫叱干阿利；西秦有御史大夫梯眷、麴景、段暉。

治書侍御史、侍御史、殿中侍御史　《晋書》卷二四《職官志》："治書侍御史，案漢宣帝幸宣室，齋居而決事，令侍御史二人治書侍側，後因別置，謂之治書侍御史，蓋其始也。及魏，又置治書執法，掌奏劾，而治書侍御史掌律令，二官俱置。及晋，唯置治書侍御史，員四人。"又記："侍御史，案二漢所掌凡有五曹：一曰令曹，掌律令；二曰印曹，掌刻印；三曰供曹，掌齋祠；四曰尉馬曹，掌廐馬；五曰乘曹，掌護駕。""殿中侍御史，案魏蘭臺遣二御史居殿中，伺察非法，即其始也。"史籍所見五胡政權中，置以上職官的僅有：後趙石勒時，置行臺治書侍御史於洛陽；後燕有侍御史仇尼歸，侍御郎高雲；後秦有治書侍御史唐盛，蘭臺侍御史姜楞、侍御史廉桃生；後凉有殿中侍御史王回等。

魏晋於太子東宮還設置了一系列輔佑太子之職官，如太子太傅、少傅、太子詹事、中庶子、中舍人、洗馬、左右率等。⑨在五胡政權中，史籍也記有上述職官。如漢趙有太子太傅卜泰、劉胤，太子少傅董景道，太子太師盧志，太子少師臺産，詹事曹光、⑩魯繇，⑪太子洗馬劉綏，東宮舍人苟裕；後趙有太子詹事孫珍，太子中庶子李顔，石虎時"東宮置左右統軍將軍，位在四率以上；前秦有太子太傅王猛、苻融，太子詹事王猛、席寶，太子左衛率石越；前燕有中庶子李績；後秦有太子詹事王周，中舍人梁喜，洗馬范勳，太子右衛率姚和都；北凉有世子洗馬宗欽，東宮侍講程駿；西秦有太子太師焦遺，太子詹事趙（一作麴）景，太子司直焦楷。

五胡政權也承襲漢魏以來中宮（即後宮，皇后居處）一些職官，而微變其名，如漢趙置中宮僕射，由郭猗任之。

此外，五胡政權還承襲漢晋以來掌皇宮黃門之內諸伺應雜事，持兵器宿衛宮殿的職官——中黃門，此職名義上屬少府，曹魏後職稍重。見於記載的五胡政權置此職者，有漢趙陵修，前秦劉晃，後燕趙濟生，南燕孫進等。

十六國五胡政權均沿襲了漢魏以來實行的封王及"五等爵制"（只有公、侯二級），封王極濫。諸王只有食邑，而無實權，只有兼職後，方有職有權。一般是稱帝建號政權有封王之制，而稱王者政權封王較少。由於五胡政權封王之濫舉不胜舉，故略。而"公、侯"封爵在五胡政權中也普遍存在，由於名目繁多，故亦不贅舉。⑫

3. 軍事之官

十六國五胡所建政權普遍承襲漢魏以來軍事方面的職官，而史籍所載五胡政權中的軍事職官最多，幾乎占全部職官的 70％以上。除上述漢魏以來"三公"、"八公"中的大司馬、太尉等軍事職官外，見於記載的主要有：

大將軍　《晋書》卷二四《職官志》："大將軍，古官也。漢武帝置，冠以大司馬名，爲崇重之職。及漢東京,大將軍不常置,爲之者皆擅朝權……及晉受命,猶依其制,位次三司下,後復舊,在三司上。"五胡政權普遍設此職,且有上將軍或上大將軍之號。石勒、姚萇、苻洪、吕光、慕容垂、秃髮烏孤、乞伏國仁等,在其建國初,均曾自稱大將軍。各國建立後,任此職者有:成漢李壽、李越、李廣;漢趙劉和、劉粲、劉敷、劉約、劉驥、靳準、劉岳、陳安、石勒、楊難敵(以上大將軍)、張駿(上大將軍);後趙李農、石邃、石遵;前秦張平、楊壁、楊定(上大將軍);後秦有姚弼、姚紹;後燕務銀挺(上大將軍);夏國赫連力俟提、赫連璝;西秦乞伏乾歸(上將軍)等。

其次,魏晉開府從公之"驃騎、車騎、衛將軍、伏波、撫軍、都護、鎮軍、中軍、四征、四鎮、龍驤、典軍、上軍、輔國等大將軍",在五胡政權中也多有設置。如:

驃騎大將軍、驃騎將軍　《通典》卷三四《職官》:"驃騎將軍。漢武帝元狩二年(前121)始用霍去病爲驃騎將軍,定令,令驃騎將軍秩禄與大將軍等。光武中興,以景丹爲驃騎大將軍,位在三公下……魏晉齊並有之。"五胡政權中任此職者,成漢有驃騎將軍尹奉;漢趙有驃騎大將軍劉易、劉驥、石勒,驃騎將軍王彰、劉述;後趙有驃騎大將軍石宏,驃騎將軍石虎;前秦有驃騎大將軍苻安、張天錫、楊定、王騰,驃騎將軍張蚝、竇衝;後燕有驃騎大將軍慕容寶、慕容熙,驃騎將軍慕容國、慕容農;北燕有驃騎大將軍馮萬泥、馮弘;南燕有驃騎大將軍慕容超;南涼秃髮利鹿孤曾先後爲驃騎將軍、驃騎大將軍;西秦有驃騎大將軍乞伏謙屯等。

車騎大將軍、車騎將軍、左右車騎將軍　《通典》卷二九《職官》:"車騎將軍。漢文帝元年(前179)始用薄昭爲車騎將軍。後漢章帝即位,西羌反,以舅馬防行車騎將軍……和帝即位,以舅竇憲爲車騎將軍,征匈奴,始賜金紫,次司空……魏車騎爲都督儀與四征同,若不爲都督,雖持節屬四征者,與前後左右雜號將軍同。"五胡政權中,任車騎大將軍的有:漢趙劉曜、劉聰、劉逞、游子遠、靳準,後趙石宣,前燕劉寧,前秦苻雄、劉寧、苻柳、苻方、張蚝、毛興、苻沖、竇衝,後涼吕弘,後燕慕容德,北燕馮素弗,南涼秃髮傉檀,西秦乞伏木弈干;任車騎將軍的有:後趙石虎,後秦沒弈于,南燕慕容鎮,南涼秃髮傉檀;任左車騎將軍的有:成漢李越,漢趙喬泰;任右車騎將軍的有:漢趙王騰。

此外,衛大將軍、衛將軍、撫軍大將軍、撫軍將軍、都督大將軍、龍驤大將軍、龍驤將軍、中軍大將軍、四征(征東、征西、征南、征北)大將軍、四鎮(鎮東、鎮南、鎮西、鎮北)大將軍等,在五胡所建政權中均普遍設置,尤以四征、四鎮大將軍爲多,不贅引。

比以上位低的軍事職官,如四平將軍(平東、平南、平西、平北)、四安將軍(安東、安南、安西、安北)、中領軍將軍、護軍將軍、左右前後軍將軍、屯騎、步兵、越騎、長水,射聲等五校尉、左右衛將軍,以及驍騎將軍等雜號將軍,在五胡所建政權中均普遍設置,且名目繁多,五花八門,不贅引。⑬

十六國五胡所建政權也承襲了漢魏以來有關軍事職官的"持節都督"的制度。《宋書》卷三九《百官志》上記："持節都督,無定員。前漢遣使,始有持節。光武建武初,征伐四方,始權時置督軍御史,事竟罷。建安中,魏武帝爲相,始遣大將軍督軍……魏文帝黄初二年(221),始置都督諸州軍事,或領刺史。三年,上軍大將軍曹真都督中外諸軍事,假黄鉞,則總統外内諸軍矣。明帝太和四年(230),晉宣帝征蜀,加號大都督。……晉世則都督諸軍爲上,監諸軍次之,督諸軍爲下。使持節爲上,持節次之,假節爲下。"幾乎所有五胡所建政權均有持節都督制,内權最重者爲"都督中外諸軍事"、"大都督",見於記載的有:成漢大都督李越;漢趙使持節征討大都督劉景;後趙都督中外諸軍事石宏,使持節大都督中外諸軍事石邃,都督中外軍事張豺;前秦都督中外諸軍事苻雄、苻菁、苻安、苻法、王猛、苻叡、苻方、苻融、王永、苻纂、楊定;後燕都督中外諸軍事慕容德、慕容熙;南燕都督中外諸軍事慕容鐘等。此外,五胡諸國或置都督某一州軍事(多兼任刺史)或數州諸軍事,持節或不持節,種類名號甚多,不再列舉。

最有意思的是,五胡所建諸國甚至接受了漢魏以來漢族的民族觀及民族政策,似乎將自己比爲華夏正統,將周圍其它民族(甚至南方漢族)視爲"蠻夷",沿襲漢魏以來在少數民族(蠻夷)聚居地區設置護羌、夷、蠻等校尉及護匈奴、羌、戎、蠻、夷、越中郎將,或領刺史,或持節爲之。如漢趙置長水校尉,以尹車任之;置平羌校尉,以韋忠任之;置護南氐校尉,以楊難敵任之;置東夷校尉,石勒任之;置寧羌中郎將,楊難敵任之。西秦置有西胡校尉,乞伏是辰任之;置平羌校尉,乞伏信帝任之;置休官大都統,權千成任之;置叠掘都統,叠掘河内任之等。至於五胡其它政權這類職官設置情況及與傳統漢族民族觀之關係,可參閱日本三崎良章撰《五胡諸國的異民族統御官和東晉——以南蠻校尉、平吳校尉設置爲中心》(《東方學》第82輯,平成三年)、《從異民族統御官看五胡諸國之民族觀》(《東洋史研究》第57期,平成七年),不贅。

4.地方之官

五胡所建政權在地方行政體制上,基本上全部承襲秦漢魏晉以來的州、郡、縣制,於州置刺史(或曰牧,京畿地則稱"内史"),郡置太守(郡守),縣大者置令,小者置長。關於五胡諸國國内設置州、郡、縣的具體情況,清代學者洪亮吉撰《十六國疆域志》有詳細記述。雖然其中有一些問題,但基本上反映了十六國五胡諸國地方行政建制及地方職官的情況,不再贅述。⑭

其中,僅對自漢以來於京畿地區設置的司隸校尉,略作進一步探討。《晉書》卷二四《職官志》記："司隸校尉,案漢武初置十三州,刺史各一人,又置司隸校尉,察三輔、三河、弘農七郡,歷漢東京及魏晉,其官不替。"五胡政權也多在自己的京畿之地置此職,如漢趙有王彌、劉义;後趙有石韜、張離;前燕慕容儁時,"改司州爲中州,置司隸校尉";前秦有梁楞、趙誨、呂婆樓、苻叡、苻暉、王猛、王騰；後秦有郭撫、姚顯；後涼有呂弘、呂超；後燕有慕容德、張顯；北燕有姚昭；南燕有慕容達、慕容超；夏國有阿利羅；南涼有敬歸等。由此可見司隷校尉一職，在五胡政權中普遍設置的情況。

在五胡所建政權中，僅夏國置有幽州(治大城，今内蒙杭錦旗東南)、南臺(治長安)、朔州(治三城，今陝西延安東)、秦州(治杏城，今陝西黄陵北)、雍州(治陰密，今甘肅靈臺西)、⑮并州(治蒲坂，今山西永濟西)、梁(或作涼)州(治安定，今甘肅鎮原南)、北秦州(治陝西武功)、豫州(治李潤，今陝西韓城南)、荆州(治陝城)，⑯而不置郡、縣，以城主統民。

綜上所述，十六國五胡所建政權的官制，無論是最高統治者的名號，或是中樞、軍事和地方的官制，基本上是承襲漢魏以來的官制。這是毫無疑問的。爲什麽會産生這種情況呢？

主要原因是内遷五胡所建政權的領地，特別是政治、軍事和文化中心地區，是在原漢族(華夏)聚居的長江、淮水以北(包括今四川)，五胡統治者要有效地統治以農耕爲主的廣大漢族，搬用其原有的游牧民族或較爲簡單的政治制度(包括官制)是不可能的。因此，只有采取原漢魏以來的官制，才能鞏固自己的統治。這也是歷史發展的必然。

同時，五胡政權襲用原魏晋官制也有可能和條件，那就是五胡大多遷入内地，與漢族雜居錯處較早，他們的經濟類型及社會地位逐漸發生了變化，文化習俗也漸受漢族的影響。特別是内遷五胡的統治階層更是深受漢族傳統文化之熏陶。如建立漢趙國的匈奴劉淵，史稱其曾師事上黨名儒崔遊，對漢文典籍無不綜覽；其子劉聰"年十四，究通經史，兼綜百家之言"。⑰前秦苻堅生於坊頭(今河南汲縣東北)，更是以華夏帝王和漢族傳統文化繼承者而自居。此其一。又五胡政權爲了管理廣大漢族，而不斷吸收漢族士族、儒生參加政權建設，作官爲吏。有的統治者以漢族爲謀主，著名的如前秦的王猛，漢趙的陳元達，後趙的張賓，後秦之尹緯，夏國的王買德等。這些漢族謀士爲五胡政權的發展(包括官制的建立)和鞏固起了很大的作用。此其二。

然而，五胡政權承襲漢魏官制也有自己的一些特點：

第一，五胡政權在建立和發展過程中，是逐漸完善其官制，使之與魏晋官制更爲相近。一般説來，五胡在正式稱帝或稱王之前，官制多不健全，而且多雜有胡俗胡制(説見後)，只是在此之後，逐漸與魏晋官制接近，即基本承襲魏晋官制。

第二，在五胡諸國承襲的魏晋官制中，有關軍事的職官最多，也最完善，這是與當時分裂割據，相互爭戰的局勢有關。因此，五胡諸國特別重視軍事及相關的軍事職官，各種名目的雜號將軍及新官名出現較多。如後趙石虎時，又"置左右戎昭、曜武將軍，位在左右衛上。東宫置左右統將軍，位在四率上。……置鎮衛將軍，在車騎將軍上"等。

第三，五胡政權中，一般説來，中樞、軍事和地方重要職官均爲該族(統治民族)帝王子弟及本族人擔任,漢族及其它民族大都只能任中下級官吏。因此,有學者認爲,五胡政權是種族(民族)政權,也有認爲漢族參政,五胡政權大多是胡漢聯合政權。以上看法均欠妥。統治民族占其政權職官的重要地位,是歷史上多民族國家,包括漢魏以來漢族所建政權必然的現象,不足爲奇。有的學者對一些五胡所建政權職官民族成份作了統計:據現存史籍所載,漢趙國共有大小官員 263 名,其中劉淵一族官員 44 人,匈奴族 70 人,漢族 131 人,其它民族 18 人。[18]其中,漢族官員雖然占了漢趙國官員總數的一半左右,但其中中央、軍事和地方的主要官員仍是匈奴劉氏一族及其它匈奴族人擔任,整個國家的權力牢牢掌握在匈奴劉氏一族手中。又如前秦苻堅即位前,前秦重要將軍有 22 人,其中氐族 16 人,占 72.7%,疑爲氐族及漢族者各 2 人,匈奴、羌族各 1 人。在氐族 22 人中,苻氏子弟有 13 人,占 59%,若與略帶姻戚身份者 2 人,合計 17 人,占總數的 77%。[19]又如南涼軍事之官共 24 人,其中王族禿髮氏 6 人,與之聯姻者 2 人,少數民族首領及漢族各 8 人,後者僅爲中下級官吏。西秦情況同樣如此,其軍事之官約 72 人,其中乞伏氏王族 26 人,且爲武官之首,與乞伏氏聯盟的鮮卑官員 18 人,則鮮卑族貴族占軍事之官總數的 59% 以上。[20]其它五胡政權情況亦大致相同。

二、十六國的"單于臺制"及胡漢分治

十六國除主要承襲魏晋的官制外,還有一些五胡政權采取了與魏晋官制並行胡族(主要是匈奴)的官制,實行胡漢分治,即所謂的"單于臺制"。這種情況,日本學者内田吟風稱之爲"胡漢二重體制",[21]中國學者有的稱之爲"雙軌制"。[22]

據現存史籍所載,並行單于臺制的政權,有匈奴劉氏所建之漢趙國,羯胡石氏建後趙國,鮮卑族所建之後燕國,以及鮮卑化漢人高氏所建之北燕國。

1.**漢趙國**　據《晋書》卷一〇一《劉元海載記》、《太平御覽》卷一一九引崔鴻《十六國春秋·前趙録》等記:劉淵(元海)稱漢王後六年(310)臨終時,曾以子劉聰"爲大司馬、大單于,並録尚書事,置單于臺於平陽(今山西臨汾)西"。此爲漢國置單于臺之始,也是十六國時設單于臺之始。劉聰繼立後,因其異母弟劉乂爲淵皇后單氏所生,故聰曾説:"今便欲遠遵魯隱,待乂年長,復子明辟",並以"乂爲皇太弟,領大單于、大司徒"。即是説,劉聰即位後,單于臺的建置仍然存在,此時的單于臺的最高長官大單于一職,由可能繼承皇位的皇太弟劉乂擔任。

至漢嘉平四年(314)初,劉聰置左右司隸的同時,又置"單于左右輔,各主六夷十萬落,萬落置一都尉"。此時,劉乂仍爲大單于。可是,就在同年十一月,聰即以其子劉粲"爲相國、大單于,總百揆",劉乂失寵。過了三年(317),劉粲害乂,誣其謀反,"遣(王)沈、(靳)準收氐羌

酋長十餘人,窮問之,皆懸首高格,燒鐵灼目,乃自誣與乂同造逆謀"。《資治通鑑》卷九十記此事,胡注云:"乂(义)爲大單于,氐、羌酋長屬焉,故皆服事東宫。"此亦可證粲之前乂一直任大單于。接着,劉聰即以粲爲皇太子,任相國、大單于,總攝朝政如故。

劉曜繼立後,改國號爲趙,遷都長安,在很長一段時間内未設單于臺。直到趙光初九年(325),曜才以子劉胤爲大單于,"置單于臺於渭城(今陝西咸陽渭城)","置左右賢王已下,皆以胡、羯、鮮卑、氐、羌豪桀爲之"。

2.後趙國 西晉太興二年(319),石勒在群臣的勸進下,稱"大將軍、大單于,領冀州牧、趙王"。㉓"以大單于鎮撫百蠻",㉔大單于之下設"單于元輔",由勒從子石虎任之。㉕後趙建平元年(330),石勒滅前趙,正式稱帝,以子石弘爲太子,"持節,散騎常侍、都督中外諸軍事、驃騎大將軍、大單于,封秦王"。㉖此後,後趙大單于一職由皇太子弘擔任。此事引起石虎的不滿,他"自以勳高一時,謂勒即位之後,大單于必在己,而更以授其子弘"。於是,他私下對其子邃説:"主上自都襄國(今河北邢臺)以來,端拱指授,而以吾躬當矢石。二十餘年,南擒劉岳,北走索頭(指拓跋部鮮卑),東平齊魯,西定秦、雍,剋殄十有三州。成大趙之業者,我也。大單于之望實在于我,而授黄吻婢兒,每一憶此,令人不復能寢食。待主上晏駕之後,不足復留種也"。㉗

果然,石勒死後,石弘即位,爲石虎所逼,先拜虎"丞相、魏王、大單于,加九錫,以魏郡等十三郡爲邑,總攝百揆"。接着,石虎廢弘,自立爲帝。至後趙建武五年(339),石虎以太子宣"爲大單于"。十四年(348),太子宣因殺石韜,爲石虎所殺。至此之後,再不見後趙有大單于之號。㉘

值得注意的是,石虎的養孫冉閔(漢族)起兵反,稱帝,史稱"冉魏"。冉閔於晉永和六年(350)率步騎十萬擊襄國的石祇時,曾"署其子太原王胤爲大單于、驃騎大將軍,以降胡一千配爲麾下"。㉙也即是説,冉魏繼後趙之制,設大單于一職,由帝子擔任。

從上述記載看,後趙雖設有大單于或單于元輔等職,以管理百蠻,但並未明言設置了類似前趙單于臺的機構。後趙是否置類似單于臺之機構呢?據《晉書》卷一〇四《石勒載記上》記:勒稱大單于、趙王後,曾"命徙洛陽晷影於襄國,列之單于庭"。也就是説,後趙的單于庭類似於漢趙單于臺,主要職責同樣是"鎮撫百蠻",即管理除漢族以外的其它民族。

3.後燕國 後燕慕容盛曾於長樂二年(400)"立燕臺,統諸部雜夷"。㉚此燕臺,據《通鑑》卷一一一胡注:"二趙(前、後趙)以來,皆立單于臺以統雜夷,盛仍此立之。"則此時後燕所立之"燕臺"類似前、後趙之單于臺(庭)。可是,不見有大單于之號;只是在後燕開國主慕容垂時,才見垂曾令其太子寶"領侍中、大單于、驃騎大將軍、幽州牧"的記載。㉛後燕建平元年(398),蘭汗殺慕容寶,"自稱大都督、大將軍、大單于、昌黎王",立慕容盛爲燕王。㉜慕容盛後設立之燕臺的長官是否爲大單于,誰任此職? 因史籍闕載,不得而知。

至光始元年(401)慕容盛死,慕容熙立,"改北燕臺爲大單于臺,置左右輔,位次尚書"。㉝誰任大單于一職,不明。此時,後燕的大單于臺,才基本上與前後趙的單于臺性質一致。

4.北燕國　北燕是在後燕的基礎上建立起來的。後燕建始元年(407),馮跋殺慕容熙,立高雲爲燕王,史稱北燕。過了兩年,高雲爲部下所殺,馮跋平亂後,稱帝。至北燕太平三年(411),馮跋"以其太子永領大單于,置四輔"。㉞從史籍載有北燕"單于前輔萬陵"、"單于右輔古泥"看,㉟所謂"四輔",當爲單于前輔,單于後輔、單于左輔、單子右輔。㊱由此可見,北燕也曾設有類似前後趙之"單于臺制"。

北燕爲漢族馮氏所建,爲什麼會采用與匈奴舊俗相關的單于臺制呢? 首先,馮跋一族原爲長樂信都(今河北冀縣)漢族,晋永嘉之亂時,跋祖父和避地上黨(治今山西潞城西)。父安爲西燕慕容永將軍。西燕爲後燕滅亡後,跋遷於和龍(今遼寧朝陽),與當地鮮卑雜處,㊲所謂"既家昌黎,遂同夷俗"。㊳即是説,馮跋一族已成爲鮮卑化之漢人。其次,北燕建國的遼西、遼東是魏晋以來東部鮮卑之舊地,鮮卑人數衆多;而馮跋又是在慕容氏鮮卑所建後燕基礎上建立北燕國的。因此,北燕國内政治、經濟和文化無不深受鮮卑族的影響,與十六國中鮮卑所建之諸燕國沒有多大差別,北燕設置類似單于臺的機構完全可能。

除了上述漢趙、後趙、後燕、北燕四國外,十六國中還有一些胡族所建政權,在建立前後,也往往有大單于之號。詳細情況見下表:

國名	時　間	稱　號　情　況	資料出處
前燕	晋永嘉三年(307)	慕容廆自稱爲鮮卑大單于	《晋書·慕容廆載記》、《通鑑》卷八六
	晋建武元年(317)	晋元帝以慕容廆爲大單于、昌黎公	《晋書·慕容廆載記》、《通鑑》卷九〇
	晋咸和九年(334)	晋成帝拜慕容皝爲大單于、遼東公	《晋書·慕容皝載記》
前秦	晋永和六年(350)	蒲洪自稱大將軍、大單于、三秦王,改姓苻氏	《晋書·苻洪載記》、《通鑑》卷九八
	晋永和八年(352)	苻健即帝位,以大單于授其子萇	《晋書·苻健載記》,《通鑑》卷九九
後秦	晋永和十二年(356)	姚襄叛晋,自稱大將軍、大單于	《晋書·姚襄載記》
	晋太元九年(384)	姚萇自稱大將軍、大單于、萬年秦王	《晋書·姚萇載記》、《通鑑》卷一〇五

國名	時　間	稱　號　情　況	資料出處
西秦	晋太元十年(385)	乞伏國仁自稱大都督、大將軍、大單于,領秦、河二州牧;以獨孤匹蹄爲左輔,武羣勇士爲右輔㊵	《晋書·乞伏國仁載記》、《通鑑》卷一〇六
	晋太元十三年(388)	乞伏乾歸繼立後,衆推其爲大都督、大將軍、大單于、河南王	《晋書·乞伏乾歸載記》、《通鑑》卷一〇七
	晋太元十七年(392)	乾歸猶稱大單于、大將軍	《晋書·乞伏乾歸載記》
南涼	晋隆安三年(397)	禿髮烏孤自稱大都督、大將軍、大單于、西平王	《晋書·禿髮烏孤載記》、《通鑑》卷一〇九
夏國	晋義熙三年(407)	赫連勃勃自稱大夏天王、大單于	《晋書·赫連勃勃載記》、《通鑑》卷一一四

以上六國,在正式建立政權前後,統治者均有大單于之號,他們是否也相應設置了類似單于臺的機構呢?史籍沒有明確記載。不過,他們均受原匈奴政權的影響,以匈奴最高首領單于爲號,是可以肯定的,其目的不外乎是以此號召諸胡。由於他們剛起兵自立,政權尚未完備,待鞏固之後,大單于之號再不見於史籍。因此,可以説他們不同程度地受到前趙國單于臺制的影響,後來因各種原因未能正式設置單于臺的機構。

單于臺(庭)制是十六國時出現的一種新的官制,具有鮮明的"胡漢分治"的特徵。據上述漢趙、後趙、後燕、北燕四國單于臺設置情況,大致可將此制的特點歸納如下:

1.單于臺制首先由匈奴劉氏所建漢趙國創立,以後爲一些胡族所建政權所繼承,但略有損益。因而,漢趙名之爲"單于臺",後趙稱之爲"單于庭",後燕名之爲"北燕臺"(燕臺),後改稱爲"大單于臺"。單于臺的設置,在漢趙等四國中並沒有貫徹政權的始終。漢趙是在建國後六年始置,前趙劉曜繼位後很長一段時間內,未設此臺,直到繼位後七年才恢復此制。後趙石勒稱趙王後,設單于庭,一直到石宣被殺,也不見有大單于之號。至於後燕、北燕的燕臺、大單于臺的設置,更是在其國的後期。因此,以上四國雖設置兩套統治機構,進行胡漢分治,但實際上,應以繼承漢魏官制爲主,單于臺制爲輔。

2.單于臺的職責,史籍記載甚明,是專門管理國內除漢族("晋人")之外其他少數民族的。

3.單于臺一般設置於國都或其附近。如漢趙劉淵、劉聰都平陽,單于臺設于平陽西;劉曜都長安,單于臺設於長安附近之渭城。後趙石勒時,單于庭在其國都襄國;石虎遷都於鄴,因大單于石宣在鄴,故知此時單于庭設在鄴。後燕、北燕的情況大致如此。

4.單于臺的最高長官,無一例外名爲"大單于",一般是由儲主(太子)或有權勢的皇子任此職。如漢趙劉淵在位時,以其太子劉聰爲大單于;劉聰繼位後,先以皇太弟劉乂,後以太子劉粲爲大單于;劉曜在位時,以太子胤爲大單于。後趙石勒在稱帝前,自稱大單于,繼帝位後,即以太子弘爲大單于;石虎繼立後,以太子石宣爲大單于。後燕慕容垂時,以太子寶爲大單于。北燕馮跋以太子永領大單于等。

爲什麼繼帝位後,大單于一職要由太子或皇子擔任呢?《資治通鑑》卷九九晋永和八年(352)正月記:秦王苻健稱帝時,秦丞相苻雄等上言:"單于所以統壹百蠻,非天子所宜領",以授太子萇。這也許就是天子不領大單于而以太子領此職的原因。

大單于之下,各國所設置輔佐大單于的職官微有不同。漢趙劉聰置"單于左右輔",劉曜曾任單于左輔,喬智明任單于右輔;⑩劉曜時,前趙大單于之下置"左右賢王已下,皆以胡、羯、鮮卑、氐、羌豪傑爲之"。所謂"左右輔"應即匈奴舊制單于之下的"左右賢王",而微變其名,劉曜則乾脆以原"左右賢王"名之。後趙石勒時,勒自兼大單于,以從子石虎爲"單于元輔",由此知後趙大單于之下,僅設有"單于元輔"一人。後燕慕容熙時的燕臺大單于之下,與漢國一樣"置左右輔,位次尚書"。北燕馮跋時,大單于之下,置單于四輔(前後左右),輔助大單于者多達四人。

至於單于左右輔(或左右賢王、元輔、四輔)以下,還設置什麼職官和相應的機構,史籍中僅有對漢趙國的情況有簡約記載。《晋書》卷一〇二《劉聰載記》云:"單于左右輔,各主六夷十萬落,萬落置一都尉。"同書卷一〇三《劉曜載記》亦記:"置左右賢王已下,皆以胡、羯、鮮卑、氐、羌豪傑爲之。"據此知,漢趙國單于臺左右輔之下,將六夷的部落按"萬落"爲單位劃分,共有二十萬落。左右輔各自管理十萬落,而每一萬落置一都尉。劉曜時,管理"萬落"的都尉,可能也按匈奴舊俗改稱爲"萬戶長",均由少數民族首領擔任。都尉一職,是秦漢以來内地政權的職官,匈奴也有在西域所置"僮僕都尉",可能是漢朝人的譯名。漢朝有"屬國都尉"一職,曹魏、西晋於内遷匈奴五部,每部置都尉等。漢趙劉聰於萬落置一都尉,可能係仿西晋匈奴五部都尉而置。其餘設單于臺的五胡政權情況是否同漢趙國,因史籍闕載,不得而知。

5.單于臺統治的人民,是除了漢族之外的其他民族,即所謂"六夷"、"百蠻",而且是以游牧爲生,以部落爲組織的少數民族。由於自東漢末年以來,東北、北方、西北的少數民族大量内遷,幾乎遍於淮水、長江以北,主要有"六夷"。這也就是十六國單于臺之所以能存在的基礎。六夷中的"胡",具體指匈奴及其相關的諸雜胡(盧水胡、鐵弗、獨孤、貲虜等),分佈很廣,大致從今甘肅的河西一直到今陝西、山西、河北、内蒙等地均有,而尤以關中和山西爲多。"羯",指羯胡,其主要成份爲西域胡人,石勒一族即羯胡。其人高鼻深目,多鬚髯,分佈地區主要在陝西渭北、山西上黨及河北等地。"鮮卑",原居地在東北,東漢末年以來大量内遷,人口衆多,故十六國時逐鹿中原,建立政權亦最多。其中也有部分仍以部落爲社會組織形式。氐、羌是六夷中人口較多的兩個民族,分佈極廣。除以上"五胡"外,巴氐也係六夷之一(一説是烏桓),除了李特兄弟所率一支入四川,建立成漢國外,還有不少巴氐(其實爲"巴人")入居陝西關中、渭北一帶。《晋書》卷一〇三《劉曜載記》云：曜曾濫殺巴酋,引起關中"巴氏盡叛,推巴歸善王句渠知爲主,四山羌、氐、巴、羯應之者三十餘萬,關中大亂,城門畫閉"。

從上述六夷的情況看,十六國内都存在着各種不同的民族,其中漢族人口最多,他們與六夷雖然大都雜居錯處,但在經濟、文化和生活習俗等方面仍然存在差别。這也就是十六國時出現兩種官制和胡漢分治的基礎。

6.從以上整個單于臺制的特點看,這一制度基本上是沿匈奴舊官制而來。因此,按其性質來講,單于臺不僅是一個政治行政組織,而且也是一個帶有軍事性質的組織和帶家屬、財產(主要是牲畜)的部落組織。正因爲如此,十六國設置單于臺的政權,其軍事力量基本上握在單于臺的大單于手中。這就是大單于一職一般由繼承帝位的太子擔任的原因,由此亦可見大單于地位之重要。[41]

總之,十六國時一些政權采取兩套官制,實行胡漢分治的原因,不外乎是這些政權統治的地區内既有人數衆多、以農業爲主的漢族;又有從東漢以來大量内遷的六夷,他們既有保持舊俗的一面,又有因漢化而接受漢族傳統文化的一面。因此,五胡所建立的一些政權對國内經濟、文化和習俗相異的胡漢人民采取兩種不同的官制,加以管理,這是時代的產物。

可是,國内有些學者却認爲："大單于及單于臺的設置,是胡族落後國家機構在中原的殘留,反映了民族壓迫的存在。"[42]還有的學者説:單于臺制"是一個人爲的胡漢分治的落後政策,阻礙了民族融合的進程";[43]"總的精神是突出民族界限,實行分而治之。"[44]"這是一種製造民族對立而不利於民族融合的落後政策。"[45]這些看法似可商榷。

事實上,十六國時單于臺的設置是漢趙等國改造原匈奴的舊制,以適應新的歷史時代要求的產物。在中國封建政治制度史上可以説是一個創造。在當時民族關係復雜的特定歷史條件下,漢趙等政權的單于臺制有它出現的必然性和合理性,反映了當時各民族尚未融合的歷史事實,不能簡單加以否定。

當然,這一制度所形成的胡漢分治又有極大的局限性,隨着内遷六夷與漢族的進一步融合,胡漢逐漸融爲一體,差别逐漸縮小,兩套官制亦就失去了它存在的基礎,單于臺制也就爲歷史所淘汰。十六國的歷史恰好證明了這一點。

三、十六國地方官制的特點——護軍制及其它

十六國政權在地方行政機構及官員設置上,如前所述,皆承襲了漢魏以來的州、郡、縣制及相應的州刺史(牧)、郡太守、縣令等職官。在京畿及附近設置内史或司隸校尉等職官。大多數五胡所建政權在承襲上述地方行政體制及職官也有一個逐漸發展完善的過程。一般説

來,在五胡統治者正式稱帝、王之後,即有了較爲完善的地方行政體制和職官。例外的是,除前述夏國只設州而不設郡縣之外,那就是漢趙國在劉聰即位後的嘉平四年(314)所設置的司隸校尉一職。

據《晋書》卷一〇二《劉聰載記》記:嘉平四年"置左右司隸,各領户二十餘萬,萬户置一内史,凡内史四十三"。劉聰的這一措施,乃是對漢魏以來地方行政體制中司隸校尉一職的改革。其所置左右司隸,各領二十餘萬户,即將漢魏以來司隸校尉,分爲左右二名,所領户也以萬户爲單位,置一内史領之,凡四十三内史,幾乎包括了當時漢國實際控制的地區。以"萬户"爲行政單位,乃是秦漢以來北方匈奴等游牧民族以萬户爲行政單位的舊俗。即是說,此時匈奴漢國劉氏以漢魏以來地方行政之名(即司隸校尉、内史),恢復了其祖先以萬户爲單位的地方行政組織,是揉合了胡漢地方行政體制特點的新形式。

當時,漢國左右司隸能轄四十三萬户,當爲其不斷從四周掠遷或歸附的人口。其中,主要是"晋人"(漢族)。這種"復舊",晋人自然是不習慣的;加之漢國統治者對他們的壓榨、侵侮,一有機會,就采取逃亡的形式進行反抗。如漢麟嘉元年(316),"河東大蝗……平陽饑甚,司隸部人奔冀州(治今河北冀縣)二十萬户";次年,趙固、郭默攻漢國河東,"右司隸部人盗牧馬負妻子奔之者三萬餘騎"。[46]所謂"司隸部",可能即左右司隸的機構名,下又分左右司隸部,而史載"司隸寺"爲司隸部所屬之機構。原任漢國廷尉、黄門侍郎的陳元達,曾任過"左司隸"職。[47]左右司隸的萬户組織,可能到劉聰死後,劉曜即位後即廢止。

以上僅是十六國中個別政權在一段時期地方官制中的改革,實際上在十六國地方行政機構及職官中,最普遍、也最具特色的還是"護軍制"。

護軍制,源於自秦漢以來中央設置的武職"護軍",或稱護軍都尉、護軍將軍、中護軍等,爲領護軍隊之官,即所謂"護軍前官,武士管籥,典武選,盡護諸將"是也。[48]又爲大司馬、大將軍或魏晋以後持節都督之高級屬僚,係中央禁衛出征或都督諸州而設置。另有三國時形成的雜號將軍(護軍將軍)之一,爲純粹之武官。而護軍制之"護軍",則超出了上述三種軍事職官之範疇,成爲國家地方行政機構及職官名。即是說,成爲中國古代地方行政機構州、郡、縣制的一種補充和特有的制度。[49]

護軍制形成於曹魏時,《三國志·魏志》卷三〇注引《魏略·西戎傳》記:東漢建安十九年(214)曹操破馬超,仇池氏酋阿貴爲夏侯淵攻滅,其部衆被曹操"分徙其前後兩端者,置扶風、美陽,今之安夷、撫夷二部護軍所典是也"。所謂"今",當指曹魏之時。安夷、撫夷二護軍設置的具體時間,據《元和郡縣圖志》卷一雲陽縣條記:"本漢舊縣,屬左馮翊,魏司馬宣王撫慰關中,罷縣,置撫夷護軍,及趙王倫鎮長安,復罷護軍。劉、石、苻、姚因之。魏罷護軍,更於今理,别置雲陽縣。隋因之。"撫夷護軍治漢雲陽縣(今陝西涇陽西北三十里),係司馬宣王(司馬懿)撫慰關中時(231—236)所置。安夷撫軍或也置於此時。撫夷護軍是"罷縣"而置,則其相當於縣一級,且是軍政合一的行政體制,與上述護軍將軍職官不同。

安夷、撫夷護軍兼理民政,還可以從以下史實得到證明。史載曹魏正光二年(255),魏雍州刺史王經與蜀姜維大戰於洮西(今甘肅洮水西),魏軍大敗。十月,魏詔書稱:"洮西之戰,至取負敗,將士死亡,計以千數。……其令所在郡典農及安、撫二護軍各部大吏慰恤其門户,無差賦役一年。"[50]可見,安、撫二護軍也徵調兵民參戰,護軍所轄民户是有賦役的。

西晉建立後,由於全國統一,軍事争戰較少,地方動亂也少,軍政合一的護軍制也没有存在的必要,故護軍制没有得到推廣和發展。但是,到十六國時,由於分裂割據,戰争不斷,内遷民族與漢族雜居錯處,在這種形勢下,十六國統治者,無論是漢族或是五胡,在地方行政體制上,除沿襲漢魏以來的州郡縣制外,大多還采用了軍政合一的護軍制。具體情況如下表:

國名	護軍名稱	任職官員名	設置和廢置時間	資料出處
漢趙	撫夷護軍			《元和郡縣圖志》卷一
後趙	撫夷護軍			同上
前涼	武街護軍(今甘肅成縣西北)	曹權、胡宣	置於東晉咸和四年(329)	《晉書》卷八六《張駿傳》;《通鑑》卷九七
	候和護軍(今甘肅臨潭)		同上	同上
	石門護軍(今甘肅迭部北)		同上	同上
	漒川護軍(今甘肅洮水中上游地區)		同上	同上
	甘松護軍(今甘肅臨夏南)		同上	同上
	枹罕護軍(今甘肅臨夏)	李逷	同上	《晉書》卷八六《張重華傳》
	寧羌護軍(今甘肅慶陽)	陰鑒		《通鑑》卷九二

國名	護軍名稱	任職官員名	設置和廢置時間	資料出處
前秦	撫夷護軍	楊佛狗		《宋書》卷八九《氐胡傳》、《元和郡縣圖志》卷一
	中田護軍(今甘肅張掖南)	沮渠法弘		《宋書》卷八九《氐胡傳》
	馮翊護軍(今陝西洛水西)	鄭能邀(進)、荀輔		《鄧太尉祠碑》、《廣武將軍□産碑》
	宜君護軍(今陝西耀縣東北)		置於前秦苻堅時,魏太武帝改爲宜君縣	《元和郡縣圖志》卷三
	銅官護軍(今陝西銅川)		後魏太武帝改爲銅官縣	《元和郡縣圖志》卷二
	三原護軍(今陝西涇陽西北)		後魏太武帝七年(430)罷,改置三原縣	《元和郡縣圖志》卷一
	雲中護軍(今內蒙托克托東北)	賈雍		《晋書》卷一一三《苻堅載記》上
	勇士護軍(今甘肅榆中東北)	吐雷		《晋書》卷一二五《乞伏國仁載記》
	甘松護軍	仇騰		《晋書》卷一一三《苻堅載記》
	土門護軍(今陝西富平)			《太平寰宇記》卷三一
後秦	撫夷護軍		沿前秦置	《元和郡縣圖志》卷一
	土門護軍		同上	《太平寰宇記》卷三一
	銅官護軍		同上	《元和郡縣圖志》卷二
	三原護軍		同上	同上書卷一
	宜君護軍		同上	同上書卷三
	安夷護軍	姚墨蠡	始置於曹魏,後秦沿之	《晋書》卷一一九《姚泓載記》
	安定護軍(今甘肅鎮原西北)	孫瓚		《北史》卷九二《孫小傳》
後涼	中田護軍	馬邃		《晋書》卷一二二《呂光載記》,《宋書》卷九八《氐胡傳》作"臨松護軍"誤
	北部護軍(今甘肅合黎山北)	呂隆		《晋書》卷一二二《呂光載記》

國名	護軍名稱	任職官員名	設置和廢置時間	資料出處
南涼	邯川護軍(今青海化隆一帶)	孟愷		《晋書》卷一二六《秃髮傉檀載記》
西秦	弱水護軍(今甘肅張掖南)	吐谷渾覓地	東晋元熙元年(419)置	《晋書》卷一二五《乞伏熾磐載記》
西秦	長城護軍(今甘肅平涼西北)	焦亮		《通鑑》卷一二一
西秦	苑川護軍(今甘肅蘭州東苑川)			《秦漢南北朝官印徵存》卷九
北涼	中田護軍	沮渠親信		《通鑑》卷一一三
西涼	撫夷護軍	劉延明		《北史》卷三四《劉延明傳》
夏國	長城護軍			《通鑑》卷一二二
夏國	吐京護軍(今山西石樓)			《魏書》卷三《太宗紀》、同書卷三〇《樓伏連傳》
仇池國	二十部護軍		東晋太元十九年(394)置	《魏書》卷一〇一《氐傳》

　　表内未列明確記有護軍與太守、縣令並置，或爲軍事職官方面的護軍。如前涼的大夏護軍，[51]西涼的敦煌護軍、駙馬護軍，[52]前涼的平虜護軍、宣威護軍，[53]前秦的平羌護軍，[54]後涼的寧戎護軍，[55]前燕的遼東護軍等。[56]又由於十六國史籍散佚頗多，上表所列諸國以軍統民的護軍(即護軍制的護軍)肯定是不完全的；而且因史料的闕如，所記護軍個別可能爲其它類型之護軍(領護、雜號等)。這也是必須説明的。

　　不過，從上表看，十六國中，至少有十一個國實行了護軍制，占十六國的 70%，而且基本是在西北立國或管轄到西北的諸國。其中，以建國於陝西關中的前、後秦設置較多和較爲完備。有相當郡一級和縣一級的護軍，每一護軍有一定的轄地，軍政合一，領護氐、羌、匈奴屠各、盧水胡、吐谷渾、鮮卑等族，或雜胡，且雜有漢族。即是説，護軍多設置於各民族雜居和易發生動亂的地區。

　　關於護軍制的建置，目前所見史籍闕載，僅可從現存的前秦建元三年(367)立《鄧太尉祠碑》(原立於陝西蒲城縣東北七十里東河川)所記前秦馮翊護軍的情況，窺之一二。[57]據碑文記，曾任五年馮翊護軍的鄭能邀(進)所轄地區，“統和、寧戎、鄜城、洛川、定陽五部；領屠各、上郡夫施黑羌、白羌，高涼西羌、盧水、白虜(鮮卑)、支胡、粟特、苦水，雜户七千，夷類十二種。兼統夏陽(今陝西韓城)治”。[58]至於馮翊護軍的機構及屬吏，碑文記有“軍府吏屬一百五十人”之衆,有護軍司馬、軍參事(3 人)、軍門下督(2 人)、軍主簿(11 人)、軍功曹(2 人)、軍録事(5 人)、軍功曹書佐(1 人)、功曹書佐(2)人,以及少數民族部酋、部大等。碑文所列護軍軍府屬吏共 26 人,肯定是不完全的,只占一百五十人總數 18% 左右。也即是説,護軍制所設置機構爲軍府。如果將護軍制軍府屬吏與《晋書》卷二四《職官志》中郡縣一級屬吏,以及軍事職官“護軍將軍”屬吏相比較,則護軍制軍府與護軍將軍之屬吏更爲相近。這説明護軍制軍府的機構與屬吏與護軍將軍同,而無地方郡縣官吏。這正突出了一個以軍治民、軍政合一的特點。

護軍制一直延續到北魏初,至太安三年(457),北魏才“以諸部護軍各爲太守”,[59]也即是廢除護軍制。但其殘餘直到魏文帝太和年間才徹底廢止。[60]

除護軍制外,十六國在地方行政官制上,還有一些特點,即在十六國後期後秦、夏國實行的“大營”和“以城統民”的軍政合一的地方官制。

羌族所建之後秦政權,其首領姚氏原居隴右,後趙石虎時,東遷灄頭(今山東臨清),石虎封其首領姚弋仲爲“奮武將軍、西羌大都督”,後“遷持節、十郡六夷大都督”。時姚弋仲領衆數萬,是軍政合一的組織,以都督的名義統領本族(羌)爲主的軍隊和六夷。後趙亡後,氐族苻氏建前秦,羌族姚氏率部先降東晋,後又歸降前秦。苻堅淝水之戰敗後,姚萇起兵關中,殺苻堅,建後秦,與前秦殘餘隴右的苻登争戰不息。據《晋書》卷一一六《姚萇載記》載:“萇既與苻登相持積年,數爲登所敗,遠近咸懷去就之計,唯征虜齊難、冠軍徐洛生、輔國劉郭單、冠軍彌姐婆觸、龍驤趙惡地、鎮北梁國兒等守忠不貳,並留子弟守營,供繼軍糧,身將精卒,隨萇征戰。時諸營既多,故號萇軍爲大營,大營之號自此始也。”軍營(諸營)可能形成較早,而大營之號始於與苻登相持之時。[61]大營、諸營是適應戰争需要的以軍統民、軍政合一的組織。大營自然隨姚萇而遷徙,諸營則屯駐於軍事重地或鎮、堡,於是有“堡民”、“鎮民”的出現。

姚興即位後,攻滅苻登,“分大營户爲四,置四軍以領之”,而“諸營”之名也漸廢除。此後,姚興安定秦隴,大封功臣,其官制也基本沿用漢魏之制。如史載,姚興子弟或大臣鎮守各地,以將軍銜領州、郡長官(刺史、太守),或以都督某州(或數州)諸軍事,領刺史、太守而已。然而,此時刺史、太守之類的地方職官已有名無實;都督諸州軍事、將軍等武職所兼地方民户,開始沿用“鎮户”、“堡户”之名,説明對他們的管理已具有“軍管”的性質。到姚興在位後期,甚至出現了直接用“都督……軍事”或將軍直接管轄“鎮户”,廢止了名義上的州郡職官。如姚興曾令“(姚)顯都督安定、嶺北二鎮事”;隴東太守郭播曾上言:“嶺北(指陝西禮泉九嵕山以北)二州鎮户皆數萬。”[62]姚興還以鐵弗匈奴勃勃(即赫連勃勃)“爲持節、安北將軍、五原公,配以三交五部鮮卑及雜虜二萬餘落,鎮朔方”。[63]因而,實際上這種地方行政體制已具有了“軍鎮”之實,但至今未見軍鎮之名。[64]

又夏國雖然也沿魏晉制度,設諸州守宰,而不設郡縣,但此種州不過是統軍政的軍鎮,以城主(軍鎮主)統民。⑥

總之,無論是後秦以都督諸州軍事或將軍統民,或是夏國以城主統民,皆是軍政合一,以軍統民的軍管性質,具備了軍鎮之實,可以説是盛行於北魏的"軍鎮"之雛形,也是五胡十六國時,各國相互爭戰,爭奪土地和勞動力,徙民治民,加強對地方軍事控制的産物。

四、小 結

十六國的官制主要應是各國均承襲了漢魏以來的官制,其最高統治者稱帝或稱王,而按漢魏以來官制,從中央到地方設置相應的職官。而各國承襲漢魏以來的官制一般也有一個過程,大致在正式稱帝、王後漸趨完善,且以軍事職官最多,多由統治民族王族子弟及本族人擔任,漢族貴族也參與政權,分任各種官職的人數也較多。

其次,在一部分五胡所建政權(漢趙、後趙、後燕、北燕)中,與承襲漢魏以來官制的同時,還並行有"單于臺制",主管六夷,按匈奴舊制,以"萬户"爲單位,是該國的主要軍事力量。單于臺一般設在京城或其附近,最高職位的大單于一般由儲主任之,下設左右(或前後左右)輔、左右賢王。單于臺制應是沿匈奴舊制而來,主要是統治六夷,與廣大的晋人(漢族)分治。在十六國時,僅見史籍載有部分國家實行此制,且實行一段時期,最後即廢止。

第三,十六國地方行政官制中,較有特色的是護軍制,以及"大營"、城主統民的軍鎮制雛形。

如果按十六國官制特點來分類的話,可將十六國官制劃分爲三種類型:

第一類:以前涼、西涼、成漢、北涼、後涼、南燕爲一類,特點是基本承襲或全部承襲漢魏以來官制。前涼、西涼爲漢族所建;成漢是生活在内地的巴氏(巴人)所建,他們漢化較深;北涼、後涼係從漢族所建前涼政權中,先後分離建國的;南燕建國時間較晚,故承襲漢魏官制。

第二類:以前秦、後秦、前燕、西秦、南涼爲一類,特點是在政權建設初期雜有不同程度的胡俗(如稱"大單于"之類),只是到後期才基本上完善了漢魏以來的官制。

第三類:以漢趙、後趙、北燕、夏國、後燕爲一類,特點是除了承襲漢魏以來官制外,還並行單于臺制或雜有濃厚的游牧民族部落制特點(如夏國)。

十六國存在的時間雖然不長,但其政治制度中的官制上承魏晉,下啓南北朝、隋唐,在中國歷史上仍然占有一定的地位。

一九九九年七月完稿

二〇〇一年七月定稿於陝西師範大學

① 早在清代以來就有學者輯録十六國將相大臣、百官製作年表或表,如萬斯同撰《僞漢將相大臣年表》、《僞成將相大臣年表》、《僞趙將相大臣年表》、《僞燕將相大臣年表》、《僞秦將相大臣年表》、《僞後秦將相大臣年表》、《僞南燕將相大臣年表》;練恕撰《西秦百官表》;繆荃孫撰《後涼百官表》、《南凉百官表》、《西凉百官表》、《北凉百官表》、《夏百官表》、《北燕百官表》;清洪亮吉撰《十六國疆域志》,對十六國地方行政官制有所叙述等。近現代以來,關於十六國官制的研究論著較多,見文後注釋所引,此不再一一列舉。

② 關於十六國五胡政權最高統治者稱"天王"的原因和情況,請參見日本學者谷川道雄《隋唐帝國形成史論》第319—331頁,1998年築摩書房增補版;雷家驥《前後秦的文化、國體、政策與其興亡的關係》,載臺灣《中正大學學報》第7卷第1期(1996)等。

③ 《晋書》卷八六《張駿傳》。

④ 以上所引十六國最高統治者名號,見《晋書》有關載記及傳等,不一一出注。

⑤ 《晋書》卷二四《職官志》。

⑥ 以上所引官名人名,均引自《晋書》有關載記、《魏書》有關傳記、《資治通鑑》、《太平御覽》引《十六國春秋》有關部分,不一一出注,下同此。

⑦ 《晋書》卷二四《職官志》。

⑧ 見《晋書》卷九一《韋謏傳》;卷八九《劉敏元傳》。

⑨ 魏晋太子東宮諸職官名及設置情況,見《晋書》卷二四《職官志》等,此不贅引。

⑩ 見《太平御覽》卷二七四引《前趙録》。

⑪ 《水經注》卷四《沁水》。

⑫ 可參閱拙作《漢趙國史》,1985年山西人民出版社;《南凉與西秦》,1986年陝西人民出版社;此兩書中漢趙、南凉、西秦三個政權封王及官爵的情況。

⑬ 可參閱⑫引書,關於南凉、西秦、漢趙三國軍事職官設置詳細情況。

⑭ 上引拙著《漢趙國史》、《南凉與西秦》二書中,對漢趙、南凉、西秦三政權地方行政建置有詳細記述,並對洪亮吉《十六國疆域志》有關部分存在問題,作了分析,可參閱。

⑮ 赫連勃勃取長安後,雍州可能改治長安。

⑯ 見《晋書》卷一四《地理志》雍州條;參見洪亮吉《十六國疆域志》卷一六夏國。

⑰ 見《晋書》卷一○二《劉聰載記》;參見上引《漢趙國史》第206—207頁。

⑱ 見上引《漢趙國史》第184頁。

⑲ 見雷家驥《漢趙時期氐羌的東遷與返還建國》,載臺灣《中正大學學報》第七卷第一期,1996年。

⑳ 見上引《南凉與西秦》,第85頁,第208—209頁。

㉑ 見内田吟風《匈奴史研究》,1953年創元社版。

㉒ 見馮君實《十六國官制初探》,載《東北師範大學學報》(哲社版),1984年4期。

㉓ 《太平御覽》卷一二○引崔鴻《十六國春秋·後趙録》。

㉔ 《晋書》卷一○四《石勒載記上》。

⑤⑦ 同上書卷一○六《石季龍載記上》。

㉖ 同⑤。按《晋書》卷一○五《石勒載記下》記,勒行帝事後,立世子弘爲太子。又"署其子宏爲持節、散騎常侍、都督中外諸軍事、驃騎大將軍、大單于,封秦王"。而《石季龍載記上》又説,勒僭號後,以大單于授其子弘。則石宏、石弘似爲一人,或爲兩人? 存疑。

㉘ 同㉖及《通鑑》卷九六。

㉙ 《晋書》卷一○七《石季龍載記下》附閔傳。

㉚ 《通鑑》卷一一一晋安帝隆安四年條。按此條《晋書》卷一二四《慕容盛載記》失載,同書《慕容熙載記》云"燕臺"爲"北燕臺"。

㉛ 《晋書》卷一二三《慕容垂載記》。

㉜ 《晋書》卷一二四《慕容寶載記》。

㉝ 《晋書》卷一二四《慕容熙載記》。

㉞㉟ 《晋書》卷一二五《馮跋載記》;《通鑑》卷一一六晋安帝義熙七年條。

㊱ 《通鑑》卷一一六胡注云:"太子領大單于始於劉漢,時置左右輔而已,跋增置前輔、後輔。"

㊲ 同㉞。

㊳ 見《魏書》卷九七《馮跋傳》。

㊴ 按乞伏國仁稱大單于，下有左右輔，似漢趙單于臺之建制，但未見記其設單于臺類似機構，故將西秦大單于歸入只有大單于號一類。

㊵ 《晋書》卷一〇三《劉曜載記》。

㊶ 以上關於對單于臺的論述，作者曾參考了前人的論著，不一一列舉(可見注釋中所引論著)。

㊷ 見上引馮君實《十六國官制初探》。

㊸ 萬繩楠:《魏晋南北朝史論稿》第13頁，1983年安徽教育出版社。

㊹ 王俊傑:《西秦史鈎沉》，載《甘肅師範大學學報》第3期。

㊺ 高尚志等:《秦漢魏晋南北朝史》第262頁，1984年遼寧人民出版社。

㊻㊼ 《晋書》卷一〇二《劉聰載記》。

㊽ 《北堂書鈔》卷六四護軍將軍條。

㊾ 詳細論述見拙作《魏晋南北朝時期的護軍制》，載《燕京學報》第6期，1999年。

㊿ 《三國志·魏志》卷四《少帝紀》。

(51) 《晋書》卷八六《張重華傳》。

(52) 同上書卷八七《李玄盛傳》。

(53) 《晋書》卷八六《張茂傳》；《太平御覽》卷三一引《前凉録》。

(54) 《通鑑》卷一〇〇晋升平三年條。

(55) 《晋書》卷一二二《吕光載記》。

(56) 《芒洛四編補遺》録《後魏石育墓誌》。

(57) 又現存前秦建元四年立《廣武將軍□産碑》提到"撫夷護軍"，但非碑主□産之職，而是其父"撫夷護軍、扶風太守"，碑文記□産屬僚有軍事和郡縣兩個系統官吏，故不能作爲研究護軍制的依據。詳細考證見上引拙作《魏晋南北朝時期的護軍制》。

(58) 參見馬長壽《碑銘所見前秦至隋初的關中部族》對其轄地及所統各族之分析，1985年中華書局。

(59) 《魏書》卷一一三《官氏志》。

(60) 《元和郡縣圖志》卷三真寧縣條記："後魏置泥陽、惠涉二護軍，孝文帝太和十一年(487)復置陽周縣。"

(61) 關於大營，可參見關尾史郎《"大營"小論——後秦政權(384—417年)之軍事力和徙民措施》，載《中國古代法與社會》(《粟原益男先生古稀紀念論集》)，1988年汲古書院刊。

(62) 以上所引均見《晋書》卷一一七、一一八《姚興載記》。

(63) 《晋書》卷一三〇《赫連勃勃載記》。

(64) 洪亮吉《十六國疆域志》卷五後秦，列有六個軍鎮名，序言中説："甚者姚萇以馬牧起事，故崇鎮堡之勢，以敵方州。"按其所列後秦軍鎮名，有的爲地名，有的爲撰者所加，故不足信。

(65) 參見拙著《中國中世西北民族關係研究》，第96頁，1992年西北大學出版社。

《續資治通鑑長編》點校本卷三二至卷一二三校勘劄記（二）

高 紀 春

卷五三咸平五年十一月己酉（頁1163）：以皇子元祐爲左衛上將軍，封信國公。

卷五四咸平六年四月辛巳（頁1190）：左衛上將軍、信國公玄祐，孝格敏悟，上所鐘愛。……是日，卒，才九歲，追封周王，謚悼獻。

按：此二條載悼獻太子名，而一作“元祐”，一作“玄祐”，是一書而自相矛盾也。檢本書浙局本二條原皆作“元祐”，而文淵閣本皆作“祐”。又檢此人《宋史》卷六《真宗紀一》咸平五年十一月己酉、卷七《真宗紀二》咸平六年四月辛巳皆作“玄祐”，餘處多見又皆作“祐”與本書文淵閣本同。然則究當孰從？

今檢《宋會要》帝系二之一一云：“仁宗明道二年九月十六日，諸王子孫各乞贈其父爲皇太子，詔翰林學士馮元、端明殿學士宋綬詳定，而元等言：‘周王元祐，陛下長兄，宜追册爲皇太子，……’從之。”又云：“寶元二年十月九日，端明殿學士、翰林侍讀學士、宗正寺修玉牒官李淑言：悼獻太子名上一字犯聖祖諱，請止書曰‘祐’。從之。”《皇宋十朝綱要》卷三《皇子》條亦載：“咸平五年十一月，賜名玄祐，授檢校太保、左衛上將軍、信國公。……明道二年十月，追册皇太子，以名上字同聖祖諱，止書‘祐’。”宋之聖祖名玄朗，則悼獻太子名上一字自當作“玄”而非“元”。況宋太宗諸子取名，前一字皆用“元”字，如元佐、元僖、元份等，悼獻太子爲真宗之子，其名亦不當用“元”也。綜上所考可知，悼獻太子本名當爲“玄祐”，其死後，史官爲避聖祖玄朗之諱，省去“玄”字而止稱“祐”。據此，《宋史》及本書文淵閣本作“玄祐”、“祐”皆不誤，浙局本作“元祐”實誤，點校本一改作“玄祐”，一仍作“元祐”，改字未淨。上引《宋會要》帝系二之一一作“元祐”者，亦當是避清康熙之諱改“玄”作“元”也。

卷五四咸平六年二月己卯（頁1180）：以京東、淮南水災，遣使賑恤貧民，疏決獄訟。

按：京東，《宋會要》刑法五之一九、食貨五七之三、《宋史》卷七《真宗紀二》皆作“京東西”，疑此處或脫“西”字。

卷五五咸平六年九月壬辰（頁1212）：大食國遣使來貢方物及紅鸚鵡。

按：《宋會要》蕃夷四之九五、七之一五、《宋史》卷七《真宗紀二》記此事皆作：“大食國貢方物，蒲端國獻紅鸚鵡。”《玉海》卷一五四《朝貢·咸平蒲端貢方物》條又云：“咸平六年九月壬辰，（蒲端）遣使貢方物及紅鸚鵡。”《山堂群書考索》後集卷六四《財賦門·四夷方貢類》亦云：“真宗咸平六年九月壬辰，遣使來貢方物及紅鸚鵡。其國在海上，與占城相接，自是始通也。”所述乃蒲端國事，而誤竄入大食國條。據上引，則獻紅鸚鵡者乃蒲端國，非大食國也。

卷五九景德元年十二月（頁1291）：甲申，利用即與其右監門衛大將軍姚柬之持國主書俱還，並獻御衣、食物。……命趙安仁接伴。柬之談次，頗矜兵强戰勝。……柬之自是不敢復談。柬之又屢稱王繼忠之材。……乙酉，柬之入對于行宮。……是日，上御行宮之南樓，觀大河，宴從官，召柬之與焉。丙戌，柬之入辭，命西京左藏庫使、獎州刺史李繼昌假左衛大將軍，持誓書與柬之俱往報聘。……先是，上謂輔臣曰：“韓杞與柬之來，……可令潛以此意訪于柬之。”既而利用言：“柬之云國母比欲致書，……”遂並致兩書，又各送衣服、茶藥、金器等以合柬之所獻者。柬之又言……

按：契丹使姚柬之，《長編紀事本末》卷一五《覿征契丹》載同。《太平治迹統類》（江蘇廣陵古籍刻印社本）卷四《真宗澶淵通好》條亦作“姚柬之”，文淵閣本又作“姚東之”。今中華書局點校本《遼史》卷一四《聖宗紀》作“姚東之”，其下出校勘記云：“柬，原作‘東’，據《長編》改。”是《遼史》本亦作“姚東之”矣。《宋史》卷七《真宗紀二》、卷二五七《李繼昌傳》、卷二八一《畢士安傳》、卷二八七《趙安仁傳》、《宋會要》蕃夷一之三二、《文獻通考》卷三四六《四裔考二三·契丹中》、《山堂群書考索》前集卷一七《正史門·歷代聖制類·真宗北征回鑾詩》、《九朝編年備要》卷七、《宋史全文》卷五、托名李燾撰《續宋編年資治通鑑》卷五亦皆作“姚柬之”。蓋“柬”、“東”二字極似，易相混淆也，未知孰是，錄此示異。

論鮑照的義興和吳興之行
及其後期的升降沉浮

丁　福　林

一、鮑照的義興之行

宋文帝元嘉末年,曾經發生了一件令人震驚的也影響到整個劉宋王朝後期政局的大事,這就是元嘉三十年(453)二月文帝太子劉劭率兵殺父自立的事件。參與這起殺父事件的另一主要人物,是文帝次子始興王劉濬。由于鮑照曾在始興王劉濬幕中擔任過國侍郎之職,因此,他在這次劉劭、劉濬兄弟合謀殺父事件中爲何沒有受到牽連就成了論者頗爲關心的問題。鮑照有《侍郎報滿辭閤疏》一篇,《鮑參軍集注》①錢仲聯補注云:

> 始興王濬引照爲侍郎,當在元嘉二十四年,已見《拜侍郎上疏》補注。至元嘉二十八年三月,始興王解南兗州任時照爲侍郎已三年有餘矣,報滿辭閤,疑在此時。元嘉二十八年,始興王率衆城瓜步,照當以佐吏從行。及始興王解南兗州任,則王應回南徐州刺史任,而照在元嘉二十九年尚淹留于江北。余補注《瓜步山楬文》,考知楬文爲二十九年壬辰五月照歸揚時作,則二十八年始興王回京口時,照並未從往。至三十年春,始興王爲荆州刺史,元凶劭弑文帝,始興以從謀,于五月伏誅。如果照尚在始興幕,當被坐及,今不爾,故知二十八年始興王解南兗州任時,照即已因病去職矣。

《鮑參軍集注》錢仲聯于《瓜步山楬文》題注補注云:

> 本文首云"歲舍龍紀,月巡鳥張",是必作于辰年五月者。……以上諸辰年皆不合,則惟有元嘉二十九年壬辰矣。前補注《拜侍郎上疏》、《侍郎報滿辭閤疏》,考知元嘉二十四年,始興王濬引照爲侍郎,二十八年,王以南徐兗二州刺史率衆城瓜步,三月解南兗州任,時照爲王國侍郎已三年餘矣。其後元嘉三十年始興王爲荆州刺史,太子劭弑逆,王從謀伏誅,是時明遠當已不在始興幕,否則無有不坐及之理。然則明遠離始興幕,其在二十八年春王解南兗州任時歟?據本集《謝賜藥啓》,請假第二啓所述,照中年多病,侍郎報滿後,或未即離南兗,尚滯留江北,作客淮楚,至二十九年壬辰,始經瓜步返揚州乎?據《還都至三山望石頭城》、《發後渚》二詩,是時明遠家在建康,故此文有"歸揚"之語。

　　這就是説,鮑照在元嘉二十八年(451)三月始興王劉濬解南兗州任返南徐州任所京口(今江蘇鎮江)時,已經離開劉濬幕,此後逗留江北,作客淮楚,至次年即元嘉二十九年(452)五月,乃經由瓜步返回京都建康。對于鮑照于元嘉二十八九年間即辭去始興王國侍郎的説法,曹道衡《鮑照幾篇詩文的寫作時間》②表示贊同,但是却對鮑照作《瓜步山楬文》後即元嘉二十九年五月以後的去向表示了不同的意見,而這主要是基于對《瓜步山楬文》中"辭吴客楚,指兗歸揚"的不同理解而造成。他認爲:

　　　　既然"辭吴客楚",當係離開今江蘇南部向湖北省的方向走,亦即溯長江而西。
基于這樣的理解,曹先生于是將下句的"指兗歸揚"解釋成出于行前的安排,認爲從時間順序上看,應該是"指兗歸揚"在前,而"辭吴客楚"在後。説因爲鮑照于元嘉二十七年至二十八年在劉濬幕下,當時他很可能將家屬從京口老家帶往南兗州刺史駐地廣陵(今江蘇揚州)。二十八年他跟隨劉濬去瓜步,將家屬留在廣陵,當他于二十九年五月前不久離開劉濬幕時,家屬仍在廣陵。他于是從瓜步出發先到廣陵接家屬,把家屬安排在京口或建康,這就是所謂的"指兗歸揚"。然後他再自己去"辭吴客楚",前往今湖北境内。

　　以上兩種説法,筆者以爲當以錢先生所説爲佳,即"指兗歸揚"乃謂詩人由南兗州而道經瓜步返揚州(治建康,今江蘇南京)。爲了説明這一問題,我們不妨首先考察一下《宋書·二凶傳》中有關始興王劉濬的一段記載:

　　　　二十六年,出爲使持節、都督南徐兗二州諸軍事、征北將軍、開府儀同三司、南徐兗二州刺史,常侍如故。二十八年,遣濬率衆城瓜步山,解南兗州。
上文説劉濬當時"都督南徐兗二州",又説爲"南徐兗二州刺史",按照當時的慣例,劉濬的駐地應是南徐州的京口而不是南兗州的廣陵,所以《二凶傳》下文又説:"及出鎮京口,聽將揚州文武二千人自隨,優游外藩,甚爲得意。"這就是説鮑照于元嘉二十七八年間在劉濬幕時,不可能將家屬從京口遷往廣陵。至于劉濬于元嘉二十八年春率衆城瓜步,乃是劉濬當時兼任南兗州刺史,而瓜步又爲南兗州屬地的緣故。當劉濬解南兗州任後,自然也就會回京口駐地,而不可能逗留于南兗了。爲此,我們可以再考察一下《宋書·文帝紀》的以下記載:

　　　　(元嘉二十八年)三月……壬辰,征北將軍始興王濬解南兗州。……壬申,徐州刺史武陵王駿爲南兗州刺史。
這就是説劉濬在元嘉二十八年三月解南兗州刺史之職後即由武陵王劉駿繼任,亦即劉濬此後已經没有繼續逗留在南兗州駐地廣陵的可能。因此,曹先生以爲鮑照在元嘉二十九年五月離開劉濬幕前,"先到廣陵接家屬,把家屬安排在京口或建康"的説法,就失去了事實的依據。而且《瓜步山楬文》中所説,明明是"辭吴客楚"在前,而"指兗歸揚"在後,曹先生却將此二句解釋成"指兗歸揚"在前,而"辭吴客楚"在後,這又是明顯不合作者本意的。

　　曹先生之所以會造成這樣的誤解,我以爲恐怕是由于拘泥于將"楚"理解爲春秋前期的楚地而造成。其實,到了春秋末,楚國曾先後吞併四十多個中小諸侯國,疆土向東迅速擴張,包括今河南、安徽和江蘇北部的廣大地區。秦漢之交,項羽自稱西楚霸王,都彭城(今江蘇徐州);漢初韓信被封爲楚王,都下邳(今江蘇宿遷)。可見淮河流域一帶皆可以以"楚"稱之,並不一定專指湖北的江陵一帶。因此,《鮑參軍集注》錢仲聯補注將"辭吳客楚"的"楚"理解爲"淮楚"是比較合理的,即"辭吳客楚,指兗歸揚"乃鮑照自述行踪,説他先辭去始興王劉浚國侍郎之職,離開吳地而作客淮楚,然後于元嘉二十九年五月又取道瓜步而返回京都建康也。

　　關于鮑照在元嘉二十九年五月以後的行踪,錢仲聯《鮑參軍集注》及其所附錄的《鮑照年表》皆未提及,而曹道衡《鮑照幾篇詩文的寫作時間》則以爲他離開瓜步後即去就任永安令之職。而這個説法,其實也是難以成立的。

　　鮑照卒後的二十餘年,南齊的著名文士、當時任散騎侍郎的虞炎乃奉皇太子蕭長懋之命,搜集鮑照遺文編之成集,並作有《鮑照集序》一篇,其中載鮑照事迹有云:

　　　孝武初,除海虞令,遷太學博士,兼中書舍人,出爲秣陵令,又轉永嘉令。
對于鮑照的任永嘉令一事,吳丕績《鮑照年譜》[③]曾提出過懷疑,云:"先生集有《謝永安令解禁止啓》一篇,疑虞序所云永嘉者,是永安令之誤,抑先生又嘗爲永安令耶?"《鮑參軍集注》錢仲聯于《謝永安令解禁止啓》題注中又重申了此意,云:"虞炎《鮑照集序》謂照于孝武時爲永嘉令,而此文題爲永安令,未知虞序所云永嘉令者,是永安之誤否,抑照又嘗爲永安令耶?"模棱于永嘉和永安之間,並未正面表示見解。

　　筆者嘗撰《虞炎〈鮑照集序〉的一處傳寫錯誤》[④]一文,通過對《晋書·地理志》、《宋書·州郡志》、《南齊書·州郡志》以及《隋書·地理志》的考察,指出在晋以前尚無永嘉這一地名,至東晋明帝太寧元年(323),始分出原臨海郡之部分設立了永嘉郡,然是時則並未設永嘉縣治。劉宋與蕭齊皆沿襲晋制不變,只設永嘉郡而無永嘉縣。直至隋滅陳後,才將永嘉郡治所所在之永寧縣改名爲永嘉縣。由此,較隋早一百五六十年的劉宋時既然無永嘉縣治,則鮑照也就沒有擔任永嘉縣令的可能。這個永嘉當就是永安的傳寫之誤,説明了吳丕績和錢仲聯二先生懷疑的正確性。因此,虞炎《鮑照集序》的正確版本應該是:

　　　孝武初,遷太學博士,兼中書舍人,出爲秣陵令,又轉永安令。
這也就是説,鮑照轉任永安令的時間乃在孝武帝即位且他又數次變換職務之後。那麽,認爲鮑照在元嘉二十九年五月作《瓜步山楬文》以後即去就任永安令之職的説法自然也就不攻自破了。

　　在鮑照集中有《學陶彭澤體》及《和王義興七夕》二詩。《學陶彭澤體》宋本題下注云"奉和王義興",此"王義興",吳丕績《鮑照年譜》、錢仲聯《鮑照年表》皆以爲指義興太守王僧達,

且以爲此二詩皆爲元嘉二十九年所作。《鮑參軍集注》錢仲聯于《學陶彭澤體》題注增補注
云：

> 本集《送別王宣城》詩吳摯父注："僧達再莅宣城，在元嘉二十八年，離任在二十九
> 年。"則僧達爲義興，當自二十九年始，至次年二月，元凶劭弑逆，世祖入討時，奔世祖止。
> 此詩有"秋風七八月"語，是二十九年作。

于《和王義興七夕》題注增補注云：

> 按此詩與《學陶彭澤體》，蓋同爲元嘉二十九年秋作。

是此二詩乃元嘉二十九年七八月間，與義興太守王僧達相唱和之作。筆者以爲，這裏有一點
需要特別注意之處，就是作此二詩時鮑照必在義興（今江蘇宜興），因爲王僧達既然在義興太
守任，就不可能擅離職守，優游他處而與鮑照從容唱和作詩。這就説明了自從元嘉二十九年
五月鮑照離開瓜步以後不久，于同年的七月上旬之前即到了義興。詩人這一次的東南義興
之行的提出，不僅證實了錢仲聯對《瓜步山楬文》"辭吳客楚，指究歸揚"理解的正確性，而且
對理解鮑照在宋孝武帝時期的升降沉浮有着重大的作用。但遺憾的是，歷來的論者皆將這
重要的綫索忽略了。

二、鮑照任海虞縣令及遷太學博士，兼
中書舍人的過程和原因

虞炎《鮑照集序》記鮑照事云："孝武初，除海虞令，遷太學博士，兼中書舍人，出爲秣陵
令，又轉永嘉（按應是永安）令。"《宋書·宗室·臨川烈武王道規傳附鮑照傳》亦云："世祖以照
爲中書舍人。上好爲文章，自謂物莫能及。照悟其旨，爲文多鄙言累句。當時咸謂照才盡，
實不然也。"雖有詳略的區別，但都記載了鮑照在孝武帝劉駿即帝位後職務的遷轉情況。在
此之前，他在始興王劉濬幕擔任的是王國侍郎，此職的品第，《宋書·百官志》等皆未予明確記
載。但據馬端臨《文獻通考·職官考》，曹魏時諸國之常侍、侍郎位爲八品，蕭梁時皇子國侍郎
位僅爲從九品。因此，介于曹魏與蕭梁之間的劉宋時期，王國侍郎大約也就是九品之職，可
謂位卑職小。而在孝武帝即位後他擔任的第一個官職爲海虞令，據《宋書·州郡志一》，海虞
（今江蘇常熟）時屬揚州吳郡，爲當時三吳富庶之地著名的大縣。據《宋書·百官志下》，海虞
令時應爲六品之職。而他隨後所遷之太學博士，雖然也是六品，但位次卻又要高于海虞令。
至于他在太學博士時所代理的中書舍人[⑤]則更是君主"耳目所寄"[⑥]的親近之臣，品位雖然
不高，但由于"出内王命"的特殊身份，權力卻相當大。如當時與鮑照同爲中書舍人的戴明
寶、戴法興、巢尚之等人，據《宋書·恩倖傳》云："凡選授遷轉誅賞大處分，上皆與法興、尚之參

懷,內外諸雜事,多委明寶。上性嚴暴,睚眦之間,動至罪戮,尚之每臨事解釋,多得全免,殿
省甚賴之。而法興、明寶大通人事,多納貨賄,凡所薦達,言無不行,天下輻湊,門外成市,家
產並累千金。"可見這種職務地位之重要。鮑照由劉劭逆亂之前的一個無任何官職的庶民,
到孝武帝劉駿平亂之後這種官職的驟然遷升,是一相當特殊的個案。此前的論者,對于這一
點,皆避而不談,只是籠統地說,由于鮑照在劉劭、劉浚逆亂之前即離開了始興王劉浚幕,所
以亂平之後,得以免受株連。然而,鮑照在二凶亂前離開始興王幕,最多也就是免于牽連而
已。至于在亂後的遷任要職,如果沒有某種外力的幫助,則是無論如何也不可能的。這個中
的原因,筆者以爲還得歸之于他的義興之行以及其與王僧達的交往。

王僧達,琅邪臨沂人,宋初開國功臣太保王弘之少子,門第既高,人才又優,爲當時之著
名人物。鮑照與王僧達的交往,還得追溯到元嘉年間在臨川王義慶幕時。其時鮑照爲義慶
臨川國侍郎,而僧達則爲義慶女婿,故二人有相往還之機緣而以文義相交往也。在鮑照現存
的與人相唱和的詩作中,以與王僧達相唱和者爲最多,這些詩作除了上文提到過的《學陶彭
澤體》及《和王義興七夕》外,還有《送別王宣城》、《和王護軍秋夕》二詩。可見二人關係之非
他人可比。《宋書·王僧達傳》載僧達于二凶逆亂後之事云:

> 三十年,元凶弒逆,世祖入討,普檄諸州郡,又符郡發兵,僧達未知所從。客說之曰:
> "方今釁逆滔天,古今未有,為君計,莫若承義師之檄,移告傍郡,使工言之士,明示禍福,
> 苟在有心,誰不響應,此策上也。如其不能,可躬率向義之徒,詳擇水陸之便,致身南歸,
> 亦其次也。"僧達乃自候道南奔,逢世祖于鵲頭,即命為長史,加征虜將軍。……上即位,
> 以為尚書右僕射。

由于琅邪王氏是當時最爲著名的世家大族,僧達又是琅邪王氏的代表人物,其父王弘的義故
門生遍于天下,所以王僧達的到來,無疑對武陵王劉駿的平定逆亂起到了重大的作用。因此
在鵲頭與劉駿相逢後,王僧達隨即被任命爲劉駿軍府的首席幕僚即長史之職。

在劉駿舉江州兵討伐劉劭、劉浚逆亂且符郡發兵,而王僧達却未知所從、舉棋不定之時,
"客"的說辭無疑起到了很大的作用,終于使僧達決心投劉駿共討二凶。雖然我們不能斷定
鮑照即是勸說僧達歸依劉駿的"客",但是有一點却是可以肯定的,那就是在王僧達"自候道
南奔,逢世祖于鵲頭"的過程中,鮑照是始終追隨在僧達左右的。《通鑑》卷 127 記元嘉三十
年三月"癸丑,武陵王軍于鵲頭,……僧達乃自候道南奔,逢武陵王于鵲頭,王即以爲長史",
胡三省注:"鵲頭,在宣城郡界,……蓋其地在鵲洲之頭。"地在今安徽銅陵界。從上文我們知
道,鮑照自元嘉二十九年五月道經瓜步山南返後不久,即前往義興投奔王僧達,于是年七八
月間在義興有與僧達相唱和之詩作。是時鮑照並無任何公私事務的牽累,至元嘉三十年春,
二凶逆亂、王僧達南奔武陵王劉駿于鵲頭時,鮑照應該始終追隨着僧達,而素懷雄心壯志,又

極富正義感的他也決不會放過這千載難逢的建功立業的機會。因此,鮑照在王僧達作出投奔劉駿而討劉劭的重大決策的緊要關頭,所起到的推波助瀾甚或是舉足輕重的作用也是顯而易見的。這恐怕也就是他在此後得到劉駿賞識並遷任要職的主要原因。

認爲鮑照追隨王僧達參加了武陵王劉駿平定劉劭逆亂的軍事行動,還有另外的一個理由。在鮑照的詩作中,有《中興歌》十首,據吳丕績《鮑照年譜》的考證,乃是元嘉三十年劉駿攻克建康時改"新亭"爲"中興亭"時作。《鮑參軍集注》錢仲聯增補注則以爲此十首沒有一句提到劉駿討劉劭事,因而否定了這一說法。但推敲起來,元嘉三十年正月的劉劭殺父自立,實爲古今罕見的逆亂,劉駿舉義兵討平之,可謂扭轉乾坤之舉,堪以中興稱之。況且,時人亦正以中興視之。《宋書·薛安都傳》:"安都從征關、陝(按此指元嘉二十七年,薛安都隨柳元景北伐關、陝時),至曰口,夢仰頭視天,正見天門開。謂左右曰:'汝見天門開不?'至是(按指元嘉三十年四月,劉駿克京邑平定劉劭時),嘆曰:'夢天開,正中興之象邪!'"可爲明證。說明吳丕績以爲《中興歌》作于元嘉三十年五月劉駿平定京邑時的說法可以成立。《宋書·孝武帝紀》載劉駿于元嘉三十年四月己巳即皇帝位,是爲孝武帝。同月壬申,以征虜將軍王僧達爲尚書右僕射。改新亭爲中興亭。同年五月丙子,京邑平定。鮑照此時作《中興歌》以頌,正說明了他此時身在京都建康。而這一舉止恰好又迎合了孝武帝劉駿喜諛的性格特點,滿足了劉駿的虛榮心。再加上鮑照追隨王僧達投奔義軍的功績,因此而得到愛好文義的孝武帝劉駿的賞識,被任爲海虞縣令,旋又遷太學博士,兼中書舍人,也就是很自然的了。

三、鮑照出爲秣陵令及在永安令任被禁止的原因

虞炎《鮑照集序》記鮑照"遷太學博士,兼中書舍人"之後的仕歷說:"出爲秣陵令,又轉永嘉令。"鮑照有《謝秣陵令表》一文,云:"即日被尚書詔,以臣爲秣陵令。"又云:"遭命逢天,得污官牒,不悟恩澤無窮,謬當獎試。用謝刀筆,猥承宰職,豈是暗懦,所能克任。今便抵召,違離省闥,繫戀罔極,不勝下情。"乃他由太學博士,兼中書舍人出爲秣陵令之明證。詩人有《代白頭吟》詩一首,劉履《選詩補注》論之云:"此殆明遠爲人所間,見棄于君,故借是題以喻所懷。"筆者嘗撰《鮑照詩文繫年考辨》一文,[⑦]其中曾論證了劉履這個說法的正確性,並指出詩乃孝武帝孝建三年(456)鮑照被讒見疏後出爲秣陵令時的作品。詩人又有《代陳思王京洛篇》一首,借一女子之口,敘述她備受君王愛幸,寵壓群芳的情形,並抒寫其色衰愛馳,不得所終的憂懼之情。詩云:"但懼秋塵起,盛愛逐衰蓬。坐視青苔滿,臥對錦筵空。"又云:"古來共歌薄,君意豈獨濃。"與《代白頭吟》相較,可謂異曲而同工,應該與《代白頭吟》爲同一時期的作品。只是此詩云"但懼",所以恐怕又爲他任太學博士,兼中書舍人後期的作品。從以上所

論我們可以看出，鮑照所任職的秣陵雖然是京畿大縣，但他由太學博士，兼中書舍人而出爲秣陵令卻是他政治生涯中的一次重大挫折。至于詩人又緣何被小人讒言中傷而遭疏被貶？則又是鮑照的研究者迄今未曾涉及的但卻是研究詩人後半生經歷所必須解決的問題。

《宋書·宗室·臨川烈武王道規傳附鮑照傳》云：

> 世祖以照爲中書舍人，上好爲文章，自謂物莫能及。照悟其旨，爲文多鄙言累句。當時咸謂照才盡，實不然也。

可見詩人在孝武帝孝建年間爲太學博士，兼中書舍人時，是以一種相當謹慎小心的面貌出現的。他爲了避免引起孝武帝的猜忌和不滿，甚至不惜刻意掩蓋自己高超的創作才能。這種思想狀態，在他所作的《尺蠖賦》中也曾曲折地表現了出來，此賦云：

> 智哉尺蠖，觀機而作，伸非向厚，屈非向薄。當靜泉渟，遇躁風驚。起軒軀以曠跨，伏累氣而併形。冰炭弗觸，鋒刃靡近，逢險蹙踏，值夷舒步，忌好退之見猜，哀必進而爲蠹，每驤首以瞰途，常駐景而翻露。故身不豫托，地無前期，動靜必觀于物，消息各隨乎時，從方而應，何慮何思？是以軍算慕其權，國容擬其變。高賢圖之以隱淪，智士以之而藏見。笑靈蛇之久蟄，羞龍德之方戰，理害道而爲尤，事傷生而感賤，苟見義而守勇，豈專取于弦箭。

可以説正是他當時委屈求全性格的體現。因此，在鮑照擔任太學博士，兼中書舍人這一期間，並不會做出什麼違忤孝武帝的過激舉動，從而導致受小人讒言的攻擊而被疏遠外任。筆者認爲，詩人“出爲秣陵令”的根本原因，應該還得歸咎于他和王僧達的交往。《宋書·王僧達傳》云：

> 上即位，以爲尚書右僕射，尋出爲使持節、南蠻校尉，加征虜將軍。時南郡王義宣求留江陵，南蠻不解，不成行。仍補護軍將軍。僧達自負才地，謂當時莫及。上初踐阼，即居端右，一二年間，便望宰相。及爲護軍，不得志，乃啓求徐州，……上不許。僧達三啓固陳，上甚不説。以爲征虜將軍、吳郡太守。期歲五遷，僧達彌不得意。……孝建元年春，事發，又加禁錮。……御史中丞劉瑀奏請收治，上不許。孝建三年，除太常，意尤不説。頃之，上表解職，……侍中何偃以其詞不遜，啓付南臺，又坐免官。

王僧達由于對自己當時的處境地位不滿足而屢發牢騷，多次得罪孝武帝劉駿並受到朝臣的彈劾，而鮑照卻與之交厚，往來密切。因此，這就很有可能成爲別人讒言中傷的理由。所以他的《代白頭吟》有“何慚宿昔意，猜恨坐相仍。人情賤恩舊，世議逐衰興。毫髮一爲暇，丘山不可勝。食苗實碩鼠，玷白信蒼蠅”這樣的説法。在他這一時期中與王僧達相唱和的《和王護軍秋夕》[8]詩中也多少透露出了這樣的一種訊息，聯繫其詩云：“停歌不能和，終曲久辛酸。金氣方勁殺，隆陽微且單。”又云：“生事各多少，誰共知易難？投章心蘊結，千里途經紽。”在金秋肅殺背景之下,對自身處境的擔憂之情溢于言表。這應該就是他由太學博士,兼中書舍人而出爲秣陵令的主要原因。吳丕績《年譜》、錢仲聯《年表》將他出爲秣陵令的時間定爲孝建三年(456),《宋書·王僧達傳》載王僧達因上表求解太常而坐免官之時間亦在孝建三年,二者之間的聯繫是頗爲明顯的。

然而,事情還遠非如此簡單,王僧達在孝建三年被免職後雖然又很快被重新起用,但二年以後却更遭到了毀滅性的打擊。《宋書·王僧達傳》云:

> 頃之,除江夏王義恭太傅長史、臨淮太守,又徙太宰長史,太守如故。大明元年,遷左衛將軍,領太子中庶子。以歸順功,封寧陵縣五等侯。二年,遷中書令。……僧達屢經狂逆,上以其終無悛心,因高闍事陷之。……于獄賜死。

王僧達因爲屢次違忤孝武帝劉駿,終于導致這位心胸狹窄,手段凶殘的暴君對他下了毒手,故意誣陷他參與了高闍的叛亂並將他處以了極刑。而這次事件,也同樣會不可避免地對鮑照造成極大的影響,致使他遭受到更進一步的沉重打擊。

上文我們已經論述了虞炎《鮑照集序》中“永嘉令”乃是“永安令”的傳寫錯誤,也就是它的正確版本是“孝武初,除海虞令,遷太學博士,兼中書舍人,出爲秣陵令,又轉永安令”。根據筆者的考察,當時的永安縣有二,一在荆州南河東郡,據《宋書·州郡志三》,此郡爲晉成帝咸康三年(337),征西將軍庾亮以司州僑户立。宋初領八縣,孝建二年(455)以後乃領聞喜、永安、松滋、譙四縣,凡“二千四百二十三户,口一萬四百八十七”。錢大昕《廿二史考異·宋書·州郡三》:“按晉志,渡江以後,河東人南寓于漢武陵郡屏陵縣界上明地,僑立河東郡,即此郡也。·桓冲爲荆州刺史都督司州之河東軍事,亦指此。”是此僑立的南河東郡的地理位置在今湖北松滋縣一帶,其屬下之永安縣位置亦在此。另一則在益州之宋寧郡,據《宋書·州郡志四》,此郡乃宋文帝元嘉十年(433)免吳營僑立,領欣平、宜昌、永安三縣,凡“户一千三十六,口八千三百四十二”,郡寄治成都,即此永安縣也在成都附近。根據目前的材料,我們尚不能確定鮑照當時所任職的永安縣究竟是哪一個永安,但有一點又是可以肯定的,那就是他由秣陵令而轉永安令乃是他政治生涯中所遭受到的又一次重大打擊。這是因爲秣陵乃京畿大縣,據《宋書·州郡志一》,秣陵時屬揚州丹陽郡,郡領八縣,“户四萬一千一十,口二十三萬七千三百四十一”。若以均數計,則秣陵時約有民五千一百多户,二萬九千六百餘人。而荆州南河東及益州宋寧之永安則皆爲僑置之小縣。若以均數計,南河東之永安約有民六百户,二千六百餘人;宋寧之永安則僅約有民三百四十餘户,二千七百八十餘人。規模尚不及秣陵的十分之一。更何況他在轉任永安令時又遭到被禁止的處分,他現存的《謝永安令解禁止啓》一文,即是他當時受此處分的明證。

吳丕績《鮑照年譜》、錢仲聯《鮑照年表》將鮑照轉永嘉令的時間定爲孝武帝大明二年

(458)，由于永嘉乃永安的訛誤，這就是説鮑照由秣陵令轉永安令之時間爲大明二年。而據《宋書·孝武帝紀》，王僧達被賜死的時間正在此年八月。二者這一時間上的契合，正説明了一個問題，那就是他的這次由京畿被貶到僻處一隅的彈丸之地的小縣，正是由于受到王僧達的牽連所致。

這一認識，我們還可以從另一方面得到印證，鮑照的《謝永安令解禁止啓》云："臣田茅下第，質非謝品。志終四民，希絶三仕。邈世逢辰，謬及推擇。恩成曲積，榮秩兼過。雖誓投纖生，昊天罔極，迄無犬馬，孤慚星歲。加以淪節雪飆，沈誠款晦，值天光燭幽，神照廣察，操罋從宥，與物更稟，遂晞曬陽春，湔祓秋水，綴翼雲條，葺鮮決沼，洗膽明目，抃手太平，重甄再造，含氣孰比？"正透露出了這一方面的信息。曹道衡《鮑照詩歌的幾個問題》認爲上文後幾句，乃是涉及到一起重大的政治事件，而且鮑照是犯有嫌疑的；並且這一事件關係到朝廷中發生了重大變故，所以有"抃手太平"、"重甄再造"等語。這種認識無疑是十分正確的。但令人遺憾的是，曹先生却認爲朝廷中的這次重大變故以及鮑照所涉及的政治事件，乃是元嘉三十年(453)春劉劭弑父自立之事。而由于虞炎《鮑照集序》中"永嘉令"爲"永安令"之誤的認定，説明了鮑照任永安令的時間在孝武帝大明二年(458)，曹先生的猜測也就不可能成立。而在大明年間所發生的重大變故，並且鮑照有可能受到牽連的政治事件，應該只有高闍的謀反事件，《宋書·王僧達傳》云：

> 先是南彭城蕃縣民高闍，……與秣陵民藍宏期等謀爲亂。又要結殿中將軍苗允、員外散騎侍郎嚴欣之、司空參軍闞千纂、太宰府將程農、王恬等，謀克二年八月一日夜起兵攻宮門，晨掩太宰江夏王義恭，分兵掩殺諸大臣，以闍爲天子。

這次事變雖然因密謀的泄露而很快被鎮壓，但王僧達却成了最無辜的受害者，終被牽連而于大明二年八月被賜死。因此，作爲王僧達詩友的鮑照，在這時由秣陵令而再一次降職爲永安令，並受到被禁止的處分，就是頗爲自然的了。況且，這次謀反事件主謀之一的藍宏期，又是鮑照所治理的秣陵縣民，鮑照理應爲之承擔責任。綜合以上諸多原因，鮑照這次受到牽連而被貶爲永安令，並受到禁止的處分，也就成了必然之事。

四、鮑照的義興之行

鮑照有《自礪山東望震澤》詩一首，《鮑參軍集注》此詩題注錢振倫注云："《湖州府志》：'礪山，山石可以作礪。俗名擱山，非也。'《書》：'震澤底定。'傳：'震澤，吳南太湖也。'"湖州，即時之吳興；礪山者，即爲吳興之山也。見此詩乃詩人在吳興時所作。鮑照又有《吳興黃浦亭庾中郎別》、《送盛侍郎餞候亭》二詩，《吳興黃浦亭庾中郎別》詩《鮑參軍集注》題注錢振倫注云:"顏真卿《妙喜寺碑》:'杼山之陽有妙喜寺,寺前有黃浦橋,橋南有黃浦亭,宋鮑照送盛侍郎及庾中郎賦詩之所。其水出黃柏山,故號黃浦。'是此二詩亦詩人在吳興時作,《送盛侍郎餞候亭》之'候亭',亦即黃浦亭也。"即以上數詩皆作于吳興者。也就是說,在詩人的游宦生涯中,曾有過一段逗留于吳興的時間。對于這一點,此前的論者皆未予提及,而這卻又是詩人後期生涯的一個重要的轉折,對研究他後期的經歷有着較爲重要的作用。

《自礪山東望震澤》詩云:"幽篁愁暮見,思鳥傷夕聞。以此藉沈痾,栖迹別人群。"《吳興黃浦亭庾中郎別》詩云:"奔景易有窮,離袖安可揮?歡觴爲悲酌,歌服成泣衣。"《送盛侍郎餞候亭》詩云:"欣悲豈等志,甘苦誠異身。結涕園中草,憔悴悲此春。"皆爲詩人悲愁鬱悶之心情的抒發,應該是他後期之作品。

考鮑照中後期之行踪,其自元嘉二十四年(447)年三十二歲爲始興王劉浚所辟,爲始興王國侍郎。元嘉二十八年(451)春,始興王浚解南兗州刺史任,自江北返其南徐州刺史駐地京口,詩人侍郎報滿辭任,有《侍郎報滿辭閣疏》一篇以記其事,辭侍郎後未即南返,逗留江北,作客淮楚。元嘉二十九年(452)五月,詩人乃經由瓜步南返京都建康,又于是年六七月間,到了南徐州之義興,訪義興太守王僧達。元嘉三十年(453)春,文帝太子劉劭殺父自立,江州刺史武陵王劉駿率軍入討。是時詩人乃與王僧達往投劉駿于鵲頭,並爲劉駿即帝位及率軍攻克建康而作《中興歌》十首以獻,旋被任爲海虞令。在孝武帝孝建三年(456)左右,詩人又由海虞令而遷太學博士,兼中書舍人,不久遭讒被疏而出爲秣陵令。大明二年(458),詩人四十三歲時又被貶爲永安令。在以上這一段時間內,他並没有逗留吳興並從容作詩之機會。而大明六年(462)秋,他又爲臨海王子頊軍府參軍,隨子頊鎮荆州。此後直至宋明帝泰始二年(466)被亂兵所殺爲止,詩人一直未有東還之機會。這也就是說,大明六年以後他也没有逗留吳興的可能。因此,鮑照唯一有可能逗留吳興並從容作詩的時間應該在大明二年(458)任永安令以後,大明六年(462)隨臨海王子頊上荆之前。

鮑照有《謝永安令解禁止啓》一篇,乃是他在永安令任受到禁止而解時的謝啓。《宋書·百官志上》:"二臺奏劾,則符光禄加禁止,解禁止亦如之,禁止身不得入殿省,光禄主殿門故也。"可見所謂禁止的處分,乃是禁止在任的官員不能進入殿省的門內,而並不是被解除官職。錢仲聯《鮑照年表》注三十七云:"按照之爲永嘉令或永安令,疑不久即得罪去職,旋解禁止。故卷一有《謝永安令解禁止啓》,卷四《擬行路難》有'棄置罷官去'之語。"對鮑照的此次受禁止的處分乃是被免去永安令之職的理解,恐怕並不準確。這就説明了鮑照在永安縣令任受到禁止的處分時,縣令的職務並没有被革去。明乎此,才能對鮑照此後行踪的考察得出比較準確的結論。

考《吳興黃浦亭庾中郎別》詩云:"旅雁方南過,浮客未西歸。已經江海別,復與親眷違。"

既明確指出了他的客居吳興,同時也是他當時久經宦途沉浮後複雜心情的自然流露。詩末又云:"役人多牽滯,顧路慚奮飛,昧心附遠翰,烱言藏佩韋。"以"役人"自指,説自己因爲受到羈牽約束而不得追隨庾中郎,只能滯留于吳興,這又是他當時已有官職在身的明證。又考之《送盛侍郎餞候亭》云:"君爲坐堂子,我爲負羈人。欣悲豈等志,甘苦誠異身。"以"負羈人"自指,説自己受到某種羈絆約束。而這種羈絆,正是指官場而説,説明他當時已有官職在身。就這一點而言,二詩所表現的是相當一致的。

上文我們已經考出鮑照吳興之行的時間乃在大明二年(458)他轉任永安令之後,至大明六年(462)隨臨海王子頊上荆州之前的數年間。在吳興時他既然已有官職在身,那就説明了鮑照在擔任永安令後又轉而到吳興擔任了一個新的職務。考之他的《謝永安令解禁止啓》説:

> 重甄再造,含氣孰比?不悟乾陶彌運,復垂埏飾,矯迹升等,改觀非服,振縷珥筆,聯承貴寵。豈臣浮朽,所可恭從,實非愚瞽,所宜循踐。

這就是説他在永安令任被解禁止時又有了新的任命。《鮑參軍集注》錢振倫注"改觀非服"時引東晉庾亮的《謝中書令表》"遂階親寵,累忝非服"句,即此"非服",意爲非宜有之服飾。可見鮑照在解禁止之同時所獲得的新的任命,乃是比較榮耀的職務。所以此啓中又有"矯迹升等","聯承貴寵"等語,這二者之間其實是一致的。

至于鮑照在離開永安而之吳興後所擔任的究竟是何職?他的《謝永安令解禁止啓》其實已經向我們透露出了某些端倪。啓中説:"振縷珥筆,聯承貴寵。"應該是就他今後的去向而説。"振縷",猶彈冠,這裏指任職;"珥筆",插筆,本指古代史官和諫官入朝,或近臣侍從等爲便于隨時記録,將筆插在帽上,這裏則應該指他將擔任某一文職侍從官員,《三國志·魏志·陳思王植傳》載曹植《存問親戚疏》説:"執鞭珥筆,出從華蓋,入侍輦轂。"可以爲例。結合《宋書·臨川烈武王道規傳鮑照附傳》和虞炎《鮑照集序》的記載,筆者認爲這一文職侍從官員並非指孝武帝而言,乃是指他轉而到了臨海王子頊的幕下。《宋書》鮑照本傳云:"世祖以照爲中書舍人。……當時咸謂照才盡,實不然也。臨海王子頊爲荆州,照爲前軍參軍,掌書記之任。"虞炎《鮑照集序》云:"孝武初,除海虞令,遷太學博士,兼中書舍人,出爲秣陵令,又轉永嘉令。大明五年,除前軍行參軍,侍臨海王鎮荆州,掌知内命,尋遷前軍刑獄參軍事。"一詳一略,都記載了鮑照在大明後期曾經在臨海王子頊幕中擔任過文職的書記之職。至于鮑照入臨海王幕的時間,虞序説是在任永嘉令後的大明五年(461),也就是任永安令之後的大明五年。雖然根據《宋書·孝武帝紀》及《孝武十四王·臨海王子頊傳》,子頊受命爲荆州刺史在大明六年(462)七月。但是,在大明五年時鮑照即進入子頊幕的可能性却是非常大的。爲此,我們不妨考察一下《宋書·臨海王子頊傳》的以下記載:

　　大明四年,年五歲,封歷陽王,食邑二千户。仍為冠軍將軍、吳興太守。五年,改封臨海王,户邑如先。其年,遷使持節、都督廣交二州湘州之始興始安臨賀三郡諸軍事、征虜將軍、平越中郎將、廣州刺史。未之鎮,徙荆州刺史、將軍如故。

據《宋書·孝武帝紀》,子項被封為歷陽王在大明四年正月,改封臨海王在大明五年閏九月,為廣州刺史在大明五年十月。由于臨海王子項為孝武之愛子,大明五年被任為廣州刺史時年方六歲,自然需得力之佐吏以掌文書簿籍並輔佐之。而鮑照此前曾一度得到過孝武帝的賞識,並擔任了中書舍人這樣的親近之職,此後雖然因為王僧達事件遭到他人之讒毀而被疏遠放逐,但鮑照的學問才幹孝武帝應該是相當清楚的。況且,王僧達之被殺畢竟是孝武帝刻意羅致的罪名,鮑照受其牽連,本已處罰過當,至大明五年已歷時數載,加上又為用人之際。因此,在大明五年子項被任為廣州刺史之前乃解除鮑照禁止的處分,並讓其進入子項幕府也就成了自然之事。然而,子項被任為廣州刺史後出于某種原因並未成行而仍留于吳興,至大明六年七月始改任荆州刺史,所以鮑照乃有在吳興逗留並從容作詩之機會。《吳興黃浦亭庾中郎別》詩云:"旅雁方南過,浮客未西歸。"時在深秋;《送盛侍郎餞候亭》詩云:"結涕圉中草,憔悴悲此春。"乃在春日。經秋歷春,又與他大明五年進入臨海王子項幕後在吳興逗留之時間正相一致。況且由于鮑照歷經沉浮,屢遭打擊,政治上的陰影難以抹去;加上大明五六年時他已四十六七歲,早年的豪情已消磨殆盡。因而此時在詩中流露出濃厚的悲鬱情緒,表現出對仕宦生活的厭倦和自身命運的擔憂,又是頗為自然的。這些,也都為上說增加了有力之佐證。

① 《鮑參軍集注》,上海古籍出版社1980版。
② 見曹道衡《中古文學史論文集》,中華書局1986年版。
③ 吳丕績《鮑照年譜》,商務印書館1940年版。
④ 拙作《虞炎〈鮑照集序〉的一處傳寫錯誤》,載《文史》第十五輯。
⑤ 六朝時用于官職前之"兼"皆有代理義,説詳拙作《試論"兼"、"行"的代理義》,載《中華文史論叢》1984年1期。
⑥ 《宋書·恩倖傳》。
⑦ 拙作《鮑照詩文繫年考辨》,載《中華文史論叢》1983年3期。
⑧ 説詳拙作《鮑照詩文繫年考辨》。

唐誌叢識

周 紹 良

一、《李氏女墓誌》咸通二年四月十二日

《新唐書》卷七十上《宗室世系表》上郇王房載：

郇王褘，隋陳留太守、長平郡公。

長平肅王叔良，

郇國公孝協。

婺州刺史襲郇國公思忠。

太子僕超成。

許州司馬澄真。

壽州團練使文通，破蔡有功，終遂州刺史。

業。

是從郇王褘起迄業共八世，業以下《新表》無記載。今據"長兄鄉貢進士夢龜奉處分撰並書"《唐隴西李氏長女墓誌銘》：

隴西李氏女，唐郇王褘八代孫。曾祖文通，皇檢校右散騎常侍兼御史大夫、壽州刺史，贈兵部尚書；祖業，皇檢校兵部尚書、鄆州節度使，贈右僕射；父鈞，前任京兆府鄠縣令。

根據《墓誌》，謂李氏女為"唐郇王褘八代孫"，則其曾祖文通于郇王褘為第五代孫，今以《新表》考之，實不相符，《新表》次序分明，《墓誌》則郇後代自書，俱不應有誤，但何以有此差異，實不可解。

文通終官據《墓誌》當是壽州刺史，與《新表》亦異；業終官鄆州節度使，當據補。業有子鈞，終官鄠縣令；鈞有子夢龜，俱《新表》所不載。

二、《崔氏墓誌》咸通二年五月十七日

《新唐書》卷七二下《宰相世系表》二下崔氏清河小房載：

朝字懿忠，鄭、懷二州刺史。

　　　　積字實方,檢校金部郎中。

　　　　　羣字敦詩,相憲宗。

　　　　　申,侍御史、内供奉。

　　　稷。

　　　程。

　　　稅。

　　　　準,宣歙觀察使。

"季弟鄉貢進士璟撰"《唐泗州下邳縣尉鄭君故夫人清河崔氏墓誌銘》:

　　　　夫人諱琪,字潤之,其先清河東武城人也。……曾祖諱朝,皇任懷州刺史,累贈司
　　空;祖諱稅,皇南昌軍副使、試大理評事,累贈工部侍郎;烈考諱章,皇秘書省秘書郎。

根據《墓誌》,稅終官南昌軍副使、試大理評事,爲《新表》所不載;有子章,終官秘書省秘書郎;
有孫璟,亦應依《墓誌》補。

　　又按《舊唐書》卷一五九《崔羣傳》:

　　　　羣弟于,登進士,官至郎署,有令名。

按《新表》只載羣有弟申,無名于者,不知是申誤于,抑于誤申,或羣另有弟名于耶?

三、《盧氏墓誌》咸通二年五月廿三日

　　清徐松《登科記考》卷十一大曆十年:

　　　　盧士閱,《文苑英華》作士開。注引《登科記》作士閱,今從之。

按《文苑英華》誤,《唐故宋州碭山縣令滎陽鄭府君故范陽盧氏夫人墓誌銘》:

　　　　夫人皇考諱士閱,建中之際,以秀才升第,位至使府監察。

證明《登科記》爲是。

四、《楊皓墓誌》咸通二年十一月十四日

　　《新唐書》卷七一下《宰相世系表》一下楊氏越公房:

　　虞卿字師皐,京兆尹。

　　　知退字先之,左散騎常侍。

　　　元孫字立之,潁州刺史。

　　　知權字正之,試協律郎。

　　　磻字後隱,水部郎中。

　　　思方字立之,鳳翔副使、檢校吏部郎中。

壇字坦之,右拾遺。

堪字時之,太子少師。

這裏記載楊虞卿乃有七子,但據"親叔鄂、岳等州都團練判官試大理評事壇撰並書"《唐故楊秀士墓誌銘》:

秀士諱皓,小字肩目,生于吾家十九年而終。……洎我先公皇京兆尹贈戶部尚書諱虞卿,生我仲兄知言,京兆府司隸賜緋魚袋;仲兄生秀士,實元子也。

根據《墓誌》知此七人中,尚有缺漏,如虞卿次子知言,《表》中即不載,又如楊皓亦不見于《表》中。據《表》:"元孫字立之。"又云:"思方字立之。"似不當複,疑有誤。

五、《盧氏墓誌》咸通二年九月廿七日

《新唐書》卷七三上《宰相世系表》三上盧氏條:

勗居巷南,號南祖;偃居北,號北祖。偃仕慕容氏,營丘太守。二子:邈、闓。邈,范陽太守。生玄,字子真,後魏中書侍郎、固安宣侯。二子:巡、度世。度世字子遷,青州刺史、固安惠侯。四子:陽烏、敏、昶、尚之,號四房盧氏。

按《元和姓纂》卷三盧氏條則謂四房盧氏出于南祖勗:

勗號南祖,偃號北祖。勗曾孫元(玄)生遷,生四子:陽烏、敏、昶、尚之,又號四房。

孰是孰非,頗難得其證。

又李璋撰《唐范陽盧夫人墓誌銘》:

夫人九代祖諱(原注:與高祖神堯皇帝同),後魏左僕射,以小字陽烏,今稱閥閱者多以陽烏房為上。曾祖諱光懿,滑州衛南縣令;祖諱渚,門下省城門郎;父匡伯,河南府洛陽縣丞。

《新唐書·世系表》作:

陽烏字伯源,後魏祕書監、固安懿侯,號大房。

亦載光懿及二子:湛、渚,均未載終官及孫。

《新唐書》卷七二上《宰相世系表》二上趙郡李氏東祖條載:

絳字深之,相憲宗,生璆、頊、璋。……璋字重禮,宣歙觀察使,生讓兒。

據《墓誌》,李璋自云:

有六男子二女:長男曰道扶,前河南府兵曹;嗣子陞,習進士業,皆可以禮襲家風,德傳外氏。餘皆幼:次小字閏九,次曰小閏,次曰夏兒,次曰烏八,皆敏惠可愛。長女令兒,年十八,天與柔明,工惠皆至,先夫人一年而夭;次女小盧,未笄,志性過人,肖似夫人之氣。

記載頗詳,但無名諱兒者,或是其六子中有易名者。

六、《李燁墓誌》咸通三年正月廿八日

《舊唐書》卷一七四《李德裕傳》:

> 德裕三子。燁,檢校祠部員外郎、汴宋亳觀察判官。大中二年,坐父貶象州立山尉。
> 二子幼,從父歿于崖州。燁,咸通初,量移郴州郴縣尉,卒于桂陽。子延古。

既云"貶象州立山尉","從父歿于崖州";又云"量移郴州郴縣尉,卒于桂陽";既云"二子幼",
又云"子延古",頗爲舛亂,不知何以致誤如此。考《新唐書》卷一八〇《李德裕傳》:

> 子燁,仕汴宋幕府,貶象州立山尉。懿宗時,以赦令徙郴州。餘子皆從死貶所。燁
> 子延古。

從這裏始知"二子幼,從父歿于崖州,燁"十字應移于"子延古"三字上方合,蓋錯簡于前。但
有未恰者,從傳文可見燁是長子,實則不然,據《新唐書》卷七二上《宰相世系表》二上趙郡李
氏西祖條:

> 德裕字文饒,相文、武,生椅、渾、燁。渾,比部員外郎。燁,郴尉。生殷衡、延古。殷
> 衡,右補闕。延古,司勳員外郎。

是燁非長子,尚有兄椅、渾,蓋即隨父歿于崖州者。《舊書》謂"二子幼"仍誤。

"從弟鄉貢進士潘撰"《唐故郴縣尉趙郡李君墓誌銘》:

> 維大中十四年歲次庚辰夏六月庚辰朔廿六日乙巳,故郴縣尉趙郡李君享年三十有
> 五,以疾終于縣之官舍。明年夏四月,孤子莊士以使來告,請誌于潘。……君諱燁,字季
> 常,趙郡贊皇人也。……君衛公第五子也。……始自浙西廉帥□(盧)公商辟從事,授校
> 書郎,俄轉伊闕尉、河南士曹。及衛公平迴紇,夷上黨,上寵以殊功,冊拜太尉,特詔授君
> 集賢殿校理。……大中初,公三被譴逐,君亦謫尉蒙山,十有餘載。……今皇帝嗣位之
> 歲,御丹鳳肆赦,詔移郴縣尉。自春離桂林,道中得瘴病,日減眠食。……長子莊士,次
> 子莊彥,女曰懸黎,尚幼,

根據《墓誌》,可知李德裕不僅三子,實五子,而燁乃其最幼,非"燁"。以父累貶蒙州之立山
尉,非象州。《新》、《舊》俱誤。燁有子莊士、莊彥,尚幼,《世系表》所列殷衡、延古,可能出于
渾之後?

七、《趙璜墓誌》咸通三年十月十四日

《新唐書》卷七三下《宰相世系表》南陽趙氏條:

> 南陽趙氏亦世居宛縣,後徙平原。

鑒，後魏太常卿。

　　榮，隋庫部侍郎。

　　　德言，主客員外郎。

　　　　仁泰，南和令。

　　　　　慎己，告成丞。

　　　　　　駰，京兆府士曹參軍。

　　　　　　　涉，侍御史。

　　　　　　　　儌，監察御史。

　　　　　　　渾，大理丞。

　　　　　　　仇，昭應尉。

　　　　　　璘字澤章。

　　　　　　璉字幾顏。

　　　　　　璜字祥牙。

　　　　　价初名償，字德融。

　　　　　佶，兼監察御史。

《元和姓纂》卷七趙姓條亦載：

　　南陽穰縣　稱自天水徙焉。後魏有太常卿趙鑒，生榮，隋庫部侍郎。生德昌（言），唐主客員外。德言生景、仁泰。景，好時令。……仁泰，南和令。生慎己、慎庶。慎己，郃城丞，生駰，京兆士曹參軍。生涉、渾。涉，侍御史，生儌、仇、伸。儌，監察御史。仇，昭應尉，生璘、璜、璉。渾，大理丞，生償、佶。佶監察御史。

《姓纂》謂涉生儌、仇、伸，渾生償、佶。伸爲《世系表》所不載，佶則作佶，璘作璘。

考趙璘撰《唐故處州刺史趙府君墓誌》：

　　兄諱璜，字祥牙，其先自秦滅同姓，降居天水，在漢號六郡良家，魏、晉分裂之後，世仕北朝，軒冕相繼。九代祖靜，封晉陵公于元魏；八代祖鑒，襲爵于高齊。國朝已來，位卑而儒風，婚媾不替。五代祖諱仁泰，邢州南和令；高王父諱慎己，相州內黃主簿；曾王父諱駰，大明帝時制舉，自同州韓城令，擢拜京兆府士曹，轉河陰令，再遷扶風郡長史。王父諱涉，進士擢第，累佐藩府，至朝散大夫檢校著作郎兼侍御史；先君諱仇，自建中至元和，伯仲五人，登進士第，時號卓絶，雖奕葉文學政事相續，而士大夫最以孝友稱。先君韋氏之出，堂舅蘇州刺史應物，道義相契，篇什相知，舅甥之善，近世少比。佐鹽鐵府，官至監察御史裏行；大中末，再贈尚書吏部郎中。君生三歲而孤，與兄璘弟珪，年齒相差，蒙先夫人柳氏嚴教慈育，……開成三年，禮部侍郎高公鍇獎拔孤進，君與再從兄璉同時登進士第，余是時亦以前進士吏部考判高等，士族榮之。……君才厄于命，仕循常資，竟不得高步清綬，為公心者所歎。及刺縉雲也，余前此自祠部郎守信安，浙河之東，封疆鄰接，雖非顯達，稍慰孤悴。……君之室上邽縣君蘇氏，丞相貞公五代孫，城門郎佐之孫，秘書省校書郎巢之女，丞相襄武公李公之外孫。才于成家，仁于撫下。生子曰輻，自嬰抱端介不羣，雖未及冠歲，尅有遠大之望。

此趙璘自撰其弟《墓誌》，自屬無誤，據此可知亢乃涉子，《世系表》誤，兄弟共五人；璘有弟名珪，而璉乃再從兄弟，當是共曾祖者。璜尚有子名輻。

《墓誌》珣作駒，終官扶風郡長史，不止京兆府士曹；璜終官處州刺史，可依補。

《墓誌》述及趙璜妻蘇氏，乃蘇味道五代孫，按《新唐書》卷七四上《宰相世系表》四上趙郡蘇氏條，《元和姓纂》卷三蘇氏條所列只三世，城門郎佐、秘書省校書郎巢俱失載，可補。

八、《盧逢時妻李氏墓誌》咸通四年五月廿九日

拓本墓誌一份，首行殘，從內容審之，當是故涇州從事盧逢時妻李氏《墓誌》，作者署作"舅朝議郎前守河南少尹賜緋魚袋崔碣撰並書"，死者乃其姊之女。

《墓誌》提及崔氏世系：

夫人外六代祖尊諱玄暐，特進中書令，封博陵郡王，匡周之勛，安劉之業，銘于鐘鼎，載在冊書。外五代祖尊諱璩，禮部侍郎，博陵郡公，與道士司馬公子微、趙公貞固、盧公藏用為莫逆之交，才識文學，俱推第一，語在陳公子昂集序。高王父尊諱渙，門下侍郎平章事，贈右僕射，位卑赴調之日，吏部嚴公挺之別設高榻，于千百人中，延公就坐，試《彝罇銘》。曰以公清廟之器，故為篇目。及居相位，果以斥逐奸臣，出守遠郡，事在國史及《廣人物志》。曾王父尊諱縱，太常卿、贈吏部尚書。賊泚之亂，天子蒙塵，說懷光之兵，解奉天之急，兩為御史大夫，皆留軌範，為朝典刑，事在《德宗實錄》。王父尊諱元加，睦州刺史、贈工部尚書。未申經濟，獨存志行，號天叩地，攀恨何及。

所述及者，亦即作者崔碣之上代。核之《新唐書》卷七二下《宰相世系表》二下博陵安平崔氏大房條，大致相符，惟元加《世系表》作"元方，沔州刺史"，似誤，當依《墓誌》作"元加，睦州刺史"。又崔碣只題云："碣字東標。"應依《墓誌》所署銜作"河南少尹"。

九、《楊籌女母王氏墓誌》咸通六年

《舊唐書》卷一七六《楊虞卿傳》附弟《漢公傳》：

大和八年，擢進士第，又書判拔萃，釋褐為李絳興元從事。絳遇害，漢公遁而獲免。累遷戶部郎中、史館修撰。大和七年，遷司封郎中。漢公子範、籌皆登進士第，累辟使

府。

按傳文有誤。漢公以"大和八年擢進士第",不應反而在"大和七年遷司封郎中"。且據《舊唐書》卷一六四《李絳傳》：

> 文宗即位,徵爲太常卿。二年,檢校司空,出爲興元尹、山南西道節度使。……四年二月十日,……絳方與賓僚會宴,不及設備,聞亂,北走登陴,衙將王景延力戰以禦之。兵折矢盡,景延死,絳爲亂兵所害。

是李絳被害乃文宗即位第四年事,時則大和八年,又如何能"擢進士第,又書判拔萃,釋褐爲李絳興元從事"? 足證"大和八年"有誤。

但據《唐摭言》卷八《已落重收》條：

> 元和九年韋貫之榜,殷堯藩雜文落矣,楊漢公尚書乃貫之前榜門生,盛言堯藩之屈,貫之爲之重收。

"貫之前榜"爲元和八年,足見"大和八年"乃"元和八年"之誤。

漢公子範、籌。據《新唐書》卷七一下楊氏趙公房：

> 籌字本勝,監察御史。

兹有《前長安縣尉楊籌女母王氏墓誌》,文云：

> 王氏小字嬌嬌,長號卿雲,汴州開封人。幼失怙恃,鞠于二女兄之手。長女兄以善音律歸于故相國盧公鈞。卿因女兄遂習歌舞藝,頗得出藍之妙。弘農人初以音律知,遂用綵問于女兄。唐咸通庚辰歲子月遂歸于楊氏。未幾,楊子以罪逆受天罰,待死于長安萬年裔村曰庫谷,王氏固非宜留,將歸女兄,堅不去,願同疚于荒塋。……不幸以甲申歲午月遘時癘,姙且病,醫餌有所妨,故天竪得以成禍。……

此楊籌似即漢公子,于咸通甲申(五年)時尚以長安縣尉免職待罪。至因何故"以罪逆受天罰"則不可考矣。

十、《謝觀妻李氏墓誌》咸通六年十一月八日

杜牧《樊川文集》卷二《題永崇西平王宅太尉愬院六韻》：

> 天下無雙將,關西第一雄。授符黃石老,學劍白猿翁。矯矯雲長勇,恂恂郤縠風。家呼小太尉,國號大梁公(太尉季弟司徒德亦封梁國公)。半夜龍驤去,中原虎穴空。隴山兵十萬,嗣子握珊弓(今鳳翔李尚書,太尉長子)。

按《舊唐書》卷一三三《李晟傳》附《愬傳》：

> 愬六遷大鎮,所處先人舊宅一院而已。

此詩題之"永崇西平王宅太尉愬院"蓋即指此。

"家呼小太尉",是李愬亦曾授"太尉"之號,但《本傳》不載,據《本傳》,只云:

> 封凉國公,食邑三千户,食實封五百户。

不云有"梁國公"之封,當是杜牧詩原注誤。

李晟十五子,見《舊書·本傳》:

> 晟十五子:侗、佃、偕,無祿早世,次願、聰、總、愻、憑、恕、憲、愬、懿、聽、慭、熬。

《新書》卷七二上隴西李氏條所載同。杜牧詩原注"季弟德"應是"聽"字之誤。據《新表》:

> 聽字正思,檢校司徒、凉國公。

可證杜詩"梁"字乃"凉"之譌。

《新表》不載愬下世系,杜詩原注"今鳳翔李尚書,太尉長子"亦不見兩《唐書·本傳》,考《大唐前慈州太守謝觀故夫人隴西縣君墓誌銘》:

> 縣君姓李氏,名紘,字坦之,其先隴西成紀人,國朝太尉兼中書令西平王晟之曾孫,
> 魏博節度使同中書門下平章事愬之孫,鳳翔節度使檢校尚書左僕射贈太保玭之長女也。

蓋即"鳳翔李尚書"其人。

《墓誌》題作"慈州太守"實不確。玄宗于天寶元年改各州刺史爲郡太守,後來于肅宗至德元載重又改回,即無太守之稱,不知謝觀何以忽又自稱"太守"?

十一、《過訥墓誌》咸通六年十一月八日

《大唐故過少府墓誌銘》,"鄉貢五經京兆杜去疾述",文云:

> 公諱訥,字含章,澤州高平人也。……以大中十二年明經擢第。當守選時,潛修拔
> 萃。

按過訥,清徐松《登科記考》未載,可補。

十二、《孫嗣初墓誌》咸通五年七月卅日

拓本《□□□□□□□□□□州崑山縣令樂安孫公府君墓誌銘》:

> 君諱嗣初,字必復,……咸通七年四月廿八日,薨于宋州鴈池驛,享年五十七。……
> 年十八,登明經第,釋褐授蘇州參軍。

孫嗣初以咸通七年死,上推至十八歲,當是大和九年以明經擢第,清徐松《登科記考》亦未載,可補。

十三、《王虔暢墓誌》咸通八年二月一日

拓本《唐故滑州匡城縣令王公墓誌銘》:

公諱虔暢，字承休，其先琅耶人。……秦漢已降，代光史册。及國朝則材冠群英，名高華省，曰守貞，歷倉部、膳部、左司郎中，出爲萊、渝、博、潤、滄、洪六州刺史；實生希儁，官隨、遂、綿、相、越五州刺史，……生炅、旻、暹，皆有官而材、炅襲華容爵，是生曰雲、曰霞。曰雲長官同州白水丞，追贈太常少卿。少卿二子，長曰宗，……歷左贊善大夫、壽州刺史；少曰公亮，貞元六年進士登第，……官至潭州刺史、御史大夫、湖南都團練觀察使。壽州生二子：長曰虔徽，……以廕入仕，釋褐代州雁門縣主簿，復任成都府溫江縣尉。每言瑚璉之器，奚自斗筲之官，乃由貢籍舉進士。……公即壽州之少子也。……公裔子四人；長處溫，次璉，次處脩，次處謙；女二人：長適博陵崔鷿，舉進士；次適京兆韋詢美，前任壽州安豐尉。

所載舉進士者凡三人：公亮、虔徽及崔鷿，清徐松《登科記考》皆未載，可補。

十四、《盧鈞妻崔氏墓誌》咸通八年二月二日

《金石續編》卷十一《唐故太子司議郎東都范陽盧府公夫人清河崔氏祔葬墓誌銘》：

夫人清河人也。曾祖著，皇河南府士曹參軍；祖褒，皇河中府戶曹參軍；顯考丕，皇虢州湖城縣令。

著、褒、丕三人俱見《新唐書》卷七二《宰相世系表》崔氏清河小房條，但三人《新表》却未載其終官，可據《墓誌》補。

十五、《宇文氏墓誌》咸通八年八月壬申

《新唐書》卷七一《宰相世系表》宇文氏條載：

洛，隋介公。——裕。——延。——離惑。——　　——庭立，並襲介公。——
　　　　——邈，御史中丞。——

鼎宗周重。——獻字昌言。

瓌字禮用。

于離惑之下空二格，未著人名；庭立下空，旁出邈，似邈尚有兄而失名者。

按李彬爲其妻所撰《唐秘書省秘書郎李君夫人宇文氏墓誌銘》：

夫人姓宇文氏，初代武川人。……高祖遠惑，皇任梁王掾；曾祖成器，皇任絳州翼城縣丞，贈禮部員外郎；祖邈，皇任御史中丞，左遷澧州刺史，贈太尉；父瓌，見任右散騎常侍。

據《墓誌》，知《世系表》之誤，邈父名成器，非庭立子；成器父遠惑，當是離惑之兄弟行；離惑與庭立實爲二世，不應空格。

十六、《令狐絿墓誌》咸通八年八月六日

令狐楚世系,《新唐書》卷七五《宰相世系表》列之頗詳,而于其弟令狐從下則只及身而止,無子孫。按《關中金石文字存逸考》卷五載《唐故朝散大夫檢校尚書比部郎中兼侍御史知度支陝州院事令狐府君墓誌銘》:

> 府君諱絿,字垂之,錫姓受氏具小子,烈祖贈太師文公所撰祖德碑,君即皇綿州昌明縣令、贈司空、諱崇亮之曾孫,皇太原府功曹參軍、贈太尉、諱承簡之孫,皇鄆州刺史諱從之第三子。……君娶故曲沃縣令博陵崔厚女,先君而殁,生二子:男曰喬兒,女曰梁四;別子三人,女一人。……君于小子為同堂叔父,仁愛素厚。……

可見從不止一子,絿乃第三,而絿復有子四,《世系表》失載。

《墓誌》前題:"堂姪浙江西道觀察判官、朝議郎、殿中侍御史、內供奉、柱國、賜緋魚袋澄撰上。"《墓誌》尾署:"堂姪鄉貢進士洵書並篆額。"澄乃綯子,而與澄為兄弟行,《世系表》亦失載,疑並為綯子。

十七、《達奚革墓誌》咸通丁亥八月十八日

《安徽通志金石古物考稿》二載《唐故鄉貢進士達奚公墓誌銘》:

> 公諱革,字日新,其先軒轅氏之垂裔。……自國朝係美者:湖州刺史恕、殿中丞璿、司農少卿懷義、戶部員外郎瑤宣,皆公之一源。洎公五代諱聞恭,唐州泚陽令;四代祖諱降嵐,右華州刺史;叔祖珣,進士高第,禮部侍郎;三代祖諱恪,舉進士高第,河南府濟源縣主簿;大父諱逢,明經及第,本州陳留縣尉、試大理評事,贈許州司馬;父諱賈,試左武衛兵曹參軍。

清徐松撰《唐登科記考》,僅著錄達奚珣,據《墓誌》,進士尚有達奚恪,明經則有達奚逢,俱未載,可補。

十八、《謝觀墓誌》咸通八年八月廿四日

岑仲勉撰《登科記考訂補》,據《千唐誌齋藏誌》謝觀自製《唐故朝請大夫慈州刺史上柱國賜緋魚袋謝觀墓誌》所載,補開成二年謝觀中第,為《登科記考》所未載。實則《墓誌》尚云:

> ……子六人:長承昭,舉進士。

是謝觀子承昭亦進士,岑氏漏之。

十九、《謝氏墓誌》咸通九年七月十二日

清徐松《唐登科記考》卷二三咸通七年,據《永樂大典》引《閩中記》及《淳熙三山志》,考定歐陽琳以是年及第,但據謝承昭撰《唐秘書省歐陽正字故夫人陳郡謝氏墓誌銘》載:

> 夫人姓謝氏,諱逌,字昇之,⋯⋯以咸通七年三月十日偶嬰暴疾,歿于河南府洛陽縣毓財里之私第,即所天上第之年,享年廿有八。所天名琳,以前年進士高第,去年宏詞再科,今來釋褐莅官,投迹芸閣。⋯⋯所天以咸通九年七月十二日獲喪窆于河南府河南縣。⋯⋯

是歐陽琳再以八年中博學宏詞科,但《唐登科記考》未載,可據補。

二十、《孫方紹墓誌》咸通九年八月十一日

《唐故承議郎使持節都督登州諸軍事守登州刺史孫府君墓誌銘》:"長男鄴撰,第十六姪郢書。"文云:

> 府君諱方紹,字比璉,魏郡武水人也。曾諱逖,皇唐刑部侍郎,贈尚書右僕射,諡文公;大王父諱成,皇桂管觀察使,贈太子太保,諡孝公;烈考諱微仲,皇沔州刺史。府君即沔州刺史次子也。⋯⋯有二子:長曰鄴,次曰牟。

按《新唐書》卷七三《宰相世系表》下孫氏條載:

> 逖,刑部侍郎、右庶子,諡曰文。
>
> 成字思退,桂州刺史,中丞,樂安孝男。
>
> 微仲,沔州刺史。
>
> 庶立,熒澤尉。
>
> 審象,汝州司馬。
>
> 履度,南陵尉。
>
> 方紹,登州刺史。

據《墓誌》,知方紹乃微仲子,《新表》誤。方紹有二子:鄴、牟,又《墓誌》書者郢,俱不載于《新表》,蓋失載。

二十一、《崔行規墓誌》咸通戊子建亥月十三日

《唐故登仕郎前守河南府陽翟縣尉清河崔公夫人滎陽鄭氏合祔墓誌銘》:"季弟鄉貢進士曄撰,從父弟河南府登封縣主簿膺書。"文云:

> 我姓本神農太嶽之胄,⋯⋯至元魏度支七兵尚書、僕射、文貞公諱休,公之九代祖

也；高王父諱隱甫，皇任刑部尚書、東都留守，謚忠公，贈太保；曾王父諱微，皇任河南少尹；大父諱溉，皇任太常少卿，贈右僕射；顯考府君諱耿，皇任太子賓客，贈工部尚書。公名行規，字寡悔，尚書府君長子也。……生五男子：曰諷、曰調，曰訥、曰小通、曰三通；女子一人，曰申娘；咸未冠笄。

考《新唐書》卷七二下《宰相世系表》崔氏清河大房條載：

> 休字惠盛，後魏殿中尚書、文貞侯。

顯然"文貞侯"當作"文貞公"爲是。

又《世系表》：

> 微，河南少公。

據《墓誌》，"公"字乃"尹"字之譌。

《世系表》，溉下只一子：倬。據《墓誌》知溉下尚有子耿，似尚有弟者。行規乃耿之長子，且有五子：諷，調、訥、小通、三通。

《墓誌》撰者自署"季弟曄"，書者自署"從父弟膺"，俱不載于《新唐書·宰相世系表》，當據補。

二十二、《孫景裕墓誌》咸通十一年六月八日

千唐誌齋藏《唐故宣德郎前守孟州司馬樂安孫府君墓誌銘》，前題作"第二弟朝議郎前守尚書刑部員外郎柱國孫徽撰"，後題作"第五弟鄉貢進士孫綱書並篆蓋"。

此《誌》通篇未著誌主之名，不知誰何；只標其先世：

> 曾祖府君諱宿，皇華州刺史；大父府君諱公器，皇邕管經略使，累贈司空；烈考府君諱簡，皇太子少師檢校司空，累贈太師。太師府君前娶沛國武夫人，司馬府君即太師第四子，武夫人之出也。

按此乃孫逖之後，見《新唐書》卷七三下《宰相世系表》下孫氏條：

> 景裕，孟州司馬。

蓋即其人。

據《墓誌》，孫簡終官乃太子少師，《世系表》作"太保"，誤。孫徽《墓誌》自署"第二弟"，稽諸《世系表》爲簡之第六子，景裕行四，乃第四子。但"第五弟"孫綱則不見于《世系表》。

《世系表》不著景裕之後，據《墓誌》：

> 有子六人：長曰煒，前任汝州臨汝縣主簿；次曰津兒；曰小津；曰圭奴；曰小圭；曰鼎奴；皆執經力善，自强不息。

足可補《世系表》之缺。

二十三、《孫備墓誌》咸通十一年八月

《唐故河南府洛陽縣尉孫府君墓誌銘》，題"再從兄朝散大夫守御史中丞上柱國賜紫金魚袋瑝撰"。文云：

> 洛陽縣尉孫君備以疾亡于官，……太夫人以書走八百里老于猶子瑝曰："未亡人天重不祐，始予有子七人，備實為長。……不幸喪矣。"……孫氏出于齊大夫後，在晉時嘗避地樂安，因世居焉。……高祖秘書監諱嘉之，位不配德，果介繁祉，故我曾祖贈僕射文公諱遜，曾祖贈秘書少監府君諱遹，曾叔祖補闕公諱遘，皆擅重名。……補闕府君即君之曾王父也。祖白馬縣令贈尚書工部侍郎諱起，烈考故天平軍節度使檢校禮部尚書贈兵部尚書康公諱景商，君其嫡長子也。……君之弟曰儲、瀚、伉、倚、鐸、埴。有男三人，女二人。

考《新唐書》卷七三下《宰相世系表》下孫氏條："瑝字子澤，鳳翔少尹。"實遹之曾孫，故《墓誌》稱遹爲曾祖。《世系表》載景商七子：備、儲、伾、儉、偓、伉、佾，其中後五人名與《墓誌》名全不符；備有三子，亦不載。

二十四、《韋氏小女子墓誌》咸通十二年六月六日

拓本《唐韋氏小女子墓誌銘》，文云：

> 韋氏女小字夛娘，京兆杜陵人。曾祖友信，皇泉、吉、務（婺）三州刺史；祖綬，皇興元節度使，贈右僕射；父洙，現任尚書主客員外郎、東渭橋給納使。

按韋友信見《新唐書》卷七四上《宰相世系表》上：

> 友信，泉、吉、婺三州刺史。

> 繽。

> 繕。

> 續，試金吾衛長史。

> 綬，屯田郎中。

友信四子，無名"綬"者，亦無官至興元節度使者。按興元節度即山南西道節度使，治興元，故云。考《舊唐書·穆宗本紀》，長慶二年十月壬辰，韋綬爲山南西道節度使，當即其人，《新唐書·世系表》失載。

有人懷疑"綬"乃"綬"之誤，恐非是，當是綬自綬而綬自綬，原因二人終官各迥不相同。

二十五、《李璩墓誌》咸通十二年八月十一日

《芒洛冢墓遺文五編》(稿本)卷六載《唐故太子司議郎李府君墓誌銘》,題作"堂姪將仕郎守國子《周易》博士隱撰"。文云:

> 趙郡東祖有丞相崇,顯于後魏,謚為文惠公。文惠公其下四世,生貞簡,為唐司農卿。司農生崗,為譙郡永城令,贈吏部尚書。尚書生元善,為襄州録事參軍,贈太尉。太尉生涇,為金州刺史。金州娶博陵崔氏,生府君。府君諱璩,字子玉。……男二人:長曰奉規,前襄州鄧城縣尉,識略過人,孝敬天授;次曰萬老,方志于學;一女曰寶娘。

所述經與《新唐書》卷七二上《宰相世系表》上李氏東祖條相核,頗不相符,經乃元善之曾孫、絳之孫,而涇則《世系表》不載,但載元善有子"經,司農少卿,生瑜、旷、況、璩、羲、揖",可見"經"即"涇"之譌,而"璩"即"璩"字之譌。

二十六、《紇干氏墓誌》咸通十二年八月廿三日

拓本《唐故李氏夫人河南紇干氏墓誌》,題作"父魏博節度掌書記朝請郎檢校尚書工部員外郎兼侍御史柱國雁門縣開國男食邑三百户賜緋魚袋潛撰"。文云:

> 初,官氏志有紇干,與後魏同出于武川,孝文南遷洛陽,改為干氏。逮周室之賜,則與彼殊塗,實以司空才冠一時,盡忠王業,虜言紇干,夏言依倚,為國家之依倚。厥後枝派日隆,代生賢駿,鉅儒碩德,世世不乏。高祖植,皇任穎王友;曾祖著,皇僕寺丞,累贈禮部尚書;祖彙,皇河陽節度使,封雁門公,贈吏部尚書。父潛,見任工部員外兼侍御史,封雁門縣男,食邑三百户,賜緋,充魏博節度掌書記。外族弘農楊氏。夫人即潛長女。……夫人三弟,曰繪,曰就,曰昱,皆太廟齋郎。

紇干並非著姓,又少名人,當然《宰相世系表》中無其地位,現存《元和姓纂》所載頗簡,大致與《墓誌》相同:

> 代人孝文帝改為干氏。
>
> 河南   貞觀有紇干承基。貞元僕寺丞紇干遂其後也,生俞,渭南尉。

根據《墓誌》,曾任"僕寺丞"者乃紇干著,非紇干遂,《姓纂》誤;俞當是彙之兄弟行。

李潛自云見任魏博節度掌書記,其任斯職,據《墓誌》:

> 今年(咸通十二年)五月,潛從尚書潁川公弓旌之禮來魏博。

考《資治通鑑》卷二五二懿宗咸通十二年正月:

> 以魏留後韓君雄為節度使。

李潛似即由韓君雄真除魏博節度使而被延致者。

《墓誌》只提及“尚書潁川公”而不名，估計即韓君雄，蓋唐代喜以郡望封爵，韓氏郡望有署“潁川”者，見《元和姓纂》韓氏條。唐代自肅、代之後，節度使多得封爵，但史書絶少提及，苟非此等墓誌有所記載，鮮能知者。

二十七、《苗景符墓誌》咸通辛卯十二月十三日

《新唐書》卷七五上《宰相世系表》上苗氏條：

含液。

潁。

蕃。

著。

愔字宜之。

台符字節巖。

憚字甚魯。

廷乂字子章。

恪字无悔。

考拓本《唐故上黨苗君墓中哀詞》，前題“長兄鄉貢進士義符撰兼書”。文云：

君諱景符，字禎運，上黨人也。……唐揚州録事參軍諱潁，即君之曾大父也；太原參軍贈禮部尚書諱蕃，即君大父也；先大夫諱憚，與伯季鱗射進士策，著大名于世。……先大夫娶河間劉夫人，夫人生七子，君最少。……君納高氏女，生……男曰主寶藏，纔七月矣。君比無恙，忽病熱旬餘，竟以咸通辛卯歲九月四日不起于靖安里第。吾與仲弟廷乂同經營，粗備窆庡之用。

根據《墓誌》，對于潁、蕃終官，足補《世系表》之缺。尤其重要者，《世系表》蕃下尚有著一世，實誤，疑蕃、著乃弟兄輩。著或即《墓誌》所謂“伯季鱗”者？憚七子，義符自稱“長兄”，可見行輩第一，次“仲弟廷乂”，而景符最幼。

清徐松《登科記考》：《韓文考異》引《登科記》：

愔，長慶二年進士第，愔，蕃之孫也。

憚，大和五年進士第，蕃之孫也。

恪，大和八年進士第，蕃之孫也。

所記與《世系表》合，愔輩俱蕃孫，似皆以蕃、著爲兩世之故，稽之《墓誌》雖未載著，但以蕃孫所撰，不應蕃、著爲兩世。故可信《世系表》所依據者不可靠，與《韓文考異》引《登科記》蓋同一來源。

二十八、《李氏女墓誌》咸通十二年十二月十九日

《新唐書》卷七二上《宰相世系表》上趙郡李氏西祖條：

吉甫字弘憲，相憲宗。

德脩，楚州刺史。

只著録兩世，德脩之子孫無聞焉。考拓本《唐故趙郡李氏女墓誌銘》，前題"季弟鄉貢進士尚夷撰"。文云：

小娘子曾祖諱吉甫，門下侍郎同中書門下平章事，贈太師；祖諱德脩，楚州刺史兼御史中丞，贈禮部尚書；考諱從質，度支兩池榷鹽使兼御史中丞。中丞不婚，小娘子生身于清河張氏，小娘子即中丞之長女也。

從質、尚夷爲德脩之子及孫，《世系表》俱未載，可補。

唐代墓誌，對于當時社會習俗情況，頗多反映，如此誌所提不婚而有子女，作者自稱"季弟"，明述其父"不婚"，自己與墓主當屬姊弟，則其母又何如人也，並不以爲怪而諱言之。可見這種情況，對嫡庶尊卑之看法，不婚而有子女，並不像宋代以後對于這種事實之忌諱。

二十九、《張氏墓誌》咸通十三年正月廿四日

北京圖書館藏拓本《唐河南府河南縣尉李公別室張氏墓誌銘》，從這篇題名，便反映唐代社會中婚姻之一種特殊現象，稱之爲"別室"，當然非正室，應該亦非外室，又非侍妾。署名"朝議郎行河南府河南縣尉李縉撰"，蓋即其夫。據其所述，李縉並無正室。論此女出身，亦非大家閨秀，如研究婚姻史，頗可謂一新鮮材料。文云：

姓張氏，號留客，出余外氏家也。余外氏南陽張，世居東周，季舅白馬殿中匈，以余年幼，遂留以訓育，于諸甥中，慈煦最厚，故以斯人配焉。咸通三年，余選授伊闕丞，方翣之任。父全忠，母楊氏，號净意，偕女隨焉。

女姓張，李鉉舅亦張姓，但女自有父、有母，並非李鉉舅、舅母；既是婚姻，但文中稱"配"；其中實大有可研究者。

三十、《楊氏女墓誌》咸通十三年二月廿日

《新唐書》卷七一下《宰相世系表》下楊氏越公房：

於陵字達夫，左僕射、弘農郡公

景復，衛尉卿。

嗣復字繼之，相文宗、武宗。

　　損。

　　授。

　　　然字公隱。

　　技字昭文。

　　拭字昭玉。

　　撝字縑光。

　　紹復字紹之。

　　據字道叶。

　　揆字知幾。

　　拯字致堯。

　師復。

　　拙字藏用。

據《舊唐書》卷一七六《楊嗣復傳》：

　　……帝(武宗)良久改容曰："……嗣復欲立安王，全是希楊妃意旨。嗣復嘗與妃書
　　云：'姑姑何不敩則天臨朝。'"(崔)珙等曰："此事曖昧，真虛難辨。"帝曰："楊妃曾臥疾，
　　妃弟玄恩，文宗令入内侍疾月餘，此時通導旨意。……"

是楊嗣復有弟名玄恩。不見《世系表》著錄。但嗣復兄弟俱以"復"字行，此"名玄恩"，疑是字
而非名。

《舊唐書》卷六四《楊於陵傳》。

　　大中後，楊氏諸子登進士第者十人；嗣復子授、技、拭、撝，紹復子攉、拯、據、揆，師復
　　子拙、振。

以之核《世系表》，未錄紹復子攉，師復子振，應依《傳》補。

　　又《舊書·楊嗣復傳》：

　　……子損、授、技、拭、撝，而授最賢，授字得符，大中九年進士擢第。……子㬳字公
　　隱，進士及第。……損字子默，以蔭授官。

《世系表》于諸人俱列其字，惟損、授二人未列，《傳》明白載之，應據補。"㬳"《世系表》作
"然"，疑誤？

　　《陝西金石志》補遺上錄《唐故弘農楊氏殤女墓銘》，前題："叔父同州長春宮判官試秘書
省校書郎攉撰。"尾題："季父進士挺書。"此攉即紹復子，而"進士挺"，文既稱攉爲"叔父"，則
"季父"必攉弟，或亦紹復子。

　　進士挺，清徐松《登科記考》未載，應據補。

三十一、《崔行墓誌》咸通癸巳二月十九日

《新唐書》卷七二下《宰相世系表》下博陵安平崔氏第二房：

晧，安平公。

　渾，監察御史。

　沔字若沖，太子賓客、清河孝公。

　　成甫、

　　祐甫字貽孫，相德宗、

晊，徐州司馬。

　濤，大理少卿。

　　儀甫，大理丞。

　滂，巴州刺史、

　　嬰甫。

　　　植字公脩，相穆宗。

據《舊唐書》卷一一九《崔祐甫傳》：

　　崔祐甫字貽孫，祖晊，懷州長史；父沔，黃門侍郎，諡曰孝公。……（祐甫）無子，遺命
　　猶子植為嗣。……植字公脩，祐甫弟廬江令嬰甫子。

可見沔乃晊子，祐甫乃晊孫。嬰甫下應據《傳》補“廬江令”三字。

　　考拓本《唐故承奉郎汝州臨汝縣令博陵崔府君墓誌銘》：

　　府君諱紓，字子綸，博陵安平人。……曾祖中書侍郎同平章事文貞公諱祐甫，祖華
　　州刺史敬公諱植，考河南府陸渾縣令諱柔。府君乃元嗣也。

根據《墓誌》，知崔植諡孝公，此《本傳》所不載者。《世系表》不載植子柔，柔子紓；且據《墓誌》
“元嗣”之語，應尚有兄弟行。

三十二、《閻好問墓誌》咸通十四年仲秋月廿八日

據《舊唐書》卷一八○《張仲武傳》附子《直方傳》：

　　直方以幽州節度副使襲父位，動多不法，慮為將卒所圖。三年冬，託以遊獵，奔赴闕
　　庭。

《資治通鑑》卷二四八宣宗大中三年閏十一月載：

　　盧龍節度使張直方暴忍喜遊獵，軍中將作亂，直方知之，託言出獵，遂舉族逃歸京
　　師。

兩書所述大致相同,一説是"動多不法,慮爲將卒所圖",一説是"暴忍喜遊獵,軍中將作亂",事實要比這要複雜些,據北京圖書館藏拓本《前守宿州司馬嫣、瀛、莫三州刺史銀青光禄大夫檢校太子賓客御史中丞河南閻府君墓誌銘》:

> 莊方王嫡直方以户部襲位,情娱弋獵,性樂微行,常以□言維持,嚴于宿衛。莊王猶子德輔潛祈大福,陰構禍階,爰從東第,直臨正寢。乃被堅執鋭,從辰洎申,威掠前鋒,血盈左脅。户部遽選名醫,始獲痊復。明年冬,諫户部,吐以血誠,請覲龍闕。

可見《通鑑》所説"直方暴忍喜遊獵"是不錯的。不過並不是"軍中將作亂",而是在張直方逃歸京師前一年,張仲武的猶子張德輔已經發動過兵變,從東第一直進入他的寢室。由于墓主閻好問的宿衛,從早晨一直抗拒到臨晚才把事情平定下來,閻好問也受重傷。過了年又一個冬天,由閻好問的勸説,張直方捨棄了盧龍節度使的官位逃回京師。事情的經過是有一段較長的時間的,並且首先是由張直方弟兄發難的。這篇《墓誌》實足補充史籍所不足。

《續資治通鑑長編》點校本卷三二至卷一二三校勘劄記(三)

高 紀 春

卷六〇景德二年五月戊辰朔(頁1333):幸國子監閱書庫,……

按:本月朔日爲戊申,非戊辰,此蓋沿浙局本之誤也。今檢本書文淵閣本正作"戊申朔",《宋史》卷七《真宗紀二》繫此事亦在本月"戊申",當據之校改。

卷六一景德二年十一月戊申(頁1373):命翰林侍讀學士邢昺、户部侍郎張雍……于京朝、幕府、州縣官中,薦儒術該博,士行端良,堪充學官者十人以聞。

按:翰林侍讀學士邢昺,"侍讀"當爲"侍講"之誤,《宋史》卷七《真宗紀二》、《宋會要》選舉二七之九皆作"翰林侍講學士",可證。《宋史》卷四三一《邢昺傳》亦作"翰林侍講學士",且云:"昺在東宫及内庭,侍上講《孝經》、《禮記》、《論語》、《書》、《易》、《詩》、《左氏傳》,據傳疏敷引之外,多引時事爲喻,深被嘉獎。"所講者皆經也。按宋制,侍講之職爲講經,侍讀之職爲讀史,據此亦可知邢昺任職當爲侍講而非侍讀也。又按翰林侍講學士始設于咸平二年七月,以邢昺爲之,本書卷四五、《宋史》卷六《真宗紀一》、卷一六二《職官志二·翰林侍講學士》、《宋會要》職官六之五六、《文獻通考》卷五四《職官考八·學士院》、《太平治迹統類》卷二六《祖宗聖學·真宗皇帝》皆可考。自此之後,本書卷四六咸平三年三月甲午、卷四七咸平三年七月己亥、卷五一咸平五年正月丙辰、卷六三景德三年七月丙寅、卷六五景德四年二月乙亥、卷六六景德四年八月壬子、卷六九大中祥符元年八月乙巳諸條,皆作"翰林侍講學士"邢昺,唯本書本條及卷五一咸平五年三月庚戌、卷七三大中祥符三年六月辛未、卷一〇三天聖三年正月丙申作"翰林侍讀學士",蓋"讀"乃"講"之誤字也。

又本書卷五八景德元年十二月壬辰、卷六一景德二年十二月己卯二條作"翰林學士"亦誤。

卷六二景德三年二月己亥(頁1390):刑部侍郎、參知政事馮拯爲兵部侍郎,資政殿大學士、兵部侍郎王欽若爲尚書左丞,刑部侍郎、簽樞密院事陳堯叟爲兵部侍郎,並知樞密院事。

按:簽樞密院事陳堯叟,浙局本原刻如此,檢本書文淵閣本作"簽署樞密院事陳堯叟",此處顯脱"署"字,當據以校補。

卷六五景德四年二月戊子(頁1446):增município唐大曆中孝子潘良玉及其子季通墓,仍禁樵采。

按:潘良玉,《玉海》卷六二《藝文·祥符雙廟贊》載同,《宋史》卷七《真宗紀二》、《宋大詔令集》卷一五六《唐孝子潘良瑗墓禁樵采詔》皆作"潘良瑗"。考"瑗"乃孝宗潛邸舊諱,李燾《長編》修成于孝宗時期,《玉海》更成書于南宋末年,豈二書避孝宗諱而改"瑗"作"玉"耶? 未有它據,謹錄此存疑。

卷七〇大中祥符元年九月乙酉(頁1566):上親習封禪儀于崇政殿。

按:崇政殿,《宋大詔令集》卷一一七《于崇政殿習東封儀詔》載同,然《宋會要》禮二二之一六、《宋史》卷七《真宗紀二》、卷一〇四《禮志七·封禪》、《長編紀事本末》卷一七《封泰山》、《太平治迹統類》卷四《真宗祥符》、《玉海》卷九八《郊祀·封禪·祥符封禪》皆作"崇德殿"。疑作"崇德殿"是。

卷七一大中祥符二年六月戊戌(頁1615):麟府鈐轄言:杜慶族依唐龍鎮爲援,多擾別部,欲令府州出騎兵襲之。上曰:"蕃部亦吾民也,以道撫之,彼必從命。"許之。

按:許之,浙局本原刻如此,然本書文淵閣本作"不許"。今檢《皇宋十朝綱要》卷三、《宋史》卷七《真宗紀二》、卷四九一《黨項傳》習作"不許",是知浙局本作"許之"必誤也,當據文淵閣本及上引書校改之。

劉禹錫詩編年新考

胡 可 先

劉禹錫是唐代著名的文學家,也是著名的政治家與哲學家,在中唐的政治革新中,他是核心人物,他具有政治革新主體與文學創新主體的雙重身份。他的詩文,歷來受到研究者們的高度重視。前輩與時賢的研究成果很多,其中極爲重要的著作就有卞孝萱先生的《劉禹錫年譜》(簡稱《年譜》),中華書局 1963 年版,《劉禹錫叢考》,巴蜀書社 1988 年版,《劉禹錫評傳》,南京大學出版社 1996 年版;瞿蜕園先生的《劉禹錫集箋證》(簡稱《箋證》),上海古籍出版社 1989 年版;吳汝煜先生的《劉禹錫傳論》,陝西人民出版社 1988 年版,《劉禹錫選集》,齊魯書社 1989 年版;蔣維崧先生的《劉禹錫詩集編年箋注》(簡稱《箋注》),山東大學出版社 1997 年版;高志忠先生的《劉禹錫詩文繫年》(簡稱《繫年》),廣西人民出版社 1988 年版等。這些著作,在劉禹錫詩文的整理與考訂,尤其是作品編年方面,都有不同程度的突破,對於劉禹錫研究作出了一定的貢獻。但儘管如此,劉禹錫的詩文中,還有很多難題尚待解決,也有不少疑竇没有澄清,而已有的著作中也有一些錯誤需要糾正,故本文就劉禹錫詩的編年方面加以研討,一方面對尚未編年的詩加以考證,另一方面對現有編年成果的闕訛給予訂正。並附帶考證與詩歌作年相關的人名、地名。本文所録劉禹錫詩順序,均據中華書局 1990 年版《劉禹錫集》本。

《華山歌》(《劉禹錫集》卷二一)。《劉禹錫選集》1 頁:"本詩約作於貞元九年登進士第以後。……本詩爲作者青年時期的代表作。"《箋注》繫於貞元十八年(802)至永貞元年(805)在京兆長安時。按劉禹錫於再登科第後,曾至華州觀省其堂舅盧徵,《劉禹錫集》卷三三有《貞元中,侍郎舅氏牧華州,時余再忝科第,前後由華觀謁,陪登伏毒寺屢焉,亦曾賦詩題於梁棟,今典馮翊,暇日登樓,南望三峰,浩然生思,追想昔年之事,因成篇題舊寺》詩可證。其再登科第觀謁盧徵在貞元十年。盧華州即盧徵,韋絢《劉賓客嘉話録》云:"公曰:'盧華州,予之堂舅氏也。'"《舊唐書》卷一四六《盧徵傳》:"徵,范陽人也,家於鄭之中牟。……貞元八年春,同州刺史關,(竇)參請以尚書左丞趙憬補之,特詔用徵,以間參腹心也。數歲,轉華州刺史。……疾病卧理者數年,貞元十六年卒,時年六十四。"同書卷十三《德宗紀》下:貞元十年三月,"壬申,以同州刺史盧徵爲華州刺史、潼關防禦、鎮國軍等使。"十六年二月"己酉,華州刺史、潼關

防禦、鎮國軍使盧徵卒。”禹錫進士及第在貞元九年（793），及第後曾歸洛陽覲省，《全唐文》卷
四九一權德輿有《送劉秀才登科後侍從赴東京覲省序》可證。貞元十一年（795）又登吏部取
士科，授官太子校書，即“三忝科第”，則再忝科第時至華州覲省盧徵應是貞元十年（794）無
疑。《繫年》將權德輿送劉禹錫歸東都覲省與赴華州覲省繫於同一次，蓋誤。羅聯添先生《劉
夢得年譜》（臺灣學海出版社 1986 年《唐代詩文六家年譜》本）又謂禹錫博學宏詞科與吏部取
士科爲同一次，並稱貞元十年（794）赴京，十一年（795）應考，亦誤。《華山歌》當作於貞元十
年（794）。

　　《金陵懷古》（《劉禹錫集》卷二二）。《箋注》359 頁繫於長慶四年（824）至寶曆二年（826）
冬在和州所作。《箋證》卷二二：“禹錫以寶曆二年之末離和州無疑，此詩有‘蔡洲新草綠’之
句，又似應指春初，時令不合，懷古而兼即景之詩亦非可漫爲之，終當存疑。”《劉禹錫選集》
139 頁則云：“作於大和六年元月赴蘇州刺史途中。”未言何據。按詩言“蔡洲新草綠，幕府舊
煙青”，則作於初春時節。考禹錫長慶四年由夔州刺史轉和州，抵和州爲八月，是經過金陵時
非春天。又寶曆二年罷和州刺史赴洛陽在冬日，後至揚州與白居易相會後一同北行，至楚州
時尚未到除日，白居易有《除日答夢得同發楚州》詩可證。是本年春日亦不在金陵。而作者
在和州任內是不能到金陵的，因爲唐律有明文，刺史私出州界杖一百。禹錫作《金陵五題》
稱：“余少爲江南客，而未遊秣陵，嘗有遺恨。後爲歷陽守，跂而望之。適有客以《金陵五題》
相示，逌爾生思，欻然有得。”是在和州想像之作，並未到實地，可見在任內來金陵不易。據
《年譜》，劉禹錫大和五年（831）十月出爲蘇州刺史，至蘇州時爲六年（832）二月。故過金陵時
爲春日自無可疑，故是詩應繫於大和六年（832）。

　　《分司東都，蒙襄陽李司徒相公書問，因以奉寄》（《劉禹錫集》卷二二）。《年譜》137 頁繫
於大和元年（827），以爲李相公是李逢吉。《繫年》158 頁亦繫於大和元年（827）：“襄陽李司徒
相公者，逢吉也。《舊唐書·敬宗紀》載：寶曆二年十一月，‘甲申，以右僕射、同平章事李逢吉
檢校司空、同平章事，兼襄州刺史，充山南東道節度使、臨漢監牧使。’大和二年十月，逢吉方
移鎮宣武。禹錫是詩作於本年。”《箋注》382 頁亦繫於大和元年（827），並言：“本年六月，爲主
客郎中，分司東都。李司徒：即李逢吉。”《箋證》卷二二以李司徒爲李程，然論證稍疏。按李
司徒相公應爲李程，理由有四：第一，李程出鎮襄陽時爲檢校司徒。《舊唐書》卷十七下《文宗
紀》下：開成二年三月，“甲戌，以左僕射李程爲山南東道節度使。”同書卷一六七《李程傳》：
“（開成）二年三月，檢校司徒，出爲襄州刺史、山南東道節度使。”又《舊紀》：開成四年八月，
“癸亥，以左僕射牛僧孺檢校司空、同平章事，兼襄州刺史，充山南東道節度使。”即代李程。
第二，禹錫詩云：“早忝金馬客。”金馬即金馬門，《史記·滑稽列傳》：“金馬門者，宦署門也。門
旁有銅馬，故曰金馬門。”本爲漢代宮門，這裏代指朝廷，言作者與李司徒早年同在朝廷做官。

據《柳宗元集》卷四十《祭李中丞文》：“維貞元二十年，歲次甲申，五月某朔，二十二日，故吏儒林郎守侍御史王播、將仕郎守殿中侍御史穆贄、奉議郎行殿中侍御史馮邈、承奉郎守監察御史韓泰、宣德郎行監察御史范傳正、文林郎守監察御史劉禹錫、承務郎監察御史裏行柳宗元、承務郎監察御史裏行李程等，謹以清酌之奠，敬祭於故中丞贈刑部侍郎李公之靈。”則禹錫事與李程合。第三，詩云：“多病一生中。”考《劉禹錫集》卷三九《子劉子自傳》：“又遷同州，……後被足疾，改太子賓客、分司東都。”是禹錫因足疾爲太子賓客、分司東都，在爲同州刺史後，《年譜》考證爲開成元年（836）秋，是。此後的襄陽李司徒相公只有李程。第四，李程與劉禹錫交往極多。《劉禹錫集》卷二三有《冬夜宴河中李相公中堂命箏歌送酒》，卷二八《將赴汝州途出浚下留辭李相公》，卷三五《鄂渚留別李二十一表臣大夫》、《答表臣贈別二首》、《始發鄂渚寄表臣二首》、《出鄂渚界懷表臣二首》、《重寄表臣二首》等詩，可知二人往還較多，與詩“舉世往還盡，何人心事同”切合。故詩應作於開成二年（837）至四年（839）李程爲山南東道節度使，劉禹錫爲太子賓客、分司東都期間。

《秋日題竇員外崇德里新居》（《劉禹錫集》卷二四）。諸書未編年。按據清徐松《唐兩京城坊考》卷四《西京外郭城》：“崇德坊，司勳員外郎竇鞏宅。”又《全唐文》卷七六一褚藏言《竇鞏傳》：“司空薛公平鎮青社，辟公爲掌書記，又改節度判官、副使，累遷至大理評事、監察御史裏行、殿中侍御史，檢校祠部員外郎，加章服，後薛公入爲民籍，府君除侍御史，轉司勳員外郎，遷刑部郎中。……故相左輔元稹觀察浙東，固請公副戎，分寔舊交，辭不能免，遂除秘書少監，兼中丞，加金紫。無何，元公下世，公亦北歸，道途遘疾，迫至輦下，告終於崇德里之私第。”考《舊唐書》卷十七上《敬宗紀》：寶曆元年“五月甲辰朔，以前平盧軍節度使薛平檢校左僕射、兼戶部尚書。”則竇鞏爲侍御史亦始於是時，爲司勳員外更在此後。又元稹長慶三年（823）八月由同州防禦使授浙東觀察使，見《會稽掇英總集》卷十六，大和三年（829）九月入爲尚書左丞。因而竇鞏由刑部郎中受元稹辟命必在大和三年（829）之前。再看此間劉禹錫的行踪。禹錫自永貞元年被貶，至大和元年（827）召回，二年（828）春，爲主客郎中，至長安。中間惟元和十年（815）二月被召返回，旋又於三月被貶。因而其間的秋日只有大和二年（828）和三年（829）。元稹大和三年（829）九月又入朝爲左丞，此前竇鞏還有刑部郎中一轉，故本詩應作於大和二年（828）。卞孝萱先生《元稹年譜》謂竇鞏長慶三年（823）即入元稹浙東幕，不確。

《戲贈崔千牛》（《劉禹錫集》卷二四）。諸書均未繫年。《箋注》728 頁：“崔千牛：未詳。”按崔千牛爲崔懿伯，卞孝萱先生《劉禹錫叢考》52 頁考出：“據權德輿《唐故相國右庶子崔公夫人河東縣君柳氏祔葬墓誌銘》序云：‘貞元十有一年，歲在乙亥春三月丁丑，故相國安平公夫人河東縣君考終命於京師安仁里，……其孤曰懿伯。’‘懿伯爲左千牛備身，純孝好學’，‘幼女以衿褵來歸。'此貞元十一年爲左千牛備身之崔懿伯,即劉禹錫贈詩者。"故是詩應繫於貞元十一年(795)。詩言:"勸君多買長安酒,南陌東城占取春。"禹錫是年登吏部取士科,授太子授書,在長安,與詩正合。

《寄楊八壽州》(《劉禹錫集》卷二四)。《年譜》101頁繫於元和十年(815)至十四年(819)間,並言:"楊八爲楊歸厚,曾官壽州。禹錫《祭虢州楊庶子文》云:'壽春武斷,姦吏奪魄。'可以爲證。此詩有'桂嶺雨餘多鶴迹'之句,當作於連州。"《繫年》112頁、《箋注》250頁從之。按據《册府元龜》卷七〇〇:"長慶四年,(壽州)刺史楊歸厚告論(唐)慶違赦敕。"禹錫詩應作於長慶四年(824)。參下文《李賈二大諫拜命後寄楊八壽州》詩考。

《李賈二大諫拜命後寄楊八壽州》(《劉禹錫集》卷二四)。《年譜》未繫年,《箋證》卷二四言:"《穆宗紀》,長慶二年七月辛亥,以贈司徒、忠烈公李憕子源爲諫議大夫,賜緋魚袋。四年正月,澤潞判官賈直言新授諫議大夫,劉悟上表乞留,從之。所謂李、賈二大諫,似即指此。"《箋注》251頁從之,繫於長慶二年(822)至四年(824)間作。按此考不確。李大諫爲李渤,《舊唐書》卷一七一《李渤傳》:"長慶二年,入爲職方郎中。三年,遷諫議大夫。"詩言:"諫省新登二直臣,萬方驚喜捧絲綸。"是二人爲諫議大夫,相隔時間不久。若李憕則相距太遠。詩爲長慶四年作。參《册府元龜》卷七〇〇:"長慶四年,(壽州)刺史楊歸厚告論(唐)慶違赦敕。"《舊唐書》卷十六《穆宗紀》:長慶四年正月,"澤潞判官賈直言新授諫議大夫,劉悟上表乞留,從之。"則禹錫是詩與前《寄楊八壽州》詩應一並改繫於長慶四年(824)。

《湖州崔郎中曹長寄三癖詩,自言癖在詩與琴酒,其詞逸而高,吟詠不足,昔柳吳興亭皋隴首之句,王融書之白團扇,故爲四韻以謝之》(《劉禹錫集》卷二五)。《年譜》133頁繫於長慶四年(824)至寶曆二年(826)劉禹錫任和州刺史時,《箋證》卷二五繫於長慶四年(824),《繫年》146頁、《箋注》344頁均繫於寶曆二年(826)。按崔郎中爲崔玄亮,《嘉泰吳興志》卷十四《郡守題名》:"崔玄亮,長慶三年十一月二十二日自刑部郎中拜,遷秘書少監、分司東都。"其罷任時間,郁賢皓《唐刺史考全編》卷一四〇定爲寶曆元年(825)。若此,禹錫詩最遲作於寶曆元年(825)。再據《年譜》,禹錫長慶四年(824)八月抵和州任。詩有"管弦泛春渚"語,蓋繫於寶曆元年(825)爲宜。

《武昌老人說笛歌》(《劉禹錫集》卷二五)。《箋證》卷二五:"此詩雖無年月可據,然據'手把庚令相問書'之語,此武昌老人必是持有鄂岳觀察使之書函來謁禹錫者,既編列在以上三詩之後,此時觀察鄂岳者正是李程,與禹錫素交,則似可斷爲元和十三、四年間所作。"《箋注》736頁:"此詩作於元和十三至十四年間連州刺史任上。詩云:'手把庚令相問書。'庚令所指,必是鎮守鄂岳且與禹錫有交誼者。考自元和至長慶、寶曆迄大和,鎮武昌諸人中與禹錫有瓜葛者爲李程、牛僧孺、元稹等。僧孺與禹錫修好在開成二年後,此前雖曾爲武昌軍節度使,不可能有書相問。元稹出鎮武昌在大和四、五年間,爲時很短,此時禹錫在郎中、學士任上。玩詩味,情激氣沮,似爲在貶時作。此庾令指李程最有可能。按《舊唐書·李程傳》:元和'十三年四月,拜禮部侍郎。六月,出爲鄂州刺史,鄂岳觀察使。'十四年冬禹錫離開連州,詩當作於連州刺史任末期。"按以上考證頗爲迂回且誤。詩言"武昌老人説笛",又有"氣力已無心尚在,時時一曲夢中吹"語,則作者在武昌遇到該老人且同情其命運而作是詩,自無可疑。故詩應作於長慶元年(821)禹錫自洛陽赴夔州刺史,途經鄂州時。"庾令"爲李程則不誤。禹錫是年尚有《鄂渚留別李二十一表臣大夫》、《答表臣贈別二首》、《始發鄂渚寄表臣二首》、《出鄂渚界懷表臣二首》、《重寄表臣二首》(均見《劉禹錫集》卷三五)等詩,可作佐證。李程鎮鄂州始於元和十三年六月,見《舊唐書》卷一六七《李程傳》;罷任在長慶二年十二月前,見嚴耕望《唐僕尚丞郎表》卷十及郁賢皓《唐刺史考全編》卷一六四。長慶元年(821)禹錫過鄂州時,李程正在任。故詩作於長慶元年(821)無疑。

《荆州歌二首》(《劉禹錫集》卷二六)。《年譜》50頁繫於永貞元年(805),蓋謂禹錫被貶朗州途經荆州時作。《繫年》92頁繫於元和十年(815)。吳在慶《唐五代文史叢考》274頁亦繫於元和十年(815)。按劉禹錫永貞元年(805)被貶連州刺史,中途改貶朗州司馬,途經江陵時已至年底。元和十年(815)三月再貶連州刺史,經江陵時,應是春夏之交。詩有"渚宮楊柳暗,麥城朝雉飛","始見春江闊"語,應以元和十年(815)作爲是。

《泰娘歌並引》(《劉禹錫集》卷二七)。《年譜》72頁、《箋注》158頁,均繫於元和元年(806)至九年(814)爲朗州刺史時。按所繫範圍甚是,但時間範圍尚可縮小。詩序云:"元和初,尚書鎛於東京,泰娘出居民間。久之,爲蘄州刺史張愻所得。其後愻坐事謫居武陵郡。愻卒,泰娘無所歸。地荒且遠,無有能知其容與藝者。"考《册府元龜》卷七〇〇:"張愻爲將作少監,元和五年貶爲朗州長史。愻前爲蘄州刺史,坐臟,爲觀察使郗士美所奏。"是劉詩應作於元和五年(810)之後。

《早秋送臺院楊侍御歸朝》(《劉禹錫集》卷二八)。題注:"兄弟四人遍歷諸科,二人同在省。"《箋證》卷二八:"以詩注參之,頗疑爲楊於陵諸子之一。傳云其四子爲景復、嗣復、紹復、師復,皆官臺省。於陵生於天寶末,至貞元中年約五十,禹錫云兄弟四人遍歷諸科,二人同在省,似年代相當,惟既送歸朝,則禹錫必不在京,則不知爲在淮南,抑貶官後耳。"《箋注》753頁:"此詩寫作年月不詳。……楊侍御,乃侍御史,疑爲楊於陵四子之一。《舊唐書·楊於陵傳》:'子四人:景復、嗣復、紹復、師復。'皆官臺省。"按以上箋注有誤。所謂"兄弟四人"應指汝士、虞卿、漢公、魯士四人。他們都是楊寧之子。汝士元和四年登進士第,虞卿元和五年登第,漢公元和八年登第,魯士寶曆元年登賢良方正科。均見《舊唐書》卷一七六《楊虞卿傳》及清徐松《登科記考》,與題注合。而楊嗣復兄弟,僅可考出嗣復、紹復及第,其他二人則不得而知。據《楊虞卿傳》，虞卿長慶四年已由禮部員外轉吏部員外，大和二年以檢下無術，停見任。及李宗閔、牛僧孺輔政，起爲左司郎中。五年六月，拜諫議大夫。而汝士於長慶元年已爲右補闕，因弟殷士貢舉覆落，被貶開江令。入爲户部員外，再遷職方郎中。大和三年即知制誥。也因李宗閔、牛僧孺輔政，而正拜中書舍人，大和七年，改工部侍郎。而魯士則"復登制科，不達而卒"，故詩中的楊侍御應即楊漢公。《舊傳》稱："釋褐爲李絳興元從事，絳遇害，漢公遁而獲免。累遷户部郎中。"按李絳爲興元尹在大和二年（828），遇害在大和四年（830）二月十日。據此推論，禹錫詩應作於大和四年（830）楊漢公入朝後至五年六月楊虞卿出省爲諫議大夫前。詩秋日作，則應繫於大和四年（830）。

《送渾大夫赴豐州》（《劉禹錫集》卷二八）。《年譜》49頁繫於永貞元年（805），並言："題下注：'自大鴻臚拜，家承舊勳。'據《舊唐書》卷一三四《渾鐬傳》云：'鐬，瑊第三子。以父蔭起家，爲諸衛參軍，歷諸衛將軍，元和初，出爲豐州刺史。''元和初'一語誤。因禹錫於永貞元年九月即已貶謫，如渾鐬於元和初爲豐州刺史，禹錫何能尚在長安作詩送別？渾鐬出刺豐州，應是永貞元年九月前之事。"《繫年》39頁從之。《箋證》卷二八則言："疑元和初三字不確，或元和爲大和之誤，則較近似。"亦以渾大夫爲渾鐬。按是時渾大夫爲鴻臚卿，而考《全唐文》卷四七八鄭餘慶《左僕射賈耽神道碑》："以永貞元年十一月一日薨於長安光福里之私第，享年七十六。輟朝四日，再贈太傅。詔鴻臚卿渾鍊持節備賵絹一千匹，米粟一千石。"又《柳宗元集》卷四二有《渾鴻臚宅聞歌效白紵》詩，與劉詩中的渾鴻臚爲一人。其爲鴻臚卿及劉、柳二人作詩均在永貞元年（805）。但史書未見記載渾鍊爲豐州刺史，而曾記載渾鐬爲豐州刺史。《舊唐書》卷十七下《文宗紀》：大和四年九月，"丁酉，前豐州刺史、天德軍使渾鐬坐贓七千貫，貶袁州司馬。"故今人或將禹錫詩改繫於大和四年（830）。但仔細考察，渾鐬却没有鴻臚卿的經歷，此可疑之一。同時若鴻臚卿爲渾鐬，且大和四年出爲豐州刺史，而柳宗元又不可能於是時作《渾鴻臚宅聞歌效白紵》詩，因其已於元和十四年（819）卒於柳州刺史任。此可疑之二。唯一可能的是渾鍊永貞元年（805）在鴻臚卿任，並由鴻臚卿出守豐州，而史書漏載其事，而後人以渾鐬事實之。

《送周使君罷渝州歸郢中別墅》（《劉禹錫集》卷二八）。《繫年》140頁繫於在夔州所作詩文中，並言："周使君，未詳名。據《舊唐書·地理志》所載，渝州、夔州屬山南西道，郢州屬山南東道，自渝至郢，必經夔州。故繫諸夔州也。"《箋證》卷二八："周使君名不詳，據詩題罷渝州，而禹錫送之，則似爲禹錫在夔州時事，自渝東下，必經夔州也。"《箋注》332頁："此詩可能作於長慶二年或三年夏初夔州刺史任上。'周使君：不詳。"按周使君爲周載，《元稹集》外集卷五有《授蕭睦鳳州周載渝州刺史制》："前知鹽鐵轉運、山南東道院事、殿中侍御史周載等：三年有成，惟乃之效。睦可鳳州刺史，載可渝州刺史。"制爲元和十五年或長慶元年元稹爲知制誥時所作。周載爲刺史三年，則劉詩應繫於長慶三年(823)爲宜。又《元和姓纂》卷五：河東汾陰周氏："行冲生彭年、萬年。彭年，蜀州刺史。萬年，大理司直。孫載，大理評事。"大理評事或爲元和七年(812)林寶編《姓纂》時周載之官。

《發華州留別張侍御賈》(《劉禹錫集》卷二八)。《箋注》756 頁："此詩寫作年月難定。張賈：《全唐詩》卷三六六：'張賈，弘靖之從侄，官至兵部尚書。'"按禹錫詩有"束簡發延閣"語，是作於太子校書時，其時蓋舅氏盧徵爲華州刺史。徵爲華州刺史在貞元十年(794)三月，十六年(800)二月卒於任。均見《舊紀》。禹錫爲太子校書始於貞元十一年(795)登吏部取士科後。其間禹錫出京東行，經華州而作是詩。據卞孝萱《年譜》，貞元十二年(796)，禹錫父卒於揚州，禹錫始丁憂，並葬父於滎陽，往來於京城、洛陽、揚州三地，同年八九月間又"如京師"。故其詩應作於貞元十二年(796)前。又詩原注："張詩云：'夫子生知者，相期妙理中。'遂有'忘言'之句。"《全唐詩》卷三六六收作張賈《送劉禹錫發華州》詩句。《唐詩紀事》卷五九載："賈爲韋夏卿所知，後至達官。初以侍御史爲華州上佐。以詩贈劉夢得云：'夫子生知者，相期妙理中。'夢得以'忘言'之句別之。"所記"韋夏卿"當爲盧徵之誤。本詩作於貞元十二年。卞孝萱先生《劉禹錫叢考》49 頁以爲是"劉、張唱和，當是貞元九年劉'再忝科第'前後，赴華州謁堂舅盧徵之時"。"九年"應爲十年(794)。

《送分司陳郎中祗召史館，重修三聖實錄》(《劉禹錫集》卷二八)。《箋注》711 頁繫於開成元年(836)至會昌二年(842)間所作，並言："陳郎中，未詳何人。三聖指順、憲、穆三宗。據《舊唐書·武宗紀》，會昌元年'四月辛丑，敕：《憲宗實錄》舊本未備，宜令史官重修進內。'陳召直史館恐即在其時。"按此處編年差近，陳郎中當爲陳商，三聖實錄亦當指憲、穆、敬三宗。而《武宗紀》會昌元年僅言《憲宗實錄》，顯然與劉詩不合。《新唐書》卷五八《藝文志》："《敬宗實錄》十卷，陳商、鄭亞撰，李讓夷監修。商字述聖，禮部侍郎、秘書監。"此爲其終官，非撰修時官。據《唐郎官石柱題名考》卷十二引石刻《華岳題名》："□司門郎中、史館修撰陳商，會昌元年七月廿五日，商應召赴闕，與盧溪處士鄧君蟠同題。時□□□□□商題後六年，自禮部侍郎出鎮□分陝，又與鄧支使同來，十月□□。"是陳商會昌元年前即又爲司門郎中。又《唐會要》卷三九："(會昌)三年十二月，澤潞劉稹平，欲定其母裴氏罪，令百寮議之，刑部郎中陳商議：……宜從重典。"《唐摭言》卷三："會昌三年，贊皇公爲上相，十一月十九日，敕諫議大夫陳商守本官，權知貢舉。"《全唐文》卷七二五《陳商小傳》："商，元和九年進士。武宗朝歷戶部員外郎，司封、刑部郎中，史館修撰，遷禮部侍郎，知貢舉，出歷陝虢二州刺史。大中時進工部尚書。"《郡齋讀書志》卷二上："《唐敬宗實錄》十卷。右唐李讓夷等撰。起長慶四年甲辰即位，止寶曆二年丁未，凡三年。武宗會昌中，詔史官陳商、鄭亞同修，讓夷監修，書成上之。"是陳商爲郎中，並兼史館修撰。又《白居易集》卷三四有《戲贈夢得兼呈思黯》詩，有"陳郎中處爲高戶，裴使君前作少年"語，自注："陳商郎中酒戶涓滴，裴洽使君年九十餘。"朱金城《白居易年譜》繫於開成三年（838）。其時白居易、陳商、裴洽都在洛陽。劉詩亦當作於開成三年（838）。

《送從弟郎中赴浙西並引》（《劉禹錫集》卷二八）。《年譜》191 頁、《繫年》223 頁、《箋注》558 頁均繫於大和八年（834）。按詩引云："從弟三復，十餘年間，凡三爲浙右從事。往年主公入相，薦敦登朝。中復從公鎮南，未幾而罷。昨以尚書外郎奉使至洛，旋承新命，改轅而東。三從公皆在舊地。"詩引明言送劉三復赴浙西是李德裕第三次鎮浙西時。考李德裕三次鎮浙西的時間，《舊唐書》卷十六《穆宗紀》：長慶二年九月，"御史中丞李德裕爲潤州刺史、兼御史大夫、浙江西道都團練觀察處置等使。"同書卷十七上《文宗紀》：大和三年七月，"以前浙西觀察使、檢校禮部尚書李德裕爲兵部侍郎。"此爲第一次。同書卷十七下《文宗紀》：大和八年十一月"乙亥，以兵部尚書李德裕檢校右僕射，充鎮海軍節度、浙江西道觀察等使。"九年四月，"以鎮海軍節度使、浙西觀察等使李德裕爲太子賓客、分司東都。"此爲第二次。同書同卷：開成元年十一月庚辰，"以太子賓客分司東都李德裕檢校戶部尚書，充浙西觀察使。"二年五月，"以浙西觀察使李德裕檢校戶部尚書，兼揚州大都督府長史，充淮南節度使。"此爲第三次。是劉禹錫詩作於開成元年（836）十一月。時李德裕在由太子賓客、分司東都赴浙西任，劉三復此前奉使至東都，此時由東都受李德裕辟赴浙西，劉禹錫本年秋由同州刺史遷太子賓客、分司東都，三人正好同在東都，與詩適相吻合。

《送深法師游南岳》（《劉禹錫集》卷二九）。題注："上人本住資聖寺。"《箋注》766 頁："此詩寫作時日同前篇，既爲送僧南行，宜在朗州時作。深法師：不詳。資聖寺：不詳。"前篇即《贈別君素上人》，箋注云："此詩寫作年月未詳。序云'不知予者誚予困而後援佛'。詩云：'窮巷唯秋草。'似爲初謫朗州或復出爲連州刺史時作。"按此說誤。資聖寺可考，宋王象之《輿地紀勝》卷三《兩浙西路·嘉興府·景物下》："資聖寺，在海鹽縣。晉右將軍戴威捨宅爲寺。"元徐碩《至元嘉禾志》卷十一《寺院》："海鹽縣，資聖寺，在縣西五十步。考證：《舊經》云：本普明院。《舊記》云：晉右將軍戴威之宅。一日，井中發五色光，威以爲奇，遂捨宅爲寺。司徒王珣建威爲伽藍神，得名光興。事見吳郡陸崧《塔記》。乾祐中，改重光。宋祥符中改普明。天禧二年改今額。"據《新唐書》卷四一《地理志》，蘇州吳郡轄縣有七：吳、長洲、嘉興、昆山、常熟、海鹽、華亭。可證定詩是劉禹錫在蘇州刺史任上所作。深法師由蘇州遊南岳，正是南行。據卞孝萱《年譜》，禹錫大和五年十月，出爲蘇州刺史。六年二月，至蘇州。八年七月，移汝州刺史。詩有"唯應銜草雁"句，則應在初冬後所作。自應在大和六年（832）或七年（833）的冬日。

《遙傷段右丞》（《劉禹錫集》卷三十）。《繫年》60 頁考段平仲卒於元和六年（811）太子左庶子任，稱："平仲卒年，史傳失載。……轉尚書左丞事，當在元和六年六月後。……其以疾改太子左庶子亦不得早於本年夏。故《遙傷段右丞》之所爲作，不得早於本年也。"因繫劉詩於元和六年。《箋注》77頁亦繫於元和六年，並言："詩題不稱所終之官，是禹錫方在謫中不及知，故云遙傷。"《箋證》卷三十則言："《舊唐書》作左丞，據此詩知以《新唐書》爲正。不舉所終之官者，禹錫方在謫中不及知，故詩題云遙傷也。"按《唐會要》卷五七："（元和）七年二月，尚書左丞段平仲奏曰……"知元和七年（812）二月尚在任，劉詩必作於此後。似應改繫於元和七年（812）。又段平仲爲左丞而非右丞，嚴耕望《唐僕尚丞郎表》卷七："《舊傳》：'轉給事中，……轉尚書左丞。'《新傳》同，字作'右'。按《姓纂》九作左丞，《會要》五七、《五代會要》一四亦均作'左'，則《新傳》作'右'誤。"禹錫詩亦當爲傳刻之誤。

《夔州寶員外使君見示悼妓詩，顧余賞識之，因命同作》（《劉禹錫集》卷三十）。《箋證》卷三十："（寶）常自朗遷夔，此時當爲禹錫在連州時作。"《箋注》181頁繫於元和元年（806）至九年（814）劉禹錫在朗州時。亦以寶員外爲寶常。按夔州寶員外爲寶常，是，但繫是詩於元和九年（814）前，則不確。考《舊唐書》卷一五五《寶常傳》："元和六年，自湖南判官入爲侍御史，轉水部員外郎。出爲朗州刺史，歷固陵、潯陽、臨川三郡守。"《新唐書》卷一七五《寶常傳》："歷朗、夔、江、撫四州刺史。"《全唐文》卷七六一褚藏言《寶常傳》："元和六年由侍御史入爲水部員外郎，既二歲，……出爲朗州刺史，轉固陵、潯陽、臨川三郡。"《劉禹錫集》卷九有《武陵北亭記》："七年冬，詔書以竹使符授尚書水曹外朗寶公常曰：命爾爲武陵守。蒞止三月，……是歲大穰。明年政成。……九月壬午，工告休。"是其元和七年始爲朗州刺史，九年作北亭。又《劉禹錫集》卷二四有《朗州寶員外見示與澧州元郎中郡齋贈答長句二篇因以繼和》詩，卞孝萱《年譜》繫於元和十年，並言："詩云：'應憐一罷金閨籍，枉渚逢春十度傷。'禹錫到朗州後，元和元年始逢春，至十年離朗州，恰爲十度。"知寶常爲夔州刺史當在元和十年後（815）。郁賢皓先生《唐刺史考全編》卷二〇〇繫寶常始任夔州約元和十一年（816），近是。以此知詩作於劉禹錫元和十一年（816）後爲連州刺史時。

《寶夔州見寄寒食日憶故姬小紅吹笙因和之》（《劉禹錫集》卷三十）。《繫年》85頁："《全唐詩》卷三百七十一吕溫《郡內書懷寄劉連州寶夔州》，劉、吕所贋和之寶夔州當爲一人耳。吕溫卒於元和六年，寶員外使君之牧夔州亦當在元和中，故繫上二詩於朗州。"《箋注》182頁從之。按吕溫此詩題有誤，不應以此爲據以斷定詩之作年。郁賢皓先生《唐刺史考全編》卷二〇〇《夔州》："按卷三七一吕溫《郡內書懷寄劉連州寶夔州》，詩題有誤，因吕溫卒於元和六年，劉禹錫亦未至連州任。"此詩與前詩一樣，都是元和十一年（816）後劉禹錫在連州刺史任上作。

《白舍人見酬拙詩因以寄謝》（《劉禹錫集》卷三一）。《年譜》105頁繫於長慶元年（821），

《箋證》外集卷一亦言："居易以長慶元年十月除中書舍人，故以此稱之。"《箋注》337頁繫於寶曆元年(825)，注文稱："作者於長慶元年冬除夔州刺史，長慶二年正月到任。……此詩當作於禹錫至夔州後居易赴杭州前。"編年與注釋矛盾。按《舊唐書》卷十六《穆宗紀》：長慶元年十月，"壬午，以尚書主客郎中、知制誥白居易爲中書舍人。"長慶二年七月，"壬寅，出中書舍人白居易爲杭州刺史。"又據《年譜》，劉禹錫元和十五年在洛陽丁母憂，長慶元年冬除夔州刺史，次年正月到任。詩言"烟水五湖如有伴，猶應堪作釣魚翁"語，似爲未做官口吻。又《劉禹錫集》卷三一有《河南王少尹宅燕張常侍白舍人兼呈盧郎中李員外二副使》詩，有"將星夜落使星來，三省清臣到外臺"語，前句指長慶元年(821)十月，太子太保李愬卒事，見《舊唐書》卷十六《穆宗紀》；後句"三省清臣"即指張常侍、白舍人，是長慶元年(821)十月白居易爲中書舍人時曾至洛陽。詩又有"事重各銜天子詔，禮成同把故人杯"，前句言操辦李愬公事，後句言與劉禹錫相會於河南王少尹宅。詩又有"卷幔松竹雪初霽，滿院池塘春欲回"語，則在長慶元年(821)的冬末。詩爲長慶元年(821)冬白居易爲中書舍人後，劉禹錫赴夔州刺史任前所作。

《樂天寄重和晚達冬青一篇因成再答》(《劉禹錫集》卷三二)。《箋注》590頁繫於大和九年(835)，並言："作者時任蘇州刺史，白居易任河南尹。"按劉禹錫任蘇州刺史始於大和五年十月，六年二月至蘇州，八年七月移汝州刺史；白居易爲河南尹在大和四年十二月至大和七年四月。與大和九年都無涉。禹錫詩只能作於大和六年秋天。所謂"晚達冬青一篇"即指《劉禹錫集》卷三二《贈樂天》詩："一別舊遊盡，相逢俱涕零。在人雖晚達，於樹似冬青。痛飲連宵醉，狂吟滿座聽。終期拋印綬，共占少微星。"《年譜》169頁繫於大和五年赴蘇州時，並言："詩云：'一別舊遊盡，相逢俱涕零。'又云：'終期拋印綬，共占少微星。'上兩句指洛陽會面；下兩句述赴蘇州的心情。"而本詩則是大和六年(832)到蘇州後收到白居易重和之詩後所作。

《令狐相公俯贈篇章斐然仰謝》(《劉禹錫集》卷三三)。《年譜》129頁繫於寶曆二年(826)，並言："《令狐相公俯贈篇章斐然仰謝》云：'鄂渚臨流別，梁園衝雪來。旅愁隨凍釋，歡意待花開。'又《酬令狐相公贈別》云：'海嶠新辭永嘉守，夷門重見信陵君。''梁園'、'夷門'均指汴州。"按卞先生所引前詩尚有後四句云："城曉烏頻起，池春雁欲回。飲和心自醉，何必管弦催？"是作於春甚明。是詩爲劉禹錫罷和州任後赴東都經汴州時作。其罷和州，在寶曆二年(826)冬，卞譜考證詳明，不煩贅述。春必次年即大和元年(827)春。又禹錫離和州後先經楚州，且與白居易同行，《白居易集》卷二一有《除日答夢得同發楚州》詩，知二人至楚州時已是除日，則再至汴州必爲次年春初。

《酬令狐相公贈別》(《劉禹錫集》卷三三)。《年譜》129頁繫於寶曆二年。按此詩亦罷和州後經汴州時作，應繫於大和元年春。説見上條。

《貞元中，侍郎舅氏牧華州，時余再忝科第，前後由華觀謁，陪登伏毒寺屢焉，亦曾賦詩題於梁棟，今典馮翊，暇日登樓，南望三峰，浩然生思，追想昔年之事，因成篇題舊寺》（《劉禹錫集》卷三三）。《箋注》596頁：“侍郎舅氏：即盧元輔。盧曾爲左拾遺，歷任杭、常、絳三州刺史，官至兵部侍郎，出爲華州刺史卒。”按侍郎舅氏非盧元輔，因盧元輔牧華州不在貞元中，而在大和中。《舊唐書》卷十七上《文宗紀》：大和二年“八月甲寅朔。丁巳，以兵部侍郎盧元輔爲華州鎮國軍使。”侍郎舅氏應爲盧徵，《舊唐書》卷十三下《德宗紀》：貞元十年三月，“壬申，以同州刺史盧徵爲華州刺史、潼關防禦、鎮國軍等使。”十六年二月，“己酉，華州刺史、潼關防禦、鎮國軍使盧徵卒。”詩應繫於開成元年。《年譜》繫於大和九年（835），微疏。因禹錫大和九年（835）十二月才抵同州，與詩題“暇日登樓”不切。

《和令狐僕射相公題龍回寺》（《劉禹錫集》卷三三）。《箋注》594頁繫於開成元年（836），並言：“令狐楚原詩係赴任山南西道節度使，途經咸陽時作，今不存。時作者正任同州刺史。龍回寺：從作者附注看，寺在咸陽，今不存。”按此注誤。考宋王象之《輿地紀勝》卷八四《京西南路·郢州·景物下》：“龍回寺，在城南八十里，舊傳光武尋嚴光至此，而遂返，故曰龍回。”考《舊唐書》卷十六《穆宗紀》：長慶元年四月，“辛卯，以衡州刺史令狐楚爲郢州刺史。”十二月，“刑部員外郎王鎰郢州刺史。”是《題龍回寺》詩爲令狐楚長慶元年爲郢州刺史時作。然詩又稱“和令狐僕射相公”，據嚴耕望《唐僕尚丞郎表》卷五《左僕》：“令狐楚，大和九年十月三日乙亥，由檢校右僕、兼太常卿遷左僕，十一月十二癸丑，復判太常卿事。……開成元年四月二十五甲午，出爲檢校左僕、山南西道節度觀察使。”知禹錫詩爲大和九年（835）追和令狐楚在郢州時舊作。

《和令狐相公九日對黃白二菊花見懷》（《劉禹錫集》卷三三）。《箋注》774頁：“此詩寫作時間難定。瞿蜕園《劉禹錫集箋證》云：‘當是開成二年之九日所作。’未言所據。”按《箋證》外集卷三定是詩爲開成二年九日所作，應是。詩有“繁華照旄鉞”句，則爲楚歷爲方鎮時事。據《舊唐書》卷十七下《文宗紀》：開成元年四月甲午，“以左僕射、諸道鹽鐵轉運使令狐楚檢校左僕射、爲山南西道節度使。”二年十一月“丁丑，興元節度使令狐楚卒。”據此，禹錫詩應作於開成元年至二年間。《劉禹錫集》卷三三有《令狐僕射與予投分素深，縱山川阻修，然音問相繼。今年十一月僕射疾不起，聞予已承訃書，寢門長慟。後日有使者兩輩持書並詩，計其日時，已是卧疾。手筆盈幅，翰墨尚新，新詞一篇，音韻彌切。收淚握管，以成報章。雖廣陵之弦於今絶矣，而蓋泉之感猶庶聞焉。焚之繐帳之前，附於舊編之末》詩，是在令狐楚卒前與禹錫唱和頗多，故以定是詩於開成二年（837）九日所作爲宜。

《酬樂天閑卧見憶》（《劉禹錫集》卷三四）。《年譜》190頁繫於大和八年（834）。《箋證》外編卷四則言：“禹錫以大和九年十月除同州刺史，以居易授同州後謝病不就也。居易寄此詩，有相勸偕隱之意，似已預知朝局有變，欲慎風波，不及兩月，甘露之變果作矣。”則以爲大和九年作。按《白居易集》卷三三收其原作《喜見劉同州夢得》詩：“紫綬白髭須，同年二老夫。論心共牢落，見面且歡娛。酒好携來否，詩多記得無。應須爲春草，五馬少踟躕。”朱金城《箋校》即言居易詩“作於大和九年，六十四歲，洛陽，太子少傅分司。”禹錫大和九年（835）十月始遷同州刺史。開成元年（836）秋因患足疾改授太子賓客、分司東都。故劉詩亦爲大和九年作（835）。若大和八年（834）春天，禹錫尚在蘇州刺史任上，與同州無涉。

《答張侍御賈喜再登科後自洛赴上都贈别》（《劉禹錫集》卷三五）。《箋證》外集卷五：“再登科者，即《子劉子自傳》所云舉進士一幸而中試，間歲又以文登吏部取士科也。此時禹錫甫逾弱冠，爲集中最早年之作。”則以爲是禹錫登吏部取士科後作。《箋注》775 頁編入未編年詩中。按是詩乃貞元十年再登科第後，赴洛陽覲省，然後赴上都任太子校書時作。考《劉禹錫集》卷十四《夔州謝上表》：“貞元年中，三忝科第。”所謂“三忝科第”指登進士第、博學宏詞科、吏部取士科。而是詩爲劉禹錫登博學宏詞科後作。禹錫登進士第在貞元九年，登吏部取士科在貞元十一年，自無可疑。而登博學宏詞科，新舊《唐書》本傳都有記載，但未言年月。卞孝萱先生在《年譜》中以爲與進士同一年，即貞元九年。實不確。考《政和本草》卷六引劉禹錫《傳信方》：“貞元十年，通事舍人崔抗女患心痛，垂氣絕，遂作地黄冷淘食之，便吐一物。”貞元十年禹錫與京官通事舍人崔抗交遊，可證在長安。《劉禹錫集》卷三三《貞元中侍郎舅氏牧華州，時予再忝科第，前後由華覲謁陪登伏毒寺屢焉，亦曾賦詩，題於梁棟，今典馮翊，暇日登樓，南望三峰，浩然生思，追想昔年之事，因成篇題舊寺》詩，詩中“再忝科第”即指登博學宏詞科。按盧華州即盧徵，《舊唐書》卷一四六《盧徵傳》：“徵，范陽人也，家於鄭之中牟。……貞元八年春，同州刺史闕，（寶）參請以尚書左丞趙璟補之，特詔用徵，以間參腹心也。數歲，轉華州刺史。……疾病卧理者數年，貞元十六年卒，時年六十四。”同書卷十三《德宗紀》下：貞元十年三月，“壬申，以同州刺史盧徵爲華州刺史、潼關防禦、鎮國軍等使。”十六年二月，“己酉，華州刺史、潼關防禦、鎮國軍使盧徵卒。”是《年譜》將劉禹錫覲省繫於貞元九年，必誤。今改繫爲貞元十年（794）。因爲貞元十一年（795）又“三忝科第”矣。《答張侍御賈喜再登科後自洛赴上都贈别》詩亦貞元十年（794）所作。

《赴連州途經洛陽，諸公置酒相送，張員外賈以詩見贈，率爾酬之》（《劉禹錫集》卷三五）。《年譜》87 頁繫於元和十年（815）。《繫年》94 頁繫是詩與《赴連山途次德宗山陵寄張員外》詩於元和十年（815），並言：“《舊唐書·文宗紀》下載：大和四年四月，‘丁未，兵部尚書致仕張賈卒。’又載：開成二年秋七月，‘甲申，太府卿張賈爲兗海觀察使。’按文宗朝有二張賈。與禹錫有交往者爲張兵部賈也。《全唐詩》卷三百六十六載：‘張賈，弘靖之從侄，官至兵部尚書。’

《全唐詩》收其詩二首、斷句二句。斷句云：'夫子生知者，相期妙理中。'係摘自禹錫《發華州留別張侍御賈》詩末注：'張詩云："夫子生知者，相期妙理中。"'遂有忘言之句。按《劉譜》繫上二詩於元和十年赴連州時，茲從之。"《箋注》199頁亦繫於元和十年。《箋證》外集卷五謂"自應爲永貞元年之赴連州，而非元和十年之再赴連州"。但尚未確定。按繫於元和十年誤，應改繫於貞元二十一年（即永貞元年）。詩云："謫在三湘最遠州，邊鴻不到水南流。如今暫寄尊前笑，明日辭君步步愁。"張賈事迹，詳上文《發華州留別張侍御賈》詩考。張賈以禮部員外郎受韋夏卿東都辟命在元和元年之前。呂温《呂衡州集》卷六《故太子少保贈尚書左僕射京兆韋君神道碑銘》："分正東郊，開府辟士，則有今禮部員外郎清河張賈。"文作於元和元年。又據《舊唐書》卷十三《德宗紀》下：貞元十九年"冬十月乙未，以太子賓客韋夏卿爲東都留守、東都畿汝都防禦使。"同書卷十四《憲宗紀》上：貞元二十一年十二月"庚子，以東都留守韋夏卿爲太子少保。"則禹錫詩必作於貞元二十一年（805）貶連州途經東都時作。

　　《奉和鄭相公以寄考功十弟山薑花俯賜篇詠》（《劉禹錫集》卷三五）。是詩繫年有二說，一爲元和十三年（818）說。岑仲勉《唐人行第錄》163頁："鄭十澣，原名涵，餘慶子，《舊》一五八、《新》一六五有傳。《昌黎集》二一《送鄭十校理序》，注文誤澣爲瀚。《全詩》六函劉禹錫《奉和鄭相公以寄考功十弟山薑花俯賜篇詠》。余初誤會'弟'字就相公（餘慶）身份言，故久不得其主名，後檢《舊傳》，憲宗時澣改考功員外郎，乃悟'弟'爲作者劉禹錫對澣之稱謂也。"《箋注》233頁進一步論證以將詩繫於元和十三年：《舊唐書·鄭餘慶傳》："（元和）十三年，拜尚書左僕射。"又："憲宗謂餘慶曰：'卿之令子，朕之直臣，可更相賀。'遂遷起居舍人，改考功員外郎。……進餘慶爲僕射，請改省郎，乃換國子博士、史館修撰。"《繫年》106頁從之。二爲開成三年（838）說。瞿蛻園《劉禹錫集箋證》外集卷五："鄭相公謂鄭覃，……《舊傳》云：'……文宗即位，改左散騎常侍。……（大和）九年六月，楊虞卿、李宗閔得罪長流，復以覃爲刑部尚書。十月，遷尚書左僕射，兼判國子祭酒。訓、注伏誅，召覃入禁中草制敕，明日以本官同平章事。'……其弟朗事亦附傳中，云：'長慶元年登進士甲科，再遷右拾遺，開成中爲起居郎，……轉考功郎中，四年，遷諫議大夫。'此詩自作於開成三年三月覃罷相以前。考功十弟即謂鄭朗也。"今按，詩題云奉和鄭相公，則鄭相公之詩題自應是《寄考功十弟山薑花》，"弟"應爲鄭相公之弟，不當云作者之弟。據《新唐書》卷六三《宰相表》下，大和九年十一月甲子，尚書右僕射鄭覃同中書門下平章事，開成四年五月丙申，覃罷爲尚書左僕射。而鄭朗則於開成中轉考功郎中，四年遷諫議大夫。是鄭朗爲鄭覃之弟，開成三年（838）在考功郎中任，與鄭覃爲相正同時，故詩以繫於開成三年（838）爲宜。關於考功十弟，陶敏《唐人行第錄正補》（《文史》31輯）考訂較詳，今錄之於下，以供參考："劉詩中'考功十弟'必非鄭澣。劉禹錫詩中稱異姓兄弟均表出其姓，如'裴二十三兄'、'李二十九兄'，或加注說明，如'吳興與予中外弟兄'、'任侍御予外兄'等,這裏未作說明。劉禹錫有《和兵部鄭侍郎省中四松詩十韻》,乃和鄭澣之作,亦無存在兄弟關係之迹象。且詩云:'共聞調膳日,正是退朝歸。'鄭餘慶、鄭澣乃父子關係,不可能退朝後調膳共侍高堂,但劉禹錫與鄭澣又何嘗可能這樣呢? 所以,'相公'與'考功十弟'只能是兄弟,即'十弟'確就相公身份而言。岑先生開始並未弄錯,但由於有了鄭十是鄭澣的先入之見,再去尋找他那個當宰相的哥哥,自然會久不得其主名了。此鄭十當是鄭朗。《舊唐書·鄭覃傳》:'覃弟朗、澣。朗……開成中爲起居郎……轉考功郎中。四年,遷諫議大夫。'而鄭覃大和九年至開成四年五月正在相位。詩作於開成三年前後,時劉禹錫以太子賓客分司東都。洛陽距長安僅八百餘里,所謂'故將天下寶,萬里共光輝',不過借用劉琨《答盧諶書》中'天下之寶,當與天下共之'的話罷了。"

　　《和蘇郎中尋豐安里舊居寄主客張郎中》(《劉禹錫集》卷三六)。《年譜》148頁繫於大和二年,並言:"'張郎中'即張籍。此詩當作於本年張籍遷國子司業之前。"《箋證》外集卷六:"蘇郎中待考,……主客張郎中當指張籍。張籍《贈主客劉郎中》詩云:'誰知二十餘年後,來作客曹相替人。'則作此詩時籍必猶未罷主客,疑是大和元年禹錫初歸洛陽時作。"《繫年》160頁亦繫於大和元年:"蘇郎中未詳名。禹錫又有《和蘇十郎中謝病閑居時嚴常侍蕭給事同過訪嘆初有二毛之作》,……蘇郎中、蘇十郎中或爲一人也。主客張郎中即張籍。是詩當作於本年。理由如次:明年春,禹錫入長安,繼張籍爲主客郎中,籍遷國子司業,詩題'寄主客張郎中'云云,則作於張籍遷國子司業前無疑也。"《箋注》396頁從之編於大和元年。按蘇郎中爲蘇景胤,《郎官石柱題名》司封郎中第九行有蘇景胤,《舊唐書》卷一七六《李宗閔傳》:"寶曆中,李續之、張又新、蘇景胤等朋比姦險,幾傾朝廷,時號'八關十六子'。"《冊府元龜》卷五五四《國史部》:"大和四年三月,路隨以宰相監修國史,表上《憲宗實錄》。賜隨及見在史官司封郎中蘇景裔(按即胤之諱改)、起居舍人陳夷行、屯田員外郎李漢、右拾遺蔣係各錦彩銀器有差。"禹錫詩作於大和四年,參下文《和蘇十郎中謝病閑居時嚴常侍蕭給事同過訪嘆初有二毛之作》詩考。《全唐詩》卷五〇一姚合《奉和前司封蘇郎中喜嚴常侍蕭給事見訪驚斑鬢之什》,蘇郎中、司封蘇郎中亦爲蘇景胤,主客郎中爲張籍,《唐代文學研究》第1輯郭文鎬《張籍生平二三事考辨》考訂甚精:"劉禹錫又有《和蘇郎中尋豐安里舊居寄主客張郎中》,卞先生《劉禹錫年譜》繫於大和二年,謂主客張郎中爲張籍,詩作於張籍本年春尚未改官國子司業時,是。此蘇郎中亦景胤。禹錫詩首句'漳濱臥疾恣閑游','漳濱'謂臥疾地,劉楨《贈五官中郎將》:'余嬰沉痼疾,竄身清漳濱。'景胤病愈尋豐安里舊居,豐安里在長安朱雀街西第二街,詳《兩京城坊考》。時張籍出使在外尚未歸,故景胤詩寄之。禹錫詩又云:'同學同年又同舍,許君雲路併華輈。'據此景胤與張籍同於貞元十五年及第。《登科記考》失載,當補其名。據此又可知張籍貞元十四年入京至次年及第前,嘗與蘇景胤同舍於長安豐安坊。"按郭又考張籍曾兩次出使襄陽,首次爲長慶二年(822)三月,二次爲大和元年(827),使回在當年冬,至京或在二年(828)春。其時蘇景胤尋豐安里舊居並作詩寄於張籍,則在劉禹錫接替張籍爲主客郎中之前。劉詩亦作於大和二年(828)春日,稍後於蘇景胤詩。《年譜》所繫不誤。又陶敏先生《讀劉禹錫詩札記》(載《湘潭師專學報》1982 年 3 期)考訂主客張郎中爲張又新,似不確。蓋張又新雖曾爲主客郎中,但其確切年代尚難考定。不能因爲張又新曾爲主客郎中即稱禹錫詩之主客張郎中爲張又新也。又《繫年》160 頁稱:"長安無豐安里。"誤。清徐松《唐兩京城坊考》卷四《西京》:朱雀門街西第二街,街西從北第七坊,"次南豐安坊。隋有宣化尼寺。武德中徙永平坊。按俗本作'安豐'。户部尚書裴寬宅。蘇郎中宅。劉禹錫有《和蘇郎中尋豐安里舊居寄主客張郎中》詩"。

《吳興敬郎中見惠斑竹杖兼示一絶聊以酬之》(《劉禹錫集》卷三六)。諸書未編年。《箋證》外集卷六:"敬郎中,待考。"《箋注》776 頁:"此詩不知作於何時。敬郎中:未詳何人。"按敬郎中爲敬昕,《嘉泰吳興志》卷十四《郡守題名》:"敬昕,大和七年自婺州刺史授,除吏部郎中。續加檢校本官依前湖州刺史,後除常州。"岑仲勉《郎官石柱題名新考訂》26 頁:"猶言昕在湖州任上初以吏中召入,但未去任而改爲檢校吏中,仍留任湖州刺史也。是昕雖除(吏中)而未拜。"《全唐文》卷六九四李紳《墨詔持經大德神異碑銘》:"予烏臺舊僚、天官郎敬君守郡吳興,寄言刊石。"天官郎即吏部郎中。據《郎官石柱題名考》卷三、卷四、卷五,敬昕曾爲吏部郎中、吏部員外郎、司封郎中。禹錫詩即大和七年(833)或稍後作。

《酬宣州崔大夫見寄》(《劉禹錫集》卷三六)。《箋證》外集卷六:"崔大夫似是指崔鄲。"雖有較長文字考證,但並未確定。《箋注》292 頁編於長慶四年。然注釋與所編詩卷矛盾:"詩云:'白衣曾拜漢尚書',是指檢校尚書事;又云'再入龍樓稱綺季',是指再爲太子賓客事。據《自傳》:'後被足疾,改太子賓客,分司東都。又改秘書監分司,一年,加檢校禮部尚書兼太子賓客。'考禹錫改秘書監在開成五年,檢校尚書則在次年。宣州崔大夫:當指崔龜從。《舊唐書·崔龜從傳》:'崔龜從字玄告,清河人。……累轉考功郎中、史館修撰。(大和)九年,轉司勳郎中、知制誥。十二月,正拜中書舍人。開成初,出爲華州刺史。三年三月,入爲户部侍郎,判本司事。'又《文宗紀》:開成四年三月,'以户部侍郎崔龜從爲宣歙觀察使。'會昌初崔正在宣州。"按崔龜從在宣州時兼御史大夫。《全唐文》卷七二八崔龜從《敬亭廟祭文》題:"維開成五年,歲次庚申,九月甲戌朔,十四日丁亥,宣歙池等州都團練觀察處置等使、朝散大夫、使持節宣州諸軍事、守宣州刺史、兼御史大夫、上柱國、賜紫金魚袋崔龜從。"禹錫詩作於會昌元年(841),無可懷疑。

《和浙西李大夫晚下北固山,喜徑松成陰,悵然懷古,偶題臨江亭,並浙東元相公所和,依本韻》(《劉禹錫集》卷三七)。《年譜》133 頁繫於長慶四年(824)至寶曆二年(826)之間作,並言:"據《舊唐書》卷一七上《文宗紀》上:大和元年九月'丁丑,浙西觀察使李德裕、浙東觀察使元稹就加檢校禮部尚書。'此詩稱德裕爲'大夫',當係元年九月前所作。"《箋注》392頁亦據《舊唐書》此段文字繫於大和元年。按李德裕大和三年罷潤州任時仍兼御史大夫,毛鳳枝《關中金石文字存逸考》卷九《兵部侍郎李德裕題名》:"銀青光祿大夫行尚書兵部侍郎李德裕,大和三年八月十六日由浙西觀察使檢校禮部尚書兼御史大夫拜。"李德裕詩作年,傅璇琮先生《李德裕年譜》183頁考訂頗爲精審,今錄之於下:"至於此詩所作的年代,也可據《嘉定鎮江志》考定,其書卷十四《唐潤州刺史》門李德裕條云:'寶曆元年,上《丹宸六箴》。……是年,德裕有遊北固山詩。元稹和之,云自公鎮南徐,三換營門柳。'其下注云'以李衛公年譜參定'。《嘉定鎮江志》編纂者爲南宋人盧憲,書中載李德裕事,有數處引《李衛公年譜》,此譜未知何人所作,當出於宋人之手,這時德裕與元稹詩存者較後世爲多,故能資以援引。此所謂遊北固山詩,即《晚下北固山……》篇,可知即作於寶曆元年。"禹錫詩也應作於寶曆元年(825)。

《松江送處州奚使君》(《劉禹錫集》卷三八)。《年譜》192頁繫於大和六年(832)至八年(834)禹錫在蘇州刺史任上作。奚使君,無考。《箋證》外編卷八以爲是奚陟子敬則、敬玄、炅之一。今按,奚使君當爲奚敬玄。《劉禹錫集》卷二《唐故朝議郎守尚書吏部侍郎上柱國賜紫金魚袋贈司空奚公(陟)神道碑》:"長子某,早不祿。第二子敬則,歷太僕少卿,今爲濮州刺史兼御史中丞,賜金紫,以連最就加貴秩,俾視九卿。第三子敬玄,以詞藝似續,登文科,歷左補闕,今爲尚書刑部郎中。"奚陟卒於貞元十五年,碑作於其後三十四年,即大和六年。故《郎官石柱題名考》卷十七云:"碑云:'公貞元十五年薨,後三十四年子爲諸侯大夫,於是琢石紀德'云云。則敬玄爲刑中當在文宗大和六年。"禹錫詩有"知君五陵客,不樂石門遊"語,知爲從朝廷出守,經過蘇州,故禹錫相送。如此則以奚敬玄爲宜,詩應爲大和七年(833)作。若奚敬則大和六年已爲濮州刺史,不得言從朝廷出守。奚炅則剛舉進士,其時不會至處州刺史。

《八月十五日夜桃源玩月》(《劉禹錫集》卷三八)。《箋證》外集卷八:"此詩當是禹錫元和元年至九年之間作。"《箋注》185頁:"禹錫從侄薿跋在大和四年,而云'文字闇缺',詩作於朗州司馬早期。"按劉薿跋語:"叔父元和中徵昔事爲《桃源行》。後貶官武陵,復爲《玩月》作,並題於觀壁。爾來星紀再周,薿牽復此郡,仰見文字闇缺,伏慮他年轉將塵没,故鐫在貞石,以期不朽。大和四年,薿謹記。"星紀再周即二十四年,以大和四年(830)上溯二十四年即元和二年(807)。禹錫詩即元和二年作。又按跋語中"元和中"與"後貶官武陵"矛盾,因禹錫貞元二十一年(即永貞元年)就貶官武陵。蓋"元和中"或爲"貞元中"之誤。

《赴連山途次德宗山陵寄張員外》(《劉禹錫集》卷三八)。《箋證》外集卷八:"按《憲宗紀》,永貞元年十月,葬德宗於崇陵。其時禹錫但聞貶連州刺史之命。於途次作此。其貶在九月,十月當行近荆南矣。張員外待考,必與禹錫同曹又同爲崇陵判官者。"《箋注》198頁繫於元和十年,並言:"作於由長安赴連州刺史任時。德宗山陵:《舊唐書·憲宗紀上》:永貞元年十月'乙酉,葬德宗皇帝於崇陵。'張員外:不詳。"按張員外即張賈。《劉禹錫集》卷三五《赴連州途經洛陽,諸公置酒相送,張員外賈以詩見贈,率爾酬之》詩可證。詩亦不作於元和十年(815),而應作於永貞元年(805)貶連州時。張賈事迹亦可考知。說詳本文《赴連州途經洛陽,諸公置酒相送,張員外賈以詩見贈,率爾酬之》詩考。

《題招隱寺》(《劉禹錫集》卷三八)。《箋注》188頁收此詩,繫於元和元年至九年在朗州時作。招隱寺未作注釋。按招隱寺在鎮江,《全唐詩》卷五一一張祜有《題招隱寺》詩:"千年戴顒宅,佛廟此崇修。"宋王象之《輿地紀勝》卷七《兩浙西路·鎮江府·景物下》:"招隱寺,宋戴顒居此,後以爲寺。張祜有留題。"禹錫詩有"地勢臨渚斷,江勢觸山回。楚野花多思,南禽聲例哀"語,正與鎮江風物相吻合,詩即作於春日。考禹錫平生經過鎮江多次,一是寶曆二年(826)冬由和州赴京時;二是大和五年(831)冬十月出爲蘇州刺史,次年二月至蘇州,中途經鎮江亦爲春天;三是大和八年(834)七月移汝州刺史時。此數次中惟有大和六年(832)春天與詩的内容吻合。故應繫於是年。

《南中書來》(《劉禹錫集》卷三八)。《年譜》74頁繫於元和元年(806)至九年(814)在朗州作。《劉禹錫選集》122頁亦言:"約作於朗州司馬任所。"按詩云:"君書問風俗,此地接炎洲。淫祀多青鬼,居人少白頭。旅情偏在夜,鄉思豈惟秋。每羨朝宗水,門前日夕流。"據舊題東方朔《海内十洲記》載:炎洲在南海中,地方二千里,去北岸九萬里。上有風生獸、火光獸及火林山,出火浣布。因此後來稱嶺表以南地區爲炎洲。知此詩應作於元和十年(815)至十四年(819)禹錫爲連州刺史時。因連州最近南海,堪稱炎洲。

《有感》(《劉禹錫集》卷三八)。《箋注》208頁:"此詩寫作年月不詳。"但其編録在元和十年(815)詩中。按此爲有感於甘露之變而發。詩云:"死且不自覺,其餘安可論?昨宵鳳池客,今日雀羅門。騎吏塵未息,銘旌風已翻。平生紅粉愛,唯解哭黄昏。"這首詩對甘露之變的反映十分隱晦,從中可以推測變幻莫測的政治風雲給劉禹錫心靈的重大影響。王涯、賈餗等人並未謀劃甘露之事,但不自意招致殺身之禍,至死也不明自己的死因,故言"不自覺"。而"昨宵鳳池客,今日雀羅門",則寫由於李訓的輕舉妄動而釀成的嚴重後果。"騎吏塵未息,銘旌風已翻",寫宦官統帥下的禁軍亂殺無辜,致使京城到處風飄靈幡的慘酷景象。"平生紅粉愛,唯解哭黄昏",則借被害者平時寵愛之人在黄昏中哭泣,表達作者對無辜慘死者的哀悼與痛惜。故應繫於大和九年(835)。

附:劉禹錫詩人名地名新考

《揚州春夜,李端公益、張侍御登、段侍御平仲、密縣李少府暘、秘書張正字復元,同會於水館,對酒聯句,追刻燭擊銅鉢故事,遲輒舉觥以飲之,逮夜艾,群公沾醉,紛然就枕,余偶獨醒,因題詩於段君枕上,以志其事》(《劉禹錫集》卷二四)。《年譜》25頁、《繫年》20頁、《箋注》4頁均繫於貞元十七年,無誤。惟於詩題中人僅考出李益、張登與段平仲三人事迹,而李暘、張復元無考。《箋證》卷二四考出張復元事迹。李暘,卞孝萱《劉禹錫叢考》86頁以爲即權德輿文中李暢。《全唐文》卷五〇六權德輿《唐故潤州昭代寺比邱尼元應墓志銘》序:"初以既笄之年,歸隴西李君晋卿,仕至東陽决曹掾。……初,决曹府君前夫人范陽盧氏子曰暢,幼懷字育之仁,夙奉詩書之訓,再以經術踐甲科,歷校書郎、密縣尉。……德輿於密縣爲族外弟,服儒同術,里仁甚久。"又《全唐詩》卷三二二權德輿有《酬李二十二兄主簿馬迹山見寄》詩,序言:"族内兄暢,純静而深,直方而文。"按權德輿文作於貞元六年(790),而劉禹錫詩作於貞元十六年(800),李暢爲密縣尉達十年之久,似無此可能。今録卞説以存參。

《謝寺雙檜》(《劉禹錫集》卷二四)。題注:"揚州法雲寺謝鎮西宅,古檜存焉。"《箋注》6頁引《揚州府志》以謝鎮西爲謝安,又引《晋書》以爲謝尚,未作斷定。《箋證》卷二四引《墨莊漫録》以爲"晋鎮西將軍謝仁祖宅"。按李廷先先生於法雲寺專門有考證,今録之存參,其《唐代揚州史考》488頁:"法雲寺,在揚州。劉禹錫有《謝寺雙檜》詩,小序云:'揚州法雲寺,謝鎮西宅,古檜存焉。'見《全唐詩》卷三五九。查謝鎮西爲鎮西將軍謝奕,奕,謝安兄也,生平未嘗至廣陵。晋孝武帝太元八年,謝玄(謝奕子)爲建武將軍、南兗州刺史,鎮廣陵。淝水之戰後,謝安以威望日隆,爲會稽王司馬道子所忌,出鎮廣陵之步丘,築新城以居之,不久還朝,未在廣陵定居,則法雲寺當是謝玄鎮廣陵時所居舊宅原址。禹錫將建武將軍誤作鎮西將軍,詩中有'長明鐙是前朝焰,曾照青青年少時。'明指謝玄而言也。宋張邦基《墨莊漫録》以爲晋征西將軍謝安宅,而安未嘗爲征西將軍;《嘉靖維揚志》亦以爲本謝安宅,皆不確。張祜亦有《法雲寺雙檜》詩,見《全唐詩》卷五一一,温庭筠亦有《題揚州法雲寺雙檜》詩,見《全唐詩》卷五七八。"

《和蘇十郎中謝病閑居,時嚴常侍、蕭給事同過訪,嘆初有二毛之作》(《劉禹錫集》卷二四)。《箋證》卷二四:"蘇郎中待考。嚴常侍者,據《文宗紀》,大和四年三月,以華州刺史嚴休復爲右散騎常侍。以此知禹錫作此詩時尚在禮部郎中、集賢學士任,未赴蘇州以前。……蕭給事未詳何人。疑是蕭俛諸弟之一。"《箋注》498頁繫於大和四年,並言:"蘇十郎中:未詳。嚴常侍:嚴休復。《舊唐書·文宗紀》載:大和四年三月甲辰,'以中書舍人李虞仲爲華州刺史,代嚴休復;以休復爲右散騎常侍。'明年十月,禹錫出牧蘇州,是詩作於本(或明)年秋。蕭給事:未詳。"按蘇郎中、蕭給事均可考。蘇郎中爲蘇景胤。《册府元龜》卷五五四《國史部》:"大和四年三月,路隨以宰相監修國史,表上《憲宗實録》。賜隨及見在史官司封郎中蘇景裔(按即胤之諱改)、起居舍人陳夷行、屯田員外郎李漢、右拾遺蔣係各錦彩銀器有差。"《全唐詩》卷五〇一姚合《奉和前司封蘇郎中喜嚴常侍蕭給事見訪驚斑鬢之什》,《劉禹錫集》卷三六《和蘇郎中尋豐安里舊居寄主客張郎中》詩,蘇郎中均爲司封郎中蘇景胤。參《唐代文學研究》第 1 輯郭文鎬《張籍生平二三事考辨》。蕭給事爲蕭澣,《舊唐書》卷十七下《文宗紀》:大和七年三月,"丁巳,以給事中蕭澣爲鄭州刺史。"《資治通鑑》卷二四四《唐紀》:大和七年二月,"丙戌,以兵部尚書李德裕同平章事。……時給事中楊虞卿與從兄中書舍人汝士、弟户部郎中漢公、中書舍人張元夫、給事中蕭澣等善交結,依附權要,上干執政,下撓有司。……上聞而惡之,故與德裕言首及之;德裕因得以排其所不悦者。……三月……丁巳,以蕭澣爲鄭州刺史。"禹錫詩作於大和四年(830)不誤。

《送王師魯協律赴湖南使幕》(《劉禹錫集》卷二八)。題注:"即永穆公之孫。"《箋證》卷二八:"王師魯事迹待考。自注云:'即永穆公之孫。'亦疑。"《箋注》758 頁:"此詩不知作於何時。王師魯、永穆公:不詳。"按"永穆公"當爲"永穆公主"之脱誤。《舊唐書》卷一〇五《王鉷傳》:"同産兄王銲尚永穆公主,而惕息不敢言。十載,封太原縣公。"是王銲尚永穆公主在天寶十載前。《新唐書》卷八三《諸帝公主傳》:"玄宗女永穆公主,下嫁王繇。"卷一三四《王鉷傳》:"過駙馬都尉王繇,以彈彈其巾,折玉簪爲樂,既置酒,永穆公主親視供具。"卷一九一《忠義傳》:"(王)同皎子繇尚永穆公主,生子潛,字弘志。……元和中擢累將作監。……穆宗即位,封琅邪郡公,更節度荆南。……大和初,檢校尚書左僕射,卒於官。"師魯可能是王潛之子。《唐會要》卷六《公主》:"玄宗三十女:永穆,降王繇。"是永穆公主孫王師魯,時代正好與劉禹錫相合。

《送韋秀才道冲赴制舉》(《劉禹錫集》卷二八)。《箋注》169 頁:"詩云:'逐客無印綬,楚江多芷蘭。'是謫在朗州時的情景。韋秀才道冲:不詳。"按《舊唐書》卷一七一《李渤傳》:"穆宗即位,召爲考功員外郎。十一月定京官考,不避權幸,皆行升黜,奏曰:……大理卿許季同,任使于鼉、韋道冲、韋正牧,皆以犯贓,或左降,或處死,合考中下。"即元和十五年(820)事。

《送趙中丞自司金郎轉官參山南令狐僕射幕府》(《劉禹錫集》卷二八)。題注:"趙氏兄弟皆僕射門客。"《箋注》610 頁:"趙中丞:不詳。"按《箋證》卷二八已有所考:"《郎官石柱題名考》一六,金部員外郎有趙枃,勞格謂疑即此人。此詩題云趙以郎官帶中丞參使幕,非行軍司馬即副使也。令狐楚以開成元年(八三六)出鎮,趙當亦於是時從至南梁。"據清勞格《唐郎官石柱題名考》卷十六《金部員外郎》:"趙枃,劉禹錫《送趙中丞自司金郎轉官參山南令狐僕射幕府》詩注:趙氏兄弟皆僕射門客。格案:'中丞'疑即'趙枃'。"又李商隱有《河清與趙氏昆季讌集得擬杜工部》詩,馮浩《玉谿生詩集箋注》卷二云:"劉夢得《送趙司直轉官參山南令狐僕射幕》云:'趙氏兄弟皆僕射門客。'當即此趙氏昆季,本集中趙祝、趙晰之輩也。"所言"趙祝"即"趙枃"之訛。《全唐文》卷七七〇李商隱《代彭陽公遺表》:"其節度留務,差行軍司馬趙祝。”亦即其人。《唐會要》卷七六《貢舉》中《制科舉》:“寶曆元年四月,賢良方正能直言極諫科,唐紳……趙柷……及第。”《册府元龜》卷六四五《貢舉部》“趙祝”作“趙柷”,是。《登科記考》卷二十寶曆元年賢良方正科據《册府元龜》、《唐會要》録作“趙柷”,亦是。

《重送鴻舉赴江陵謁馬逢侍御》(《劉禹錫集》卷二九)。《箋注》109頁:“馬逢,不詳。”按馬逢乃唐代著名文人,《唐才子傳》卷五《馬逢傳》:“逢,關中人。貞元五年盧頊榜進士。佐鎮戎幕府。嘗從軍出塞得詩名,篇篇警策。有集今傳。”馬逢事迹,還見於《元和姓纂》卷七、《登科記考》卷一二、《唐會要》卷七八、《唐國史補》卷中、《全唐詩》卷九三五及元稹《送東川馬逢侍御使回十韻》。其詳細考證見《唐才子傳校箋》卷五拙撰《馬逢傳箋證》。詩繫於元和九年(814)則不誤。

《唐侍御寄遊道林岳麓二寺詩並沈中丞姚員外所和見徵繼作》(《劉禹錫集》卷三六)。《年譜》繫於長慶三年(823),並言:“唐扶原唱,沈傳師、姚合和作,均見《全唐詩》。據《舊唐書·穆宗紀》:長慶三年‘六月,宰相、監修國史杜元穎奏:史官沈傳師除鎮湖南。’沈詩題爲《次潭州酬唐侍御姚員外遊道林岳麓寺題示》,當作於長慶三年六月以後。劉詩之作,又在沈詩之後。”筆者初讀此段文字,又檢《全唐詩》姚合詩卷,決無和作,則頗爲不解。又姚合爲户部員外郎則在大和中,見《唐才子傳校箋》卷五《姚合傳》箋證。又與長慶間無涉。則姚員外必非姚合,而另有其人。其後,《繫年》125頁、《箋注》281頁均從其説。《箋注》並言:“姚員外:據《唐才子傳》:姚合,崇曾孫。元和中進士及第,歷武功主簿、富平萬年尉,寶曆中,除監察御史,遷户部員外郎,出任荆、杭二州刺史。”即所引文字,亦與繫於長慶三年矛盾。筆者後讀卞孝萱先生後來所作的《劉禹錫叢考》,已另考出其人爲姚向,解決了重要問題,該書237頁:“《郎官石柱題名·司勳員外郎》有‘李紳、崔鄲、王申伯、姚向’,《户部員外郎》有‘韋詞、姚向’。唐尚書省六部次序,以吏部爲首,姚向當由户部員外郎换司勳員外郎。李紳於長慶元年三月至二年二月爲司勳員外郎,韋詞當於長慶二、三年爲户部、司勳員外郎。《酉陽雜俎·前集》卷十九《廣動植之四·草篇》云:‘嶺南茄子,……姚向曾爲南選使,親見之。’姚向當於長慶三年以員外郎充南選使,與唐扶同行,即劉詩所謂‘星使雙飛出禁垣’也。”《箋注》較《劉禹錫叢考》後出,而未利用是書,而此段文字可訂三書之誤,故不避繁冗,抄録於此。

《贈劉景擢第》(《劉禹錫集》卷三八)。《箋注》263頁:“詩云:‘望在長沙住桂陽。’此桂陽即連州,詩當作在連州。劉景:不詳。”按言詩在連州作,是,劉景事迹亦可補充。《北夢瑣言》卷三:“唐相國劉公瞻,其先人諱景,本連州人,少爲漢南鄭司徒掌牋劄。因題商山驛側泉石,滎陽奇之,勉以進修,俾前驛换麻衣,執贄之後致解薦,擢進士第,歷臺省。”又見《唐語林》卷三。《登科記考》卷二七云:“景凡再舉成名,見《芝田録》。《湖南通志》:‘桂陽人,元和間及第。’《宰相世系表》彭城劉氏,瞻父字同光,鄜坊從事。(《新表》作‘司光’。)”

李商隱梓幕期間歸京考

劉 學 鍇

"不揀花朝與雪朝,五年從事霍嫖姚"(《梓州罷吟寄同舍》)。從大中五年(851)冬到九年冬,李商隱在東川節度使(治梓州)柳仲郢幕府首尾生活了五個年頭。這是李商隱一生中寄幕時間最長的一次。在這長達五年的時間裏,商隱有沒有回過長安?此前馮浩的《玉谿生年譜》、錢振倫的《玉谿生年譜訂誤》、張采田的《玉谿生年譜會箋》、岑仲勉的《玉谿生年譜會箋平質》都從未提出商隱梓幕期間曾回長安的問題。但細審商隱詩文及有關材料,却發現在這五年中,商隱曾回過長安,而且在詩文中留下了回京的印迹。最初引起我對這一行踪的思考的,是他的《留贈畏之》七律:

> 清時無事奏明光,不遣當關報早霜。
>
> 中禁詞臣尋引領,左川歸客自回腸。
>
> 郎君下筆驚鸚鵡,侍女吹笙弄鳳凰。
>
> 空記大羅天上事,衆仙同日咏霓裳。

題下原注云:"時將赴職梓潼,遇韓朝回三首(按:"三首"二字係後人誤增之衍文)。"據"赴職梓潼"字,詩似當爲大中五年赴梓幕前夕所作。但詩中却出現了"左川(即東川)歸客"的字樣,這就和題下注"時將赴職梓潼"發生了直接的矛盾。因爲按通常的理解,"左川歸客"只能是指從東川歸來的羈客。如果是大中五年將赴東川時作此詩,如何能在尚未成行的情況下忽又自稱"左川歸客"?如果是大中十年東川幕罷歸京之後作此詩,如何又在題下注中稱"時將赴職梓潼"?這種顯然的矛盾只有在一種情況下才能得到合理的解釋,這就是梓幕期間商隱曾回過長安,這首《留贈畏之》是商隱自長安返回梓州前贈給韓瞻的。但由於當時並未在商隱其他詩文中發現梓幕期間曾回長安的證據,因此只好將"左川歸客"解爲"左川思歸客",並引王維《寒食汜上作》"廣武城邊逢暮春,汶陽歸客淚沾巾"之"歸客"爲證。但尚未赴梓即自稱"左川思歸客",這解釋仍顯得相當勉强。

再次引發對這一問題的思考,是緣于被馮浩、張采田繫于梓州府罷歸途(馮譜繫大中十一年春,張箋繫大中十年春)的《行至金牛驛寄興元渤海尚書》:

> 樓上春雲水底天,五雲章色破巴箋。

　　　　諸生個個王恭柳，從事人人庾杲蓮。

　　　　六曲屏風江雨急，九枝燈檠夜珠圓。

　　　　深慚走馬金牛路，驟和陳王白玉篇。

題内"興元渤海尚書"，馮浩據《舊唐書·封敖傳》"(大中)四年，出爲興元尹、山南西道節度使，歷左散騎常侍。十一年，拜太常卿"及《新書·傳》"加檢校吏部尚書，還爲太常卿"之文，定爲封敖，將此詩繫于大中十一年商隱隨柳仲郢自東川還朝途次。張采田改繫大中十年春，同樣認爲"興元渤海尚書"是封敖。但封敖任山南西道節度使的時間下限，是否如馮譜所考遲至大中十一年或如張箋所考遲至大中十年，却是絶大的疑問。因爲李商隱有一篇《劍州重陽亭銘並序》提供了大中八年九月山南西道節度使已是蔣係的證據。序云："侯蔣氏，名侑"，銘云："伯氏南梁，重弓二矛。①古有魯衛，唯我之曹。"末署"大中八年九月一日，太學博士河南(内)李商隱撰"。據《舊唐書·蔣乂傳》：子係、伸、偕、仙、佶。又《蔣係傳》："轉吏部侍郎，改左丞，出爲興元節度使，入爲刑部尚書。"《宣宗紀》：大中十一年十月，"以山南西道節度使、中散大夫、檢校禮部尚書、興元尹、上柱國、賜紫金魚袋蔣係權知刑部尚書。"以上記載與《劍州重陽亭銘並序》相互參證，可以確知，最遲在大中八年九月，山南西道節度使已是蔣係，至大中十一年十月方離任。因此，《行次金牛驛寄興元渤海尚書》這首詩絶不可能是大中十年(馮譜爲十一年)春梓幕罷歸途次所作，而只能是大中八年九月之前，封敖仍在山南西道節度使任上時所作。而大中五年商隱赴東川幕，時值深秋，有《悼傷後赴東蜀辟至散關遇雪》詩可證，與此詩"樓上春雲"語不合。這就説明，大中五年秋至大中八年九月之間的某個春天，商隱曾有一次"走馬金牛路"之行。金牛路爲蜀道之南棧，自今陝西勉縣而西，南至今四川劍門關口的一段棧道。從詩意看，詩人因"走馬金牛路"而行色匆匆，未能在山南幕參與封敖及幕僚的詩酒之會，故寄此詩以"驟和陳王白玉篇"。

　　真正可以作爲商隱梓幕期間曾有返京之行證據的，是他所寫的一篇向未編年的文章《爲同州張評事(潛)謝辟啓》(同時作的還有一篇《爲同州張評事謝聘錢啓》，不錄)：

　　　　潛啓：伏奉榮示，伏蒙猥賜奏署，今月某日敕旨授官。承命恐惶，不知所措。某文乖綺繡，學乏縑縎。負米東郊，止勤色養；獻書北闕，未奉明恩。撫京洛之塵，素衣穿穴；訪江湖之路，白髮徘徊。大夫榮自山陽(楚州)，來臨沙苑(同州)，固以室盈東箭，門咽南金，豈謂搜揚，乃加屑眇。府稱蓮沼，慚無倚馬之能；地號雲門，竊有化龍之勢。便居帷幄，遽别蓬蒿。袁生有望于樵蘇，楚子永醉于藍縷。刻諸肌骨，知所依歸。伏惟特賜鑒察，謹啓。

這是商隱爲一個名叫張潛的士人代撰的謝辟啓。啓中提到奏署張潛爲同州從事(從"慚無倚馬之能"之語，可以推知當是擔任文字工作)的這位新任同州刺史，乃是"榮自山陽，來臨沙苑”。馮浩、張采田對此同州刺史缺考,故將此啓及謝聘錢啓均列于不編年文。據《隋唐五代墓誌彙編·洛陽卷》第十四册《唐故范陽盧氏滎陽鄭夫人墓誌》(大中十二年五月十二日):“父曰祗德……自河南(少尹)爲汾州刺史……由汾州入爲右庶子。未數月,出爲楚州團練使……時以關輔亢沴,民窮爲盜,不可止,朝廷借公治馮翊……自馮翊廉問洪州……夫人即公長女也。”鄭祗德係宣宗女婿鄭顥(尚萬壽公主)之父,楚州即山陽,馮翊即同州。《東觀奏記》卷上:“大中五年,(白)敏中免相,爲邠寧都統。行有日,奏上曰:頃者陛下愛女下嫁貴臣郎婿鄭顥,赴昏楚州。”可證顥父鄭祗德大中五年已在楚州任。又據《唐人墓誌彙編·唐故承奉郎大理司直沈(中黄)府君墓誌銘》(大中十二年四月十五日):“散騎鄭公祗德出刺山陽,持檄就門,辟爲從事,奏授廷評。才及期歲,丁先夫人憂。既除喪,復補大理司直……未暇考績,旋嬰痼疾,荏苒三年,奄然一旦,終于長安延康里,享年六十有七,時大中十二年歲次戊寅二月九日也。”郁賢皓《唐刺史考全編》據上述材料考鄭祗德刺楚州在大中五年至七年,而謂其刺同州約大中六年至八年。按《通鑑·大中九年》:十二月,“江西觀察使鄭祗德以其子顥尚主通顥,固求散地,甲午,以祗德爲賓客、分司。”可證鄭祗德刺同州的時間當在大中七至九年,方與其前後歷官之年相承接。祗德之由楚州遷同州,據上引《唐故范陽盧氏滎陽鄭夫人墓誌》,乃因其時“關輔亢沴,民窮爲盜,不可止”,故“朝廷借公治馮翊”。其具體時間正可從《通鑑》的有關記載中得到佐證。《通鑑·大中七年》:“冬,十二月,左補闕趙璘請罷來年元會,止御宣政。上以問宰相,對曰:‘元會大禮,不可罷,況天下無事。’上曰:‘近華州奏有賊光火劫下邽,關中少雪,皆朕之憂,何謂無事! 雖宣政亦不可御也。’”“有賊光火劫下邽,關中少雪”,正是《鄭夫人墓誌》所謂“關輔亢沴,民窮爲盜,不可止”。因此,鄭祗德之由楚州遷同州,當在大中七年冬。《唐闕史》:“會昌二年,禮部侍郎柳璟再司文柄,都尉(指鄭顥,後尚主爲駙馬都尉,故稱)以狀頭及第,第二人姓張名潛。”此張潛當即商隱爲其代撰謝啓之張評事潛。潛與祗德子顥爲同年進士,故祗德奏署張潛爲同州從事。祗德接到同州刺史的任命後,當自楚州赴京入謝,時約在大中八年春,其奏署張潛爲同州從事即在其時。同州、長安距梓州三千里,張潛絶不可能馳書數千里,請遠在梓州的商隱代撰此區區二謝啓。換言之,只有在下列兩種情況下,商隱方有可能爲張潛代撰謝啓。一是張潛時在梓州,或即梓府幕僚,但這在謝辟啓和謝聘錢啓中都無任何迹象,梓府幕僚中亦無張潛其人(時梓府幕僚中張姓者有大理評事張覿、掌書記張黯,無張潛),故這種可能性可以排除。另一種可能是鄭祗德奏署張潛爲同州從事,敕旨下時,商隱正好在長安,故張潛得以就便請商隱代撰謝啓。在排除了上一種可能以後,唯一能成立的只有後一種可能性。即鄭祗德奏署張潛爲同州從事時,商隱已從梓州回到了長安。如前所考,鄭祗德被任命爲同州刺史在大中七年冬,其由楚州回到長安並奏署張潛爲同州從事的時間約當大中八年春,商隱代撰之二謝啓即作于此時。

為避免孤證之嫌,不妨再舉出一證,這就是商隱的《為山南薛從事(傑遜)謝辟啓》:

　　傑遜啓,今月某日,伏蒙辟奏節度掌書記敕下。徒有長裾,曾無綵筆。初疑誤聽,久乃知歸。感激慚惶,不知所喻。某受天和氣,而鮮雄才,幸承舊族之華,遂竊名場之價。頃者涇渝孤賤,綿隔音塵。其後從事梓潼,經涂天漢。初筵未席,披霧睹天。自爾以來,常存夢寐,方思捧持杖屨,厠列生徒,豈望便上仙舟,遽塵蓮府? 尚書士林圭臬,翰苑龜龍,方殿大藩,將求記室,是才子懸心之地,詞人效命之秋。豈伊疏蕪,堪此選擇。思曾、顏之供養,念陳、阮之才華,自公及私,終榮且忝。伏以家室憂繁初解,山川跋涉未任,須至季秋,方離上國。撫躬泣下,尚遙郭隗之門;閉目夢游,已入孔融之座。下情無任攀戀銘鏤之至。

這是為新被山南西道節度使辟奏為節度掌書記的薛傑遜代撰的謝辟啓。馮浩據啓內稱幕主為"尚書士林圭臬,翰苑龜龍",定此山南西道節度使為封敖,云:"啓言赴梓中途,得叨宴飲,其後不久被辟。雖未能細定何年,當在大中三、四年間也。"張采田《會箋》謂封敖出鎮山南,實在大中四年,故編此啓于大中四年。按:謂此山南西道節度使為封敖,可信,但編大中四年則非。因為根據啓中所叙,薛傑遜先是在赴梓州為東川幕府從事的途中經過興元,受到其時已在山南節度使任的封敖的款待,"自爾以來,懷恩莫極",而後才受到封敖的奏辟。也就是說,薛傑遜自"從事梓潼,經涂天漢",結識封敖,到此番被辟為山南節度書記,其間有相當長的時間距離,封敖並非大中四年剛被任命為山南西道節度使時辟奏薛遜為書記,因此編大中四年顯然過早。此其一。其二,啓稱封敖為"尚書"。據《舊唐書·封敖傳》:"(大中)四年,出為興元尹、御史大夫、山南西道節度使。"可證其初出鎮時所帶憲銜為御史大夫。《新唐書·封敖傳》:"大中中,歷平盧、興元節度使……蓬、果賊依阻雞山,寇三川,敖遣副使王贄(《通鑑》作王贄弘)捕平之,加檢校吏部尚書。"《通鑑·大中六年》:"春,二月,王贄弘討雞山賊,平之。是時,山南西道節度使封敖奏巴南妖賊言辭悖慢,上怒甚。崔鉉曰:'此皆陛下赤子,迫于饑寒,盜弄陛下兵于溪谷間,不足辱大軍,但遣一使者可平矣。'乃遣京兆少尹劉潼詣果州招諭之……而王贄弘與中使似先義逸引兵已至山下,竟擊滅之。"可見,封敖加檢校吏部尚書是在大中六年二月雞山事平後。商隱有《為興元裴從事賀封尚書加官啓》云:"伏承天恩,榮加寵秩。伏惟感慰。伏以蓬、果兇徒,遂為逋寇……尚書四丈機在掌中,兵存堂上……一舉而張角師殱,再戰而孫恩黨盡。"即叙因平雞山而加檢校吏部尚書事。可證薛傑遜被奏辟入山南幕,最早當在大中六年二月封敖加官之後,這時商隱早已在梓幕。其三,啓又云:"伏以家室憂繁初解,山川跋涉未任,須至季秋,方離上國。"說明作此啓時,薛傑遜既不在梓州,也不在興元,而是身在長安。這就和《為同州張評事(潛)謝辟啓》一樣,有一個商隱作啓時身在何地的問題。如此時商隱身在梓州,薛傑遜必不可能馳書三千里請遠在梓州的商隱代作此啓;只有商隱身在長安,爲薛代作此啓,方合乎情理。從啓中提到薛曾"從事梓潼"的經歷看,薛很可能曾是商隱的梓幕同僚,因此二人早已結識。後薛因"家室憂繁"之事離梓幕回長安,而後又受封敕奏辟爲山南西道節度書記,其時商隱正好由梓州回長安,故有此代作。總之,這篇啓再次證明大中六年二月封敕加檢校吏部尚書後至大中八年九月之前封敕罷山南西道節度使這段時期,商隱曾回過長安,並爲薛傑遜撰此啓。

還可以再提供一個證據,這就是商隱的一首詩《贈庚十二朱版》:

　　　　固漆投膠不可開,贈君珍重抵瓊瑰。

　　　　君王曉坐金鑾殿,只待相如草詔來。

庚十二,指庚道蔚。原注:"時朱在翰林,朱書版也。"張采田《會箋》云:"考《翰苑群書·重修承旨學士壁記》:'(庚)道蔚大中六年七月十五日自起居舍人充。七年九月十九日加司封員外郎,九年八月十三日加駕部郎中知制誥,並依前充。十年正月十四日守本官出院,尋除連州刺史。'與《紀》不合(按《舊唐書·宣宗紀》,大中三年九月,起居郎庚道蔚充翰林學士)。《樊川集》有《庚道蔚守起居舍人充翰林學士》等制,杜牧于大中五年冬自湖州刺史召拜考功郎中知制誥,此制即其時所作。則道蔚充學士,自當以《壁記》爲定。道蔚十年正月十四始出院,此詩必義山初從東川歸時作也。"張氏考庚道蔚充翰林學士的時間,當以《壁記》爲定,甚是。但將《贈庚十二朱版》詩繫于大中十年正月十四道蔚出院稍前,且謂商隱正月十四前已自東川歸抵長安,則誤。據張氏《會箋》考證,柳仲郢內徵爲吏部侍郎的時間在大中九年十一月。但仲郢接到內徵的制書後,並未立即啓程返京,而是等待新任東川節度使韋有翼到任後方離任回京。商隱有《爲京兆公乞留瀘州刺史洗宗禮狀》,乃是韋有翼到任後商隱爲其代撰。則仲郢與商隱自梓州啓程還京,當遲至大中九年末甚至十年初。以梓州至長安二千九百里需時約五十天計算,其到京的時間當在大中十年二月末或三月初。據自梓回京途次所作《重過聖女祠》"一春夢雨常飄瓦"之句,其到京的時間當在暮春三月,其時庚道蔚早已出翰林院。這就證明,《贈庚十二朱版》不可能是大中十年正月十四日稍前所作,而是作于大中六年七月十五日以後到大中十年正月以前的某一年內。這又再次證明,在此期間商隱曾回過長安,否則不可能有《贈庚十二朱版》這首詩。

剩下的問題就是考證商隱究竟在什麼時候回過長安。不妨大致排一下商隱入梓幕後的工作經歷和詩文寫作時間表:

大中五年十月,商隱抵梓州,改任節度判官。當年十二月十八日,奉命差赴西川推獄。

大中六年年初返梓。其時東川節度書記"吳郡張黯……請如京師",商隱乃以節度判官"復攝其事",一身二任,工作十分繁忙。現存梓幕文章中,大中六年代攝節度書記期間所作的佔有很大比重。這一年的五月,還曾奉柳仲郢之命,至渝州界首迎送赴淮南節度使任的原西川節度使杜悰。

　　大中七年,仍在梓幕寫了不少文章。梓幕期間三篇精心結撰的長文《梓州道興觀碑銘並序》、《唐梓州慧義精舍南禪院四證堂碑銘並序》、《道士胡君新井碣銘並序》,至少有兩篇作于本年。此時商隱離開長安已有三年,一雙幼小的兒女遠離自己,寄養在長安,思歸念子的情結變得十分深重,詩中一再出現强烈的懷歸情緒:

　　　　萬里憶歸元亮井,三年從事亞夫營。

　　　　　　　　　　　　　　　　　　　　　　　　　　　——《二月二日》

　　　　三年苦霧巴江水,不爲離人照屋梁。

　　　　　　　　　　　　　　　　　　　　　　　　　　　——《初起》

　　　　江海三年客,乾坤百戰場。

　　　　　　　　　　　　　　　　　　　　　　　　　　　——《夜飲》

　　　　三年已制思鄉淚,更入新年恐不禁。

　　　　　　　　　　　　　　　　　　　　　　　　　　　——《寫意》

這一系列詩篇,一方面説明直到大中七年深秋,商隱仍然没有回過長安,另一方面也説明他的思歸情緒已經强烈到難以禁受的程度。正好這年十月,"弘農楊本勝(楊籌,字本勝,楊漢公子)始來軍中",帶來了商隱的兒子衮師在長安的情况,商隱有《楊本勝説于長安見小男阿衮》詩:

　　　　聞君來日下,見我最嬌兒。
　　　　漸大啼應數,長貧學恐遲。
　　　　寄人龍種瘦,失母鳳雛癡。
　　　　語罷休邊角,青燈兩鬢絲。

詩語淺情深,結聯于深夜的寂静中現出詩人青燈映照鬢絲的身影,尤爲慘然。楊籌帶來的嬌兒"寄人龍種瘦,失母鳳雛癡"的消息無疑給商隱本已難制的思鄉之情再增添了無法承受的重量,商隱當時恨不得立即插翅飛回長安的心情完全可以想見。

　　幕主柳仲郢對商隱的處境、心情一直相當同情體貼。早在商隱剛到梓州不久,就打算將使府樂營中一位美貌歌妓張懿仙賜給商隱,以安慰商隱客中的寂寞,後因商隱婉辭而作罷。但商隱在婉辭此事的《上河東公啓》中所抒寫的"某悼傷已來,光陰未幾。梧桐半死,才有述哀;靈光獨存,且兼多病。眷言息胤,不暇提攜。或小于叔夜之男,或幼于伯喈之女。檢庾信荀娘之啓,常有酸辛;咏陶潛通子之詩,每嗟漂泊"這種極爲深摯的懷念亡妻、眷念兒女的感情,肯定給仲郢留下了深刻印象。大中六年暮春,商隱因游梓州西溪觸景興感,寫下"不驚春物少,只覺夕陽多……鳳女彈瑶瑟,龍孫撼玉珂。京華它夜夢,好好寄云波"(《西溪》)的詩篇,柳仲郢看到後,還寫了和詩(事見商隱《謝河東公和詩啓》)。在梓幕期間,仲郢與商隱常有詩文唱酬。可見仲郢不但同情商隱的境遇心情,而且關注其詩文的寫作,商隱在大中七年寫的一系列懷歸念子的詩篇,柳仲郢不會不看到,而增添對商隱的同情。在這種情況下,即使商隱自己因幕府工作繁忙不便提出回京探望兒女的要求,仲郢也勢必主動提出讓商隱回京(當然可以順便給一個差事,以便用奉使的名義回京)。

商隱現存梓幕期間大中七、八兩年的編年文可以爲我們提供一個梓州、長安往返的時間上下限。《樊南乙集序》云:"三年已來,喪失家道,平居忽忽不樂……十月,弘農楊本勝始來軍中……因懇索其素所有(箋刺)……以時以類,亦爲二十編,名之曰《四六乙》……是夕大中七年十一月十日夜,火盡燈暗,前無鬼鳥。"可證直到大中七年十一月十日編定《樊南乙集》時,商隱尚羈居梓幕。而《劍州重陽亭銘》末署"大中八年九月一日太學博士河内李商隱撰",可證大中八年九月一日商隱已在劍州。也就是説,商隱梓州、長安往返的時間當在大中七年十一月十日至八年九月一日這近十個月的時期内。據《舊唐書·地理志》,長安至梓州二千九百里(商隱《赴職梓潼留別畏之員外同年》亦云"京華庸蜀三千里")。又據《通鑑·大中十二年》胡三省注:"唐制:凡陸行之程,馬日七十里,步及驢日五十里,車三十里。水行之程,舟之重者泝河三十里,江四十里,餘水四十五里。空舟泝河四十里,江五十里,餘水六十里。沿流之舟,則輕重同制,河日一百五十里,江一百里,餘水七十里。"梓州、長安往返,既有陸程,又有水程,以平均日行六十里計,單程約需五十天到兩個月,往返則約需四個月。從大中七年商隱一系列思鄉念子的詩篇看,其自梓返京的啓程時間很可能就在十一月十日編定《樊南乙集》後不久。其到達長安的時間約在大中八年正月。聯繫上文所考鄭祗德由楚州遷同州的時間及祗德到京後奏署張潛的時間,二者正好相合。因此,可以大體斷定《爲同州張評事(潛)謝辟啓》、《謝聘錢啓》當作于大中八年正月商隱抵達長安後不久,而《爲山南薛從事(傑遜)謝辟啓》及《贈庾十二朱版》亦當爲同時先後之作。《爲山南薛從事謝辟啓》提到"須至季秋,方離上國",也説明作啓在季秋之前的某個時節。考慮到商隱此次回京探望兒女,帶有明顯的照顧性質,他在京居留的時間不可能太長,大約仲春最多暮春之初即動身返梓。《行至金牛驛寄興元渤海尚書》詩有"樓上春雲水底天"之句,寫景切春暮,殆即自京返梓途中所作。因爲急于趕回梓州擔任幕職,商隱返梓時可能取駱谷路由長安至興元,再由興元西行經金牛道入蜀,故先已在興元見過封敖並拜讀其詩,未及賡和,即已續發,遂于金牛道上"驟和陳王白玉篇",寄呈此詩。

回過頭來再看《留贈畏之》,並聯繫其他詩作,就更能證實此詩是大中八年由京返梓前留贈韓瞻之作,而非大中五年深秋赴職梓潼前所作。因爲大中五年赴梓前夕,其連襟韓瞻設宴相送,瞻子韓偓即席賦詩,商隱日後追憶此事,有《韓冬郎即席爲詩相送一座盡驚他日余方追

吟連宵侍坐徘徊久之句有老成之風因成二絶寄酬兼呈畏之員外》）。而《留贈畏之》詩中的"郎
君下筆驚鸚鵡"即指"韓冬郎即席爲詩相送，一座盡驚"的情事。如果韓瞻設宴餞别是在商隱
赴梓前夕（商隱走的那天，韓瞻一直送商隱到咸陽，商隱《赴職梓潼留别畏之員外同年》云：
"京華庸蜀三千里，送到咸陽見夕陽"），那麽寫在餞行、送行之前的《留贈畏之》就不可能出現
餞行時的情事，這正反過來證明《留贈畏之》是"韓冬郎即席爲詩相送"和韓瞻送行以後寫的
詩，"郎君下筆驚鸚鵡"是商隱這位"左川歸客"對當年情事的追憶與感慨。又大中五年冬，韓
瞻出爲普州刺史（普原作魯，從葉葱奇説改），商隱有《迎寄韓魯（普）州瞻同年》云："積雨晚騷
騷，相思正鬱陶。不知人萬里，時有燕雙高。寇盜纏三輔（自注："時興元賊起，三川兵出"），
莓苔滑百牢。聖朝推衛索，歸日動仙曹。"尾聯預祝其平亂功成後歸朝，名動仙曹。而《留贈
畏之》詩有"中禁詞臣尋引領"之句，又正是"聖朝"二句之意。這也證明《留贈畏之》當作于韓
瞻自普州刺史回朝之後。韓瞻大中五年出刺，此時當已還朝（韓瞻還朝後曾任虞部郎中，後
又出爲鳳州刺史）。

　　綜上考述，商隱由于思鄉念子情切，曾于大中七年仲冬由梓啓程返京，約八年初春抵京。
在京期間，曾分别爲新奏署爲同州從事的張潛及山南西道節度書記薛傑遞代撰謝辟啓、謝聘
錢啓共三首，又有《贈庚十二朱版》詩。約在大中八年仲春末或暮春初啓程返梓，行前往訪韓
瞻，遇韓朝回，作《留贈畏之》。暮春末過金牛道。約是年夏抵梓。九月一日作《劍州重陽亭
銘》。考出的這次歸京之行，涉及對三篇文章和三首詩的正確繫年，對舊説作了糾正。

　　由于這次回京，釋放了鬱結已久的思念家鄉和子女的情懷。回梓以後，大中八、九兩年
所作的詩中，没有再出現先前那種强烈而頻繁的思鄉情緒，甚至連罷幕時作的《梓州罷吟寄
同舍》和歸京途次作的《籌筆驛》、《重過聖女祠》中也没有出現思鄉的詩句（《因書》詩也只説
"生歸話辛苦"而未言思家），這正從反面證明商隱在"三年已制思鄉淚"之後的確回過一次長
安。

---

①　南梁，唐人習慣上指山南西道節度使府所在興元府。"重弓二矛"爲節鎮之儀。蔣係爲劍州刺史蔣侑之堂兄，
　　時任山南西道節度使，故云"伯氏南梁、重弓二矛"。

《新唐書·藝文志》著錄唐國史辨疑

李　南　暉

"國史"是唐代官修本朝史的統稱,其概念有廣、狹二義。狹義的國史僅指紀傳體國史;而廣義的唐國史則包括紀傳體國史和逐朝編纂的皇帝實錄,如宰相"監修國史"的職銜,用的就是廣義——這兩種本朝史都是由史館史官完成的。本文論述的對象是廣義的唐國史。

《新唐書·藝文志》修于北宋仁宗朝,由當時的文壇領袖歐陽修主持編纂,參編人員包括著名的文獻專家宋敏求等人。由于它大量載錄了有唐一代的文獻,充分反映了唐代著作的面貌,因此後人在研究唐代文獻時,無不借助于此。但是由于對《新志》著錄原則理解的偏差,使得研究者對其著錄的一部分文獻的存佚狀況產生了誤解,不能認清文獻流傳的真實情況。不賢識小,姑以唐國史爲例,考察《新志》著錄的原則及其性質之一斑。

《新唐書·藝文志》的著錄原則

《舊唐書·經籍志》和《新唐書·藝文志》同爲記錄唐代文獻的常用史志書目,而成書在後的《新志》遠比《舊志》受重視,這與兩者著錄內容的多寡有關,也與著錄原則的本質差異密切相關。

《舊唐書》修成于五代後晋時期,其《經籍志》以唐玄宗開元年間毋熒編纂的《古今書錄》四十卷爲藍本,而《古今書錄》又是依據開元初年完竣的《群書四部錄》縮編而成。《舊志》序對此交代得很清楚:

> (開元)九年十一月,……重修成《群書四部錄》二百卷,右散騎常侍元行沖奏上之。自後毋熒又略爲四十卷,名爲《古今書錄》。……今錄開元盛時四部諸書,以表藝文之盛。

又聲明:

> 天寶已後,名公各著文章,儒者多有撰述,或記禮法之沿革,或裁國史之繁略,皆張部類,其徒實繁。臣以後出之書,在開元四部之外,不欲雜其本部,今據所聞,附撰人等傳。其諸公文集,亦見本傳,此並不錄。

　　顯然,《舊志》沿襲了班固《漢書·藝文志》和魏徵《隋書·經籍志》的做法,依據一部官修書目修葺成篇,編目原則仍然是紀一代藏書。這個原則對于後人研究西漢或隋代之前的學術還算適用,對于研究唐代,缺陷就非常大了。天寶上距唐朝開國約一百二十年,下去唐亡仍有約一百七十年,《舊志》所錄,僅僅反映了唐王朝前期的文化成就,盛唐後期直至唐末的成就則概付闕如。以文學爲例,成名于盛唐的李白、杜甫等著名詩人的文集尚且未能入錄,安史之亂後古文運動、新樂府、唐人傳奇這一支支耀眼奇葩更是無迹可求。這種情況當然嚴重制約了《舊志》的利用價值。岑建功《舊唐書校勘記》即認爲:“惟是史家編次經籍,自當備列一代之書,不獨集部當然,即經部、史部、子部亦當廣爲登載,方合體裁。今此志僅以開元四部爲斷,未免太略,必參之以《新志》,然後唐時著作乃全。”相形之下,《新志》的著錄完備得多。

　　《新志》的每個類目,分成“著錄”和“不著錄”兩種,所謂“著錄”,指《舊志》(也可説是《古今書錄》)已登載的部分;所謂“不著錄”,指編《新志》時添加的唐代著作。[①] 這些新補充的内容主要援引了同爲歐陽修主撰的《崇文總目》,同時也參考了唐人的傳記、碑誌、文集、筆記等其它材料。[②]《崇文總目》著錄的是北宋中葉的皇家藏書,而唐人的著作中所記錄的書籍未必進入過唐代的書府,因此,《新志》的性質就有別于《舊志》。王重民的《中國目錄學史》談論兩者的異同時指出:

　　　　《舊唐書·經籍志》專據《古今書錄》以紀開元盛時經籍,是符合班固、魏徵紀藏書的
　　　　意義的;《新唐書·藝文志》所補充的《古今書錄》未著錄的兩萬多卷是根據宋代的藏書,
　　　　而不是唐代藏書,就有紀唐代著述的意義了,所以《新唐書·藝文志》各類“著錄”和“未著
　　　　錄”部分,對史志目錄來説,實際上是包含着兩種不同性質的東西……
紀藏書和紀著述兩種目錄性質混爲一體,令研究者在使用《新志》時必須謹慎別擇。王重民極精當地辨析了著錄與流傳的關係,他又説:

　　　　凡是依據《古今書錄》所著錄的,唐代開元時候必有其書,其傳本(包括書名,卷數以
　　　　及撰人等)也必然如所著錄;凡“未著錄”内依據宋代藏書或宋代藏書目錄所著錄的,其
　　　　書在唐代未必流傳,其書本與宋代所流傳的相符合,而未必符合于唐代原始情況。
　　歷來研究者普遍認爲《新志》著錄的唐代著作,必爲北宋實存之書,在這一點上,王重民對《新志》“紀唐代著述”的定性原本富有推廓的意義,可惜他本人沒有進一步闡發,仍然斷定“不著錄”的部分來自宋代的藏書。我們認爲,紀著述的目錄關心的是著作的生產狀況,與該目錄編修時著作的存在狀態關係不大;《新志》所謂“不著錄”的著作,凡不是依據宋代藏書或書目著錄的,在北宋也未必流傳。這看似忽微的出入,會給我們判斷文獻的存佚造成重大的影響。我們打算探討的唐國史,都屬于《新志》中“不著錄”一類的著述,可以作爲一個案例加

以研究。

唐紀傳體國史的著錄與流傳

《舊唐書·經籍志》沒有著錄任何一部紀傳體唐國史,換言之,盛唐的官修書目裏並未收錄當朝的紀傳體國史。今知它們最早出現的書目是《崇文總目》。下面先列表比較《新志》和《崇文總目》著錄紀傳體唐國史的情況:

《新唐書·藝文志》	《崇文總目·正史類》
《武德貞觀兩朝史》八十卷,長孫無忌、令狐德棻、顧胤等撰。	
《唐書》一百卷。	
又一百三十卷,(吳)兢、韋述、柳芳、令狐峘、于休烈等撰。	《唐書》一百三十卷,唐韋述撰。初,吳兢撰唐史,自創業迄于開元,凡一百一十卷。述因兢舊本,更加筆削,刊去酷吏傳,爲紀、志、列傳一百一十二卷。至德、乾元以後,史官于休烈又增肅宗紀二卷,而史官令狐峘等復于紀、志、傳後隨篇增緝[輯],而不加卷帙。今書一百三十卷,其十六卷未詳撰人名氏。(錢東垣輯釋本注:見《文獻通考》)
《國史》一百六卷。	
又一百一十三卷。	

顯而易見,《新志》一共著錄了五部紀傳體唐國史,只有一部見于《崇文總目》。可以認定,這一部《唐書》肯定是宋代中秘的庋藏,它的書名、卷數、作者署名反映了宋代傳本的面目。那麼,其餘四部北宋時期是否留存于世呢?

我們知道,《崇文總目》原本已經失傳,今天通行的是後人的輯本,也就是説,有可能其餘四部的記錄是在亡佚的條文裏,而當初《新志》據以收載。還有一種可能,就是在宋仁宗慶曆元年(1041)《崇文總目》編成之後,《新唐書》修撰之際(1044—1060),這幾部書重現天壤,被皇家採獲。唐末五代戰亂頻仍,國家藏書屢遭浩劫,遺書秘籍散落民間並不希奇,輾轉復得的事例也不罕見。與修《新唐書》的宋敏求在他撰寫的《春明退朝錄》卷下記載,王勝之轉運兩浙時,從民家收得沈既濟所作《劉展亂紀》一卷。其時《新唐書》業已完成,這書自然無法利用,《新志》也沒有著錄。等到司馬光撰《資治通鑑》,就用它考證了好些劉展叛亂的事迹。[③]這樣看來,今本《崇文總目》的著錄與否,還不足以斷定四部唐史的存亡。

前面説過,《新志》有一部分"不著錄"是根據唐人的傳記等材料登錄的。我們假如能夠從唐人的記述裏摸清四部書的來龍去脈，也許就無須理會上述兩個疑難問題了。

我們先考察後兩部。《國史》一百六卷，又一百一十三卷，《新志》皆不著撰人。通檢各種有關唐國史的記載，卷帙標記相同的，有肅宗時史官于休烈上奏提到的兩種。上奏一事各種史料多有記述，《册府元龜》卷五五六《國史部·采撰二》所載稍詳核，稱：

　　　　至德二年十一月二十七日，（于休烈）奏曰：“國史一百六卷、《開元實錄》四十七卷、起居注並餘書三千六百八十二卷，並在興慶宮史館，京城陷賊後，皆被焚燒。且國史、實錄，聖朝大典，修撰多時，今並無本。伏望下御史臺推勘史館所由，令府縣招訪。有人別收得國史、實錄，如送官司，重加購賞。若是官書，仍赦其罪。得一部超授官，得一卷賞絹十四。”數月之内，唯得一兩卷。前修史官工部侍郎韋述陷賊，入東京；至是，以其家藏國史一百一十三卷送于官。

由奏文可知，原藏于興慶宮的一百零六卷本國史，在安史亂中已化爲劫灰，雖然多方懸賞搜訪，最終還是絶迹人間。文中“若是官書”一語，《舊唐書·于休烈傳》作“若是史官收得”，未詳孰是。但是韋述抱藏國史于南山，最終仍落得貶謫的下場。看來即使《舊唐書》的文字正確，“仍赦其罪”的意見却没有被採納。或者它原本就只是幌子，或者君上對變節官員恨之入骨，根本不打算因功貸過。從這句話可以證明，在興慶宮被焚毁的國史、實錄，民間傳本也消亡殆盡。起居注只供史官削稿之用，帝王尚且不能閱覽，遑論整本外傳，經此一炬，必定遭到滅頂之災。而《新志》不僅著録了《國史》一百六卷，起居注類還著録了《開元實錄》四十七卷，《開元起居注》三千六百八十二卷，可想而知，這些條目無論如何不會是根據北宋的藏書記録下來的。

再看一百一十三卷的《國史》，從上面的引文已知是韋述家藏的那一本。《舊唐書·韋述傳》說此本由韋述主撰，所以在長安城破之際，得以將它搶救出來；而它的去向，可以由上表所列《崇文總目》的叙録知道，該本就是北宋存世的一百三十卷本《唐書》的藍本，已經被糅進了後起之作，而題名仍署韋述。如此一來，韋述冒死保藏的一百一十三卷本，繼續單獨流傳的機會想必微乎其微，連唐史館以外的官員怕也緣慳一面，更不用説北宋的臣僚了。這兩部《國史》，《新志》大概都是從《唐會要》或者《于休烈傳》等處引録的。

《武德貞觀兩朝史》八十卷，修成于唐高宗顯慶元年（656），並“藏其書于内府”。④可是《舊志》竟無著録；這不免有些蹊蹺。《舊志》淵源所自的《群書四部録》和《古今書録》都是開元年間經由衆多學者精心結撰的巨著，縱使再粗疏，也不至于遺漏掉本朝如此重要的一部國史吧。最大的可能是開元時兩都的皇家書庫裏已經没有這部書了，元行沖、毋煚等人壓根兒無從著録。韋述在他所撰的《集賢注記》記載：“史館舊有令狐德棻所撰國史及牛鳳及《唐書》。”⑤所謂“舊有”，暗示即爲“今無”。按《集賢注記》的自序稱：“韋述自登書府，至天寶十五載,凡四十年。……時丙申歲二月也。"⑥可知此序作于天寶十五載(756)二月,這時安禄山的兵鋒已進逼潼關,當難再有著書立説的興致,全書應已先期完成。可見至晚到天寶末年,至少史館已經缺藏《武德貞觀兩朝史》了。韋述的前輩劉知幾在其《史通·古今正史》篇曾經提到,武則天長壽中(約693),《武德貞觀兩朝史》被當時編修《唐書》的春官侍郎牛鳳及收繳,"欲使其書獨行,由是皇家舊事,殘缺殆盡"。劉知幾長期在史館任事,又與牛鳳及、毋煛年代相接,記載的可信程度當然極高。"殘缺"云云,大概是原書的内容剪裁入牛書之後,書本便被淘汰清理了。⑦如果這個推測不錯,又没有證據表明此書有民間傳本的話,歐陽修在三百年後編《新志》時肯定無緣重見;《新志》的著録,只是從《唐會要》或者長孫無忌諸人的傳記轉載的罷了。

《唐書》一百卷,《新志》不著撰人。查考現有的關于唐國史修撰的資料,有兩部唐國史的篇幅爲一百卷:一是高宗龍朔中許敬宗監修本,一是開元年間吳兢所修本。許敬宗本的情況詳見《史通·古今正史》,《唐會要》、《册府元龜》亦略有提及,但是同樣見于這三部書而不見于《舊唐書》的幾部唐國史:姚思廉本、牛鳳及本、武三思本,《新志》都没有著録,因此,我懷疑這部佚名的百卷本指的不是許本而是吳本,其名目來自《舊唐書·李元紘傳》所稱的吳兢撰"《唐書》一百卷"。吳兢長期從事紀傳體國史的修撰,關于他的成果記載紛紜,據我分析,這部百卷本其實是吳兢的私修國史,而非史職所在的官修史。⑧它的成書時間大體介于《群書四部録》和《古今書録》編纂之間,毋煛理當得見其書。之所以未予著録,當是因爲其仍處于稿本階段,不被視爲著作,故没有入藏中秘吧。既然它是最後完成的一百三十卷本國史的一個底本或過渡性文本,也就不大會單行獨傳。《舊唐書·沈傳師傳》附《沈既濟傳》載其在德宗建中元年(780)七月"以吳兢撰《國史》,以則天事立本紀,奏議非之"。⑨所謂"吳兢《國史》",並非指其一百卷的原稿,而應爲柳芳等續成之本。蓋因吳兢是創稿之人,所以仍將他冠爲作者。歐陽修等修《新志》時可能是根據的《李元紘傳》的記載著録的,當然也就不能作爲北宋猶存其書的證據了。

由此可知,《新志》著録的五部唐史,流傳到北宋的只有吳兢、韋述、柳芳、于休烈、令狐峘等遞修的一百三十卷《唐書》,這也是安史之亂以後唯一一部流布人間的唐修紀傳體國史。

這部歷經劫難的唐國史,多數研究者認爲毁于北宋末年,但是有證據表明,它也許幸運地逃過了靖康之難的兵火。《四庫全書總目》卷八五史部目録類的《崇文總目》提要據《續宋會要》謂今傳本《崇文總目》在每部書下多注"闕"字,是記録了宋高宗紹興十二[三]年十二月(1144)⑩諸州軍搜訪遺書的綫索,而在這部《唐書》名下並無"闕"字;大致編于同時,同樣是求闕書目的《秘書省續編到四庫闕書目》,也未著録此書,説明當時皇家書庫極可能還保存着這部書。不過,在南宋的其他公私書目裏,我們再也找不到它的踪迹了;中秘若有保藏,料必已是海内孤本。元軍入臨安後,掘墳盜寶,摧殘文物,此書大厄,或在此時。元修《宋史·藝文志》錄有"柳芳《唐書》一百三十卷",恐怕是照抄宋代《國史·藝文志》的著錄罷了。

唐實錄的著錄與流傳

唐國史的另一部分是諸帝的實錄。通過與官修書目《舊唐書·經籍志》、《崇文總目》、《宋史·藝文志》以及私修書目晁公武的《郡齋讀書志》和陳振孫的《直齋書錄解題》的比較,我們發現,除了宋敏求補撰的六種因爲是宋代著述不收錄,《新志》登載的唐實錄最完整,其餘五部書目有的,它幾乎無一遺漏。惟獨《舊志》著錄的"《述聖記》一卷"不在此列,《新志》將它歸入了"故事類",作"《述聖紀》"。這書僅見于兩《唐志》,如無另外原因,應該認爲《新志》是從《舊志》移植過來的;可能編者循名責實,認爲皇帝實錄不應只有單薄的一卷,于是移向故事類,並放在該類的唐人著作的首位,以示尊重。

六家書目中,《舊志》、《新志》和《崇文總目》的性質前文已述,餘下三家都是記載宋代藏書的目錄。其中《宋史·藝文志》雖然編于元代,主體則脫胎于宋朝人修撰的四部國史藝文志。《宋志》總序説:"宋舊史,自太祖至寧宗,爲書凡四。志藝文者,前後部帙,有亡增損,互有異同。今删其重復,合爲一志。"《宋志》的性質近似《新志》,寧宗以前的著錄爲趙宋歷代秘閣實有的藏書,從中可以窺見宋代皇家典籍藏弆的情形,也就是說,《宋志》所著錄的唐代文獻均曾進入過宋代書府,其著錄事項標志着宋代存本的狀態。

與這些宋代的書目相比,《新志》著錄了好幾部其他書目缺載的實錄,這與唐國史一樣,也當是《新志》從唐人文獻採錄得來,並不表示當時有其傳本;而其中頗有疏于考證,著錄失當的地方。

1.《今上實錄》二十卷。該錄是貞觀十七年(643)七月與《高祖實錄》一同修成進上的,各二十卷,紀事止于貞觀十四年。至高宗永徽元年(650)閏五月,長孫無忌奏上貞觀十五年至二十三年五月的實錄,兩部實錄合而爲一,《玉海》引《唐會要》云:"通前共四十卷。"(今本《唐會要》無此語。)先修本玄宗朝秘閣仍有收藏,流行的則應是四十卷完整的《太宗實錄》。

2.許敬宗《皇帝實錄》三十卷。多數研究者認爲即是高宗顯慶四年(659)二月所上的貞觀二十三年以後至顯慶三年那一部,《唐會要》和《册府元龜》都作"二十卷"。關于這部實錄的參修人員,《册府元龜》卷五五四《選任》和卷五五六《采撰二》的相關條目都没有令狐德棻,而同在卷五五四的《恩獎》却記載了書成奏上之後"國子祭酒令狐德棻進封彭陽縣公",[11]《舊唐書》本傳亦載:"(顯慶)四年……尋又撰《高宗實錄》三十卷,進爵爲公。"可見令狐德棻是參加了該錄的修撰的。許敬宗與令狐德棻,是二十卷本的監修和主筆,因此功成受獎時才會位居前列。《崇文總目》、《新志》、《郡齋讀書志》及《直齋書錄解題》稱《高宗後修實錄》由令狐德棻首撰,蓋本于此。那麼兩《唐志》著錄的許敬宗撰三十卷的卷數是不是錯了呢? 我們先考察劉知幾、吳兢續成的《後修實錄》。此事兩《唐書》二人的本傳皆缺載,其書撰于何時,諸史亦無明文,從《舊志》不著錄來看,我們雖然很難假設它晚于《古今書錄》修成的天寶年間,但不免疑心它至少晚于《群書四部錄》成書的開元九年,而毋庸也許漏載了。這個假定有些紆曲,漏洞不少。另一種更直接一點的推測是:《舊志》的三十卷本《高宗實錄》就是所謂的《後修實錄》,只不過它的作者只署了最初監修的許敬宗,這同其他書目只把主筆的令狐德棻記作《後修實錄》的草創者道理一樣。《新志》說令狐德棻撰本"止于乾封",似乎在顯慶三年之外他又續有修造,然而前人已指出其失誤:龍朔二年(662)致仕的令狐德棻,不可能繼續修書至乾封。臆其由來,恐怕是根據令狐德棻卒于乾封元年(666)得出的,就是說,他沒有在二十卷本之後再行添續,《舊唐書》本傳所記的卷數,當從《唐會要》等作"二十卷"。敬宗與德棻所修既是同一書,那麼劉知幾、吳兢依此續成的三十卷本自然可以掛許敬宗的名頭了。《新志》的編者大概見《崇文總目》有署令狐德棻的《後修實錄》,而《舊志》又有署許敬宗的《高宗實錄》,便誤以爲是兩種著作,于是兼收並蓄,造成了千古懸案。《後修實錄》的紀事止于高宗崩,比原來的二十卷本多記了二十五年,篇幅卻只增加了十卷,可見劉、吳二人的書法相當簡練。續修本是完本,涵蓋並替代了前面的各家高宗實錄,因此,也許不必等到北宋,社會上流傳的就只剩下《後修實錄》了。

　　3.韋述《高宗實錄》三十卷。此書見于《舊唐書·韋述傳》,有人懷疑是韋述的私撰,[12]根據唐代國史的撰修制度,這不大可能。我猜測大概是韋述也參與了《後修實錄》的編寫,或者說《韋述傳》的作者認爲他參加了編寫,而各書目未予記載吧。若然則《新志》爲此書別立條目,與上述許敬宗《皇帝實錄》一樣,似乎欠妥。

　　4.武后《高宗實錄》一百卷。此書的修撰情況不詳,武后當只是掛名而已。《新志》小學類"武后《字海》一百卷"下的編者注謂:"凡武后所著書,皆元萬頃、范履冰、苗神客、周思茂、胡楚賓、衞業等撰。"[13]這幾個人除衞業生平不詳,其餘皆是所謂"北門學士"的成員,高宗乾封之後特受榮寵,其中范、苗、周、胡四人當時分任左右史,即起居郎、起居舍人,范履冰又在永昌元年(689)十月曾以宰相兼修國史,[14]看來這部百卷本的《高宗實錄》很可能是由他們捉刀的。

　　5.宗秦客《聖母神皇實錄》十八卷。此書修撰情況也是文獻無徵。考武則天垂拱四年(688)五月加尊號"聖母神皇",天授元年(690)九月革唐命之後,加尊號曰"聖神皇帝",是書所記當爲這兩年多的事迹。宗秦客在革命的次月就坐贓被貶,[15]所以此書的修撰時限不會超過十月。

　　以上二書,劉知幾、吳兢撰《後修實錄》時,或有所取資,流傳的命運大致無異于許敬宗所修本。

　　6.張說《今上實錄》二十卷。《新志》注稱:"說與唐穎撰次玄宗開元初事。"考《新志》雜史類著錄"唐穎《稽典》一百三十卷",注曰:"開元中,穎罷臨汾尉,上之。張說奏留史館修史,兼集賢待制。"按張說開元十五年(727)二月罷知政事,曾經在家修史,不久又敕命入史館撰錄,⑯唐穎大約即在此時進入史館。《玉海》卷四八"唐玄宗實錄"條引韋述《集賢注記》記載:"唐穎(潁)進所撰《稽典》一百卷,燕公奏留史館修史,撰《今上實錄》十三卷。韋述知史館,敕令述寫燕公所撰《今上實錄》二十卷,藏集賢史庫。"據兩《唐書》本傳,韋述知史官事在開元十八年(730),同年十二月(公曆已入 731 年)張說卒。韋述奉命抄寫的《今上實錄》當即張說晚年所修國史。《新志》的著錄大概本自《集賢注記》。其書藏于集賢院,恐難逃于安史之亂的兵火。

　　7.《開元實錄》四十七卷,安史之亂時毀于長安史館,已見前節。

　　8.薛保衡《武宗實錄》三十卷,《五代會要》卷十八《前代史》載後晉起居郎賈緯奏云:"武宗至濟陰廢帝凡六代,唯有武宗錄一卷。"《新志》著錄爲足本,當然不反映現實的藏書。⑰這殘存的一卷,《郡齋讀書志》仍見錄存,大概已近乎海內孤本了。尤袤的《遂初堂書目》實錄類載有"唐十五帝實錄",當只存武宗之前的實錄;陳振孫也未能訪得此錄。可見韋修武錄的殘本大約南宋後期就湮滅了。

　　通過上述考察可知,唐國史消亡的原因不外二端:一是被後修的作品合併或取代,一是毀于災禍。《新唐書·藝文志》細大不捐地網羅了幾乎全部唐國史著作,爲我們認識唐國史提供了一份比較完備的清單。可是《新志》的作者務存一代著述,又限于體例,沒有考察各本唐國史之間的遞嬗,更沒有像《隋書·經籍志》那樣標明著作的存佚。這樣在造成自身著錄的一些失誤的同時,也給後人認識唐國史的存沒和流傳留下了疑難。

　　今人對于《新志》失收唐人著作的問題已多有關注,而以上的抽樣調查則説明,《新志》已收著作本身也存在着一些問題。最大的問題或許是,它使得原本是歷時性存在的文本變成了共時性的存在,削弱了它考證文獻流傳的作用。我們認爲:《新志》有一部分"不著錄"圖書,是根據唐代文獻的記載著錄的,北宋時未必存世;它的著錄原則是記一代之著述,未必反映北宋時期書籍流通的實況。這個認識對于正確地利用《新志》考鏡唐代文獻的源流是十分重要的。

(本文爲中山大學人文社會科學青年研究基金項目)

① 參王重民《中國目録學史論叢》頁 107,中華書局 1984 年版。
② 參南麗華《論〈新唐書·藝文志〉》,載《中國典籍與文化論叢》第三輯,中華書局 1995 年版;陳尚君《〈新唐書·藝文志〉補——集部別集類》,載《唐研究》第 1 輯,北京大學出版社 1995 年。陳文後收入《陳尚君自選集》,廣西師範大學出版社 2000 年 11 月版,改題《〈新唐書·藝文志〉未著録唐人別集輯存》。
③ 見《通鑑》肅宗上元元年至二年。
④ 《唐會要》卷六三《修國史》。
⑤ 《玉海》卷四六"唐武德以來國史"條引。"牛鳳及"三字原缺,據下文"令狐斷自貞觀,牛鳳及迄于永淳",二氏對舉,當補牛氏名。
⑥ 《玉海》卷四八"唐集賢注記"條引。
⑦ 牛鳳及的《唐書》,實爲武周所修之前代史,故有繳毀唐國史之舉。請參拙撰《〈史通·古今正史〉唐史箋證》,載《文獻》2000 年第 3 期。
⑧ 參見拙撰博士論文《唐國史與唐人筆記小說關係研究》第三章《唐國史的修撰》第二節《天寶以前紀傳體國史的修撰》,南京大學 2000 年。
⑨ 繫年見《唐會要》卷六三《修國史》。
⑩ 《宋會要輯稿》第五十五冊《崇儒》四《求書藏書》作"十三年",《四庫提要》蓋誤。按此年十二月癸未朔,當西元 1144 年元月 7 日。
⑪ 《唐會要》卷六三《修國史》"顯慶元年"條正文與注文的差異略同此,而注文舛誤較多,故用《册府元龜》。
⑫ 楊翼驤、葉振華《唐末以前官修史書要録》(續),載《史學史研究》1992 年第 1 期。
⑬ "衛業",《舊唐書·則天皇后紀》作"衛敬業",當是宋人避太祖之祖父趙敬諱缺。
⑭ 據《舊唐書·則天皇后紀》及《文苑中·元萬頃傳》附本傳。
⑮ 據《通鑑》則天后天授元年。
⑯ 《唐會要》卷六三《在外修史》。
⑰ 參岑仲勉《唐史餘沈》卷三《武宗實録》,上海古籍出版社 1978 年。

《續資治通鑑長編》點校本卷三二至卷一二三校勘劄記(四)

高 紀 春

卷七二大中祥符二年九月甲子(頁1633)：命工部侍郎馮起爲契丹國母正旦使，南作坊使李繼源副之；殿中侍御史趙鎮爲契丹國主正旦使，六宅使、嘉州團練使杜守元副之；……

按：趙鎮，浙局本原刻如此，本書文淵閣本及《宋史》卷四六三《杜守元傳》皆作"趙禛"。又按此人《宋史》及《宋會要》多見，皆作"趙禛"，《宋史》卷二八八有傳亦作"趙禛"，浙局本作"鎮"蓋誤也，當據上引書校正之。

卷七五大中祥符四年二月己巳(頁1713)：次華陰縣，幸雲臺觀，觀希夷先生陳搏畫像，除其觀田租。

按：陳搏，"搏"當作"摶"，《長編紀事本末》卷一九《祀汾陰》作"陳摶"，可證。《宋史》卷四五七《陳摶傳》亦可考。

卷八二大中祥符七年五月辛亥(頁1877)：涇原都鈐轄曹瑋言葉市族大首領艷奴，率其族自北境歸順。詔第補侍禁、殿直，月給俸料。

按：艷奴，本書文淵閣本、浙局本原皆作"延本"，《皇宋十朝綱要》卷三、《宋史》卷八《真宗紀三》皆作"艷般"。蓋此人原作"艷般"，清人改作"延本"也。點校本回改爲"艷奴"誤，當從《皇宋十朝綱要》及《宋史》作"艷般"是。

卷八二大中祥符七年六月丙辰(頁1878)：詔曰："眉州通判黃塋、知長安縣王文龜，或酗酒濫刑，或受賄鬻獄，並投荒裔，猶屈刑章，凡百搢紳，所宜申戒。"

按：黃塋，《宋會要》刑法五之七作"董塋"，《宋史》卷八《真宗紀三》作"董榮"，《宋大詔令集》卷一九一《責董塋等戒勵百官詔》作"董塋"。上引三書皆作"董"，則此處作"黃"恐是"董"字形似之誤。

卷八七大中祥符九年五月辛未(頁1993)：内出司天奏歲星、太陰失度，太白高，主兵在秦分。上謂輔臣曰："……确廝囉與秦、渭熟户結爲釁隙，曹瑋請益屯兵，可如所請。……"

按：确廝囉，當作"唃廝囉"。此人乃宋初西蕃首領，《宋史》、《宋會要》等載之皆作"唃廝囉"，本書多見之，原亦當作"唃廝囉"，但清人修《四庫全書》時，皆改作"嘉勒斯賚"也，浙局本亦皆仍之。今點校本于他處則回改作"唃廝囉"，獨此處作"确廝囉"，知其爲排印之誤也。

卷九六天禧四年九月己酉(頁2215)：詔翰林侍讀學士張知白，玉清昭應宮副使林特，三司使李士衡，……各舉常參官堪錢穀任使者二人。工部尚書晁迥，翰林學士楊億、劉筠、……各舉文學優長、履行清素者二人。給事中樂黃目、孫奭，……各舉可守大藩者二人。知制誥祖士衡、錢易，知雜御史劉燁，直龍圖閣魯宗道、馮元，各舉堪御史者二人。諸路轉運使副、勸農使各舉幕職、州縣官堪京官知縣者二人，限十日内具各以聞。

按：《宋史》卷八《真宗紀三》天禧四年記事云："九月己酉，分遣近臣張知白、晁迥、樂黃目等各舉常參官，諸路轉運及勸農使各舉堪京官、知縣者二人，知制誥、知雜御史、直龍圖閣各舉堪御史者一人。"據此則本次詔命舉官，其他皆各舉二人，唯知制誥祖士衡以下各舉御史一人也。《宋會要》職官一七之六、選舉二七之一八亦皆載命知制誥祖士衡等各舉御史"一人"。疑此處"各舉堪御史者二人"，"二"或爲"一"之誤字。

《舊五代史》考證

董 恩 林

　　薛居正等人所撰《舊五代史》一百五十卷(以下簡稱薛史),原成書于宋太祖開寶七年(977),到金章宗泰和七年(1207),朝廷嫌其繁冗淺陋而詔令削去,只用歐陽修所撰《新五代史》,遂致此書逐漸湮没。至清乾隆年間編纂《四庫全書》時,薛史原書已不可得。于是,館臣邵晋涵等人便將《永樂大典》所采《舊五代史》輯出,再參考他書,補苴成篇,由此薛史失而復現。但薛史輯本自産生之日起便殘缺不全。因爲其一,輯本所據明代《永樂大典》,幾經劫難,到乾隆年間已缺兩千四百多册,加之大典當初所采薛史本不完全。其二,清廷組織編纂《四庫全書》,本來包藏禍心,所以,薛史輯本既有取捨于輯出之時,又被删改于刊印之日,以致傷痕累累,面目頗非。筆者早年拜讀陳垣先生《舊五代史輯本引書卷數多誤例》、《舊五代史輯本發覆》等文,深爲感慨。故于讀書教學之餘時時留意于此,續有所得,現將歷年所錄《舊五代史》中華書局1976年點校本(以下徑稱"本書")可疑可榷之處,整理成文,以就教于行家。本文所用其他各種史籍版本如下:《舊五代史》百衲本、殿本,以下只稱"百衲本"、"殿本";《册府元龜》,中華書局1960年影明本,以下簡稱《册府》;《五代會要》,上海古籍出版社1978年點校本,以下簡稱《會要》;《文獻通考》,商務印書館萬有文庫本,以下簡稱《通考》;《舊唐書》,中華書局1975年點校本;《新唐書》,中華書局1975年點校本;《新五代史》,中華書局1974年點校本;《資治通鑑》,中華書局1956年點校本,以下簡稱《通鑑》。

　　1.卷一《梁書·太祖紀第一》(第6頁):"五月,嗣襄王熅即帝位于長安。"殿本、百衲本同。

　　按:《通鑑》卷二五六、《舊唐書》卷一七五《嗣襄王熅傳》載:五月受册爲監國,十月即位爲帝。《新唐書·僖宗紀》據之作"十月即位"。疑本書誤,當據以改正。

　　2.卷一《梁書·太祖紀第一》(第9頁):案《通鑑考異》引高若拙《後史補》曰:"明公方欲圖大事,輜重必爲四境所侵,但令麾下將士詐爲叛者而逃,即明公奏于主上及告四鄰,以自襲叛徒爲名。"

　　按:"即明公奏于主上及告四鄰",今《通鑑》卷二五七同,百衲本作:"明公即奏于主上及告四鄰。"細繹此段上下文義,乃敬秀才設謀令朱溫先讓部下假意叛逃,事後便以此爲由上奏皇上要求出兵抓逃兵,實則想趁此機會到各地抓人當兵。故疑"即"字當如百衲本置于"明公"之後爲妥。

3.卷一《梁書·太祖紀第一》(第 17 頁):"乾寧三年二月,帝領軍屯于單父,會寒食,帝乃親拜文穆皇帝陵于碭山縣午溝里。"

按:本書原《校勘記》云:"二月,殿本、劉本(即百衲本,下同——引者注)同,《册府》卷一八九作'乾寧二年二月',本書誤繫于三年。"今考《册府》卷一八七亦載:"乾寧二年二月帝領親軍屯于單父以爲友恭之援。"足證本書誤置年份。

4.卷二《梁書·太祖紀第二》(第 23 頁):光化元年"四月,滄州節度使盧廷彦爲燕軍所攻,棄城奔于魏。"《册府》卷一八七、殿本、百衲本同。

按:本書卷九〇《趙在禮傳》、卷一三五《劉守光傳》、卷一四一《五行志》、《新五代史》卷三九《劉守光傳》、《舊唐書·昭宗紀》、《新唐書·昭宗紀》、《通鑑》卷二六一均載:光化元年三、四月間,滄州節度使盧彦威爲燕帥劉守光之子所攻,棄城逃奔。另檢新、舊《五代史》,"盧彦威"凡七見,"盧廷彦"史無其人,僅此處一見,足證此處"盧廷彦"當爲"盧彦威"之訛。

5.卷二《梁書·太祖紀第二》(第 39 頁):天祐三年正月"……遲明盡殺之,死者七千餘人。"殿本、百衲本同。

按:"七千餘人",本書卷一四《羅紹威傳》、《舊唐書》卷一八一《羅紹威傳》、《新唐書》卷二一〇《羅紹威傳》、《通鑑》卷二六五均作"七千餘家"。蓋本卷誤"家"爲"人",當據以更正。

6.卷三《梁書·太祖紀第三》(第 49 頁):案《通鑑》:"……獨蘇循、薛貽矩及刑部尚書張褘盛稱帝功德,宜順天應人。"

按:"褘"字誤,當作"禕"。考《通鑑》卷二六六、《舊唐書》卷一六二《張禕傳》、百衲本、殿本皆作"禕"。"褘",音 hui,乃古代王后祭服,極少用作人名,而"禕",音 yi,含美好之意,多用于人名,兩字不宜混用。

7.卷八《梁書·末帝紀上》(第 119 頁):乾化四年(914)九月,"楊溥遣大將朱瑾率衆來援……"

按:"溥"字誤,當作"渭"。楊渭即楊隆演,繼其兄楊渥爲吳主在梁開平二年(908),自稱吳王在梁貞明五年(919),朱瑾自殺于梁貞明四年(918);楊溥于貞明五年始封丹陽郡公,繼其兄楊渭爲吳主在貞明七年(921)。故以史實與事理而論,斷不致有楊溥遣朱瑾之理,遣朱瑾者當爲"楊渭"。

8.卷一六《葛從周傳》(第 217 頁):唐中和四年七月,"從太祖屯兵于西華,破蔡賊王夏寨。……諸將並削職,唯擢從周、延壽爲大校。其從入長葛、靈井,大敗蔡賊"。

按:"其從入",百衲本、殿本及《册府》卷三四六皆作"其後入",疑原文當作"其後從入",

蓋因繁體"從"、"後"形近而誤,導致本書脫"後"字,百衲本、殿本及《冊府》脫"從"字。另按《安徽史學》1990年第2期朱玉龍《中華版〈舊五代史〉考證》將"從入"誤作"從人",因謂"靈井"爲人名,長葛與靈井之間不當有頓號。大謬。

9.卷二六《唐書·武皇紀下》(第351頁):乾寧二年七月,"庚申,樞密使駱全瓘以武皇之軍將至,請天子幸。右軍指揮使李繼鵬,茂貞假子也,本姓閻,名珪,與全瓘謀劫天子幸鳳翔"。

按:本書原《校勘記》云:"'幸'下疑有脫誤。《通鑑》卷二六〇記此事作'樞密使駱全瓘奏請車駕幸鳳翔'。"今考本書卷一三二《世襲列傳第一》:乾寧二年"七月,太原之師至河中,繼鵬與中尉景宣之子繼晟迫車駕幸鳳翔"。《舊唐書》卷二十上《昭宗紀》:乾寧二年七月"時景宣附鳳翔,癸亥夜,閻珪與劉景宣子繼晟、同州王行實縱火剽東市,請上出幸。"《舊唐書》卷一八四《宦官傳》:乾寧二年七月"駱全瓘與茂貞宿衛將閻圭脅天子幸岐州。"《新唐書》卷二〇八《宦者傳下》:乾寧二年,"景宣方與茂貞睦,故全瓘與鳳翔衛將閻圭共脅帝狩岐。"聯繫本卷下文"與全瓘謀劫天子幸鳳翔"云云,可知,此處當脫"岐"或"岐州"二字,"岐州"即鳳翔節度使屬地及門户。

10.卷二七《唐書·莊宗紀第一》(第373頁):案《冊府元龜》載晉王諭邢、洺、魏、博、衛、滑諸郡縣檄:"……故仗威、文輔合之規,問羿、浞凶狂之罪。"

按:"仗威、文輔合之規",殿本、今《冊府》卷八皆作"仗桓、文輔合之規"。考此句文意,乃用齊桓公、晉文公兩位名君的君臣輔合故事,故"威、文"當是"桓、文"之誤。

11.卷三三《唐書·莊宗紀七》(第454頁):"以尚書左丞歸靄爲刑部侍郎。"

按:"靄"字誤,當作"藹"。本書原《校勘記》云:"歸靄,殿本、劉本作'歸藹'。"今考本書卷六八有《歸藹傳》,另在卷三八、三九、四三,"歸藹"凡三見,可知"歸靄"爲誤。

12.卷三三《唐書·莊宗紀七》(第464頁):"遣秦州副史徐藹賫書招諭南詔蠻。"

按:"史"字誤,當作"使"。考當時有"副使"之職而無"副史"之官,殿本、百衲本即作"使"。另檢《新五代史》卷七四《四夷附錄第三》載:"僖宗幸蜀,募能使南詔者,得宗室子李龜年及徐虎、虎侄藹,乃以龜年爲使,虎爲副,藹爲判官,使南詔。……同光三年,魏王繼岌及郭崇韜等破蜀,得王衍時所俘南詔蠻數十人,又得徐藹,自言嘗使南詔,乃矯詔還其所俘,遣藹等持金帛招撫南詔。"由此可見,徐藹乃以"秦州副使"的名銜第二次出使南詔。

13.卷三四《唐書·莊宗紀第八》(第469頁):同光四年二月己丑,"丙申……十二月,以户部尚書王正言爲興唐尹、知留守事。……正言以下,皆脅肩低首,曲事不暇。"殿本、百衲本同。

按:上文云"二月己丑……丙申",下文云"丁酉……三月丁巳朔",中間插入"十二月"事,此必有誤。考上卷已載:同光三年"十二月丙子,以户部尚書王正言守興唐尹",則此卷不當復書此事。《通鑑》卷二七三,此段内容盡置之同光三年十二月事中。故疑此段爲衍文,或四庫館臣當初措置失序,當移至上卷同光三年十二月中。

14.卷三四《唐書·莊宗紀第八》(第472頁):"丙辰,以右散騎常侍韓彦惲爲户部侍郎。"

按:百衲本、殿本均作"丙午",考此文前有"甲辰",後有"丁未",當以"丙午"爲是。

15.卷三五《唐書·明宗紀第一》(第481頁):"皇贈尉州刺史。"殿本同。

按:"尉"字誤,當作"蔚"。歷史上兩"蔚州",其一故治在今山西平遥縣,其一故治在今山西靈縣,而迄無"尉州"之名。另檢百衲本正作"蔚"。

16.卷三五《唐書·明宗紀第一》(第488頁):"德業振主者身危,功蓋天下者不賞,公可謂振主矣,宜自圖之,無與禍會。"

按:"振"字誤,當作"震"。考殿本、百衲本皆作"震"。振者,舉起、奮起也;震者,撼動、驚擾也。漢語中,"振"、"震"雖可通用,然"震主"乃動賓結構,意爲震動君主;"振主",名詞,即暴君之意。本卷所用顯爲"震主"之意,似不可假爲"振主"。

17.卷四十《唐書·明宗紀第六》(第548頁):"詔贈尚書右僕射。"

按:"右"字誤,當爲"左"。考殿本、百衲本及本書卷五八《崔協傳》,均爲"左僕射"。

18.卷四二《唐書·明宗紀第八》(第580頁):長興二年六月"丙子,詔諸道觀察使均補苗稅,……有嗣者排改檢括,自今年起爲定額。"殿本、百衲本同。

按:原影庫本粘箋云:"有嗣,原本作'有祠',今從《五代會要》改正。"今檢《五代會要》卷二五"租稅"條、本書卷一四六《食貨志》,原文均作"肯者即具狀徵收,有詞者即排改檢括",意謂托詞不肯出剩田苗以補貧者即强行檢括。此則語暢理順,此處顯誤,當以"有詞"爲是。

19.卷四二《唐書·明宗紀第八》(第581頁):長興二年八月"丙寅,詔天下……,辛丑,升虔州爲昭信軍。……,丙寅……,壬午,詔……。"殿本、百衲本同。

按:"八月丙寅"日至"辛丑"日,相距35天,距下一"丙寅"日61天,此均爲一月中不可能出現之日期,故知其中必有誤。據《二十史朔閏表》,長興二年八月丙辰朔,疑"丙寅"當爲"丙辰"之誤、"辛丑"當爲"辛酉"之誤,如此,則此段自"丙辰"始,至段末"壬午"止,相距27天,中間干支自然理順,與下月"丙戌朔"亦相吻合。

20.卷四四《唐書·明宗紀第十》(第601頁):"二月癸丑朔。"

按:本書原《校勘記》、《舊五代史考異》均云不當有"朔"字,但未舉出佐證,故仍其舊。今考《册府》卷四八四作"二月癸丑",無"朔"字,可據改。

21.卷四四《唐書·明宗紀第十》(第601頁):長興四年十月"戊午,以前鳳翔節度使孫岳爲三司使。"殿本、百衲本同。

按：“鳳翔”誤，當作“鳳州”。《通鑑》卷二七八作“以前武興軍節度使孫岳爲三司使”。武興軍治鳳州，又稱鳳州節度使。考本書卷四一《明宗紀第七》載：“長興元年四月，以閬州防禦使孫岳爲鳳州節度使。”卷六九《孫岳傳》載：“天成中，遷鳳州節度使。受代歸京，馮贇舉爲三司使。”足證此處“鳳翔”乃“鳳州”之訛。

22. 卷四六《唐書·末帝紀上》（第 638 頁）：清泰元年八月，“以右驍衛上將軍王景戡爲左衛上將軍”。

按：“左衛”應爲“右衛”。殿本、百衲本均作“右衛”，另考本書卷四七《末帝紀中》載：清泰二年八月，“以右衛上將軍王景戡爲左衛上將軍”。可證本卷所載王景戡新職爲“右衛上將軍”。

23. 卷五四《王鎔傳》（第 729 頁）：“天祐八年冬十二月……”殿本同。

按：百衲本作“天祐十八年冬十二月”。此條所載爲成德軍兵士嘩變殺節度使王鎔事，年代重要。考本書卷一三七《外國列傳·契丹》、《舊唐書》卷一四二《王鎔傳》、《通鑑》卷二七一“後梁紀均王龍德元年”條，均記王鎔死于天祐十八年。可證當以“天祐十八年”爲是。

24. 卷六二《張文禮傳》（第 831 頁）：“文禮疽未發時，舉家咸見鬼物，昏瞑之後，或歌或哭。”

按：“瞑”字誤，當爲“暝”。殿本、百衲本皆作“暝”。瞑者，閉目也；暝者，天黑也；昏暝，乃黃昏天黑之時，不當作“瞑”。

25. 卷七五《晉書·高祖紀第一》（第 984 頁）“六月，北面招收指揮使……”

按，“收”當作“討”，考百衲本、殿本均作“北面招討使”，且五代時期無“招收使”職名。

26. 卷七八《晉書·高祖紀第四》（第 1027 頁）天福四年三月“癸亥，以左龍武統軍皇甫遇爲鎮國軍節度使”。殿本、百衲本同。

按，皇甫遇本傳不載其任鎮國軍節度使之事，考本書卷一〇六《皇甫立傳》、卷四八《末帝紀下》、卷七六《高祖紀》載：皇甫立于後唐清泰三年七月遷華州節度使，晉天福二年正月入爲左神武統軍，天福七年十二月由華州節度使入爲左金吾衛上將軍。華州即鎮國軍，可知此處“皇甫遇”當爲“皇甫立”之訛。

27. 卷八〇《晉書·高祖紀第六》（第 1053 頁）“壬申，忠武建武等軍節度使、守太傅、兼中書令、行蘇州睦州刺史錢元璙進封彭城郡王。”殿本、百衲本同。

按，本書卷七七《高祖紀第三》載：“天福三年十一月，以中吳建武等軍節度使、檢校太師、兼中書令、蘇州誠州刺史錢元璙爲太傅。”卷八一《晉少帝紀第一》載：“天福七年十二月，故中吳建武等軍節度使、彭城郡王錢元璙追封廣陵郡王。”《十國春秋》卷八三《錢元璙傳》載：“累敕授中吳、建武等軍節度使。”可知，“忠武”乃“中吳”音近之訛，當改正。

28.卷八〇《晋書·高祖紀第六》（第1055頁）:"《歐陽史》、《通鑑》俱從《薛史》、《遼史》作一月丙寅,晋以討安重榮來告,與薛史異。"

按,"《薛史》"與"《遼史》"之間的頓號誤,應爲句號,"《遼史》作十一月丙寅,晋以討安重榮來告,與薛史異"爲另一句。若爲頓號,此句意便與上下文矛盾而不可解。

29.卷八八《王庭胤傳》（第1150頁）:"與軍伍食不異味,居不異適。"

按,殿本同,百衲本作"居不異室",從上下文義看,當以百衲本爲是。

30.卷一〇八《李崧傳》（第1422頁）:案《宋史·陶谷傳》:"……識李侍郎否?"

按:"郎"字誤,當作"中"。殿本、百衲本皆作"李侍中",檢《宋史》卷二六九《陶谷傳》亦作"李侍中"。考當時李崧爲官最高至中書侍郎、同中書門下平章事,即宰相之職,稱"侍中"方符其實。

31.卷一〇九《杜重威傳》（第1436頁）:天福十二年（947）"契丹遣幽州指揮使張璉,以部下軍二十餘人屯鄴,時亦有燕軍一千五百人在京師。"

按:"二十餘人"誤,當作"二千餘人"。檢百衲本、殿本皆作"二千餘人",考《新五代史》卷五二《杜重威傳》載:天福十二年"燕將張璉先以兵二千在鄴,聞燕兵見殺,乃勸重威固守。"可知"二千"爲是。

32.卷一一〇《周書·太祖紀第一》（第1449頁）:案《東都事略·魏仁浦傳》:"仁溥少爲刀筆吏,太祖問以卒乘數,仁溥對曰……"（舊五代史考異）

按:"仁溥"誤,當作"仁浦"。殿本、百衲本所引皆作"仁浦"。考現存《東都事略·魏仁浦傳》各本傳文均作"仁浦",《宋史》卷二四九有《魏仁浦傳》,而五代、宋均無魏仁溥其人。

33.卷一一四《周書·世宗紀第一》（第1518頁）:"許州節度、侍衛都虞候李重進移鎮宋州。"

按:原《校勘記》云:"'侍'原作'使',據殿本、《宋史》卷四八四《李重進傳》及本卷上文改。"實則"使"字不誤,乃"侍"字原脱。百衲本、殿本均作"許州節度使、侍衛都虞候",《宋史》卷四八四《李重進傳》及本卷上文皆明言此前李重進官職爲"許州節度使、侍衛都虞候"。

34.卷一一六《周書·世宗紀第三》（第1541頁）:案王銍《默記》:"……太祖兵聚關下,且虞暉兵再至,聞諸村人,云有鎮州趙學究在村中教學。"

按:殿本、百衲本及《默記》今本皆作"問諸村人"。考下文即村人所答,從行文邏輯即可推知"聞諸村人"有誤,當以"問諸村人"爲是。

35.卷一一八《周書·世宗紀第五》（第1569頁）:案《東都事略·楊廷璋傳》:"廷璋曰:'賊遽至,未必攻城。'"

按:"未必"誤,當作"必未"。檢殿本、百衲本及今本《東都事略·楊廷璋傳》皆作"必未"。

考上下文意,廷璋此語乃謂敵軍剛到,必然尚未開始攻城,因而可從長計議出奇制勝,無須即刻出兵救援,當以"必未"爲是。

36.卷一三四《僭僞列傳第一》(第1786頁):昇乃册楊溥爲讓皇,其册文曰"受禪老臣知誥,謹上册皇帝爲高思元弘古讓皇"云。

按:"高思"二字間脱"尚"字。檢殿本、百衲本、《十國春秋》卷三《睿帝本紀》皆作"謹上册皇帝爲高尚思元弘古讓皇"。考上下文義及古代册封尊號原則,"高尚"爲一義,"思元"爲一義,"弘古"爲一義,"讓"即真正的尊號所在,即上文所謂"讓皇",故"尚"字當補。

37.卷一四一《五行志》(第1883頁):清泰元年九月,詔曰:"久雨不止,禮有所禳,祭都城門,三日不止,乃祈山川告宗廟社稷。"

按:"所禳"誤,當作"祈禳"。考殿本、百衲本、《會要》卷十一《水溢》條,均作"禮有祈禳"。

38.卷一四四《樂志》(第1925頁):案《五代會要》云:"尚書兵部侍郎崔君儉撰。"

按:"崔君儉"誤,當作"崔居儉"。百衲本、殿本皆作"崔居儉"。崔居儉乃後唐宰相,五代無"崔君儉"其人。

39.卷一四六《食貨志》(第1946頁):唐同光三年二月,勅:"……今據緊慢去處,于現輸稅絲上,每兩作三等,酌量納錢,收市軍裝衣賜,其絲仍與除放。"殿本、百衲本同。

按:①"酌量納錢",《册府》卷四八八賦稅門于此下有:"貴與充本迴圖"六字,《會要》卷二五租稅條、《通考》卷三田賦考同。考該勅內容,大意是命令所徵城鎮房屋稅絲折納現錢,因此理當規定折納標準,此是當時徵收賦稅通例。再分析此六字所指,正是折納標準:貴者,折納比價之高低也。古時折納,向有"貴折"、"賤折"之説。充本,即充收市軍裝衣賜之本。"充本"之説,舊史多有,此不贅述。迴圖者,交易也,此是當時官場習語,于舊史時見之,如《册府》卷四九二讎復門云:制曰:"……若取官中迴圖錢,立契取私債,未曾納本利者,不在此限。"又本書卷三六明宗紀云,"……租庸司先將係省錢物,與人迴圖,宜令盡底收納,以塞倖門云"。顯而易見,"貴與充本迴圖"六字實屬必不可少之脱文,且當與"收市軍裝衣賜"連成一句,意即折納比價之貴賤當以足够充作交易購買軍裝衣賜之本錢爲準。

②"其絲仍與除放",《册府》、《通考》及本書卷三二《莊宗紀第六》均作"其絲永與除放"。仍者,因也,仍舊也,似此則其絲曾令除放,斯時只是重申舊制而已。然而通觀勅旨,在此之前,房屋稅唯納實物,即絲,何曾除放? 此後方將實物折錢交納。既折納現錢,其原納實物當然應予除放,故"除放"是對"折納"而言,無前之"折納",即無後之"除放",其理昭然,當以《册府》所載爲是。

40.卷一四六《食貨志》(第1946頁):(同光三年)其年閏十二月,勅曰:"本朝徵科,唯配有兩稅,至于折納,當不施爲。"影庫本粘箋云:"折納,原本作'折約',今據文改正。"殿本、百衲本同。

按:《册府》卷四八八賦税門作:"……至于折紐,比不施爲。"考該勅原爲吏部尚書李琪上疏請求徵收兩税不搞"折納"、"紐配"一事而發。"折納"即指兩税的轉換形式,或以物折物,或以錢折物,或以物折錢;"紐配"即指兩税外的附加税。兩詞雖一字之差,實不可相混。這裏"折紐"當即"折納"、"紐配"之合稱。若作"折納",則與奏疏所請不相呼應,有悖原意。其次,影庫本粘箋云:"折納,原本作'折約',今據文改正。"實則"約"與"紐"無論就字形抑或就字音而言,都比較接近,而與"納"相去較遠,故"折約"當是"折紐"之誤,而非"折納"之誤。至于"當"與"比"之差,無關宏旨,姑置不論。

41.卷一四六《食貨志》(第 1946 頁):天成元年四月,勅:"應納夏秋税,……不量省耗。"殿本、百衲本同。

按《册府》卷四八八賦税門録此勅末句尚有"其餘芻藁亦不得別加徵耗"一語,從内容來看,此句當不可少。

42.卷一四六《食貨志》(第 1946 頁):天成四年五月,户部奏:"三京、鄴都、諸道州府,逐年所徵夏秋税租,兼鹽麴折徵,諸般錢穀起徵,各視其地節候早晚,分立期限。"其月勅:"百姓今年夏苗,委人户自通供手狀,具頃畝多少,五家爲保,委無隱漏,攢連手狀送于本州,本州具狀送省,州縣不得迭差人檢括,如人户隱欺,許令陳告,其田倍令併徵。"殿本、百衲本同。

按:其一,户部奏疏,既空且簡,似有未盡;其二,奏、勅内容牛頭馬面,不相銜接,必非呼應之奏勅,不當聯成一段。本書原《校勘記》云:"'手'、'送于本州'五字原無,據《册府》卷四九五補。"考之《册府》卷四八八賦税門、《會要》卷二五租税條、《通考》卷三田賦考,果然,户部奏疏乃應詔令而上,非通常之詔令應奏疏而發,故奏疏前尚有詔令,且奏疏遠不止此數語,主旨尚在下文,而"其月敕"云云與户部奏疏本不相干,全屬另一回事。以薛史之蕪雜及舊史志書通例,必不至于此類奏疏僅録其虛文而節其主旨,當是大典原缺或輯本刪削過甚。今録《册府》所載全文如下,參之《會要》、《通考》,考證于後:

長興元年二月,①制曰:"應天下州府,各徵秋夏苗税,土地節氣各有早晚。訪聞天下州縣官吏,于省限前預先徵促,致百姓生持送納,博買供輸。既不利其生民,今特議其改革。宜令所司,更展期限。"②于是,户部奏:"三京、鄴都、諸道州府,逐年所徵夏秋税租兼鹽麴折徵、諸般錢穀等起徵,③條流内:④河南府、華、耀、陝、絳、鄭、孟、懷、陳、齊、棣、延、兗、沂、徐、宿、汶、⑤申、安、滑、濮、澶、商、襄、均、房、雍、許、邢、鄧、雒、磁、唐、隋、郢、蔡、同、鄆、魏、汴、潁、復、曹、鄜、宋、亳、蒲等州四十七處,節候常早,大小麥、麴麥、豌豆取五月十五日起徵,至八月一日納足;正税疋段錢、鞋、地頭、榷麴、竈鹽及諸色折科,取六月五日起徵,至八月二十日納足。幽、定、鎮、滄、晉、隰、慈、密、青、登、淄、萊、邠、寧、慶、衍十六處，節候較晚，大小麥、麪麥、豌豆取六月一日起徵，至八月十五日納足；正稅疋段錢、鞋、地頭錢、榷麪、蠶鹽及諸色折科，取六月十日起徵，至八月二十五日納足。

并、潞、澤、應、威塞軍、大同軍、振武軍七處，節候更晚，大小麥、豌豆取六月十日起徵，至九月納足；正稅疋段錢、鞋⑥榷麪錢等，取六月二十日起徵，至九月納足。"

考：①"長興元年二月"，《會要》、《通考》作"天成四年五月五日"，考《會要》、《通考》所載此制詔、奏疏，語句前後錯亂，衍脫不少。以此推之，其所記年月亦恐未必得當。再分析奏疏內容，所規定徵稅日期，最早爲五月十五日，以當時之交通條件，朝廷必不至于遲至徵稅日期前十日方才決定徵稅時間。故應以《册府》所載爲是。②此段制詔爲《通考》所無。③輯本于此句後尚續有"各視其地節候早晚，分立期限"一句。考制詔與奏疏內容，非此句不相連續，當是《册府》、《會要》、《通考》所載偶脫或刪除。④"條流內"一語義不可通，《會要》、《通考》俱作"條流如後"，語義既通且貫前後，當是《册府》所載偶誤。⑤"汶"，《會要》、《通考》均作"汝"，考本書郡縣志及《新五代史·職方考》均有"汝州"而無"汶州"。顯係《册府》因"汶"、"汝"形近而誤。⑥《通考》在"鞋"下有"地"字。考此疏前面所提各處賦稅中，在"鞋"下皆有"地頭錢"一項，獨此處無之，顯然不當。《通考》所載雖有"地"無"頭"，然足證此處當脫"地頭"二字。

43.卷一四六《食貨志》（第1946頁）：長興二年六月，勑："……屬縣于每村定有力人戶充村長。①與村人議，有力人戶出剩田苗，補貧下不迨。②……"殿本、百衲本同。

按：①"定有力人戶充村長"，《册府》卷四八八賦稅門作"定有力戶一人充村長"，以事理推之，當以此爲是。②"補貧下不迨"，義不可解，似有未盡。考之《册府》賦稅門及田制門（卷四九五）、本書卷四二明宗紀、《通考》卷三田賦考均作"補貧下不迨頃畝"，《會要》卷二五租稅條作"補貧下不迨頃苗者"，此則怡然理順。

44.卷一四六《食貨志》（第1947頁）：長興三年十二月，三司奏請："……其天下所納斛斗及錢，①除支贍外，請依時折納綾羅絹帛。"②殿本、百衲本同。

按：①"其天下所納斛斗及錢"，《册府》卷四八八賦稅門作"其天下兩稅所納斛斗及錢"，以事理推之，"兩稅"二字不可少。②"請依時折納"，《册府》及《通考》卷三田賦考均作"請依時估折納"。時估者，時價也。若作"依時折納"，義不可解，本書當脫"估"字。

45.卷一四六《食貨志》（第1947頁）："周顯德六年春，諸道使臣回，總計檢到戶二百六十萬九千八百一十二。"殿本、百衲本同。

按：《册府》卷四八八賦稅門及卷四九九田制門載此事，末句後均續有下句："定墾田一百八萬五千八百三十四頃，淮南諸縣不在此數。"考此事之始末，顯德五年十月，世宗命艾穎等大臣下諸州檢定民租，至是方回。而民租所繫，非惟人戶，尤關田畝，故薛史既載戶數，必具畝數。此墾田數當是大典原缺或本書删削。

46.卷一四六《食貨志》(第 1949 頁)：晋天福二年,詔："禁一切銅器,其銅鏡今後官鑄造,于東京置場貨賣,許人收買,于諸處興販去。"殿本、百衲本同。

按：此詔見于《册府》卷五〇一錢幣門、《會要》卷二七泉貨、《通考》卷九錢幣考,均作"周顯德二年勅"。考之本書卷七六《晋高祖紀》,不載此勅,而本書卷一一五《周世宗紀》載有此勅,正是顯德二年。顯係此處錯置年月。

47.卷一四六《食貨志》(第 1949 頁)：周廣順元年三月,勅："……其地分所由節級,決脊杖十七放,鄰保人決臀杖十七放,……。"殿本、百衲本同。

按：《册府》卷五〇一錢幣門所載同,《會要》卷二七泉貨條作："其地分所由節級,徒一年,鄰保人杖七十。"考本志所載,正文唯此見徒杖條例,其餘所附徒杖條例均采自《會要》,且皆與《册府》所載不同。何以同一詔勅,《會要》所載徒杖條例均與《册府》、本志所載不合？其中必有緣故。考《宋史》卷一九九《刑法志》云："太祖受禪,始定折杖之制。凡流刑四：加役流,脊杖二十,配役三年；流三千里,脊杖二十；二千九百里,脊杖十八；二千里,脊杖十七,並配役一年。凡徒刑五：徒三年,脊杖二十；徒二年半,脊杖十八；二年,脊杖十七；一年半,脊杖十五；一年,脊杖十三。凡杖刑五：杖一百,臀杖二十；九十,臀杖十八；八十,臀杖十七；七十,臀杖十五；六十,臀杖十三……"試以此制換算上述兩書所異,果然暗合,此則令人豁然大悟：《五代會要》乃私人所撰,且成書于宋太祖立國之初(建隆三年,961),其中所載必多本實錄,而薛史乃官修史書,且成書于開寶七年(973),其中所載,于徒杖必是據折杖之法而改書之,故兩書所載徒杖條例迥然不一。此外,既然《册府》所載徒杖條例與本志暗合而又均與《會要》不同,即可推定,《册府》所載多本薛史,此又《册府》所載五代史乃薛居正所編《舊五代史》之一證也。特于此識之,下列各條有關徒杖者不再一一注明。

48.卷一四六《食貨志》(第 1948 頁)：天成元和八月,中書門下奏："訪聞近日諸道州府所賣銅器價貴,多是銷鎔現錢,以邀厚利。"乃下詔曰："宜令遍行曉告,如元舊係銅器及碎銅,即許鑄造器物。仍生銅器物每斤價定二百文,熟銅器物每斤四百文,如違省價,買賣之人,依盜鑄錢律文科斷。"殿本、百衲本同。

按：《册府》卷五〇一錢幣門在"宜令遍行曉告"後有"嚴加禁制"四字。考此詔乃應中書門下奏請禁止鎔錢鑄幣而發。"嚴加禁制"者,嚴禁銷鎔現錢鑄造銅器也。又本書卷三七《明宗紀》載此詔大意云："禁鎔錢爲器。"此足證"嚴加禁制"四字實乃詔令主旨,斷不可少。

49.卷一四六《食貨志》(第 1950 頁,采自《五代會要》文)：長興四年五月七日,諸道鹽鐵轉運使奏："諸道州府鹽法條流元末,一概定奪,謹具如後：……所有折博併每年人户鹺鹽,併不許將帶一斤一兩入城……。如違犯者,一兩已上至一斤,買賣人各杖六十；一斤已上至三斤,買賣人各杖七十;三斤已上至五斤,買賣人各杖八十;五斤已上至十斤,買賣人各徒二年;……其犯鹽人經過處,地分門司、廂界巡檢、節級所由並諸色關連人等,不專覺察,①委本州臨時斷訖報省。如是門司關津口鋪,捉獲私鹽,即依下項等第,支給一半賞錢:一斤以上至十斤,②支賞錢二十千;五十斤以上至一百斤,支賞錢三十千。……欲指揮此後犯一兩已上至一斤,買賣人各杖六十;一斤已上至二斤,買賣人各杖七十;二斤已上至三斤,買賣人各徒一年;三斤已上至五斤,買賣人各徒二年;……捉獲並准洛京條流施行。"殿本、百衲本同。

按:《册府》卷四九四山澤門載此奏疏,凡徒杖條例皆與《會要》不同,筆者已於前面第47條按語裏詳述其所以然,此不重復。①"不專覺察",《册府》於後續有"即據所犯鹽數"一語,考上下文意,此句應不可少,似係脱文;②"一斤以上至十斤",本書原《校勘記》云:"殿本作'十斤已上至五十斤',《會要》作'一十斤以上至五十斤'"。考《會要》、《册府》所載此奏疏上下文,凡罰率從一兩始,則獎應與之一致,當不致自十斤始;又考《會要》、《册府》所載各奏疏,凡獎皆自一斤或一兩始,亦無自十斤始者,故當以本志所載"一斤以上"爲是;另據此句下文是"五十斤已上至一百斤",則可知上文當以"五十斤"爲限,即此句當是"一斤以上至五十斤"。

50.(接上條末)"一應諸道,今後若捉獲犯私鹽麩人,罪犯分明,正該條法,便仰斷遣訖奏。若稍涉疑誤,祇須申奏取裁。"殿本、百衲本同。

按:本書原《校勘記》云:"此條文字見《會要》卷二七周廣順二年九月十八日勅。"今考《册府》卷四九四山澤門載此勅,亦作"周廣順二年九月十八日",顯係本書錯置,當予移正。

51.卷一四六《食貨志》(第1951頁):"晋天福中,河南、河北諸州,……歸利于官也。七年十二月,宣旨下三司:應有往來鹽貨悉稅之,過稅每斤七文,住稅每斤十文。其諸道州府,應有屬州鹽務,並令省司差人勾當。既而糶鹽雖多,而人户鹽錢又不放免,至今民甚苦之。"殿本、百衲本同。

按:"既而糶鹽雖多,而人户鹽錢又不放免,至今民甚苦之"句顯非勅旨正文,而本書標點如此,則令人易誤作勅文理解。考《册府》卷四九四山澤門、《會要》卷二六鹽條、《通考》卷一五徵榷考所載,此句原繫于上段"歸利于官也"一句之末,而"晋天福中,河南、河北諸州,……歸利于官也"一段則以"先是"爲導置于"七年十二月……並令省司差人勾當"一段之後,如此,文理自然順通。而本書既置"晋天福中,河南、河北諸州,……歸利于官也"一段于"七年十二月宣旨"之前,理應將"既而糶鹽雖多,而人户鹽錢又不放免,至今民甚苦之"句拆置于後,而本書點校者不省其意,未將"既而"句前面的勅旨加標引號以别之,遂致末句易與勅旨相混淆。因此,此條或按照《册府》、《會要》、《通考》所載排列,或將"既而"句前面的勅旨加標引號以别之,庶不致使人誤解。

52.卷一四六《食貨志》(第1952頁,采自《五代會要》文):周廣順二年九月十八日,勅:"條流禁私鹽麴法如後:……一、所犯私鹽麴,有同情共犯者,若是骨肉卑幼奴婢同犯,祇罪家長主首。如家長主首不知情,祇罪造意者,餘減等科斷。若是他人同犯,並同罪斷。"殿本、百衲本同。

按:"並同罪斷",《冊府》作"並同罪斷遣",《會要》今本亦作"並同罪斷遣"。考上下文意,當以《冊府》及《會要》今本所載爲是,顯係本書此處脱"遣"字。

53.卷一四六《食貨志》(第1953頁,采自《五代會要》文):周顯德二年八月二十四日,宣頭節文:"改立鹽法如後:……""慶州青白榷稅院,①元有透稅條流,……安邑、解縣兩池榷鹽院,河府節度使兼判之時②申到畫一事件條流等,准勅牒,兩池所出鹽,舊日若無文榜。③如擅將一斤一兩,准元勅條,④並處極法。其犯鹽人應有錢物,並與捉事人充賞者。切以兩池禁棘峻阻,不通人行,四面各置場門弓射,分擘鹽池地分居住,並在棘圍裏面,更不別有差遣,祇令巡護鹽池。如此後有人偷盜官鹽一斤一兩出池,其犯鹽人並准元勅條流處分,應有隨行錢物,並納入官,其捉事人依下項定支優給。若是巡檢、弓射、池場門子,自不專切巡察,致有透漏到棘圍外,被別人捉獲,及有糾告,兼同行反告,官中更不坐罪,陳告人亦依捉事人支賞。應有知情偷盜官鹽之人,亦依犯鹽人一例處斷。其不知情關連人,臨時酌情定罪。⑤所有透漏地分弓射及池場門子,如是透漏出鹽一十斤已下,徒一年半。⑥一十斤已上至二十斤,支賞錢一十千;二十斤已上至五十斤,支賞錢二十千;五十斤已上至一百斤,支賞錢三十千;一百斤已上,支賞錢五十千。⑦前項所定奪到鹽法條流,其應屬州府捉獲抵犯之人,便委本州府檢條流科斷訖申奏,別報省司。其屬省院捉到犯鹽之人,干死刑者,即勘情罪申上,候省司指揮。不至極刑者,便委務司准條流決放訖申報。"⑧

按:①"青白榷稅院",《冊府》作"青白榷稅",考當時機構,有榷鹽院,而無榷稅院。且據上下文,若是"榷稅院",則不當冠以"青"、"白"二字。當以《冊府》所載爲是。②"河府",《會要》今本作"河中府"。考本書卷一五〇《郡縣志》及《新五代史·職方考》,安邑、解縣隸于河中府。當以《會要》今本爲是。③"舊日若無文榜",本書原《校勘記》云:"《會要》卷二六、《舊五代史考異》同。殿本、劉本'若'作'苦'。"考《會要》今本作"苦",且考上下文意,似以"苦"爲當。④"准元勅條",考上下行文例,"條"下疑脱"流"字。⑤"應有知情偷盜官鹽之人,亦依犯鹽人一例處斷。其不知情關連人,臨時酌情定罪",考上下文意,疑此兩句當移置于"應有隨行錢物並納入官"之後。⑥"徒一年半",《冊府》作"決脊杖五十放",且續有"一十斤已上與犯鹽人同罪科斷"一句。以事理推之,既規定了透漏出鹽十斤以下的懲罰,則必有十斤以上的懲罰規定,故此句當補。另考前後杖實例及折杖之法,"五十"當是"十五"之誤。⑦"一十斤已上至二十斤,支賞錢一十千;二十斤已上至五十斤,支賞錢二十千;五十斤已上至一百斤,支賞錢三十千;一百斤已上,支賞錢五十千",考上文云"所有透漏地分弓射及池場門子如是透漏出鹽一十斤已下徒一年半",而緊接此後却云若干斤支賞錢若干,于透漏出鹽之事豈有前云處徒刑而後云支賞錢之理?乖誤昭然!又下文云"前項所定奪到鹽法條流,其應屬州府捉獲抵犯之人,便委本州府檢條流科斷訖申奏,別報省司",亦與"支賞錢"云云難以呼應,可見其中必有錯置之處。細繹文意,疑此數句原當置于上文"其捉事人依下項定支優給"一句之後。連同⑤⑥所疑之誤,移正之則如下文:

> 如此後有人偷盜官鹽一斤一兩出池,其犯鹽人並准元勅條流處分,應有隨行錢物,並納入官,應有知情偷盜官鹽之人,亦依犯鹽人一例處斷。其不知情關連人,臨時酌情定罪。其捉事人依下項定支優給:一十斤已上至二十斤,支賞錢一十千;二十斤已上至五十斤,支賞錢二十千;五十斤已上至一百斤,支賞錢三十千;一百斤已上,以賞錢五十千。若是巡檢、弓射、池場門子,自不專切巡察,致有透漏到棘圍外,被別人捉獲,及有糾告,兼同行反告,官中更不坐罪,陳告人亦依捉事人支賞。所有透漏地分弓射及池場門子,如是透漏出鹽一十斤已下,徒一年半;一十斤已上與犯鹽人同罪科斷。

苦無佐證,姑志疑如此。⑧《冊府》卷四九四山澤門、《會要》卷二六鹽鐵雜條均載"慶州青白榷稅院……便委務司准條流決放訖申報"一段于"後唐長興四年五月七日"諸道鹽鐵轉運使的奏疏中。考此段內容及行文例,均與前面"周顯德二年八月二十四日,宣頭節文:改立鹽法如後……"不甚銜接,而與"後唐長興四年五月七日"諸道鹽鐵轉運使的奏疏相一致,顯係本書錯置。

54.卷一四六《食貨志》(第1956頁):後唐天成三年七月,詔曰:"應三京、鄴都、諸道州府鄉村人户,……其坊村一任沽賣,不在納榷之限。"時孔循以麴法殺一家于洛陽,或獻此議,以爲愛其人,便於國,故行之。

按:《冊府》卷五〇四榷酤門及《會要》卷二六麴條所載詔勅于"不在納榷之限"後尚續有下文:"其麴勅命到後,任便踏造,如賣麴酒户中,有去年曾買官麴,今年因事不便買麴任開店者,則與出落。如睹新勅,有情願開店投榷者,則不計舊户、新户,便令依現納錢中等户例出榷。此後酒户中有無力開店賣酒者,亦許隨處陳狀,其舊納錢並宜停廢。應諸處麴務,據現管麴,亦仰十分減八分價錢出賣,不得更請官中踏造。"考《冊府》所載段末有"時孔循以麴法殺一家于洛陽,或獻此議,以爲愛其人,便于國,故行之"句,而《會要》無之,可證《冊府》所載蓋薛史原文。且以薛史之繁冗,當不至于刪節此百餘字之麴法,恐係大典原缺或本書刪削,特于此錄出。

55.卷一四七《刑法志》(第1962頁):"唐莊宗同光二年二月,刑部尚書盧價奏,纂集《同光刑律統類》凡一十三卷。"殿本、百衲本同。

　　按："盧價"誤，當作"盧質"。本書原《校勘記》云"劉本同，彭校、《會要》卷九、《册府》卷六一三作盧質"。考盧價乃後唐明宗時代及第進士，不可能仕于此前之莊宗時代，而盧質于莊宗時代歷仕六部尚書，此處必是"盧質"無疑。

　　56.卷一五○《郡縣志》(第 2018 頁)："處州松楊縣。"

　　按："松楊"誤，當作"松陽"。考殿本、百衲本、《會要》卷二十均作"松陽縣"。

宋代皇儲制度研究(下)

朱瑞熙　祝建平

三、東宮的管理

皇子冊立爲太子後,便以皇位繼承人的身份入主東宮,開始接受全方位的教育。但東宮的設置與管理比較鬆散,在北宋東宮一般不另外建造,祇是將原來皇子居住的王府等視于東宮。政和五年(1115),欽宗升儲時,就祇稱太子府,命太常少卿葛勝仲兼太子右諭德。[①]因此,史學家李心傳在記載中稱:"東宮舊無有。"東宮的專設要到紹興三十二年(1162),孝宗被立爲太子時才建。當時臨安城小,東宮建在麗正門內,地方狹隘。此後,太子愭、光宗都在這裏備位皇儲。[②]孝宗曾對輔臣説:"今後東宮不須創建,朕宮中宮殿,多所不御,可移修之。"[③]淳熙二年(1175),又在東宮內建造了射堂,以供太子游玩,另外還有革觀、玉淵、清賞等殿堂。無論是北宋的太子府還是南宋的東宮,都配備了一套官僚機構來輔佐太子,稱作東宮官,負責東宮的日常管理及太子教育。雖然形式上仍然承襲了漢、唐舊制,但其實質却發生了較大的變化。

(一)東宮官屬的設置與職權

東宮官屬主要分爲四類,第一類是榮譽官稱,指太子三師、三少,他們不領實職,祇是皇帝對一些德高望重的老臣授予的一種榮譽職銜。其中三師指太子太師、太傅、太保,三少指太子少師、少傅、少保。但宋代三師、三少並不常設,經常用來封賜致仕大臣,楊萬里説:"國朝百官致仕,庶僚守本官,侍從轉一官,宰執換東宮官。"[④]太平興國二年(977),太宗就曾經以趙普爲太子少保。可見東宮三師、三少"在祖宗時爲散秩"。[⑤]洪邁指出:"國初以來,宰相帶三公官居位,及罷去,多有改他官者。范質自司徒、侍中改太子太傅,王溥自司空改太子太保,呂蒙正自司空改太子太師是也。"[⑥]天禧二年仁宗升儲,參知政事李迪升爲集賢相,並兼任太子少傅,開始了宰相兼東宮官。不久,宰相丁謂兼少師,樞密使曹利用兼少保,從而形成了兩府大臣兼東宮官的局面。徽宗朝三師、三少除拜較濫,使蔡京、童貫等飛揚跋扈。

第二類爲太子教師,指太子賓客、詹事、侍讀、侍講、左右庶子、左右諭德。太子賓客、太子詹事,他們並非專職教師,負責東宮禮儀以及規諫太子,實際上是東宮的總領,他們可以隨時向皇帝匯報東宮近況。至道元年(995)真宗升儲,置賓客兩人,以尚書左丞李至、禮部侍郎李沆兼爲太子賓客。但賓客自宋室"南渡後不置"。⑦直到度宗升儲,才以朱熠、皮龍榮、沈炎三人兼賓客。詹事一職始于真宗朝,通常也祇設兩人,每逢東宮講讀日便陪侍太子聽讀,由于詹事亦無實務,因此除假日外,每兩天入宮一次。太子左庶子、右庶子平時不設,祇有建儲後才設,也各設兩員,作爲太子侍從。乾道中,孝宗頻頻設立左庶子,在位期間先後設立十五人,通常"除左不除右"。⑧乾道以後,臣僚因庶子閑置,主張"以庶子或諭德一員兼講《春秋》、《二禮》"。⑨從而使庶子也擔任了講讀工作。左、右諭德"掌諭皇太子以道德、隨事諷諫……列侍左右階,出入騎從"。⑩他們也擔任講官,淳熙十一年《皇太子宮講堂狀》聲稱"目今諭德再講《尚書》"。在孝宗朝,諭德和庶子輪流講解極爲普遍。葛勝仲任右諭德時,"以仁、孝、學三言各著一諭,獻之。復采春秋、戰國以來歷代太子善惡成敗之迹,日進數事"。⑪東宮諸官中,專職教師當數太子侍講、侍讀。儘管他們品秩不高,却因經常接觸太子而使其地位頗顯重要。太子侍讀因唐而設,專力"導以經術"。⑫由于宋初諸王府和東宮講讀官都稱侍讀,無法區別等級,爲了規範禮儀,中書認爲"太子有侍讀,諸王亦有侍讀,無降殺之禮",從而改稱王府的侍讀爲教授。⑬太子侍講始設立于英宗朝,以闡明歷代帝王治亂興衰爲己任。在講讀禮儀上,由于宋初沒有定制,故基本上仿照皇帝經筵,祇是在某些方面少殺其禮。每次講讀時,詹事以下依官職序坐兩邊,太子坐正席,然後由講讀官輪流站着講課,講罷復回坐其座位。除了講讀外,太子侍讀、侍講還擔負着監督東宮官的責任,一旦發現有邪惡小人雜處其間,有權向皇帝匯報,"即時斥逐,不令在側"。⑭正因爲講讀官對太子的輔導責任最大,歷代對講讀官設立較多,一有不中意便行更換。太子的教師除講讀外,每天必須有一位官員入東宮當值,從辰時入一直到酉時出,"以備咨問,以稱輔導之實"。

第三類是辦事官員,指太子中舍人、舍人。宋初並不常置,"神宗正官制復置之",南渡後屢有廢置。⑮中舍人主要"掌侍從、獻納、啓奏",相當于唐代的司議郎,負責"侍奉規諫,駁正啓奏,並録東宮記注"。成爲太子的記過之史官。⑯而太子舍人則主要起草東宮的書令表,相當于秘書。

第四類爲階官(寄禄官),如文官的太子左右贊善大夫、太子洗馬、太子中允,元豐改制後稱爲通直郎;武官的太子諸率府率、副率等,實際都與東宮無關。⑰

此外,太子左、右春坊是東宮的實際管理機構,下設管勾左、右春坊事二人,南宋後爲避高宗諱,改爲主管左、右春坊事,以宦官兼任。他們是左、右春坊的首腦。另外,還設有同主管左、右春坊事二人,以武臣兼;承受官一人,以宦官兼;左春坊謁者一人,"掌宣傳導引之事"。謁者在唐代由宦官兼領,但宋太宗至道中,由于執政的失誤,曾任左清道率府副率王繼英兼領,此後便由宦官長期擔任。⑱政和五年(1115),還曾設立提舉左右春坊事,但並非常制。⑲左、右春坊又可以篆刻印章和設立吏員,以負責東宮一切零雜事務,如指使使臣、書表司、司楷書、直省官、主管書寫文字等。

(二)東宮官的人選及委任

漢代賈誼在《保傅傳》中説道:"天下之命繫于太子。太子之善,在于早喻教與選左右,教得而左右正,則太子正,太子正而天下定矣。"南宋末學者王應麟據此認爲"此天下之至言,萬世不可易之定論也"。王應麟進一步提出東宮官都應該"上之必得周公、太公、召公、史佚之流,乃勝其任;下之猶必取孝悌博聞有道術者。不幸一有邪人厠其間,則必逐而去之"。祇有這樣,才能使皇太子朝夕居處,出入左右,"無非正人,未嘗見一惡行"。⑳正是本着對祖宗所創基業的珍惜,歷代帝王對東宮官人選尤爲重視。

宋代通常任命品位相當的京朝官擔任東宮官,作者根據《宋會要輯稿》職官七統計,太子三師、三少一般由宰執兼任,賓客則由執政或六部尚書、侍郎、翰林學士兼任,詹事由六部尚書、侍郎、給事中、起居郎、中書舍人兼,侍講、侍讀由少卿監、六部員外郎、起居舍人兼,左右庶子由諫議大夫、開封府判官、宗正少卿兼,左右諭德也由起居舍人、開封府推官、六部員外郎兼任。能夠入選爲東宮官在宋代亦是一種榮耀,在選用的時候雖然沒有成文的制度,但長久下來也便形成了一些穩定的選拔標準。

第一,東宮官必須是賢德穩重毫無鑽營之心的儒學之士。宋代長期推行右文政策,擁有一個龐大的文官集團,他們認爲選拔太子以長不以有功,有德不以有衆,要培養太子仁德,東宮官首先應具備仁德之節。諸如英宗朝監察御史裏行呂大防提議,"宜用道德英俊一時之賢,或以方嚴見憚,或以行義可法,庶可以行輔導之職。"㉑太平興國八年(983),太宗就下令:"丞郎諫以上,舉年五十以上通經者備官僚。"元豐六年(1083),黃履奏稱:"臣聞古之至治之時,太子雖在孩提、有識之間,必選天下孝悌博聞之士以衛翊之。蓋欲其見正事,聞正言,行正道也。"㉒真宗爲太子時,崔遵度、張士遜被選爲宮官,二人端方純明、德才兼備。在他們的輔導下,太子以孝仁禮義爲本,容貌談吐、衣服器用,皆有法度。淳熙中,東宮侍讀缺員,詹事余端禮、葛邲在推薦臣僚時,主張"凡經營者皆削其姓名"。㉓使大批携禮物奔走豪門的官僚紛紛落選,録用了不喜名勢的楊萬里。

第二,東宮官多爲精通文學、詞采洋溢之士。科舉制的盛行,使宋代士大夫題詩作賦多有獨到之處,太子左庶子晏殊七歲就能著文,景德中便以神童聞名于朝。太傅寇準年少英邁,十九歲舉進士。太宗極其器重寇準,常常以擢用寇準爲朝廷美事,認爲"朕得寇準,猶文皇之得魏徵也"。㉔

　　第三,東宮官多爲政績卓著,擁有豐富政治經驗之人。歷代帝王都希望起用一些政績顯赫的大臣入輔東宮,不但能讓太子熟悉治理天下,還能在危急時刻,讓他們挑起顧命大臣的重任。真宗時,太子詹事張士遜曾任射洪縣令,當他調任郪縣時,"民遮馬首不得去,因聽還射洪。安撫使至梓州,問屬吏能否,知州張雍曰'射洪令,第一也。'"㉕

　　第四,東宮官通常由王府官升入,繼續輔佐太子。隨着皇子被立爲太子,王府官的大部分也順利遷入東宮,這種現象在南宋極爲普遍。真宗在襄王府,楊礪爲王府記室參軍,至道立儲後,楊礪進遷太子右諭德。有時儘管所在王府皇子並未被册立太子,但一些王府官由于輔導有加,依然能入輔東宮。太宗時畢士安爲冀王府記室參軍,真宗升儲後,他也升爲太子右庶子。有些東宮官在太子即位後,又可以兼任皇帝經筵官。南宋後,東宮官由王府入選幾乎成了定制,因此,當皇帝在任命非王府舊臣擔任東宮官時,通常被大臣拒絶。周必大在拒絶任東宮官的奏狀中説:"近歲以來,非老成端諒,然爲世所推,則必于近臣中擇嘗任王府講讀及宮僚者就兼是職。苟或異此,寧虛其官。如臣不肖,行能淺薄,既無素望,又非舊人,驟預選掄,實駭群聽,此臣所以彷徨震怖,不敢自恕而但已也。"㉖

　　在高度集權的宋代,皇帝總是把任免權緊緊掌握在手中,防止宮僚與太子結黨營私,威脅皇權。在選用東宮官時,皇帝通常讓宰執、大臣或現任東宮官推薦,但有時則直接去考試挑選,讓王府舊臣參加策論、詩賦考試,評選優劣,然後定奪。端拱中,太宗詔令王府官各獻上所寫的文章,太宗親自批閲,他對近臣説:"其才已見矣,其行孰優?"㉗在任命時,皇帝可以不向大臣咨詢,直接委任官員。仁宗除拜晏殊爲宮官,史稱:"一日選東宮官,忽中批除晏殊,執政莫諭所因。"㉘

(三)東宮官的待遇及歷史特徵

　　東宮官作爲太子官屬,在社會上享有較高地位和聲譽,但因他們多半屬于兼職,俸禄並不顯得優厚。據《宋會要輯稿》職官五七記載,元豐改制前,太子三師每月俸料九十千,布匹爲春冬季綾十匹,絹二十五匹,另加七石米、十石麵、十口羊、五匹馬;三少俸料爲六十千,春冬綾七匹,絹二十匹;賓客俸料四十五千,綾七匹、絹二十匹;詹事俸料四十五千,綾三匹、絹十五匹;左右庶子俸料三十千,諭德三十五千,絹十三匹。其餘太子率更令、中舍人、舍人俸料十八千,絹七匹;左右衛率府率俸料十三千,絹五匹、冬綿十五兩。㉙《宋史·職官十一》記載,元豐改制前,東宮三師俸料九十千,綾五匹,絹二十匹;太子三少俸料六十千;太子賓客俸料四十五千,春冬綾各五匹,絹十七匹;詹事俸料四十五千,春冬綾三匹,絹十五匹;左右諭德俸料三十五千;左右庶子俸料三十千,春絹都是十三匹;其餘太子率更令、中舍人俸料十八千。㉚東宮官儘管俸禄不高,但他們輔導的是聲勢顯赫的太子,在政治上享有一定特權。許多宮官從王府舊臣入主東宮通常都要加官進爵。一旦太子即位,前途更是不可限量。畢士安就曾位至輔相,楊礪後榮升翰林學士、樞密副使,當他去世時,真宗親自冒雨臨奠,由于巷道狹窄,真宗特地步行前去致哀。這種仕途上的一帆風順無疑在一定程度上得蔭于東宮舊屬。同時,每當東宮官講解一書結束,官屬及各色環衛官都可享受轉官待遇。光宗在太子位十七年中,講官所授書目最多,轉官機會也最多。孝宗乾道二年(1166),"詔皇太子宮講《周易》終篇,詹事、庶子、諭德、侍讀、侍講、承受官、左右春坊特與轉一官,及指使使臣、客司、書表司、楷書、直省官諸色人、兵級、講堂使臣、主管書寫文字、供檢奏報文字等祗應有勞,各得與轉一官資。"㉛淳熙中,還出現了講完一書升轉四官,有的在兩三個月內就升轉了兩次,這種待遇是其他官員望塵莫及的。除了仕途上的順利外,東宮官的資本也成了他們的保護傘,遇到坐罪論刑,皇帝通常念及舊情而法外開恩。少師丁謂被貶往崖州後,暗中托人向皇帝求情,企圖起復回京,在上表中自稱:"雖滔天之罪大,奈立主之功高。"仁宗果然下旨復官移知光州。㉜張士遜在曹汭案中受牽連,當時劉太后準備罷免士遜,幸好仁宗一邊好言相勸,讓他出知江寧府,並以犀帶相贈,劉太后去世後再度拜相。㉝在禮節上,詹事以下祗用賓禮參見太子,並依次序坐,節朔日也不需要參賀。使東宮官和太子的關係建立在良好的賓友基礎上,而非等級森嚴的君臣之禮。真宗在東宮時,王繼忠一直備位宮僚,歷事最久,對宮中處理不當之事,經常規勸真宗。真宗即位後,每事都能"斂容聽納,特加禮遇"。㉞當東宮官去世後,皇帝有時爲那些成績卓著者立碑篆文,如晏殊去世時,仁宗篆其碑爲"舊學之碑";王曾之碑爲"旌賢之碑",並將其故鄉改名爲"旌賢鄉",㉟以表示皇帝對舊臣的恩寵及懷念。

　在皇權的逐步加強中,無論是地方還是中央權力逐漸縮小,相互之間的聯繫也日益削弱,宋代東宮官就是在這個大背景下繼續行使職能的,它的轉變無不反映出這一歷史總趨勢。首先,東宮官規模遠遠小于唐代。在官職設置上,根據《唐六典》統計,唐代東宮官種類達三百零五種,按編制人數可達二千七百四十六人,而《宋史·職官志》中所載僅有四十四種,況且每種祗設一至二人,祗及唐代的百分之五左右。朱熹在評論唐東宮時說:"《唐六典》載太子東宮官甚詳,如一小朝廷。置詹事以統衆務,則猶朝廷之尚書省也。置左、右二春坊以領衆局,則猶中書、門下省也。左、右春坊又皆設官,有各率其屬之意。崇文館猶朝廷之館閣,贊善大夫猶朝廷之諫議大夫,其官職一視朝廷而爲之隆殺。"㊱而對于宋代,朱熹則稱"今之東宮極爲苟簡。左、右春坊,舊制選賢德者爲之,今遂用武弁之小有才者。其次,惟有講讀數員而已"。可見唐代東宮完全比擬朝廷創立,一旦太子監國,東宮官便按比擬對象實際運行起來。此外,宋代東宮官品秩也普遍低于唐代,從下表中可窺知一二:㊲

朝代	太子三師	三少	賓客、詹事	左、右庶子	左、右諭德	太子侍讀、侍講	太子舍人
唐代	正一品	正二品	正三品	正四品上	正四品下	正五品上	正六品上
宋代	從一品	從二品	從三品	從五品	正六品	正七品	從七品

爲了避免帝子間互相猜忌，太子還常常主動上奏減少東宮官屬，降低講讀禮儀等級，認爲"東宮官吏不必具備，諸司庶局頗令兼攝。至于閑徒冗卒，舊例有者亦可蠲除，務從簡約"。[38]在這種情形下，東宮更無擴大規模之可能，太子也圖個清心省事。

其次，東宮官多以他官兼任。宋代平時不設東宮官，祇有在儲位册立後才拜官，加上太子晚立，故宮官有種走馬觀花，匆匆上任匆匆下任的感覺，形成了權、試、兼的局面。正所謂"隨宜制官，以備僚寀，多以他官兼領"。[39]在爲數不多的宮官中，祇有講讀官和左、右春坊領一些實職，其餘皆成擺設。到了南宋還出現了一官兼多職的現象，如邵知柔兼太子左庶子又兼太子侍讀；同時，東宮官之間可以一職多能，太子侍讀、庶子、諭德都可以負責講讀經史。像陳良翰、王十朋兩人專爲太子詹事，不兼他職，則"非常制也"。[40]尤其是太子三師、三少完全是虛設而已，從來"未聞調護太子，訓導諸王。坐食俸錢，誠爲尸禄"。[41]這裏不妨借用詩人白居易所作一詩加以描繪，實爲恰當不過，"不勞心與力，又免饑與寒，終歲無公事，隨月有俸錢。"[42]

東宮官的形同虛設，使他們權限極小，毫無干預朝政的可能，祇能將精力專注于太子的品德、學識教育上，爲宋代培養了一位又一位仁德博學的皇位繼承人。

四、皇太子教育

由于兩宋太子多半在成年後才册立，年齡的相差懸殊，使皇子教育與太子教育不盡相同。皇子教育多在十五歲以前，是以事親事長爲主的小學教育，而太子教育則更多的是成人教育，學習"窮理、正心、修己、治人之道"。[43]宋代太子教育可以分成兩部分，其中以東宮講讀官爲主的課堂式教育，稱爲東宮教育；另一部分則是來自皇帝、后妃的言傳身教、潛移默化式的教育。稱之爲家庭教育。這兩種教育方式的完美結合，爲皇室培養了一代又一代接班人。

(一)東宮教育

在歷史的長河中，兩宋是中國近世社會皇權加强的轉折期，因此歷代帝王政務繁忙，無暇花費大量時間親自教育太子。但他們明知太子教育不可荒廢，意識到"欲斯民之皆得其所，本原之地亦在乎朝廷而已"。他們將太子教育全權委託給東宮官，督促官屬以詩書禮樂輔佐太子。侍讀呂公著指出太子之學與衆不同，"分文析字，聲律章句，此世之儒者以希利禄取科級耳，人主所不當學也。"而太子應該"觀古人之用心，論歷代帝王所以興亡治亂之迹，求立政事之要，講受民利物之本"。從教育内容上將太子之學與士庶之學進行了區分。太子學習以經史爲主，因爲經史之書"有國家之龜鑒，保邦治民之要"。㊹徽宗時，考慮到太子年幼曾讓講讀官罷講史書，左庶子李詩立刻自陳已見，認爲史書所載"善惡兼列，治忽並載"，主張太子讀史，對于史書中有些不足爲太子學習處，也提出要有所甄别。㊺東宫講讀的主要書目有《尚書》、《禮記》、《周禮》、《春秋》、《周易》、《孝經》、《爾雅》、《論語》、《孟子》、《陸贄奏議》、《漢書》等經史，其中《周禮》在宋代被認爲是周公致太平之書，必讀不可。對于《春秋》中記載的敗政亂政，皇帝也主張不可以因忌諱而省略，自有借鑒之處。漢代賈誼認爲："《春秋》而爲之聲善而抑惡，以革勸其心。教之《禮》，使知上下之則……教之《樂》，以疏其穢，而填其浮氣；教之《語》，使明于上世，而知先王之務明德于民也。"㊻除了歷代經史外，東宫官還教授本朝著作，其中以《三朝寶訓》、《資治通鑑》、《唐鑑》爲主，借古喻今，闡發義理。此外，東宫官還自己著書，隨時進獻故事。東宫教育主要從五個方面實施：

其一，培養太子好學之心，促成學業。東宫官深刻認識到要變太子被動學習爲主動，關鍵在于太子好學習慣的養成，發自内心，日精于心。他們主張遵循古訓，"知之者不如好之者，好之者不如樂之者。"㊼同時，他們認爲學習是太子的首要大事，"帝王之德，莫大于務學。"否則驕逸放縱，完全忘却了祖宗匹馬創建天下的辛苦，以爲天下太平，却不知禍亂將要從天而降。因此東宫官身體力行，講讀不厭其煩。真宗在回憶東宫生活時，感嘆當時宫官邢昺誨人不倦，曾將《尚書》講解了十四遍。㊽在宫官的鞭策下，太子也孜孜于學，蔚然成風。真宗在儲位，特别喜歡收藏古書，對一些珍本善本，便派人四處尋訪，並且親自參加校對。景德四年(1007)，他率領群臣觀書玉宸殿時，個人藏書已達八千卷。㊾英宗還特地將吳充進獻的《宗室六箴》書寫在卧室中的屏風上，隨時告誡自己。神宗學習的時候，常常廢寢忘食，每次都要由内侍提醒用飯。但神宗仍然樂不釋卷，毫不感到饑餓，最後祇能由英宗出面才可停止。所以，宋代帝王大多有較高的文學造詣，他們詞采絢麗，文章優美，並且在書法、藝術等方面也成就不小。

其二，訓誡太子恪守祖宗家法。宋代是一個恪守祖宗家法的王朝，所謂祖宗家法就是北宋初期歷朝皇帝在處理各類政事中所采取的一系列方法，因爲互相參考因襲，逐步穩定下來，成爲行爲準則、治國方針。宋朝家法内容龐雜，范祖禹在《仁皇訓典》中以爲："仁宗在位最久，德澤最深，宜專法仁宗。蓋漢、唐而下言家法之粹者，莫如我朝，我朝家法之粹者，莫如仁宗。"㊿楊萬里在批評王安石的"三不足"説時指出：歷代都有一家之法，宋代家法包括薄賦斂、簡力役、退小人、省刑獄、廣納諫、近習不預政事等各方面。[51]東宫官在實行教育時，首先告誡太子不得奏請領兵。宋代明文規定"太子不可將兵"。[52]自古以來,軍隊總是被認爲不祥之物,更何況當太子擁有軍隊時,所潛藏的禍患是不可限量的。金海陵王完顏亮南侵時,孝宗奏請高宗讓他擔任先鋒,太子親征與金兵決一死戰。尚在病榻上的東宮官史浩不顧病重,急往東宮,問:"孰爲大王計,誤矣。"他以唐肅宗靈寶之變爲借鑒,勸説孝宗國難當頭,父子怎能相分離,更何況要帶兵打仗。孝宗這才感悟,連忙讓史浩草奏請求爲高宗陪侍,以盡人子之責。[53]其次,叮囑太子要安守本分,除了侍膳問安外,其他事不得干預。神宗在王邸,曾與韓維討論建功立業一事,韓維趕忙勸説道:"聖人功名因事始見,不可有功名心。"[54]言下之意是讓太子不要去干預政事,以免功高震主,加深帝子間猜忌。相反皇帝也總擔心東宮勢力強大威脅皇權,因此他們一方面培養太子,一方面又必須警告太子所處的地位,時時加以防範。當真宗被册爲太子時,京師官民爲之歡呼,太宗却怒氣冲冲地説:"四海心屬太子,欲置我何地?"[55]幸好寇準在一邊好言相勸,才使太宗平息怒氣。在這種濃重的猜忌氛圍下,東宮官反復叮囑太子處事要三思而行,事無大小一定要取得皇帝同意後才能執行,切勿擅作主張,否則"利害之端,常伏于思慮之所不到;疑間之萌,每開于提防之所不及"。[56]陳模在編寫《東宮備覽》時,特地將《辨分》另立一卷,此良苦用心卓然可觀。此外,東宮官也告知太子不要讓宗室干預政事,作爲皇室親族,他們擁有一定的特權,一旦他們擁有了政權,禍害將遠大于其他各類危機。黄裳在講解《鄭伯克段于鄢》時,詢問寧宗假如自己是鄭伯將如何處置這事。寧宗年幼一時未答,黄裳便援古論今,説道:"象,舜弟也,舜封之有庫,不及以政。凡親親之道,但當富貴之,不可使之預政事,比舜與鄭伯之得失也。"[57]黄裳以鄭伯爲例,深刻地闡明了宋代對宗室之法,以理服人,事半功倍。最後,還要求太子遵守國家法律,不要以身試法。昭成太子元僖尹京時,被御史中丞彈劾,元僖認爲自己是皇帝的兒子不應受罰,請求太宗寬宥。不料太宗毫無私情,狠狠訓斥道:"此朝廷儀制,孰敢違之,朕若有過,臣下尚可糾摘,汝爲開封尹,可不奉法邪?"[58]詔令按律論處。曹彦約特地根據《三朝寶訓》内涵著成《經幄管見》,以示祖宗法令不可違背。故司馬光在《正家劄子》中指出:"法者天下之公器,若屢違詔命,不遵規矩,雖天子之子亦不可得而私。"[59]正是在恩威並重下,太子謹守法規,一意務學,導致兩宋穩定的政治局面,但另一方面也造成了太子不思改作,墨守成規的弊病。

其三,啓發太子深知民間疾苦,養成勤儉仁愛之心。歷來太子生于宮中,長于宮中,物質條件優越,對于民間生活狀況一無所知,容易產生驕縱游逸心理,直接危及王朝統治的穩定。因此,東宮官必須讓太子知道百姓苦難,知道天下得之不易,守之更不易的道理。他們首先強調百姓的重要性,認爲"所謂天者,非謂蒼蒼莽莽之天也。君人者,以百姓爲天,百姓與之則安,輔之則強,非之則危,背之則亡"。[60]向太子灌輸水能載舟亦能覆舟的道理,要求太子在處理天下事務時,"莫大于恤民"。[61]樓鑰在暑日講讀時,理宗感觸地説:"今日甚熱,禁廷深邃尚爾,閭閻細民豈能堪之。"樓見理宗如此體恤百姓,便及時開陳,講述農民的辛苦勞作,使太子理宗加深了瞭解。爲了便于太子直接生動地體會到民間耕作的辛苦,樓還將伯父樓璹畫的兩幅耕織圖進獻給太子,並賦上詩歌,希望太子在"究知世務"的基礎上,深知"惟是農桑爲天下大本"。⑫他們還教導太子要以仁待人,不能濫用刑罰,否則濫獄漸開,百姓冤聲滿天下,統治便難以長久。此外,東宮官要求太子在日常生活中養成勤儉的好習慣,放棄奢侈,認爲自古帝王,沒有一個好奢侈而能長久的。周必大講授《漢書·帝紀》時,以孝文帝即位二十三年不修宮院、不修服飾爲基礎,教導太子不要濫用民力,如果大興土木,財力枯竭,必然會引起"賦斂重則民力屈,民力屈則禍亂作"等一系列惡性後果。⑬仁宗時,王洙曾進獻《無逸圖》,勸導太子不以尋歡作樂爲業。太宗時,賓客李至發現太子真宗和諸王在教坊嬉戲,就以唐文宗責打伶人教育太子爲故事,要求真宗以求學爲榮,切不可沉湎于游玩。于是真宗立即將此事"白于上而禁止之"。⑭

其四,傳授太子治國之術。爲了使太子登基後能迅速熟練地處理政務,東宮官便及時地傳授太子治理國家的一些基本方法。他們要求太子博覽群書,遍觀歷代帝王治亂興衰之事,並親自著書立説,加以闡明。詹事余端禮將司馬光的言論編成一書,指出太子修身養心要講求仁、武、明,治理國家要善于用人,賞罰分明。並讓太子將書放在坐榻旁,朝夕觀閱。⑮婁寅亮還將以往寫的《歷代帝王總要》重新潤色加以整理,將上下三千年君王治國之道一一評述,提綱挈領,並請樓鑰作序,供太子參用。寧宗嘉定中,趙彥逾也建議講讀官將歷代帝王治亂的事迹編匯成書,分成十個門類,分別是"畏天、愛民、法祖宗、聖孝、用賢能、遠小人、勤儉、聽言、明賞罰、謹邊防"。⑯從而使太子在歷史事件中不斷總結出經驗教訓,取長補短,不僅僅要擅于詩文詞賦,更要把"上下千古成敗理亂已了然于胸中"。爲了避免重現唐代藩鎮割據、君王如木偶的現象,東宮官加強了太子在駕馭群臣、集中皇權方面的教育。黃裳從講授《春秋·王正月》中發揮旨意,告訴太子如果國王不能號令諸侯,那麼國王就不足以稱王,皇帝不能統御全國郡鎮,那麼皇帝就不足以稱帝。並且聯繫到南宋現狀,向太子分析"今天下境土,比祖宗時不能十之四,然猶跨吳、蜀、荆、廣、閩、越二百州。任吾民者,二百州守也;任吾兵者,九都統也,苟不能統御,則何以服之?"⑰楊萬里在講授《陸宣公奏議》時,順便提及南宋的邊備問題,由于北方金兵時常侵襲,使邊境上戰事不斷。加上南宋内部財力空虛,軍事力量薄弱,祇能采取防守的戰略。楊萬里教導太子要選擇良將足以安撫士兵,並且通過軍紀嚴加管束,祇有這樣才能"耀德以佐威,能通以柔遠,禁侵掠之暴以彰吾信,抑攻取之議以安戎心"。⑱陳希點在陳述西蜀兵事時,認爲西蜀駐兵過多,朝廷難以駕馭,"今漢中三大軍無慮十萬,而成都之兵不滿百,何以制末大之患"。⑲果然未過多久,吳曦便舉兵叛宋。爲了太子日後能獲得忠正大臣的傾心輔佐,宮官們要求太子能虛心納諫,虛懷若谷,唯有這樣才能進用賢人,退却邪惡之人。尤其是長于深宮不諳民瘼的太子，更是不知人情世故，不識人間善惡，祇有克己勵業，容納諫諍，才有助于統治。元豐二年(1079)，太師趙概也將平生所著《諫林》奉獻太子。真德秀深信太子祇有以誠相待才能兼聽則明，他將誠分爲"無妄"、"不欺"、"悠久不息"三部分，要求太子對待臣僚應慎重持穩，不加猜忌，持之以恒。臣僚才會敢于進諫，樂于進諫。[70]爲了幫助少年太子儘快分辨善惡，明辨是非，存賢去邪，宮官們根據自己的經驗將善惡分以特徵詳細説明，從概念上教育太子。周必大將朝臣分爲正、邪兩派，其中每派又分成六種，六正是指聖、良、忠、智、潔、直，六邪指具、諛、奸、讒、賊、亡。[71]要求太子細細觀察，以辨正邪，否則邪臣進入朝廷，將危及社稷江山。兼嘉王府直講彭龜年針對元祐末年故事，指出小人進，則君子退的道理，嘉王表示贊同，説："君子、小人不可參用，參用則小人勝。"[72]他認爲小人詭計多端，而君子行事光明磊落，不計名利，一旦小人中傷，君子將無以自明。寧宗爲了表示謝意，親自寫成《邪正辨》贈給龜年。

其五，反覆告知太子要孝悌仁義，以人倫爲本。孝道自古以來一直爲太子學習之根本。東晉時，王敦企圖廢除明帝時，威脅東宮率溫太真附和自己，便問太真："太子何以稱佳?"溫太真却不卑不亢地説："鈎深致遠，蓋非淺識所測，然以禮侍親，可稱爲孝。"[73]結果一個孝字使明帝險保皇位。宋代是理學的鼎盛時期，朱熹創立的理學體系對三綱五常進行了詳細説明，主張"父子有親，君臣有義，夫婦有別，長幼有序，朋友有信，此人之大倫也。庠、序、學、校，皆以明此而已"。[74]他嚴厲批評了漢、唐以來學校在教育中偏離三代教學宗旨的現狀，指出秦、漢以來聖學不傳，儒學人士祇知道章句訓詁，不知闡明性命道德大義，"懷利去義，而無復先王之意"。[75]周必大在評價漢代晁錯時，批評他"專欲太子知術數。夫謂聖人之道爲道術則可，謂之術數可乎?"[76]他在講解《舊唐書·劉憲傳》時向太子積極灌輸人倫思想，主張"孝于親，使天下之人知父子之道矣;尊于君，使天下之人知君臣之義矣;敬其長，使天下之人知長幼之節矣"。所以，陳模認爲太子入學第一件事就應該學習"君臣父子之倫，尊卑長幼之序"。[77]在這點上，宋代在唐代基礎上進一步發揚，我們可以從兩朝册立太子詔令中看出:唐太宗册立晉王治的詔書中是這樣寫的:"才惟明慎，至性仁孝，淑哲惠和，夙著夢日之祥，早流樂善之譽，好禮無倦，强學不息。"[78]體現了唐代選拔太子注重的才、孝、仁、禮、學五個方面，尤其以才爲主，所以歷觀唐代政治，皇帝多半鋭于進取，但又受制于中期以後皇權旁落的局面故未能成功。宋徽宗册立定王桓的詔令中"孝友得于天資，溫良成于日就，出學外傅，率履無違"，[79]將孝義仁慈作爲選拔太子的主要標準，因此，宋代皇帝多半是典型的溫文而雅仁厚可親的儒學帝王。英宗看到公主下嫁後，身爲大臣的公公還要向兒媳施禮時主動免了這種禮儀，深以爲公主"豈可以富貴之故，屈人倫長幼之序也"。[80]

(二)家 庭 教 育

太子雖然生活在以宮僚爲主體的東宮中,但這祇是行政職能上的、帶有强制性的教育,太子接受來自各級宮僚的傳道授業,成爲太子教育的一個主體部分。但太子依然擁有一個包括父皇、母后等在内的血緣關係網,在這個關係網中享受温情脈脈的家庭温暖。作爲一國之君的皇帝,儘管政務繁忙,但他們仍然會不失時機地誨誡太子,警鐘長鳴。皇帝對太子的教育常見的一種形式就是以敕文、詔令告誡太子什麽是應該做的,什麽是不應該做的。漢高祖曾經在臨終前親自撰寫《手敕太子文》,諭示太子勤學向上。曹操曾寫下《誡子植》敕文,告誡曹植要奮發圖强,建立功業。宋代皇帝爲了讓太子尊崇師傅,養成仁和謙遜之風,詔令親王上朝皆班在宰相之後,每次接見賓客,必須用師傅禮,“每見必先拜迎,常降階及門,動皆咨詢,至有答問政箋。”㉛仿效唐房玄齡、蕭禹撰寫《三師儀注》,以確定太子拜見三師禮儀。爲了讓太子深知民間生活艱苦,提倡勤儉節約,仁宗在景祐年間連下幾道詔令,要求“内自掖庭,外及宗戚,當奉循于明令,無故習于偷風,其錦背、綉背及遍地密花透背段子並宜禁斷”。㉜此後,又詔令禁止宮室内陳設金珠首飾,並制定了宮室物玩制度,以絶奢侈之風。

其次,皇帝更注重以自己的言傳身教來教育太子,以影響他們的處世觀念。他們以身作則、身體力行,力爭使自己的形象成爲太子效法的榜樣。太祖時,魏國長公主身穿貼綉鋪翠襦衫進宮謁見太祖,太祖見她衣着奢華,狠狠批評了一頓,要求長公主自今以後不能再穿此衣,否則必然招來“宮闈戚里皆相效”。㉝太祖以事明理,處處以社稷安危相告誡,使其自斂。太宗在回憶往事時自稱“朕即位以來,十三年矣。朕持儉素,外絶游觀之樂,内却聲色之娱”。並且效仿唐太宗,遇物即誨,要求太子每穿一件衣服就要想到蠶婦勞作的辛苦;每用一餐,就要想到農夫田作之艱,賴此永保富貴,以保終吉。同時,告誡太子開言納諫,堅信“逆吾者是吾師,順吾者是吾賊”的内涵。㉞元豐中,神宗特意召饒州神童朱天賜入内宮,背誦《七經》,以此勉勵哲宗好好學習。㉟皇帝還間接地授意宮僚如何教育太子。淳化中,太宗對李至强調要注意太子的嗜好,引導太子有正確的嗜好,否則上行下效,滋生是非,並以符彦卿嗜好射獵馳逐爲例,告誡李至教導太子“不使嗜欲形見于外,則奸佞無自入焉”。㊱在帝王的諄諄教導下,太子的確獲益不少。仁宗在回憶真宗對他的教導時,特地作詩盛贊“先皇教善啟東闈,菲德承宗賴慶暉……疇日學文親政地,仰懷慈訓倍依依”。㊲除了言傳外,皇帝更注重以身示範的身教。彭龜年爲宮官時,主張“陛下以身教,臣以言教者也”。㊳讓太子長期在皇帝的影響下,耳聞目睹,自然而然地從效仿走向自我約束。宋代皇帝爲了勸勉太子好學,他們身先示範,太宗自稱性喜讀書,開卷有益。高宗在閲政之暇日讀《春秋》、《史記》、《尚書》,從早至晚一刻不停。對于皇子中違法亂紀之事,皇帝通常繩之以法,以血的教訓告誡太子要遵守法律,維持綱紀五常,如有不遜,必加追究。元佐火燒王府事發後,太宗毫不留情地將他廢除王爵,怒斥道:"汝富貴極矣,乃爾兇悖;國家典憲,我不敢私。父子之情,從此斷矣。"⑧元佐之廢,在很大程度上影響了以後歷朝太子都是唯唯諾諾,恭恭謹謹,不敢越雷池一步。爲了讓太子懂得勤儉治國,皇帝本人也以勤儉爲處世準則。仁宗病危時,兩府大臣到寢殿問安,發現仁宗所用器服簡陋,床上帳幕、被褥都已退色發暗,連盛藥的盤子也祇是瓷器。仁宗深以爲任何器物都是"生民之膏血",不可輕費。⑨爲了讓太子尊師敬友,皇帝在經筵上優禮大臣,不僅賜"御書"或"賜宴",而且每位講讀完畢,必令賜坐並賞湯茶潤喉。范鎮感慨這種禮遇"雖執政大臣亦莫得與也"。⑨

　　最後,爲了讓家庭教育更加理論化,皇帝還親自著書立説,專門教育太子。唐太宗親撰的《帝範》堪稱帝王著書的典範。《帝範》連序共十三章,分爲君體、建親、求賢、審官、納諫、去讒、誡盈、崇儉、賞罰、務農、閱武、崇文十二條,唐太宗以這十二條是帝王治國之綱,"安危興廢,咸在茲焉。"⑫宋代繼承了這一傳統,但由于年代久遠,保存不善,資料少而不全。真宗在閱讀《青宮要紀》時發現其中尚有許多地方不曾詳備,于是博采群書,親自撰成《承華要略》二十卷,每卷後加上評語,他認爲太子是天下之本,必須習染帝王之道,然後謹習事奉父母、和睦宗親、崇師求儒等基本要素。要求太子以明理爲先,然後講求德行、仁義、勤志、恭謹、兢懼、正容、治身、聰智、清心、養性。⑬真宗又在歷代經史基礎上,采其精華著成《正説》五十篇,成爲仁宗的東宮教材。天禧三年(1019),真宗又著成《元良述》賜于太子,要太子以學爲先,修身全德。⑭除了正規的著書外,真宗在聽政之暇閱讀大量書籍,每看一書便詠詩作贊。長期下來,積累了大量詩文,如《看尚書詩》三章、《看周禮》三章、《看毛詩》三章、《看禮記》三章、《看孝經》三章等。⑮此外,真宗還以詩歌叙事,啓發義理,他將"勸學、修身、懷儉約、慎所好、恤黎民、勿矜伐、守文"七篇詩歌送給太子。⑯仁宗即位後,著成《危竿論》采魏徵居安思危之意,告誡太子要處處提防隱藏的危機,並親書十三軸,分叙三十五事,以資教育。⑰

　　皇帝處心積慮地讓太子在東宮教育和家庭教育的雙重輔導下迅速成長起來,同時又要時常監督太子的學業。這種監督主要通過詢問東宮官和親自考查太子學業進行實施。太祖時,雖然未册立太子,但太祖對皇弟、皇子教育十分關注,有時詢問"秦王學業何如"?⑱真宗尹開封時,因寵納蜀婦劉氏而損害了健康,太宗就疑惑不解地詢問乳母,當得知原委後,太宗即令太子將劉氏逐出内宫,"太子不得已,置于殿侍張者之家"。⑲理宗時,對太子教育監督嚴格,史稱"理宗家教甚嚴"。他常常詢問宮官太子近況,鄭飛雄在答對時認爲理宗經常性的訓示是太子謹誦習的内在動力。理宗還當面要求太子復述當天講課内容,如果太子對答如流,便賜坐賜茶;如太子未曾精曉,便親自幫助太子分析,反覆講解;如果太子還不明白,理宗就斷定太子沒有用心聽講,加以處罰,並令宮官明日重新講解。

五、皇儲的練政與登基

　　宋建國以後，對唐以來弊政進行了大刀闊斧的改革，某些方面甚至矯枉過正。在皇儲制度方面，宋代更注重將東宮教育和家庭教育相結合，從理論上向太子灌輸明君治國思想，而在實際政務中操練極少，將太子職責祇定位在"問安視膳而已"。[100]皇帝禁止太子蓄養士人、訓練士兵，加以嚴密防範，太子則畏縮謹守規矩。宣和中，太子勸徽宗不要盲目崇尚道學，徽宗本有意放棄，但佞臣楊戩却誣告太子家令楊馮將策動太子圖謀不軌，徽宗大怒，誅殺楊馮，太子勸言亦廢。[101]但太子訓練處理政事是不可或缺的，祇是在權限上予以更大程度的限制。宋代太子訓練政務主要有三種方式：

　　其一，朝堂侍立聽政。太子成年後，皇帝通常在上朝時讓太子侍立一邊觀看皇帝本人處理政務，一方面是讓朝廷大臣與皇太子相識，另一方面也讓太子在觀看中揣摩學習治國之道。神宗時，延安郡王年齡尚小，祇是在儀式上未册立爲太子，但神宗仍讓他侍立聽政。嘉定三年（1210），寧宗詔令太子侍立朝堂，使"與聞國論，通練事幾，以增茂儲德"。[102]並且將臨時侍立改爲經常性侍立，一直沿用至理、度宗兩朝。景定元年（1260），理宗詔令太子："參稽舊制，皇太子當俾習知政事，每遇聽朝，可令侍立。"[103]通常情況下，太子祇是侍立一邊，並無發言權，但有時皇帝也會讓太子決策，以考查太子對政務處理能力。孝宗時，前漢州知州賈偉任滿回京述職，彈劾鄂州大將郭杲掊克軍餉，但事後郭杲祇承認軍中非法榷酤一事，並揭發賈偉當初販賣布匹三千被他拒絕而懷恨在心，要求和賈偉當廷辨明。孝宗就將此案交給太子審理。太子經過細致調查後處理得當，在向孝宗匯報處理結果時，他說："將臣固不可以一言動搖，亦不可以言罪偉，罪偉則言路自此壅于上聞矣。"[104]

　　其二，擔任京城尹。宋代太子主要的練政機會就是擔任京城府尹。北宋以開封爲都城，先後由太宗、秦王廷美、昭成太子元僖、真宗先後擔任開封尹，府衙設在宣德門南街東面，故又稱南衙。[105]皇帝又除拜朝廷大臣或東宮官爲開封府判官、推官，一來輔導太子領政，二來又可以監督太子，防止太子胡作非爲。宋代士大夫氣節高尚，傲氣而又恪守家法，如果太子有所不軌，別說太子即使皇帝他們也敢指責。王曾罷相時，劉太后以爲王曾徘徊片刻是爲了希望再度起用，言辭之間對王曾稍加譏諷，不料錢若水當廷駁斥劉太后："王曾以道去國，未見有持祿意，陛下料人何薄耶？顧臣等棄此如土芥耳。"[106]當即撕破朝服，隱歸嵩山。太宗出任京尹時，賈琰每每奉承附和，希合太宗旨意。府屬寶稱不堪同流合污，大聲斥責說："賈氏子巧言令色，豈不愧于心哉？"從而爲太宗逐去邪惡之人。[107]真宗以太子尹開封，太宗特地挑選了耿直之士張去華、陳載，在赴職前于廷堂召見，囑以輔成之意。淳化中，又任命楊徽之、畢士安、喬維岳等入輔。太子在府,宮臣祗須稱臣,拜見亦不用三跪九叩,奏書除開封府上書由太子親自書寫外,其餘皆由判官署名。對于案件審理,太子祗須畫諾以示批閱,此後又改諾爲準。[108]因此,太子在擔任府尹期間,實際上政務都有判官、推官攝理,太子祗管簽押而已。南宋以臨安爲"行在",莊文太子愭、光宗先後擔任臨安尹,但京尹的權力進一步削弱,可從下面幾則史料中發現:

"治所若就臨安府,即相去太遠,今欲止就東宮,少尹等官屬兩日一次將職官赴東宮取禀。"

"訓諭風俗、觀課農桑及應寬恤事件,並合禀自皇太子坐,奉令旨出榜施行,其餘應干事務供應排辦、收糴軍糧、打造軍器、刺填軍兵,大者專委少尹同兩判官,兩日一次赴東宮取禀。"

"通判、簽判、職官職事,各以次分管,並禀少尹施行。"

"本府文移朝省、臺部,係少尹以下繫銜具申。"

"本府日生公事並係少尹受領,内命官犯罪及餘人流以上罪,具事因聽裁酌,其徒罪具案判准枝罪,少尹一面裁決。"[109]

以上顯示,首先,太子失去了理政的治所,身爲民事官而無官衙,其性質祗是遥領而治,固有鞭長未及之窘狀,更遜于北宋。其次,太子被剥奪了一切重要民事權,包括田賦、徵兵等等,祗能受理勸諭民風等瑣事,成了宣揚皇恩浩蕩的宣傳人員。第三,太子無權除拜、管轄屬官,所有下屬皆聽命于被皇帝授予特權的少尹。第四,太子如有不當之處,便會被彈劾,其實質是處于下屬的嚴密監督之中,無權過問上達的奏劄、文書。第五,太子被剥奪了司法權,但最具諷刺意味的是擁有司法權者,並非更高層機構,相反却是太子的下屬。當一個既没有行政權,又無民事權、軍權、司法權的太子尹京時,其實質仍然是聽政觀政而已,祗不過將地址從朝堂遷移到了都府。難怪乾道九年剛上任兩年京尹的太子光宗就主動奏請辭去京尹一職,孝宗亦是順水推舟,從此不再讓太子尹京。

其三,太子監國。太子監國形式由來已久,自秦始皇統一中國後便應運而生,但當時祗停留于留守形式,即太子不離開都城。北魏後才開始突破留守制,太子經常隨軍出征,形成撫軍監國雙重體制。唐代監國制度進一步完善,並趨于穩定。主要可以概括成三種,分別爲皇帝交出全部權力,交出部分權力和特殊時期監國。其中前兩種主要是訓練太子處理政事能力,第三種是皇帝重病或暴死,太子來不及即位情況下的臨時執政。兩宋是高度集權社會,皇帝對政權、兵權視爲身家性命,從不輕易授人,認爲:"兵權宜分不宜專,政權宜專不宜分,政權分則事無統,兵權專則事必變。"士大夫對太子監國也深有忌諱,以防不測,程顥對靈寶之變深爲不滿,認爲安史之亂"非禄山叛,乃肅宗叛也"。黄庭堅在題寫摩崖石刻時感嘆:

"撫軍監國太子事,何乃趣取大物爲?"⑩可見宋代士大夫從心理上懼怕太子重權在手,僭越禮制。楊萬里堅決反對太子監國,認爲民無二主,國無二君。"今陛下在上,而又置(太子)參決",是國有二君也,"自古未有國貳而不危者"⑪縱觀宋代三百多年歷史,太子監國一共四次,分別在天禧、宣和、靖康、淳熙末年。天禧四年(1020),真宗病情加劇,不能言語,寇準、楊億等密議太子監國,但由于寇準酒後失言未能成功。此後,政事大都由劉皇后裁決,内侍周懷政圖謀立太子廢真宗,但事情又敗露被誅殺。十一月,病入膏肓的真宗終于下決心讓太子監國,令太子在資善堂參決庶務,起初還欲令太子負責軍隊國防,但未被准許。⑫事實上,太子未真正挑起監國重任,政事多半由劉皇后裁決。宣和七年十二月,金兵大舉攻打北宋,怕事的徽宗爲逃避責任急令太子監國,並付以一切軍政。靖康二年正月,欽宗去金營談判,太子諶監國。淳熙十四年十月,高宗去世,孝宗爲了盡孝,詔令太子"參決庶務",將内東門司改爲議事堂,太子每兩日一見宰執,並對太子權限作出了規定,允許太子參預差遣在内館職和在外刺史以下官員,除各州知州(係侍從)和文臣監司、武臣鈐轄外,其他官員皆在議事堂參辭、納劄子,其中"可行者,皇太子同宰執將上取旨",即須經孝宗同意後才可實行。⑬當陳亮請求孝宗委任太子爲"撫軍大將軍"時,孝宗毫不猶豫地拒絕了。⑭由此,可見宋代四次太子監國都是屬于特殊時期的監國,而且太子祇能監國留守而無權出外撫軍,即使授有軍國重事,也祇是名義上說說而已。太子也祇能處理範圍極小,品位極低的一小部分政事,並且時間極其短少,天禧、宣和、靖康中太子監國滿打滿算也祇有兩三個月,淳熙中雖然表面上時間相對長久,但事實上並未實行。所以,宋代太子監國無論從權力還是從時間上都是無法與唐代相比擬的,它祇是爲了皇權安全交接做出的臨時決策。但從另一方面說來,太子畢竟獲得了有生以來第一次名正言順全權處理政務的機會,他們可以將東宮中所學的知識有的放矢施用在實際政務處理中,爲登基治國進行最後一次相對有效的練政。

六、結 語

從皇子培養到東宮教育以及太子政事處理能力的訓練,終于使皇位的繼承人從理論上成長爲一位合格的接班人,當老皇帝去世的時候,遺詔便會讓太子登上皇位,進行又一輪的統治天下和培養太子。宋代在皇位繼承上改變了歷來父死子繼的傳統,從太祖到帝昺先後出現了四次内禪,即老皇帝未死便傳位太子的情況,分別爲徽宗、高宗、孝宗、光宗;此外,兄終弟及的五次,爲太宗、徽宗、高宗、帝昰、帝昺;太子即位的八次;皇子即位的四次,爲英宗、寧宗、理宗、端宗。皇權以和平、穩定的方式過渡交接,即使在明受之變、雪川之變的情形下,也沒有引起全國性的政治危機和社會動蕩,這種穩定的政治局面無疑爲兩宋經濟的繁榮、文化的昌盛奠定了不可動搖的基石。

① 葛勝仲:《丹陽集》卷 24《附錄》(四庫全書文淵閣本商務影印本)。
② 《建炎以來朝野雜記》乙集卷 3《上德三·東宮樓觀》。
③ 《宋史》卷 154《輿服六·宮室制度》。
④ 楊萬里:《誠齋揮麈錄》卷上(《宋代筆記小説》,河北教育出版社 1995 年 2 月影印本)。
⑤ 《建炎以來朝野雜記》乙集卷 13《官制一·宰相兼東宮三少》。
⑥ 洪邁:《容齋隨筆》卷 9《三公改他官》。
⑦ 《欽定續通典》卷 34《職官·太子賓客》(清光緒十二年浙江書局本)。
⑧ 章汝愚:《群書考索》後集卷 11《官制門》(日本中文出版社影印本)。
⑨ 《宋會要輯稿》職官,7 之 29。
⑩ 《群書考索》後集卷 11《官制門》。
⑪ 《玉海》卷 129《官制·儲官》。
⑫ 《東宮備覽》卷 2《講讀》。
⑬ 《長編》卷 37,至道元年正月戊申。
⑭ 真德秀:《西山先生真文忠公文集》卷 37《上皇子書》之二(四部叢刊初編本)。
⑮ 高承:《事物紀原》卷 5《持憲儲闈部》(中華書局 1989 年本)。
⑯ 《唐會要》卷 67《左春坊·司議郎》(上海古籍出版社 1991 年版)。
⑰ 《宋史》卷 169《職官九》。
⑱ 《長編》卷 38,至道元年八月癸巳。
⑲ 《宋會要輯稿》職官,7 之 24。
⑳ 《玉海》卷 128《官制·儲官》。
㉑ (明)黃淮等:《歷代名臣奏議》卷 73《儲嗣》(上海古籍出版社影印明永樂本)。
㉒ 《國朝諸臣奏議》卷 60《百官門·東宮官屬》,黃履《上神宗乞爲皇太子立傅》。
㉓ 《楊萬里集》卷 112《東宮勸讀雜錄》(《傳世藏書》集庫·別集 6,1996 年版)。
㉔ 《宋史》卷 281《寇準傳》。
㉕ 《宋史》卷 311《張士遜傳》。
㉖ 周必大:《文忠集》卷 123《淳熙二年·辭免兼詹事奏狀》。
㉗ 《宋史》卷 281《畢士安傳》。
㉘ (元)祝淵:《古今事文類聚》遺集卷 4,《東宮官部》。
㉙ 《宋會要輯稿》職官,57 之 1 至 9。
㉚ 《宋史》卷 171《職官十一·俸祿制上》。
㉛ 《宋會要輯稿》職官,7 之 40。
㉜ 《邵氏聞見錄》卷 7。
㉝ 《宋史》卷 311《張士遜傳》。
㉞ 王曾:《王文正筆錄》(《宋代筆記小説》,河北教育出版社 1995 年影印本)。
㉟ 《宋史》卷 310《王曾傳》。
㊱ 《朱子語類》卷 112《朱子九·論官》。
㊲ 《文獻通考》卷 66《職官二十》,卷 67《職官二十一》;孫逢吉:《職官分紀》卷 27、28(中華書局 1988 年影印本)。
㊳ 《東宮備覽》卷 5《崇儉》。
㊴ 《宋史》卷 162《職官二》。
㊵ 《欽定續通典》卷 34《職官·太子詹事》。
㊶ 《全宋文》卷 8,張昭《請妙選東宮師傅疏》(巴蜀書社 1988 年版)。
㊷ (唐)白居易:《白氏長慶集》卷 52《格詩雜體·中隱》(四部叢刊初編本)。
㊸ 《朱熹集》卷 76《大學章句序》(四川教育出版社 1996 年版)。
㊹ 《宋朝事實類苑》卷 3《祖宗聖訓·真宗皇帝》。

㊺ 《東宫備覽》卷 2《講讀》。
㊻ (漢)賈誼:《新書·傅職》(《賈誼集》,上海人民出版社,1976 年版)。
㊼ 周必大:《文忠集》卷 157《東宫故事一》,淳熙二年十一月十四日。
㊽ 范祖禹:《帝學》卷 3。
㊾ 《宋朝事實類苑》卷 3《祖宗聖訓·真宗皇帝》。
㊿ 《類編皇朝大事記講義》卷 19《哲宗皇帝·家法》。
(51) 《楊萬里集》卷 112《東宫勸讀雜録》。
(52) 《建炎以來朝野雜記》乙集卷 1《上德一·壬午内禪制》。
(53) 樓鑰:《攻媿集》卷 93《神道碑·純淳厚德元老之碑》(四部叢刊初編本)。
(54) 周必大:《文忠集》卷 160《東宫故事四》,淳熙五年二月十二日。
(55) 《長編》卷 38,至道元年八月壬辰。
(56) 尤袤:《梁溪遺稿》卷 2《獻皇太子書》(四庫全書文淵閣本商務影印本)。
(57) 《攻媿集》卷 99《端明殿學士致仕、贈資政殿學士黄公墓志銘》。
(58) 《宋會要輯稿》帝系,2 之 3 至 4。
(59) 司馬光:《温國文正司馬公文集》卷 21《正家劄子》(四部叢刊初編本)。
(60) 周必大:《文忠集》卷 157《東宫故事一》,淳熙三年三月二十四日。
(61) 《朱熹集》卷 11《庚子應詔封事》。
(62) 《攻媿集》卷 33《進東宫耕織圖劄子》。
(63) 周必大:《文忠集》卷 158《東宫故事二》,淳熙三年七月十二日。
(64) 《宋朝事實類苑》卷 17《忠言讜論·李南陽》。
(65) 《楊萬里集》卷 124《宋故少保、左丞相、觀文殿大學士、贈少師、郇國余公墓銘》。
(66) 《宋會要輯稿》職官,7 之 44。
(67) 《宋史》卷 393《黄裳傳》。
(68) 《楊萬里集》卷 112《東宫勸讀雜録》。
(69) 《攻媿集》卷 98《中書舍人、贈光禄大夫陳公神道碑》。
(70) 《西山先生真文忠公文集》卷 37《上皇子書(辛巳)》之一。
(71) 周必大:《文忠集》卷 161《東宫故事五》,淳熙六年正月二十七日。
(72) 《攻媿集》卷 96《寶謨閣待制致仕、特贈龍圖閣學士忠肅彭公神道碑》。
(73) (南朝宋)劉義慶:《世説新語》卷中之上,《方正第五》(上海古籍出版社 1982 年 11 月)。
(74) 朱熹:《孟子集注》卷 5《滕文公章句上》(中華書局 1983 年 10 月)。
(75) 《朱熹集》卷 78《静江府學記》。
(76) 周必大:《文忠集》卷 157《東宫故事一》。
(77) 《東宫備覽》卷 1《入學》。
(78) 《唐大詔令集》卷 27《皇太子·立太子》(商務印書館 1959 年 4 月)。
(79) 宋敏求:《宋大詔令集》卷 25《皇太子·建立·政和五年立皇太子制》(臺灣鼎文書局 1972 年 9 月)。
(80) 《宋史》卷 13《英宗紀》。
(81) 《玉海》卷 129《官制·儲官》。
(82) 《宋大詔令集》卷 199《政事五十二·禁約下》。
(83) 《宋朝事實類苑》卷 1《祖宗聖訓·太祖皇帝》,"魏咸信言"。
(84) 《宋會要輯稿》帝系,2 之 3。
(85) 《長編》卷 345,元豐七年四月丁丑。
(86) 周必大:《文忠集》卷 160《東宫故事五》,淳熙五年八月十八日。
(87) 《宋朝事實類苑》卷 4《祖宗聖訓·仁宗皇帝》,"七月壬子"。
(88) 《攻媿集》卷 98《寶謨閣待制致仕、特贈龍圖閣學士、忠肅彭公神道碑》。
(89) 《宋會要輯稿》帝系,2 之 2。
(90) 《長編》卷 198,嘉祐八年二月丙戌。
(91) 范鎮:《東齋記事》卷 1,"崇政殿之西"。

(92) 唐太宗:《帝範》卷4《崇文十二》(四庫全書文淵閣本商務影印本)。
(93) 周必大:《文忠集》卷157《東宫故事一》,淳熙二年十二月十一日。
(94) 《玉海》卷129《官制·儲官》。
(95) 吴處厚:《青箱雜記》卷3(中華書局1985年5月)。
(96) 范祖禹:《帝學》卷4《仁宗上》(四庫全書文淵閣本商務影印本)。
(97) 《宋朝事實類苑》卷4《祖宗聖訓·仁宗皇帝》,"帝于邇英閣"。
(98) 《東宫備覽》卷3《廣誨》。
(99) 《涑水記聞》卷5。
(100) 王十朋:《梅溪王先生文集·奏議》卷4《除太子詹子上殿劄子》之一(四部叢刊初編本)。
(101) 李幼武:《宋名臣言行録》續集卷3《程振》(四庫全書文淵閣本商務影印本)。
(102) 《續編兩朝綱目備要》卷11《寧宗皇帝》,嘉定元年閏四月甲申。
(103) 《宋史全文續資治通鑑》卷36《理宗六》。
(104) 《楊萬里集》卷112《東宫勸讀雜録》。
(105) 《宋會要輯稿》職官,37之4。
(106) 韓淲:《澗泉日記》卷上(上海古籍出版社1993年9月)。
(107) 《長編》卷21,太平興國五年十一月癸亥。
(108) 周必大:《文忠集》卷158《東宫故事二》,淳熙三年十二月二十四日。
(109) 以上見《宋會要輯稿》職官,37之6至7。
(110) 洪邁:《容齋五筆》卷2《諸公論唐肅宗》。
(111) 《楊萬里集》卷62《上壽皇論東宫參決書》。
(112) 《長編》卷95天禧四年六月丙申,卷96天禧四年七月甲戌;《類編皇朝大事記講義》卷6《真宗皇帝·宰相執政》。
(113) 《續編兩朝綱目備要》卷1《光宗皇帝》。
(114) 劉時舉:《續宋編年資治通鑑》卷10,淳熙十五年八月(叢書集成初編本)。

宋代詞科制度考論

祝 尚 書

筆者在拙文《北宋後期科舉罷詩賦考》(載《文史》第 53 輯,2000 年第四輯)中,曾指出北宋後期科舉罷詩賦、習王安石新《經義》的消極後果之一,是文士的寫作水平普遍下降,並謂"鑒於朝廷文書大量使用四六文,而此又非經義進士所能勝任,作爲補救措施,是朝廷另立宏詞科",同時以爲"這個措施的直接成效,是爲紹興時代培養了一批四六文專家"。其後,筆者循此而下,繼續考察南宋詞科,深感此科對南宋文學影響之大:它不僅造就了衆多的四六高手,而且將駢體文的藝術表達功能發展到了極致。就創作成就論,南宋駢文當不在古文之下,至少也是"平分秋色"。在北宋古文運動之後處於弱勢地位的駢文,能够在南宋復興,主要推動力正是詞科。

於是,詞科的重要性,便在南宋文學研究中突現出來了。關於詞科制度的來龍去脈,興衰利弊,史籍所載或頭緒紛繁,或語焉不詳,有的甚至闕略,似有必要將相關史料進行一番清理和總結,同時對它正反方面的影響進行再認識。因撰《宋代詞科制度考論》,以質諸方家。

一、詞科科名變遷考

北宋哲宗紹聖二年(1095),朝廷正式設立宏詞科,後又改爲詞學兼茂科、博學宏詞科,通稱詞科。"博學宏詞科"科名始於唐代。徐松《登科記考》卷七載開元十九年(731)"博學宏詞科",原按曰:"唐之博學宏詞科,歲舉之。"又引《唐語林》云:"開元十九年置宏詞,始於鄭昕。"宋代早在真宗朝,就有人提出重設此科。《宋會要輯稿》選舉一二之一(中華書局影印本,以下同,簡稱《輯稿》)曰:"真宗景德三年(1006),龍圖閣待制陳彭年奏請條制貢部宏詞科,采擇經術,許流內選應宏詞拔萃科,明經人投(原誤"設")狀自薦,策試經義,以勸學者。"此議當時似乎未被采納。

哲宗紹聖間所設的宏詞科,以及南宋紹興初改設的博學宏詞科,與唐代的博學宏詞科或陳彭年欲設的宏詞科,在培養目標、考試內容等方面完全不同。陳彭年奏請的宏詞科是"采擇經術"、"策試經義",而紹聖宏詞科正好相反,它撇開經義,只取文學。上引《輯稿》原注曰:

"哲宗紹聖元年(1094)罷制舉,懼無以收文學博異之士,於是置宏詞,以繼賢良之選。"洪邁《容齋三筆》卷一〇亦曰:"熙寧罷詩賦,元祐復之,至紹聖又罷,於是學者不復習爲應用之文,紹聖二年始立宏詞科。""收文學博異之士",造就朝廷"應用文"也就是四六文的寫作人才,是哲宗設置此科的出發點,也是培養目標。到此科已經衰落的南宋嘉定七年(1214)三月十五日,刑部尚書曾從龍、禮部侍郎范之柔、左諫議大夫鄭昭先、刑部侍郎劉爚等四人在聯署的奏章中寫道:"竊見宏博一科,所以爲異日詞臣之儲,其選蓋其邃也。"(《輯稿》選舉一二之二五)可見此科的培養目標,始終是一致的。

宋代的人才選拔,主要靠進士科,稱常科,其他爲制科。制科又叫制舉,"制舉無常科,所以待天下之才傑,天子每親策之。然宋之得才,多由進士,而以是科應詔者少。惟召試館職及後來博學宏詞,而得忠鯁文學之士,或起之山林,或取之朝著、召之州縣,多至大用焉。"(《宋史·選舉志二》)可見詞科雖無法與進士科比,但在專門人才的選拔培養方面,曾起過特殊的作用,並受到相當的重視,又非其他制科可與齊肩。

由北宋後期到南宋,詞科的名稱嘗三變焉,而每一變即伴隨着考試内容、最終是選材標準的更改。

1.宏詞科。紹聖初設詞科時,名曰"宏詞科"。《輯稿》選舉一二之二:"哲宗紹聖元年(1094)五月四日,中書省言:有唐隨事設科,其名不一,故有詞藻宏麗、文章秀異之屬,皆以衆之所難勸率學者。今來既復舊法,純用經術取士,其應用文詞如詔誥、表章、箴銘、賦頌、赦敕、檄書、露布、誡諭之類,凡諸文體施之於時不可闕者,在先朝亦嘗留意,未及設科。詔:別立宏詞一科。"次年,此科第一次開科取士。

2.詞學兼茂科。徽宗大觀間,改"宏詞科"爲"詞學兼茂科"。《輯稿》選舉一二之六:大觀四年(1110)五月十六日詔:"紹聖之初,嘗患士之學者不復留意文詞,故設宏詞科,歲一試也。然立格法未至詳盡,不足以致實學有文之士,可改立詞學兼茂科,每歲附貢士院引試,聽有出身人不以京朝官、選人,經禮部投狀就試,歲中有取,不得過三人,如無合格則闕之。"《續資治通鑑長編拾遺》卷二九引《通鑑續編》:"帝(徽宗)以宏詞科不足以致文學之士,改立詞學兼茂科,歲附貢試院。"

3.博學宏詞科。南宋高宗紹興初,又改爲"博學宏詞科"。《輯稿》選舉一二之一一:紹興三年(1133)七月六日,都司言:"工部侍郎李擢奏,乞令紹聖宏詞與大觀詞學兼茂兩科別立一科事,看詳:紹聖法以'宏'爲名,大觀後以'詞學兼茂'爲名,今欲以'博學宏詞科'爲名。……從之。"事又見李心傳《建炎以來繫年要錄》卷六七。

以上兩次更換科名,實際上是此科内涵的逐步擴大。"宏詞科"的着眼點僅僅是"詞",目的也僅僅是選拔"應用文詞"的寫作人才;而"詞學兼茂"則由"詞"擴大到"學",注重"有文"而不偏廢"實學",避免了唯取文詞的短視行爲。至於"博學宏詞",則將"學"的位置提前,且要求"學"要"博",特別强調"記問"。宋代學者以爲只有詳達典故制度,才算"博學",才稱得上是"通儒"(見後引《宋史·王應麟傳》)。這些不僅是科名字面上的區別,更重要的是考試內容有所不同,我們將在下文述及。

4.詞學科。南宋末詞科衰落,久不取人,且應試者少,於是在"博學宏詞科"之外,降等另立"詞學科"。《宋史·選舉志二》:理宗嘉熙三年(1239),"臣僚奏:'詞科實代王言,久不取人,日就廢弛。蓋試之太嚴,故習之者少。今欲除博學宏詞科從舊三歲一試外,更降等立科,止試文辭,不貴記問。命題止分兩場引試,須有出身人就禮部投狀,獻所業,如試教官例。每一歲附銓闈引試,惟取合格,不必拘額,中選者與堂除教授,已係教官資序及京官不願就教授者,京官減磨勘,選人循一資。他時北門、西掖、南宫舍人之任,則擇文墨超卓者用之。其科目,則去"宏博"二字,止稱詞學科。'從之。淳祐初,罷。景定二年(1261),復嘉熙之制。"可見"詞學科"的要求和待遇,都比"博學宏詞科"低,是由博學宏詞科派生出來的一個科名。由宋入元的王義山,在其《自墓誌銘》中說"初,宋乙卯(寶祐三年,1255),臺諫奏科舉後增試小詞科"云云(詳見下文引),所謂"小詞科",疑即指"詞學科"。

二、詞科程試格法考

詞科制度,主要是設計製訂程試格法,包括考試資格、考題模式,以及錄取規模、官祿待遇等。隨着科名的變遷,程試格法也相應有較大的變化。

1.考試資格。紹聖二年規定"每科場後許進士登科人經禮部投狀乞試,依試進士法差官考校"(《輯稿》選舉一二之二),"若見守官,須受代乃得試"(《文獻通考》卷三三)。這是要求應試者必須先登進士第,才有資格報考宏詞科,且現有官守的不得預試。大觀法對此有所調整"聽有出身人,不以京朝官、選人,經禮部投狀就試"(《輯稿》選舉一二之六)。這就是說,現守官的不一定"須受代",即在職者也可參試。紹興法對此作了更大幅度的調整:"應命官不以有無出身,除歸明、流外、進納人及犯贓罪人外,並許應詔。命官非現任外官,許徑赴禮部自陳;若見在任,經所屬投所業,應格召試,然後離(原誤"雜")任。"(《輯稿》選舉一二之一一)這就是說,只要是命官,除了"歸明"等人外,不管有無出身(進士),是否在職,都可以應試。大觀法規定"宰臣、執政官親屬不許與試"(《輯稿》選舉一二之六);紹興法則"許卿大夫之任子亦就試,……任子中選者,賜進士第"(《容齋三筆》卷一〇)。報考條件的漸次放寬,意味着詞科"生源"的不斷擴大,從而吸引更多的人在這條新闢不久的功名之途上奔競。

2.納卷。紹聖、大觀法無納卷條文,唯紹興法規定"願試人先投所業三卷,朝廷降付學士院,考其能者召試"(《輯稿》選舉一二之一一)。《建炎以來繫年要錄》卷六七謂"願試者以所業每題二篇納禮部"。這大概只是表述不同而已(前者編卷,後者計篇),實際應是一樣。應試先納卷,乃制科常例,故嘉泰時右正言林行可說:"詞科之設,先考所業,有同制舉。"(《輯稿》選舉五之二八)

3.考試內容。紹聖二年正月九日,禮部擬立《程試考試格》,共兩項,一項爲《試格十條》,對各體文的寫作模式作了具體說明。除詔、誥、赦、敕等四類代皇帝立言的體裁不試外(《文獻通考》卷三三"詔、誥、赦、敕不以爲題"),章表"依現行體式,賦如唐人《斬白蛇》、《幽蘭》、《渥洼馬賦》之類,頌如韓愈《元和聖德》,詩如柳宗元《平淮夷雅》之類",等等,以及字數限制。另一項爲《考格》五條。《考格》規定了評判標準及待遇。是月二十八日,"再立到《考試格》,其近降《試格》更不施行",修立共九條,主要內容是"章表、露布、檄書,以上用四六,頌、箴、誡諭、序、記,以上依古今體,亦許用四六。考試官臨時取四題,分作兩場引試,並限二百字以上,箴銘限一百字以上"(《輯稿》選舉一二之三)。比如紹聖二年的試題爲:《敧器銘》、《誡諭三省樞密院修舉先朝政事》、《邇英閣無逸孝經圖後序》、《代嗣高麗國進貢表》(同上一二之四)。

大觀法是在"舊試格內除去檄書,增入制誥。臨時取四題,分作兩場,內二篇以歷代史故事借擬爲題,餘以本朝故事"(《輯稿》選舉一二之六)。比如政和元年(1111)的試題爲:《雄武軍節度使開府儀同三司授侍中制》、《夏禹九鼎銘》、《代宰臣以下謝賜御製冬祀慶成詩表》、《唐集賢殿書院記》(同上一二之七)。

紹興法不僅對考試資格(已如上述)、而且對考試內容作了重大修改。據《輯稿》選舉一二之一一、《容齋三筆》卷一〇,紹興法規定,考試"以制、誥、詔書、表、露布、檄、箴、銘、記、贊、頌、序十二件爲題,古今雜出六題,分爲三場,每場一古一今"。如紹興八年(1138)的試題爲(紹興五年試題,現存《宋會要輯稿》漏抄一題,故以八年爲例):《觀文殿學士提舉醴泉觀兼侍讀授護國軍節度使開府儀同三司江淮荆襄路宣撫大使制》、《漢輔渠銘》、《慰諭川陝詔》、《漢城長安記》、《代宰臣以下賀收復京西路表》、《唐會要序》(《輯稿》選舉一二之一二)。

陳振孫《直齋書錄解題》卷一五著錄《宏辭總類》時,較簡明地概括了考試內容的三次更改,道:"初,紹聖設科,但曰宏辭,不試制、誥,止於表、檄、露布、誡諭、箴、銘、頌、記、序九種,亦不用古題。及大觀,改曰詞學兼茂,去誡諭及檄,而益以制、誥,亦爲九種四題,而二題以歷代故事。及紹興,始名博學宏辭,復益以誥、贊、檄,爲十二(原誤"十一")種,三日試六題,各一今一古,遂爲定制。"

4.錄取規模。紹聖法"所取不過十人"(《輯稿》選舉一二之二);大觀法"有取不得過三人,如無合格則闕之"(同上一二之六);紹興法"所取不得過五人,若人材有餘,臨時取旨"(同上一二之一一)。由於詞科不是常科,故每科錄取人數少,這就決定了它的高層次和高淘汰率。到嘉熙時的"詞學科",則"惟取合格,不必拘額"。

5.待遇。科舉制度,説到底是朝廷用科名將士子驅入利禄之途,因此待遇的高低,決定了社會對該科的重視程度。紹聖法規定:凡中程者"分爲兩等,上等循兩資,中等循一資,承務郎以上比類推恩,詞格超異者臨時取旨"(《輯稿》選舉一二之二)。大觀法則爲:"上等循兩資,中等循一資,京朝官比類推恩,仍並隨資任内外差遣。已係堂除人優與陞擢。内文理超異者取旨。"(同上一二之六)這比紹聖法有所提高,只要是京朝官就可以"比類推恩",不一定要"承務郎以上"。紹興法以三等取人,試入上等,有出身人轉一官,選人與改官,無出身人賜進士及第,並免召試除館職。中等,有出身人減三年磨勘,與堂除差遣,無出身人賜進士出身,擇其尤召試館職。下等,有出身人減二年磨勘,與堂除差遣一次,無出身人賜同進士出身,遇館職有闕,亦許審察召試(同上一二之一一)。較之紹聖、大觀,紹興法之待遇可謂優異。

三、詞科盛衰考

從北宋紹聖設科到南宋嘉定以前的百餘年間,可謂詞科正常運作期,從某種意義上説,也是詞科興盛期,其標志是網羅了不少四六文專家,而取此科者大都得到重用。如北宋末年中選的趙鼎臣、慕容彦達、劉弇、葛勝仲、晁詠之、李正民等等,皆曾身居高位,而南宋尤盛。洪邁《容齋三筆》卷一〇述紹興至紹熙此科取士及任用情況道:

> 自乙卯(紹興五年,1135。按紹興三年改立博學宏詞科,五年正式開科取士)至於紹熙癸丑(四年,1193),二十榜,或三人,或二人,或一人,併之三十三人,而紹熙庚戌(元年)闕不取。其以任子進者,湯岐公(思退)至宰相,王日嚴至翰林承旨,李獻之學士,陳子象兵部侍郎,湯朝美右史,陳峴方進用,而予兄弟居其間,文惠公(洪适)至宰相,文安公(洪遵)至執政,予冒處翰苑。此外皆係已登科人,然擢用者唯周益公(必大)至宰相,周茂振執政,沈德和、莫子齊、倪正父、莫仲謙、趙大本、傅景仁至侍從、葉伯益、季元衡至左右史,餘多碌碌,而見存未顯者,陳召宗也。

《宋史·選舉志二》也説:博學宏詞科,"南渡以來所得之士,多至卿相、翰苑者"。雖然以仕歷顯晦爲品評標準很不全面,但也可見此科受當權者重視程度之高。就是以四六文成就論,南渡以後此科也人才輩出,除上述三洪、周必大外,像周麟之、唐仲友、吕祖謙、真德秀等等,皆出類拔萃之選。

但是,到嘉定以後,博學宏詞科忽然衰落。其原因,《宋會要輯稿》所存史料語焉不詳,《宋史·選舉志》不置一詞,似有必要作一番考察。

《直齋書錄解題》卷一五著錄《宏辭總類》時,寫道:

　　戊辰(嘉定元年,1208)以後,時相不喜此科,主司務以艱僻之題困試者,繼有記憶不遺、文采可觀,輒復推求小疵,以故久無中選者。

嘉定以後的"時相"爲何不喜此科? 這裏有深刻的政治背景。葉紹翁《四朝聞見錄》甲集曰:

　　真文忠公(德秀)、留公元剛字茂潛,俱以宏博應選(按《鞾稿》選舉一二之二四,兩人登此科在開禧元年,1205)。時李公大異校其卷,於文忠卷首批云"宏而不博",於留卷首批云"博而不宏",申都臺取旨。時陳自强居廟堂,因文忠妻父善相,識文忠為遠器,力贊韓氏(侂胄)二人俱置異等。

開禧北伐失敗,史彌遠誅韓後專政,因爲真德秀的關係,遂對"博宏"科"不喜"。羅大經《鶴林玉露》甲編卷四便把問題挑明了:

　　嘉定間,當國者憚真西山剛正,遂謂詞科人每挾文章科目以輕朝廷,自後,詞科不取人。雖以徐子儀之文,亦以巫咸一字之誤而黜之(按徐鳳字子儀,其見黜事詳《鞾稿》選舉一二之二五、《四朝聞見錄》甲集《詞學》),由是無復習者。

《四朝聞見錄》甲集又曰:"是歲(開禧元年),毛君自知爲進士第一人,對策中及'朝廷設宏博以取士,今謂之宏而不博,博而不宏,非所以示天下,然猶真異等,何耶?'至文忠立朝,時御史發其廷對日力從臾恢復事,且其父(毛憲)閱卷,遂駁置五甲,勒授監當,後廟堂授以江東幹幕。終文忠之立朝,言者論之不已,後終不得起。"據《宋史·寧宗紀三》,早在嘉定元年三月,即"以毛自知首論用兵,奪進士第一恩例",而"言者"猶抓住不放,很明顯,攻擊毛自知,其實是"項莊舞劍",矛頭是直指真德秀的。據《文獻通考》卷三三《博學宏詞科》,真、留二人乃"寧宗喜其文,命俱置異等",雖當時韓侂胄、陳自强專權,但取真、留,也算是"通天"了。問題的關鍵,是真德秀與史彌遠的妥協投降路綫不合,於是他在韓氏專政時登詞科,便成了政敵絕好的炮彈。"城門失火,殃及池魚",詞科從此一蹶不振。

詞科衰落的另一原因,是葉適對它的批評。上已引及葉適所作《宏詞》,他曾寫道:"自詞科之興,其最貴者四六之文,然其文最爲陋而無用。士大夫以對偶親切用事精的相誇,至有以一聯之工而遂擅終身之官爵者。此風熾而不可遏,七八十年矣。前後居卿相顯人,祖父子孫相望於要地者,率詞科之人也。其人未嘗知義也,其學未嘗知方也,其才未嘗中器也,操紙援筆以爲比偶之詞,又未嘗取成於心而本其源流於古人也,是何所取,而以卿相顯人待之,相承而不能革哉?"他同時指出,王安石當初罷詩賦的出發點,是"患天下習爲詞賦之浮華而不適於實用";然而詞科的設置,"是始以經義開迪之,而終以文詞淫蔽之也",因此他主張"直罷之而已"。葉適犀利的筆鋒,可謂擊中了詞科的要害。《四朝聞見錄》甲集《宏詞》曰:"先生

(葉適)《外藁》(按:收在《水心別集》)蓋草於淳熙自姑蘇入都之時,是書流傳則盛於嘉定間。雖先生本無意嫉視詞科,亦異於望風承旨者,然時值其時,若有所爲。"這就是説,葉適對詞科的批評,是早在淳熙間的事,而到嘉定時正好被"時相"史彌遠及其黨羽所利用,也成了他們攻擊政敵的炮彈。此事造成了真德秀與葉適之間的矛盾,《四朝聞見録》曰:"文忠真公亦素不喜先生(葉適)之文。……文忠得先生《習學記言》觀之,謂:'此非記言,乃放言也。'豈有激歟!"同時認爲:"嘉定間未嘗詔罷詞學,有司望風承旨太過,每遇羣試,必摘其微疵,僅從申省。"

詞科衰落還有一個重要原因,那就是經慶元黨禁之後,從嘉定起理學逐漸成爲統治集團的統治思想,而理學家向來是反對詞科的。《鶴林玉露》甲編卷三《德行科》曰:"楊誠齋(萬里)初欲習宏詞科,南軒(張栻)曰:'此何足習,盍相與趨聖門德行科乎?'誠齋大悟,不復習,作《千慮策》,論詞科可罷曰:'孟獻子有友五人,孟子已忘其三。周室去班爵之籍,孟子已不能道其詳,孟子亦安能中今之詞科哉!'晚年作詩示兒云:'素王開國道無臣,一榜春風放十人。莫羨榜頭年十八,舊春過了有新春。'"宋末文士大多唯義理是習,感興趣的是先儒語録,所作則有如講義。《鶴林玉露》丙編卷六《文章性理》曰:"近時講性理者,亦幾於捨六經而觀語録。甚者將程、朱語録而編之若策括、策套。"這類人連作詩都認爲是"玩物喪志",如何願習四六? 在理學學風的影響下,士子紛紛由詞學轉到義理之學。《宋史》卷四二〇《王埜傳》曰:"王埜字子文,寶章閣待制介之子也。以父蔭補官,登嘉定十二年(1219)進士第。仕潭時,帥真德秀一見異之,延致幕下,遂執弟子禮。德秀欲授以詞學,埜曰:'所以求學者,義理之奧也。詞科惟强記者能之。'德秀益器重之。"又同書卷四三七《劉清之傳》:"劉清之字子澄,臨江人。……登紹興二十七年進士第。……初,清之既舉進士,欲應博學宏詞科。及見朱熹,盡取所習焚之,慨然志於義理之學。吕伯恭(祖謙)、張栻皆神交心契,汪應辰、李燾亦敬慕之。"理學學風與詞科文風背道而馳,加之宋末政治黑暗,正直的士子不屑於抽青妃白、歌功頌德的官方四六,詞科在宋季衰落,便成爲歷史的必然。

詞科的式微,標志着南宋曾一度輝煌過的四六文也隨着衰落。《鶴林玉露》甲編卷四《詞科》曰:嘉定以後,詞科不取人,"由是無復習者。内外制,唯稍能四六者即入選,……往往褒稱過實,或似啓事諛詞,雕刻求工,又如賓筵樂語,失王言之體矣。胡衛、盧祖皋在翰苑,草明堂赦文云:'江淮盡掃於胡塵。'太學諸生嘲之曰:'胡塵已被江淮掃,却道江淮盡掃於。'又曰:'傳語胡、盧兩學士,不如依樣畫胡盧。'端平初,患代言乏人,乃略更其制,出題明注出何書,乃許上請,中選者堂除教官。然名實既輕,習者亦少。"

四、宋季詞科應試登科考

嘉定以後，詞科雖走向衰落，但其制度並未廢除，朝廷仍在開科取士，只是少有應試者，加之考官有意刁難，故録取者亦鮮。記述自紹聖以後此科每科考題、中選名單最詳盡的，是《宋會要輯稿·宏詞》（選舉一二之一至一二之二五），也只記到開禧元年真德秀、留元剛止，而到嘉定七年徐鳳被黜，已有好幾舉不曾取人了。從所接觸的文獻看，宋季登此科或欲應試者，不過寥寥數人。今列之於次，以補史之闕。

洪咨夔。《宋史》卷四〇六《洪咨夔傳》："洪咨夔字舜俞，於潛人。嘉（定）〔泰〕二年（1202）進士，授如皋主簿，尋試爲饒州教授。作《大治賦》，樓鑰賞識之。授南外宗學教授，以言去。丁母憂，服除，應博學宏詞科，直院莊夏舉自代。崔與之帥淮東，辟置幕府，邊事纖悉爲盡力。"

李劉。劉克莊《跋方汝玉行卷》（《後村先生大全集》卷一〇六）："近時學者多宗梅亭，梅亭者，李功父侍郎也（按：李劉字功父，號梅亭）。憶余少游都城，於西山先生坐上初識之。時功父新擢第，欲應詞科，西山指楊上竹夫人戲曰：'試爲竹夫人進封制，可乎？'功父須臾成章，末聯云：'保抱携持，朕不安丙夜之枕；展轉反側，爾尚形四方之風。'西山稱賞。"

鄭思肖。盧熊《鄭所南小傳》："鄭思肖字憶翁，號所南，福之連江透鄉人也。……公太學上舍，應博學宏詞科，侍父來吳，寓條坊巷。"又《南村輟耕録》卷二〇："鄭所南先生思肖，福州連江人，宋太學上舍，應博學宏詞科，剛介有立志。"

楊攀龍。王義山《稼村自墓誌銘》（《稼村類稿》卷二九）："余姓王氏，生於宋嘉定甲戌（七年，1214）八月之戊午，先君名余曰義山，字余曰元高。……洎長，俾師吉州司户雲林先生楊公攀龍，學賦兼《易》。先生擢第後，試博學宏詞，因習焉。……初，宋乙卯（寶祐三年，1255），臺諫奏科舉後增試小詞科，環海内亡應令者。余起而爲之倡，所擬九百餘篇，左帑容齋先生、劉公元剛、丞相文山先生文公天祥爲之序。兵後散失亡幾。"

王應麟、王應鳳。《宋史·儒林八·王應麟傳》："初，應麟登第，言曰：'今之事舉子業者，沽名譽，得則一切委棄，制度典故漫不省，非國家所望於通儒。'於是閉門發憤，誓以博學宏詞科自見，假館閣書讀之。寶祐四年（1256）中是科。應麟與弟應鳳同時生，開慶元年（1259）亦中是科。"又袁桷《師友淵源録》："王先生應麟兄弟中博學宏詞科，爲翰林學士、禮部尚書。"

雖嘉定後詞科應試、中選者皆少，但似不止上述之數。立此體例，待日後讀書有得，再行增補。

五、宋代詞科制度平議

前面說過，設置詞科的初衷，是爲了培養四六應用之文的寫作人才。當我們回顧詞科全部歷史時，應該說它達到了統治者的設科目標，滿足了社會對這個特殊人才層次的需求。

這裏我們想着重評述詞科制度對南宋文學的影響。朝廷既以科舉方式培養詞臣，且禮遇優渥，四六文的地位自然大爲飈升，這對文風的影響無疑是巨大的：它直接導致了四六文在南宋的復興。這點大約爲統治者始料所不及。謝伋《四六談塵序》曰："朝廷以此（四六文）取士，名爲博學宏辭，而内外兩制用之，四六之藝咸曰大矣。"南宋四六文復興，主要表現在下面三個方面。

第一，四六文名家輩出。這些名家不一定全都由詞科出身，但因出色的四六文就意味着高官厚禄，這對文人的吸引力無疑是巨大的；而隨着他們學習四六文熱情的高投入，必然孕育出一批頂尖的行家裏手。如王安中（1076—1134），本來是學蘇文的，後來成了四六能手，著有《初寮集》。南宋初成就最突出的是孫覿、汪藻，他們可稱爲四六大師。孫覿（1081—1169）字仲益，晋陵（今江蘇常州）人，大觀進士，政和四年（1114）中詞科。有《鴻慶居士集》，周必大爲作序曰："當大觀、政和間，士惟王氏三《經義》、《字説》是習，而公博學篤志如韓退之，謂禮部所試可無學而能者。第進士，冠詞科，筆勢翩翩，高出流輩。……其章疏、制誥、表奏，往往如陸敬輿，明辯駿發，每一篇出，世争傳誦。"《四庫提要·鴻慶居士集提要》也説"（孫覿）尤長於四六"，與汪藻"聲價相埒"。汪藻（1079—1154）字彦章，德興（今屬江西）人，崇寧二年（1103）進士，有《浮溪集》六十卷傳世。他雖未考詞科，但其四六文成就很高，當時與孫覿並稱。《野客叢書》附録《野老記聞》曰："李漢老（邴）云：'汪彦章、孫仲益四六各得一體，汪善鋪叙，孫善點綴。'"孫覿《浮溪集序》道："蓋仕朝廷三十年，專以文學議論居儒官從臣之列。……伎與道俱，習與空會，文從字順，體質渾然，不見刻畫。如金鐘大鏞，扣之輒應，愈扣而愈無窮，何其盛也！公在館閣時，方以文章爲公卿大臣所推重，每一篇出，余獨指其妙處，公亦喜爲余出也。後十五年，公以儒先宿學當大典册，秉太史筆，爲天子視草，始大發於文，深醇雅健，追配古作，學士大夫傳誦，自海隅萬里之遠，莫不家有其書。所謂常、楊、燕、許諸人，皆莫及也。"《直齋書録解題》卷一八著録其《浮溪集》時，稱紹聖後置詞科，習四六者益衆，"若浮溪尤其集大成者也"。除孫、汪外，同時及繼之者，可謂高手如林。《耆舊續聞》卷六謂與汪藻"同時有孫仲益、韓子蒼（駒）、程致道（俱）、張嵲、朱新仲（翌）、徐師川（俯）、劉無言（燾），後有三洪兄弟（适、遵、邁）"，皆長於四六。又《四六談塵》曰："李成季昭玘嘗爲起居舍人，最工四六。漢老（李邴）之叔也。有《樂静先生集》行於世。"而李邴也是南宋初的四六名家。《四庫提要・鴻慶居士集提要》謂與孫覿四六文“聲價相埒”的，除汪藻外，還有洪邁、周必大。又《忠惠集提要》曰：“蓋當北宋之季，如汪藻、孫覿皆以四六著名，惟（翟）汝文能與之頡頏。”阮元《四六叢話序》亦曰：“南渡以還，浮溪首倡，野處（洪邁）、西山（真德秀）亦稱名集，渭南（陸游）、北海（綦崇禮）並號高文。”等等。若要歷數南宋古文名家，則有指不多屈之窘，適與此形成鮮明對照。

　　第二，四六文名篇迭出。一種文體的興盛，必須有高水平的代表作爲其標志。南宋許多傳誦人口的名篇佳構，被時人記載在筆記、文話中，有的還流傳至今；現存的南宋人總集、別集中，也收有不少優秀作品，惜乎本文篇幅有限，無法引録。較之歐、蘇時代，此時四六文有着鮮明的特徵。一是講究格律。《直齋書録解題》卷一八著録汪藻《浮溪集》時說：“四六偶儷之文，起於齊、梁，歷隋、唐之世，表章、詔誥多用之。……紹聖後置詞科，習者益衆，格律精嚴，一字不苟措。”二是喜用長句。《四六談麈》曰：“宣和間，（四六）多用長句爲對，習尚之久，至今未能全變，前輩無此體也。”可以說，就語言對偶藝術而論，南宋四六可謂將它發展到了極致。與此相反，南宋古文不僅缺少名家，同時也乏名作，故筆者在本文篇首謂南宋駢文成就“當不在古文之下，至少也是‘平分秋色’”。

　　第三，四六文集層出不窮。各家自編的四六專集不勝枚舉，而四六總集又大量湧現，進一步爲駢儷之風推波助瀾。如吳焕然編《聖宋千家名賢表啓翰墨大全》一百四十卷，魏齊賢、葉棻編《五百家播芳大全文粹》一百五十卷（其中多四六文），而建昌軍學所刻《宏辭總類》則多達四集九十五卷，等等。與繁榮的創作相適應，總結四六文寫作經驗的專著亦應運而生。宣和間，王銍撰成《四六話》二卷，《四庫提要》謂“其書皆評論宋人表啓之文”。紹興末，謝伋著《四六談麈》一卷。《直齋書録解題》卷二二著録楊淵《四六餘話》一卷（今傳本題《雲莊四六餘話》）。王應麟在宋季撰《辭學指南》四卷（傳本附刻《玉海》末），專爲士子應博學宏詞科而作。這些書多品評名篇，記述逸事，寓經驗、理論於雅聞趣談之中，以鼓動風氣，啓迪後學。

　　儘管四六復興只是在應用文範圍之内，並未動搖或試圖取代古文在文壇的地位，但不難看出，它的强勢發展，仍在不小的幅度上改變了南宋文學的面貌：它決定了許多作家的價值取向，也拓寬了文學自身的生存空間，使駢文不至在古文運動後徹底衰落。宏觀地看，這對文學的多元化發展是有利的。

　　當然，無論四六文復興之於南宋文學，還是詞科制度本身，都有很大的流弊。

　　四六文的復興，使士子耽於排比爲文，藻繪爲能，重蹈早先古文運動的領袖們所極力振拔的覆轍，可謂成就與弊端並存。前面説過，葉適曾對詞科進行過尖鋭的批評，認爲“其文最爲陋而無用，士大夫以對偶親切、用事精的相誇”云云（詳見上引）。南宋人所作筆記或四六話，津津樂道的就是那些“對偶親切、用事精的”的名篇雋句，雖然有藝術上力求精工之得，但刻意追求，只能是將自然語言扭曲，在許多情況下，它所體現的已不是文學審美，而是文字游戲。就此點論，詞科走向衰落，是其必然的歸宿。

問題尚不止此。由於四六文的畸形興盛，嚴重影響了其他文體的發展。上已言及古文，而詩歌也不例外。方回《讀張功父南湖集並序》曰：“南渡以來，精於四六而顯者，詩輒凝滯不足觀，駢語橫於胸中，無活法故也。然則紹聖詞科誤天下士多矣。”《鶴林玉露》丙編卷二也說：“楊東山嘗謂余曰：‘……渡江以來，汪、孫、洪、周，四六皆工，然皆不能作詩，其碑銘等文，亦只是詞科程文手段，終乏古意。近時真景元（德秀）亦然，但長於作奏疏。’”元初人劉壎曾分析詞科之所以使人難以自拔的原因，在所著《隱居通議》卷一八中，他寫道：“蓋詞科之文自有一種體制，既用功之深，則他日雖欲變化氣質，而自不覺其暗合。猶如工舉業者力學古文，未嘗不欲脫去舉文畦徑也，若且淘汰未盡，自然一言半語不免暗犯。故作古文而有舉子語在其中者，謂之金盤盛狗矢。”由於受詞科四六的衝擊，南宋古文、甚至詩歌的總體成就不如北宋，就不足爲怪了。

另一方面，因詞科所習乃官方文書的寫作，故形式上追求典雅，内容又不離頌美，難免逞巧獻諛之弊。宋俞文豹《清夜録》曰：“王夕郎信掌制誥，孝宗覽之，曰：‘近日誥詞，全似啓事，溢美太甚。卿甚得體。’文豹謂其弊始於用四六也。詞臣又欲因此結知，務腴悅而極工巧，拘平仄而捉對偶，無復體制。”吳子良直將此稱爲“詞科習氣”，其《荆溪林下偶談》卷三曰：“東坡言：‘妄論利害，攙說得失，爲制科習氣。’余謂近世詞科亦有一般習氣，意主於諂，辭主於誇，虎頭鼠尾，外肥中枵，此詞科習氣也，能消磨盡者難耳。東萊（吕祖謙）早年文章，在詞科中最號傑然者，然藻繢排比之態，要亦消磨未盡。中年方就平實，惜其不多作而遂無年耳。”這不僅關係文風，同時影響士氣，南宋文士多諂媚小人，乏北宋面折庭爭之風，不能説與“意主於諂”的“詞科習氣”無關。

至於詞科制度自身，也存在不少弊端。首先是紹興法允許“卿大夫之任子亦就試”，顯然有利於大官僚子弟，使詞科的公平性從此失衡。洪邁三兄弟都是以任子資格中選的，所以他在《容齋三筆》卷一〇中，對“任子進者”津津樂道（詳上引），較之以“已登科人”資格進者，顯然心存軒輊。對任子插足詞科，當時就有不同的聲音。前引葉適《宏詞》批評“前後居卿相顯人，祖父子孫相望於要地者，率詞科之人也。其人未嘗知義也，其學未嘗知方也，其才未嘗中器也……”，這給感覺良好的“任子進者”們，不啻當頭棒喝。“三洪”兄弟固是才傑之士，然而詞科作爲朝廷掄材的選舉制度之一，既讓權力介入，則有失公平競爭，難服人心。其次，南宋後期政治腐敗，科場弊事百端，玩習爲常，詞科也不例外。嘉泰四年（1204）十一月十三日，右正言林行可上奏同時指出：“間有公然挾書，略無愧耻，曰‘博學’、曰‘宏詞’，果何取於是名哉！”（《輯稿》選舉五之二八）科舉一旦失去嚴肅性，也就失去權威性和號召力。

　　宋代詞科,專門以培養四六詞臣爲目標,可謂前無其例,後無其繼。在詞科制度延續的近兩個世紀中,雖說不上碩果累累,也可謂風光一時,在中國古代科舉文化史上,仍寫下了獨具特色、值得研究的一章。

有關熊克及其《中興小曆》的幾個問題

辛　更　儒

一、《中興小曆》作者熊克的生平事迹叢考

《中興小曆》是一部由私家編著的宋高宗一朝編年史，其作者是建陽人熊克。關於熊克的生平事歷，我們所知不多。由於熊克的詩文集不傳，且目前尚未發現記載其一生事迹的行狀、墓誌銘，所以今人研究熊克及其《中興小曆》的論著亦未多見。目前，我們藉以叙述熊克生平的惟一依據便是《宋史·文苑傳》中的《熊克傳》，但此傳記載既甚簡略，復多謬誤。今將此傳的主要部分摘録如下：

> 熊克字子復，建寧建陽人，御史大夫博之後。……紹興中進士第，知紹興府諸暨縣。……部使者芮煇行縣至其境，謂克曰："曩知子文墨而已，今乃見古循吏。"為表薦之，入為提轄文思院。曾以文獻曾覿，覿持白於孝宗，孝宗喜之，内出御筆除直學士院。宰相趙雄甚異之，因奏曰："翰苑清選，熊克小臣，不由論薦而得，無以服衆論，請自朝廷召試，然後用之。"上曰善，乃以為校書郎，累遷學士院權直。……召草明堂赦書。……除起居郎兼直學士院，以言者出知台州，奉祠。……卒年七十三。

按本傳所載熊克生平及仕歷中存在許多闕略和疑點，應須藉史籍予以考證訂補，今就幾個重要問題試作考求。

（一）家世。據熊克同郡人章定所撰《名賢氏族言行類稿》卷一，熊克爲晋豫章人熊遠之後，[①]《宋史》本傳謂出唐末熊博。按熊博仕至建州刺史，因移居建州。現存於建陽的《潭陽熊氏宗譜》卷首《熊氏源流序》載，熊氏祖居豫章，唐末因亂徙居閩地，與上述記載吻合。序稱"博公卜居建陽北門赤岸，分東西族，裔孫有適、蕃、克"。[②]熊克之父熊蕃字叔茂，著有《宣和北苑貢茶録》。《直齋書録解題》卷一四稱此書"建陽熊蕃叔茂撰，其子克又益寫其形製而傳之"。《宋詩紀事》卷四二謂熊蕃"宗王安石之學，長於吟詠"，而《四庫全書總目》卷一五亦不能在此之外多著一字。熊克文中稱其父爲"獨善先生"或"宋野遺民"，[③]大概終生未仕。

（二）生卒年。曾任建陽縣令和知建寧府的韓元吉，其《南澗甲乙稿》卷二有《熊子復惠十詩作長句謝之》，内云："白首相期翰墨中，衰齡况是甲庚同。"據知韓與熊二人同齡。韓元吉

生於北宋徽宗重和元年(1118)，熊克亦當生於是年。④《言行類稿》載云："熊克字子復，建陽人也。……紹熙間卒。"按紹熙爲宋光宗年號，共五年。此文未言熊克確切卒年。但熊克曾作《賀朱侍講啓》有云："恭惟侍講宮使寶文，性蘊高明，氣涵光大。探先天之妙理，蘊開濟之宏圖。……方且倡諸儒於六經，行當奉明主於三代。"其後又有"猥聯鄉墨"、"徒慕門墻"等語，⑤知所賀者爲朱熹。查《朱子年譜》卷四，朱熹於紹熙五年(1194)十月丙子以侍講、煥章閣待制與宮觀，壬午進寶文閣待制。十一月朱熹還考亭，十二月依前煥章閣待制提舉南京鴻慶宮。此啓稱朱熹爲"侍講宮使寶文"，正與朱熹十月至十二月間的官職相符，知即朱熹還考亭後熊克所作賀啓。可見紹熙五年冬熊克尚在人世。如果《言行類稿》所載"紹熙間卒"無誤，則熊克必卒於此年歲杪。是年熊克七十七歲，本傳言七十三，或誤。

(三)登第。據《南宋館閣續錄》卷八，熊克爲紹興二十七年(1157)王十朋榜進士出身，治詩賦。以其生年推算，登第之年四十歲。據《四朝聞見錄》乙集《熊子復》條載，熊克早年"累上南宮不利"。其《賀湯丞相(思退)啓》自稱："某早窺崇仞，遠託洪鈞。名則甚微，半世選舉而始得；學雖不輟，過時勤苦而難成。"⑥另據其《謝漕司發解啓》云："如某者，才磔裂而少韻，學膚淺而不根。早空羨於雲鵬，進每旋於風鷁。凡三置於鄉老，未一第於春官。茲避東甌之嫌，俾赴南昌之試。"⑦知其登第之前，曾於紹興十八年、二十一年、二十四年三次應禮部試，皆黜落於春官。紹興二十六年移試洪州轉運司，得解送，遂於紹興二十七年登第。

(四)家居。熊克登第後，未即出仕，閒居有年。按南宋進士登第後，往往有較長時間等待注授官職。即使已注授某官，也須待次。故選人注官，時間獨長，有經六七年或更長時間始得一差遣者。熊克登第後，即因待次而家居多年。蓋自紹興末至乾道中，約有十年之久。

(五)餘姚尉。《四朝聞見錄》載熊克"既調餘姚尉，史越王嘗爲是官，適以舊學召入相，道出餘姚，熊攜行卷詣王舟上謁，王讀其文而器之"。按史浩(即史越王)兩次入相，第一次在隆興元年(1163)正月，乃自翰林學士、參知政事遷右僕射；第二次是淳熙四年(1177)自賦閑召爲待讀，以觀文殿大學士授右丞相。所謂"舊學"指史浩曾任建王府(宋孝宗即位前封建王)教授。但史浩的這兩次入相與熊克出仕的時間皆不符。隆興元年熊克尚居建陽。但熊克任餘姚尉與史浩的經歷有關，却是事實。查熊克有一篇《祭史丞相母夫人文》云："某仰高自昔，守職於茲。顧靡逮於升堂，敢薄陳於奠斝。"⑧另查樓鑰《攻媿集》卷九三《純誠厚德元老之碑》及《嘉泰會稽志》卷二，乾道六年(1168)四月，史浩母洪氏卒於紹興，史浩當時知紹興府兼浙東安撫使，遂守喪奉祠歸四明。祭文所稱"守職於茲"，表明熊克當時正是史浩之下屬。其所任職應即紹興府屬縣餘姚縣尉，故此有祭文之作。這可見熊克作尉必與史浩帥浙東同時。熊克何時出仕，亦可考查。熊克有《宴汪帥文》，稱汪帥爲"安撫樞使相公"，稱其"制閫閩山，屬機廷之大老；途經建水，遇册府之高賢"。⑨此汪帥即汪澈，嘗任樞密使，乾道四年(1168)十二月以觀文殿學士知福州兼福建安撫使。⑩汪澈經行建安,熊克於宴席上作此致語,可知當時熊克尚閒居於家,則其出任餘姚尉必在乾道五年。

(六)鎮江府教授。熊克於乾道六年任鎮江府教授。陸游《入蜀記》卷一乾道六年六月十七日:"入鎮江,泊船西驛,見……府學教授左文林郎熊克。……同坐熊教授,建寧人。"⑪周必大《乾道庚寅(六年)奏事錄》:"閏五月壬午,……府學教授熊克並相候。"其任滿在乾道八年。萬曆《鎮江府志》卷一六"宋教授":"熊克字子復,建安人,乾道八年任。"但宋刻《新定三禮圖集注》跋云:"始熊君子復得蜀本,欲以刻於學而予至,因囑予刻之。……淳熙乙未閏三月永嘉陳伯廣書。"另據府志,陳伯廣於淳熙二年(1175)乙未始任鎮江府教授,則熊克任滿未即離鎮江,等待新命。熊克乾道九年十月爲梁克家知建寧府所作的《賀梁丞相判建寧啓》稱:"某猥迫衰齡,浪擬劇邑。嘗乞爲祠觀香火之吏,蒙許陶成;豈意於學校齏鹽之生,共依教育。"⑫這表明,熊克在此年奉祠,且已注授知某縣(劇邑)。

(七)知諸暨縣。熊克於淳熙二年知諸暨縣。陳俊卿於本年知福州,見《淳熙三山志》卷二二,熊克有《賀陳丞相帥閩啓》自云:"輔邦引疾,本祈閒散之居;潛府移麾,更受劇煩之任。"⑬前指任鎮江教授,後指知諸暨縣。本傳謂部使者芮輝薦舉改官,而無確切時間。查芮輝任浙東提刑在淳熙二年十二月至四年十月,⑭召還任秘書少監。知熊克淳熙五年召歸。

(八)提轄文思院。當在淳熙五年即芮輝入朝之後。《宋會要輯稿·禮》一二之六載將作監申文思院提轄熊克等劄子,言鑄造韓世忠家廟祭器事,時淳熙六年正月六日。《宋詩紀事》卷四五載熊克《壽芮秘書》詩三首,有"帝調玉燭召春還"句。詩應作於淳熙六年春。

(九)校書郎、秘書郎。熊克以淳熙七年三月除校書郎。九年六月遷秘書郎。十年二月遷起居舍人。⑮但該書謂熊克由秘書郎除起居郎則誤。其除學士院權直,亦自淳熙七年爲始。周必大《淳熙玉堂雜記》卷下載:"必大久在翰苑,……上數令薦詞臣爲代。……戊戌九月丁丑,御藥院傳旨,問近例除官有無三員者。吏具。……後旬餘,崔大雅服闋還朝,上曰:'卿來適其時。'遂再兼權直。十月復增莫子齊濟,尋卒。其後繼增趙大本彥中、熊子復克,予遂參預。"按:戊戌爲淳熙五年,是年九月,以崔敦詩(大雅)爲樞密院編修官權直學士院,繼又增莫濟權直,翰苑雖增至三員,而周必大尚未能脫身大用。至趙彥中、熊克權直後,始除參政。周必大自翰林學士除禮部尚書兼學士在淳熙五年十一月,熊克除校書郎在七年三月,五月周必大進除參知政事,⑯則知熊克兼權直學士院自當在此年三月除校書郎之後。⑰

關於熊克以四六文字爲宋孝宗賞識由何人推薦的問題,見於文獻記載有三說:一爲《四朝聞見錄》,謂史浩以熊克行卷上奏,孝宗令"給劄中秘,序轉校書郎"。一爲本傳,謂由曾覿引薦。本傳言:"嘗以文獻曾覿。覿持白於孝宗。孝宗喜之,內出御筆除直學士院,宰相趙雄甚異之。……以爲校書郎,累遷學士院權直。"一爲《齊東野語》卷八《熊子復》條,謂王季海

(淮)守富沙(建寧府)日,讀子復樂語稱善,以此相知引薦。今按:史浩薦舉説恐不確。蓋史浩再罷相在淳熙五年十一月,而熊克七年始除校書郎。本傳所載也當係誤傳。曾覿之再次弄權,當以其乾道八年使金歸來提舉京祠爲始,以淳熙四年貶逐參知政事襲茂良爲巔峰。此後由於臣僚反覆進諫,特別是淳熙五年十月前宰相陳俊卿知建康府過闕入見,力陳曾覿干政誤國,孝宗有所悔悟,隨即表示今後將不再聽從曾覿所言。曾覿遂因寵衰憂恚,於七年十一月死去。⑱熊克前此雖曾以文干曾覿,但他入館時曾覿已無進退人才之力(七年三月),況且在曾覿聲名狼狽之時,即使熊克爲曾覿所薦,孝宗也必有所顧忌而不敢用。更何況如史傳所言,熊克係爲校書郎之後才"累遷權直",則更遲至曾覿既死,而全無此種可能了。

　　三説中,我以爲惟有王淮薦舉説較爲可信。王淮曾於紹興二十七年任殿試點檢試卷官,⑲乾道四年知建寧府,⑳與熊克相識。故李心傳説熊克"本王淮門下士"。㉑《齊東野語》載王淮薦舉事頗詳,具引如下:

　　　　改秩作邑滿,造朝謁光範。季海(王淮)時爲元樞,詢子復曰:"近亦有著述乎?"子復以兩編獻。一日後殿奏事畢,阜陵(孝宗)從容曰:"卿見近日有作四六者乎?"時學士院缺官,上不訪之趙丞相(雄)而訪之季海。……遂及子復姓名。上云:"此人有近作可進來。"季海退以所獻繳入。翌日上謂季海曰:"熊克之文,朕嘗觀之,可喜。"蓋欲置之三館兼翰苑也。季海奏云:"如此恐太驟,不如且除院轄,徐召試,使克文聲著於士大夫間,則人無間言。"阜陵然之,遂除提轄文思院。他日趙丞相進擬,上曰:"朕自有人。"趙問何人。上曰:"熊克。"又曰:"陛下何以知之?"曰:"朕嘗見其文字。"又問:"陛下何從得其文字,此必有近習爲道地者。"上曰:"不然。"季海雖知由己所薦,以上既不言,亦不敢泄,而趙終疑之。

而楊萬里所作《王淮神道碑》亦載王淮曾薦"熊克之文辭,可使登法從",而此神道碑即以"熊公克所作行狀"撰寫。㉒可知王淮薦舉確爲事實。

　　熊克提轄文思院、除校書郎正當趙雄任右丞相、王淮任樞密使期間。《野語》所載,細節或有出入,但大致過程當屬實。《直齋書錄解題》卷一八謂熊克"以王丞相季海薦驟用。王時在樞府,趙温叔(雄)當國,莫知其所從來,頗疑其由徑,沮之,而上意向之,不能回也"。王淮薦舉事既未公開,曾覿又爲衆惡所歸,則在趙雄等所謂正人君子眼中,熊克之遽進超遷自然不無可疑之處,這也許是曾覿薦舉説的源頭所在。

　　(十)起居舍人。熊克於淳熙十年二月除起居舍人,同月罷。《宋會要輯稿·職官》七二之七載:"淳熙十年二月二十六日,新除起居舍人熊克與在外差遣,以言者論克夤緣請托,急叩召試,今兹峻除,士論尤駭,故寢新命。"《直齋書錄解題》、《言行類稿》、《宋史》本傳等書皆謂熊克所除爲起居郎,章定於《言行類稿》卷二六著文載其先君所交友好共四十九人,其中熊克被稱爲"熊舍人克"，與《宋會要輯稿》一書相同，當以此爲是。

（十一）知台州。《嘉定赤城志》卷九載熊克於淳熙十一年三月以朝請郎知台州，十二年正月以進《九朝通略》轉朝奉大夫。[23]其《赴任與寄居官啓》亦云："誤恩起廢，猥假一麾。……某者處世多奇，與時寡合。……册府無裨，旋以語言而去國。久自甘於閒散，上世記於衰遲。薦更南紀之麾，後寓西清之職。"[24]據知熊克罷起居舍人後即奉外祠，至此又起廢知台州。熊克於十三年正月罷知台州。《赤城志》謂"十三年正月二日召"亦誤。實際上熊克是因被浙東提刑趙公碩、提舉岳甫論其縱容軍人盜販私鹽而罷免，時間是十二年十二月（《赤城志》是實際去任時間）。[25]此後，熊克即家居以終。

（十二）著述。《直齋書録解題》著録熊克著作六種，《宋史·藝文志》著録其著作五種，其他書籍著録其著作兩種，去其重複，共十種。現據諸書考證如下：

《九朝通略》一百六十八卷。此書記載北宋九朝歷史，目録書皆列於編年類。《永樂大典》收録此書，至清乾隆間編纂《四庫全書》時，尚存十一卷；惜館臣未能輯出，今已全部亡佚。宋人類書如《古今合璧事類備要》、《羣書會元截江網》、《羣書考索》、《古今源流至論》均引其文。其中關於徽、欽二朝事可補《長編》之缺。

《中興小曆》四十一卷。

《官制新典》十卷。《解題》卷六謂"其書以元豐新制爲主，而元祐之略加通變，崇、政之恣爲紛更，皆具焉"。可知此書乃是考述北宋以來官制變遷沿革歷史的一部專著。

《聖朝職略》二十卷。《解題》同卷稱此書"仿馬永錫《唐職林》，考其廢置因革，亦頗采故事，摘舊制誥中語附焉。其書猶草創未成，蓋應用之具也"。此書當是職官類類書，爲詞臣應用準備的工具書，今《羣書考索》頗引此書佚文。

《鎮江志》十卷。此書當是任鎮江府學教授時所撰，在京口地志中爲草創之作。

《京口詩集》十卷，續集二卷。《解題》卷一五稱此書係熊克"集開寶以來詩文，本二十卷，止刻其詩。續又得二卷，自南唐而上曾所遺者補八十餘篇"。按明《鎮江志》卷一六載："熊克，……乾道八年任，集開寶以來詩文二十卷，又補《丹陽類稿》所遺八十餘篇，爲《京口集》。"據知熊克所編鎮江之詩文總集蓋二十卷，文集或因未即刻行之故，而爲《解題》及《藝文志》所不載。

《館學喜雪唱和詩》二卷。見《宋史·藝文志》。《宋會要輯稿·瑞異》一之五："淳熙癸卯前立春一夕大雪，秘書郎熊克賦詩，館學之士和焉。"癸卯爲淳熙十年，《唱和詩》當編成於是年正月。

《四六類稿》三十卷。此書爲熊克所作四六文集，其他詩文是否結集無考。[26]

《帝王經譜》，不知卷數。[27]

《諸子精華》,亦不知卷數。⊗

　　熊克生平著述宏富,惜流傳至今的著作只有《中興小曆》一種,還是清四庫館臣從《永樂大典》中輯出的,非其原刊本。其他著述則已全部亡佚。但熊克的詩文,尚間見於宋人方志、類書、總集中,尤以《五百家播芳大全文粹》所錄四六啓劄最多,約近百篇,大概是從紹熙間間世的《四六類稿》中輯錄的。《文粹》編者作序於紹熙元年,編成當在寧宗慶元改元之前後,其大量引錄熊克的四六文字,説明熊克的四六文在其生前即被當作範文而廣泛流傳,這與他以四六之作著稱於世也是相符合的。

二、《中興小曆》的著作年代考

　　在清人廖廷相爲廣雅書局本《中興小曆》所作的跋文中,有如下一段話:"《雜記》載克以上《九朝通略》遷官,而此書未嘗進御。乾道八年秋,商人戴十六者私持渡淮,盱眙軍以聞,遂命諸道帥憲臣察郡邑書坊所鬻,凡事關國體,悉令毀棄,則當時已少傳本。"

　　按照廖氏所言,既然乾道八年已有商賈携帶《小曆》一書出境,那麼此書的寫成與刻印,最晚也要在乾道元年至八年之間。據"當時已少傳本"一語,知廖氏正是作如此理解的。他的根據就是李心傳《建炎以來朝野雜記》所載。然而,這其實是一個大誤會。

　　按《朝野雜記》甲集卷六《嘉泰禁私史》條,原已詳述寧宗朝禁行私史並牽連到《中興小曆》的始末。其全文是:

　　　　頃秦丞相既主和議,始有私史之禁。時李莊簡光嘗以此重得罪。秦相死,遂弛語言律。近歲私史益多,郡國皆鋟本,人競傳之。嘉泰二年春,言者因奏禁私史,且請取李文簡《續通鑑長編》、王季平《東都事略》、熊子復《九朝通略》、李丙《丁未錄》及諸家傳等書,下史官考訂,或有裨於公議,乞即存留,不許刊行,其餘悉皆禁絶,違者坐之(二月甲午)。文簡所著《長編》凡九百餘卷,孝宗甚重之;季平、子復皆嘗上其書,除職遷官,仍付史館。丙以父任監行在都鹽倉,乾道八年夏,上其所編《丁未錄》二百卷,自治平四年至靖康元年,詔特改京官(六月戊戌),付國史院。然記載無法,學者弗稱焉。其秋,商人戴十六者,私持子復《中興小曆》及《通略》等書渡淮,盱眙軍以聞,遂命諸道憲司察郡邑書坊所鬻書,凡事干國體者,悉令毀棄(七月戊申)。《中興小曆》者,自建炎初元至紹興之季年,雖已成書,未嘗進御。然其書多避就,未爲精博,非《長編》之比也。

李心傳這幾段話,介紹了嘉泰間禁行私史的始末,指出當時"言者"論列的四部史書實際上都經進呈並交付史館。因而其奏請禁行的理由極不充分。其第二段話就是追述四部史書在孝宗朝進呈的事實,而第三段乃接第一段,續寫嘉泰二年禁行私史的具體情況,因而其中的"其秋"顯然指嘉泰二年(1102)，而決非乾道八年秋，這是任何一個稍能認真閱讀李心傳上述文字的人都能得出的結論。再從情理上説，《中興小曆》既然是與《九朝通略》一道被查禁的，《通略》進呈於淳熙十一年十二月，㉙其印行時間是在熊克生前還是去世後雖不得而知，却必定在淳熙十二年進呈之後，因而戴十六私持《通略》和《小曆》出境也必定在兩書都已付梓印行之後，無論如何不會在乾道八年。這同樣證明《小曆》作於乾道八年説之完全錯誤。廖廷相是在没有讀懂《雜記》原文的情況下作此判斷的，於是才出現了《小曆》作年上的誤解。

　　然而《小曆》於嘉泰二年被禁一事，雖能説明《小曆》前此已經寫成並已付印，却還不能由此確定其作年。要真正解決這一問題，尚須另外尋求有力的證據。

　　今按，熊克將其所作宋高宗朝的編年史命名爲"中興小曆"，等於申明此書主要是依據《高宗日曆》加以增補考訂而成。稱"小曆"既是自謙，也説明其體裁内容必與日曆體大體相近。宋人十分重視日曆的編修，謂"日曆以事繫日，以日繫月，比之祖宗實録，格目尤詳"。㉚又云："史館之編修，以日曆爲根柢。日曆之記，次以時政記、起居注與諸司之關報爲依據。"㉛可見宋朝官修編年體史書以日曆記事最爲完備，因此《小曆》與《建炎以來繫年要録》皆以《高宗日曆》爲主要編寫依據。《小曆》成書早於《要録》，但如果没有《高宗日曆》編纂在前，它便不可能寫成並冠以"小曆"之名。而熊克得以參據《高宗日曆》撰寫《小曆》，自須在《日曆》成書以及熊克入館得以查閱《日曆》這些條件具備之後。查《宋史·孝宗紀》二，《太上皇日曆》修訂完成進呈是在淳熙三年三月，至七年熊克始入館。因此熊克爲撰寫《小曆》的準備工作既不能早於淳熙七年，更不能早於淳熙三年。

　　另查今本《小曆》雖因是輯本，原書序跋皆已無存，無任何有關編寫情況的説明可資考證，但此書畢竟還保存了一些可以印證作年的線索，足以補充或完善上述推斷。例如此書引用的五十餘種書籍(見書中自注)，就有楊倓編寫於淳熙初的《江陵志》，㉜也有淳熙七年以後刊行的《喻樗語録》，㉝其他引書可能也有晚於二書的，但已不易考出。最有考證價值的是《小曆》卷十的一條記事。這條記事説，韓世清嘗爲盜，及屯駐宣州；召亡命一萬五千人，江東大帥吕頤浩乘機進言應對韓世清有所防範。《小曆》此後就接着寫道："時吕頤浩方招安張琪，而世清襲擊琪，破之。頤浩以世清壞其事，故不樂。徽人羅汝楫在言路，嘗欲爲世清辯白而未果。今敷文閣直學士程大昌亦徽人，知其事，嘗親爲克言之。"

　　按吕頤浩欲除韓世清，事在紹興元年六月，至二年閏四月，韓世清果以狂悖伏誅，㉞故羅汝楫、程大昌都以爲是吕頤浩陷害所致。程大昌何時向熊克言及韓之冤屈，《小曆》未明言，但只説他寫此書時程大昌的職名是敷文閣直學士。據此線索查程、熊二人行蹤，則知熊克任館職時程大昌任吏部尚書，熊克罷台州任家居建陽時程大昌正守建寧府(建陽是建寧府屬縣)。程大昌知建寧始於淳熙十三年六月，至十四年七月因臣僚論列而放罷，㉟紹熙元年

(1190)又以寶文閣直學士知明州兼沿海制置使。㉟職名以寶文閣高於敷文閣,宋人初典大
藩,依例進職以增重其閫寄之權,程氏守建寧是否帶職無考,但從他後來又進寶學的情況看,
熊克所謂"今敷文閣直學士"云云,所涵蓋的時間範圍只能是程大昌守建寧到他罷任家居期
間,即淳熙十三年六月到紹熙元年的四年間,而只提到程大昌職名未及其官守說明,當時程
大昌閒居於家尚未知明州。則熊克寫作《小曆》的時間由此可定,即應在淳熙十四年以後的
三年內。

　　除《小曆》自身的證據外,《要錄》也有一條涉及《小曆》作年的重要記載。其卷一七七紹
興二十七年七月庚午載給事中王師心言茶民販盜私茶事,有注語謂熊克所記事與《日曆》迥
異,李心傳對此有數語云:"蓋克本故相王淮門下士,而書(指《小曆》)成之歲,淮尚爲左相,故
於師心事多所緣飾也。"按王師心本是淳熙九年九月至十五年五月任左丞相的王淮的伯
父,㊲所以李心傳說熊克以王淮之故爲王師心掩飾。是否如此可以不論,但李心傳既明確指
出《小曆》寫成時王淮尚在左丞相任上,則一定是在淳熙十五年前。李心傳作《要錄》,《小曆》
是重要參考書之一,其言或出於《小曆》原序跋,或來自熊克的碑銘行狀,總之必有所據。根
據以上考證,《小曆》的作年,大體上應確定在淳熙十四年至十五年之間。

三、《中興小曆》印行未久即遭禁毀

　　《中興小曆》一書,大概是在寫成不久便交付刻印了。但是,據前引《朝野雜記》,到了嘉
泰二年秋,此書却因商人戴十六欲携帶出境而遭禁毀。其事始於是年春間的禁行私史。而
首倡其議、李心傳未曾點出姓名的"言者",《宋會要輯稿》却有詳盡記載,他就是《雲麓漫鈔》
的作者趙彥衛。以下是關於此事的始末:

　　　　嘉泰二年二月二十八日,新差權知隨州趙彥衛言:"恭惟國家祖功宗德,超冠百王;
　　真賢實能,遠逾前代。史館成書有《三朝國史》、《兩朝國史》、《五朝國史》,莫不命大臣以
　　總提,選鴻儒以撰輯,秘諸金匱,傳寫有禁。近來忽見有本朝《通鑑長編》、《東都事略》、
　　《九朝通略》、《丁未錄》與夫語錄、家傳,品目類多,鏤板盛行於世。其間蓋有不曾徹聖聽
　　者,學者亦信之,然初未嘗經有司之訂正。乞盡行取索私史,下之史館,公共考核,或有
　　俾於公議,即乞存留,仍不許刊行,自餘悉皆禁絕。如有違戾,重置典憲。"從之。……七
　　月九日,詔令諸路帥憲司行下諸州軍應有書坊去處,將事干國體及邊機軍政利害文籍,
　　各州委官看詳,如委是不許私下雕印,有違見行條法指揮,並仰拘收繳,申國子監。所有
　　板本,日下並行毀劈,不得稍有隱漏。……以盱眙軍獲到戴十六等輒將本朝事實等文字
　　欲行過界故也。㊳

以上所載正是前引《朝野雜記》記事所本，只是隱去了言者的姓名。從所録趙彥衛奏疏中，足以考知嘉泰禁行私史的真正原因。按嘉泰二年是外戚韓侂冑誣陷宰相趙汝愚，把持國柄的第八年。自慶元改元(1195)以來，爲了繼續打擊趙汝愚、朱熹一派政治力量，韓侂冑及其黨羽實行黨禁，設立逆黨籍，用以網括趙、朱門下的知名士，一時善類悉罹黨禍。在文化學術方面，韓黨也實行專制，宣佈程朱理學爲僞學，將理學家們的語録之類並行禁毀，同時利用科舉"考核真僞，以辨邪正"。慶元二年禮部試，考官葉翥、倪思、劉德秀等韓侂冑黨羽上言"僞學之魁，以匹夫竊人主之柄，鼓動天下，故文風未能丕變，乞將語録之類，並行除毀"。又説"二十年來，士子狃於僞學，汩喪良心。以六經子史爲不足觀，刑名度數爲不足考，專習語録詭誕之説，以蓋其空疏不學之陋"，於是"是科所取，稍涉義理者，皆黜之"。[39]但當時禁毀的重點在語録等著作，至於時人撰寫的慶元黨人家傳、家乘之類尚未來得及清理。而這些私史所記載的紹熙、慶元時事，必有與韓侂冑意旨大相違礙之處，因而正爲韓黨所忌。故趙彥衛窺伺及此，才上疏要求禁絕私史，其真正要禁毀的是家傳之類私史。其刊刻於開禧間的《雲麓漫鈔》卷八曾論"近世行狀墓誌家傳皆出於門生故吏之手，往往文過其實，人多喜之，率與正史不合"。此時已在學禁解除之後，趙彥衛尚猶對家傳之類耿耿於懷，可見其成見之深。所以余嘉錫《四庫提要辨證》卷一認爲，趙彥衛列舉幾種私家史學著作要求查禁，不過是爲了表明其禁絕家傳理由公正的一種陪襯，[40]但我以爲，實際上又並不完全如此。

趙彥衛其人，本是宋朝宗室。據《八瓊室金石補正》卷一一六《吳下同年會詩》記載，知其爲隆興元年(1163)進士。[41]但是，在孝宗朝前後二十七年，他始終沈埋於下僚和選調，仕途久困自然使他積累了許多怨憤不平。《雲麓漫鈔》卷四曾慨歎乾道、淳熙以來嚴選人改官之法，如"乾道削薦紙，嚴歲額，淳熙增教官，添縣丞、諸司屬官"，而稱"人有淹滯之歎"，即其自致憤慨之語。直至慶元黨禁時期，他才得任台州通判，[42]蓋歷三十六七年，又於慶元六年四月因通判台州不恤災民爲任監察御史的韓侂冑黨羽林采論劾罷官。[43]然而家居不到二年，他便以此奏疏起知隨州，[44]則其奏進此疏，必有取媚於韓侂冑之處。我以爲，這不僅因其主張禁毀家傳迎合了韓侂冑的意旨，還由於他不惜竄亂史實，對孝宗朝進行詆毀，以表示對韓氏黨羽議論從同之故。

例如，他籠統地説《長編》等四部史書和語録家傳"不曾徹聖聽"，"未嘗經有司之訂正"，就是十足的謊話，故意混淆視聽之言。語録、家傳等著作，既皆屬私家著述，並非要進呈史館，當然不須"徹聖聽"，"經訂正"。而對李燾等四部史書，《朝野雜記》已列舉史實，證明均進呈於孝宗時，作者皆因進書遷官。查《宋會要輯稿·崇儒》五之三八至四〇，李丙進《丁未録》在乾道八年六月，熊克進《九朝通略》在淳熙十一年十二月，王稱進《東都事略》在淳熙十三年八月。今再舉李燾進《長編》事件爲例以證其誣。據《宋史·李燾傳》載，乾道四年四月，李燾進《長編》前半部,"淳熙改元,(李燾自知瀘州)被召,適城中火,上章自劾。提刑何熙志奏焚數不實,且言《長編》記魏王食肥彘,語涉誣謗。(魏王爲宋太祖子德昭死後追封。'德昭好啖肥猪肉,因而遇疾不起。'附見《長編》卷二○注語)上曰:'憲臣按奏火數失實,職也,何預國史?'命成都提刑李繁究火事,詔熙志貶二秩罷,燾止貶一秩。……七年《長編》全書成,上之,詔藏秘閣。……上謂其書無愧司馬遷"。"燾嘗……請上……冠序,上許之。"以上記事足以説明,宋孝宗對《長編》一書的重視和評價之高,也説明孝宗確實是實行鼓勵史學家撰寫當代歷史的政策。趙彦衛是孝宗龍飛榜進士,對這段歷史當然清楚,但他既不得志於前朝,則其必欲將深爲孝宗推許的《長編》等書置於死地而後快,這種行徑,就決不僅僅表示其言專爲禁止語録家傳而發。大概他的目的,除了要用這種方式表明對文化上實行開放寬鬆政策的不滿外,還企圖藉此取悦於操權得勢的韓侂胄黨徒(從《宋會要輯稿·選舉》五之一七載慶元二年三月十一日吏部尚書葉翥等"二十年來士子狃於僞學"言中,即可知韓黨對孝宗以來學術文化的不滿)。

　　熊克《九朝通略》是與《長編》並行的北宋九朝編年史,和其他幾部史書一樣,其中並無有損"祖功宗德"一類記事,即對韓侂胄專權,大約也絶無任何不利影響。《小曆》雖是記載南宋歷史的第一部私人著作,但記事止於高宗朝,與孝、光、寧三朝史事也沒有直接關係,熊克本人生前同理學宗師朱熹既無師友淵源,也未必有過厚的私誼。《與朱侍講啓》中"某猥聯鄉墨,幸色笑之常親;徒慕門墻,歎步趨之難跂"可證明這一點。相反,他同淳熙間頗有反道學傾向的宰相王淮却過從甚密。這可見,熊克及其著作都不應在韓侂胄黨羽妒忌和排斥的範圍之内。顯然,《小曆》及《通略》因戴十六事件被禁,書板遭毀劈,如果沒有趙彦衛這次奏請,便不可能發生。對於《小曆》來説,事屬偶然,屬於無端被禍。但宋廷採取如此嚴厲的打擊手段,這表明,到了嘉泰二年,韓侂胄雖已接受某些臣僚的建議,準備鬆弛和解除學禁(其事亦恰在此年二月),並在政治上逐步恢復慶元黨人的名譽地位,但對文化學術領域的控制却並未因政治上的稍作和解姿態有所削弱,反而進一步企圖加强控制。《中興小曆》則正好成爲這一政策的犧牲品。

四、論證今本《中興小曆》非完本

　　《中興小曆》既是南宋首部由私人撰寫的高宗一朝編年史,《繫年要録》的出現約晚於它二十年,則其篳路藍縷之功是不應否定的。余嘉錫説《繫年要録》"自是以李燾《長編》爲法,不假此爲先河之導",[45]這是就體例而言。其實自司馬光著《通鑑》以來,編年體大盛於世,李燾《長編》繼之,熊克《九朝通略》、《中興小曆》亦繼之,《要録》的體例當然溯源於《長編》,然而高宗一朝編年史之作,《小曆》乃首創,《要録》踵繼之,且以其爲重要參考書,又怎能抹殺其開創先河之功績!

關於此書的價值,雖然李心傳批評它"多避就,不爲精博",陳振孫批評它"疏略多抵牾,不稱良史",[46]但四庫館臣稱其"上援朝典,下參私記,綴緝聯貫,具有倫理","創始難工,固未可一例論也",所言極是。應當說,《小曆》一書具有很高的史料價值。儘管此書記事亦時有疏誤,但它主要依據當時官修史書《高宗日曆》以及其他作者所能見到的野史、稗記、志乘、行狀碑銘等參考書,這雖和後來李心傳著《要錄》採輯羣書的範圍廣狹不可同日而語。但李心傳記事不主一家,斷自己意,亦難免出現失實失誤,有《小曆》與之相互參證,則往往得其真確者。特別是在《高宗日曆》不傳後世的情況下,這種參考補正作用更加明顯。《小曆》一書,對於宋高宗同宰執大臣的議事言論記載獨詳,廖廷相因此說它是"君臣諛頌之辭,瑣屑必錄","汪伯彥《時政記》、朱勝非《閒居錄》等書,尤所誣辭,殊少別擇",固然不無道理,然而從另一方面看,惟其如此,方能表現當時軍政大計的決策過程,並藉以考見《高宗日曆》等官修史書的真面目。作爲史料書,後人所要求於前人的,是儘可能詳備。李心傳對《日曆》所載君臣議論則刪潤過甚,反而使後人難以考見事實真象了。因此,《要錄》諸書後來流傳既廣且影響居上,而《小曆》終不可廢,至今仍是治南宋史學者的案頭必備書。

《小曆》一書,在嘉泰中被明令禁毀,然而其書不但士大夫家有收藏,如被《書錄解題》、《要錄》等書收錄引用,史館也有藏本。如《宋會要輯稿·職官》一八之六〇載嘉泰三年傅伯壽言網羅天下放失舊聞,編撰國史,就提到"今史館所收《三朝北盟會編》、《中興遺史》、《中興小曆》三書"。可見嘉泰禁毀此書的同時,秘書省並未銷毀此書,只是在元、明兩代未見翻印(其命運和《長編》、《要錄》、《會編》其實也並無不同,後者也大都只以抄本、《永樂大典》輯本的形式得以流傳)。明初修《永樂大典》,此書也被收錄,清乾隆間修《四庫全書》,館臣自《大典》輯出,"以原書篇第爲修纂者所合併,舊目已不可尋",乃自整理爲四十卷,與原四十一卷仍有微小差誤。館臣又因書名與乾隆帝弘曆名諱相犯,且前有一"小"字,不敢以同音字相代替(如將日曆之"曆"改爲歷史之"歷"),而更易其書名爲《中興小紀》。爲避諱而擅改前代書名,實所罕見。此後清代各傳抄本及光緒廣雅書局刻本,就都因從《四庫》本出,故亦一律題爲《小紀》。近來有人不明其故,竟稱《小曆》爲《小紀》的別名,[47]可謂倒因爲果。我以爲,《小紀》之名爲清人所擅改,今人不應再襲其謬其妄,當以恢復其本名爲是。

《小曆》的版本,目前既然只有《四庫全書》本爲惟一的傳本,則其最大的問題,就是大量脫略訛誤無從校正。要證實今本《小曆》的脫略當然並不難,因爲在《小曆》問世之後,畢竟出現了另一部編年體史書《建炎以來繫年要錄》,兩書同是記載宋高宗朝的歷史,起迄年月及記事範圍基本一致,只是《要錄》較《小曆》取材更廣泛,考證更精確,而記事詳盡始末完整體例嚴謹以及文字數量,《要錄》都要遠遠超過《小曆》。其作者李心傳又是一個對熊克的《小曆》

極爲重視而又頗多貲議的人物。《要錄》一書,參據《小曆》修入或隨處辨正《小曆》誤失的條目,不勝枚舉。其中一部分已被寫入《要錄》的有關條目的注釋中,其數竟達四百二十多條。我曾把這些條目同今本《小曆》核對,發現經《要錄》引用、參證及存疑、駁正,而又不載於今本《小曆》的條目也多達一百餘條。是什麼原因致使《小曆》殘缺不全,因《永樂大典》的散佚,今已無從考證。這一現象,以前很少引起人們的重視。近閱李裕民先生所著《四庫提要訂誤》一書,得知他也注意到這一現象,並在書中引用不見於《小曆》的四條記事,即《要錄》卷三七、卷七八、卷一三一、卷一四二記事各一條。不過其中前兩條已見今本《小曆》,並未脫略。如《要錄》卷三七"右監軍烏珠……與萬户羅索等會"條即見今本《小曆》卷九,謂"金人……急調右監軍烏珠……與萬户羅索等會";卷七八"建昌軍亂"條亦見《小曆》卷一六紹興四年七月庚申,俱失檢索。後兩條則確實不見於今本《小曆》,此可證李先生今本《小曆》"已非完書"的結論甚確。我今再從《要錄》一書中檢出不見於《小曆》的記事二十條,作爲今本《小曆》殘缺不全並非完本的例證。

(1)《要錄》卷一建炎元年正月壬寅陳規守德安府條注:"熊克《小曆》云:'規,臨沂人,通判鄆州,押賊有勞。'"今本《小曆》無此條。

(2)《要錄》卷一四建炎二年二月載遼舊將王策爲宗澤具言敵中虛實事。注語謂《小曆》有"金人之舅王策者,拘囚在東京"語,今本《小曆》皆不見載。

(3)《要錄》卷二一建炎三年正月庚辰朱勝非守尚書右仆射中書侍郎兼御營使條注云:"熊克《小曆》,勝非拜相在庚辰,《日曆》在己卯。"今本《小曆》缺朱氏拜相的記事。

(4)《要錄》卷三七建炎四年九月己未韓世忠妻和國夫人梁氏言積俸未支條,注云:"熊克《小曆》:'世忠妻和國夫人未支積俸,詔以隆祐太后殿下貢物給之,他不得援例。既而賢妃位亦乞勘請,不允。'"今本《小曆》無此記事。

(5)《要錄》卷四三紹興元年三月庚戌,載張俊擊敗李成、馬進復筠州事。注謂《小曆》有云俘獲數萬,俊以其太衆,且疑其復叛,是夕令陳思恭殺之。以上記事均爲今本《小曆》所不載,而此年十月高宗語及張俊平李成事,則謂得敗卒八千,與以上記事不同。

(6)《要錄》卷四四紹興元年五月辛丑御筆犒賞諸軍事,注云:"熊克《小曆》:'上自南渡,頗優假衛士,每兩月輒一賞賚。'"此事今本《小曆》亦不見載。

(7)《要錄》卷九六紹興六年正月丙戌張浚荆襄視師條注云:"熊克《小曆》稱:'詔百官出城班送浚行。'"按:今本《小曆》此年正月張浚行邊條並無此記事。

(8)《要錄》卷一○二紹興六年六月辛酉黃祖舜乞堂除縣令條,注謂《小曆》有此記事,且所記黃氏官職有誤,今本《小曆》並無此記事。

(9)《要錄》卷一一九紹興八年五月丁未載岳飛遺王庶書,云今歲不出師,當納節請閒。注謂《小曆》於此即書分移張宗顏、劉錡軍事。今本《小曆》無岳飛書語,亦無分移劉錡軍一事。

(10)《要錄》卷一二四紹興八年十二月庚辰秦檜見金使於館受國書條,注稱依據《小曆》而書,今本《小曆》實無其事。

(11)《要錄》卷一三一紹興九年八月庚申周葵除起居郎條,注稱:"此據熊克《小曆》。"此條記秦檜矯詔弄權事,而今本《小曆》亦無。

(12)《要錄》卷一三二紹興九年九月周聿使宣諭陝西還,注引《小曆》有"檜等退而竊歎"云云一段,此記事及《要錄》所引,今本《小曆》並無。

(13)《要錄》卷一三六紹興十年六月戊申劉錡會諸將於順昌東門條,注謂《小曆》載於丁未,差一日。按,關於順昌之戰,劉錡破敵之經過,今本《小曆》全然不載,包括丁未、戊申記事,知殘缺甚多。

(14)《要錄》卷一四五紹興十二年四月乙卯詔鄭億年令赴行在條,注云:"熊克《小曆》今年正月末書:'至是曹勳等歸,羣臣猶疑,獨上兩操和戰之策。'"今本《小曆》並無是事。

(15)《要錄》卷一五三紹興十五年五月己酉王貴除福建副總管條,注云:"熊克《小曆》云:'初,步軍副都指揮使王貴因告張憲、岳飛之事,擢爲管軍,至是除福建副總管。'"此所記事及引文,今本《小曆》均無。

(16)《要錄》卷一六三紹興二十二年三月丁巳詔鍾世明往福建措置寺觀常住絕產條,注云:"熊克《小曆》云:'明年,慶遠軍節度使張澄帥福州,復請於朝,率還六七。'"上引記事今本《小曆》不載。

(17)《要錄》卷一八一紹興二十九年二月丙戌盱眙軍申繳金泗州牒條,注云:"熊克《小曆》云:'詔沿邊榷場數多,致夾帶禁物,私相往來。可留泗州、盱眙軍兩處,餘悉罷之。'"今本《小曆》不載上述記事。

(18)《要錄》卷一九三紹興三十一年十月丁未金人立葛王褒條,注云:"熊克《小曆》載褒立在十月庚子朔,注云:'或言立褒在六月,今從宋翌所記《金亮本末》。'"按今本《小曆》"今從"以下十字皆佚。

(19)《要錄》卷一九四紹興三十一年十一月丁丑采石之戰條,注引《小曆》有關此戰的文字二百四十九字(係節錄《小曆》者),今本《小曆》僅存前七十餘字,此七十餘字被《要錄》摘要錄出,僅爲五十餘字。其餘俱佚,則今本《小曆》缺佚恐達數百字。且采石之戰在此年十一月丙子丁丑兩日,而《小曆》於金主駐雞籠山之後即接書"虞允文見建康留守張燾"事,中間所遺漏時日約六七日,有關此戰之具體情節已經全然不載。

(20)《要錄》卷一九八載紹興三十二年三月壬子徐哲自金使手中取國書一事,注云據《小曆》參修,而今本《小曆》也全無此記事。

　　《中興小曆》既然是研治南宋史的一部重要參考書,而目前傳世的本子又存在許多應當校正和拾遺補闕的問題,則其點校整理就顯得十分必要而又必須慎重對待。福建人民出版社曾出版過一個點校本,但疏誤頗多,且並未對底本進行考證整理。今後的點校工作,應當以《四庫全書》的閣本爲底本,博稽群書,詳加補正,儘可能恢復其本來面目,使其更好地發揮應有的作用。

1994 年寫於哈爾濱,2001 年 6 月 5 日改畢

① 《晋書·熊遠傳》謂熊遠字孝文,豫章南昌人。熊克雖居建陽,發解却在豫章,蓋用其祖籍也。
② 此譜予未見,上引係武夷山朱熹研究中心方彦壽先生所提供。
③ 《五百家播芳大全文粹》卷九三熊克《獨善堂上梁文》:"恭惟先君獨善先生。"自注:"先君亦號宋野遺民。"卷九亦有熊克《先考獨善先生祠堂祭文》。
④ 韓元吉《易繫辭解序》有"戊戌歲,既年六十有一"語,戊戌歲即淳熙五年(1178)。
⑤ 見《五百家播芳大全文粹》卷一二。
⑥ 《五百家播芳大全文粹》卷八。
⑦ 《五百家播芳大全文粹》卷三八。
⑧ 《錦繡萬花谷》後集卷二二。
⑨ 《五百家播芳大全文粹》卷九〇。
⑩ 《淳熙三山志》卷二二。
⑪ 原文誤作"右文林郎"。熊克是進士出身,"右"應爲"左"之誤。
⑫ 《五百家播芳大全文粹》卷一七。
⑬ 《宋史翼》卷一三《芮輝傳》。
⑭ 《寶慶會稽志》卷二《提刑題名》。
⑮ 《南宋館閣續錄》卷八。
⑯㊹ 《宋史·孝宗紀》。
⑰ 《宣和北苑貢茶錄》卷末有熊克跋語,自署"淳熙九年冬十二月四日朝散郎行秘書郎兼國史編修官學士院權直熊克謹記"。
⑱ 《宋史》卷四七〇《佞幸傳》。
⑲ 《宋會要輯稿·選舉》二〇之一二。
⑳ 《攻媿集》卷八七《少師觀文殿大學士魯國公致仕贈太師王公行狀》。
㉑㊲ 《建炎以來繫年要錄》卷一七七。
㉒ 《誠齋集》卷一二〇《宋故少師大觀文左丞相魯國王公神道碑》。
㉓ 按《宋會要輯稿·崇儒》五之四〇,進書在淳熙十一年十二月。
㉔ 《五百家播芳大全文粹》卷四四。
㉕ 《宋會要輯稿·職官》七二之四三。
㉖ 《嘉定赤城志》卷三七載其《勸農詩》十首。
㉗ 《名臣氏族言行錄》卷一。
㉘ 乾隆《福建通志》卷四四。
㉙ 《宋會要輯稿·崇儒》五之四〇。
㉚ 《宋會要輯稿·運曆》一之二二。
㉛ 《宋會要輯稿·職官》一八之一〇八。
㉜ 楊倓於淳熙元年十一月至淳熙三年以簽書樞密院事知荆南府。見《宋史·宰輔表》、《朝野雜記》甲集卷一《湖北土丁弩手》條。
㉝ 《宋史·儒林傳》三。喻樗卒於淳熙七年。

㉞　韓世清伏誅事《小曆》不載，《宋史·高宗紀》有記載，《繫年要錄》卷五三詳載其事。

㉟　《平原續稿》卷六二《龍圖閣學士宣奉大夫贈特進程公大昌神道碑》：“十三年秋起知建寧府，十四年復提舉南京鴻慶宫。”

㊱　《延祐四明志》卷二，程大昌以寶文閣直學士宣奉大夫知明州兼沿海制置使在紹熙元年十一月。

㊳　《宋會要輯稿·刑法》二之一三二。

㊴　《宋會要輯稿·選舉》一之二五、五之一八。

㊵　余嘉錫言：“此必因當時人之語録家傳，記述時事，爲侂胄所惡，彦衛乃爲此奏，以獻媚權奸耳。其涉及《續通鑑長編》等書者，特欲擴大其事，以示所言不專爲時人發也。”

㊶　其同年進士中有詹體仁，登隆興元年進士第。

㊷　《嘉定赤城志》卷一〇載，慶元二年至四年趙彦衛以朝奉大夫通判台州。

㊸　《宋會要輯稿·職官》七五之三七。

㊺　《四庫提要辨證》卷四。

㊻　《直齋書録解題》卷四。

㊼　見福建人民出版社排印本《中興小紀》的出版説明。點校者顧吉辰、郭群一。

《續資治通鑑長編》點校本卷三二至卷一二三校勘劄記(五)

高 紀 春

卷九七天禧五年七月戊寅(頁2249):新作景靈宮萬歲殿,爲上本命祈福也。

按:萬歲殿,《皇宋十朝綱要》卷三、《宋史》卷八《真宗紀三》皆作"萬壽殿",本書卷一〇二天聖二年二月庚辰條亦作"萬壽殿"。又據《玉海》卷一〇〇《郊祀·祠宮·祥符景靈宮頌》條載:"天聖元年三月,詔修景靈宮萬壽殿,奉安真宗神御,以奉真爲名。"又云:"始,大中祥符以奉祠聖祖。迨天聖初,乃易其旁之萬壽殿曰奉真以爲真宗館御之所。"則景靈宮實有萬壽殿也。當作"萬壽殿"是。

又按宋初東京大内有萬歲殿,爲皇帝之寢殿也,太祖、太宗皆崩于此,大中祥符七年改名延慶,明道元年十月改名福寧,《宋會要》方域一之四、三之五、《宋史》卷八五《地理志一·東京》等皆可考。然則天禧五年七月新作于景靈宮者,其名似亦當爲"萬壽殿",而不當與宋初東京大内之寢殿同名。

卷九九乾興元年七月戊辰朔(頁2291),降丁謂子太常丞、直集賢院珙爲太子中允,落職,監鄆州税;……

按:本月己巳朔,戊辰乃六月二十九日。此處記時有誤。

卷九九乾興元年十月己未(頁2299):祔真宗神主于太廟,廟樂曰大名之舞。

按:大名之舞,浙局本原刻如此。今檢本書文淵閣本作"大明之舞",《宋史》卷一二六《樂志一》亦有"仁宗以大明之曲尊真宗"云云,《玉海》卷一〇七《音樂·樂舞》、《文獻通考》卷一三〇《樂考三》、卷一四三《樂考一六》、卷一四五《樂考一八》載宋太廟真宗室樂舞名亦皆作"大明"。據此,當從文淵閣本作"大明之舞"是,浙局本作"名"蓋"明"字音同致誤也。

卷一〇三天聖三年三月戊寅(頁2378):詔陝西災傷州軍,持仗劫人倉稟,非傷主者減死,刺配鄰州牢城,非首謀者又減一等,仍令長吏密以詔書從事。

按:本年三月癸未朔,無戊寅日。《宋史》卷九《仁宗紀一》繫此詔在本年二月戊寅,據知本條干支"戊寅"無誤,但誤置于三月下也,今當移入二月記事以正之。

卷一〇四天聖四年十月甲戌朔(頁2423):日有食之。此據《本紀》,《實錄》無之。

按:注所謂《本紀》,指宋修國史之本紀也。今檢《宋史》卷九《仁宗紀一》、卷五二《天文志五·日食》、《文獻通考》卷二八三《象緯考六》亦皆云本月"甲戌朔"日有食之,然本月朔日實爲"癸酉"而非"甲戌",朱文鑫《歷代日食考·宋代日食表》云,"甲戌"當作"癸酉"。諸書蓋皆誤也。

卷一〇五天聖五年三月乙丑(頁2439):賜進士王堯臣等一百九十七人及第,八十三人同出身,七十一人同學究出身,二十八人試銜。

按:據此所載本年進士取人之數,總爲三百八十九人。今《山堂群書考索》後集卷三七《士門·貢舉類》引有此段文字,與今本《長編》全同。《宋史全文》卷七"八十三人同出身"作"八十一人同出身",餘亦與《長編》載同,其總數則爲"三百八十七人"。《太平治迹統類》卷二七《祖宗科舉取人》又作"三百三十七人"。然據《皇宋十朝綱要》卷四《進士》條、《宋會要》選舉七之一四、《文獻通考》卷三二《選舉考五》、《玉海》卷三四《聖文·御書·天聖賜進士中庸》、卷一一六《選舉·科舉三·開寶講武殿試進士》等所載本年科舉取進士數,皆作"三百七十七人"。疑當作"三百七十七人"是。

明使林霄遇難暹羅探討

（泰） 黎 道 綱

　　陳學霖先生在《文史》一九九九年第三輯，總第四十八輯，發表一篇文章，[①]深入討論了明朝成化年間，林霄、姚隆二人出使暹羅一案。

　　誠如文章結語所寫："本篇論述，雖以明暹朝貢交涉史事爲架構，並試圖釐清中暹紀年之分歧，但主要從尋繹林霄與姚隆之傳記着手，逐一檢閱從明嘉靖至清光緒之《太平縣志》、《台州府志》及《撫州府志》、《臨川縣志》等地方志乘，考究其史源並與《實錄》記載比較作縝密分析，庶幾爲此樁中暹關係之懸案作個交代。"

　　文章引述中國史料至爲豐富，可惜缺少暹羅方面的資料，遂無法對是案作出結論，而把文章題爲《明成化林霄姚隆出使暹羅之謎》。

　　筆者藉居泰國之便，年來對暹史略有涉獵，茲引暹羅資料對比探討，試解此謎。不妥之處，望多指教。

一、素可泰併入暹羅國的過程

　　暹羅國史的研究近二十年來有大進展。簡言之，當今學者認爲，1351 年阿瑜陀耶（Ayudhya）王朝（華人稱大城王朝）之成立，實爲暹羅國之發端。[②]暹羅國成立前，分爲暹國和羅斛國，暹國在素攀（Suphanburi，明史的蘇門邦），羅斛原在華富里（Lopburi），後遷窳里（Yodia，猶地亞、阿瑜陀耶）。兩國合併後稱爲暹羅斛，簡稱暹羅。

　　據元《大德南海志》，1304 年間，在泰國中部是三國鼎立，除了真臘（柬埔寨）的勢力外，羅斛國和暹國已崛起，而暹國還"管上水速孤底"。也就是說，速孤底國（素可泰）是暹國的屬國。暹國另一屬國上水，其地在今猜納府。[③]

　　暹羅國成立後，因素可泰是暹國屬國，故被暹羅視爲屬國，但素可泰不服。素攀王系的參烈寶毗牙王 Borommaracha I[④]（1370—1388）登位後，連連出兵素可泰。泰國史籍《故都紀年》[⑤]記其在位時活動如下：

　　　　小曆733 年（1371），出征北方

735 年(1373),伐查岡勞城[⑥]

737 年(1375),出征彭世洛城

738 年(1376),再伐查岡勞

740 年(1378),又伐查岡勞

以上諸城都在原素可泰的疆域。

這部分討論的結論是,以往把素可泰看成暹國,並不吻合歷史事實。事實是,暹是素攀,素可泰是暹國的屬國。

暹羅國成立時,素可泰國是立泰王 Mahathammaracha I – Luthai(1346/1347—1370/1371)當政。由于其個人有能力,統治還算順利。他與大城雖然有糾紛,但是,在作了適當讓步之後,還是保住了素可泰邦的獨立,没有被大城吞併。素可泰邦的構成是以族系中優秀人物個人威信爲基礎的。立泰王去世後,素可泰分裂了。這時,大城已由素攀王系的參烈寶毗牙(坤鑾拍五)掌權。坤鑾拍五和立泰王有姻親關係,于是出兵討伐,保住立泰王系的地位。[⑦]

公元 1384 年間,素可泰的國王名叫拍室利提帕胡叻。此人是素可泰和素攀王系的後裔,後來他去轄甘烹碧城,把素可泰和室塞察那萊讓給立泰王的後裔統治。甘烹碧于是成了素可泰疆域内素攀王系的基地。素攀王系採取逐步滲透的方法,滲入素可泰。一方面在素可泰的甘烹碧城舉行儀式,宣揚素攀王系新城主的登基;另一方面,又把(大城的法律)拐騙法于 1397 年刻碑立于素可泰城。

1400 年,素可泰的摩訶曇摩羅闍三世賽昌泰王 Maha – thammaracha III,Sailuthai(1398—1419,立泰王之孫,其母爲蘭那人)在素可泰掌權,在 1406 年還在位。他立碑宣揚其政績,似乎要表明其獨立地位,但是,此時素可泰城建寺廟却要向甘烹碧城請僧侶來助。這個事實説明,素可泰承認甘烹碧城佛教宗派的地位高于素可泰。但二、三年後,甘烹碧又淪入蘭那的勢力範圍。

從這些事實看,立泰王系的素可泰和素攀、素可泰混合後裔的甘烹碧城之間的關係是互相尊重、各自統治。1409 年以前,素可泰又淪爲大城的屬國。這時,大城王朝進入烏通王系(羅斛王系:拉梅宣 Ramesuan 1388—1395,拍耶蘭 Ramaracha,1395—1409)統治時期。正是由于素攀和素可泰的緊密團結,素攀王係的因他拉差 Intharacha(1409—1424)才能于 1409 年在大城取得政權。此後,大城王朝全面向素可泰滲透。1412 年,素可泰越梭羅薩寺碑稱呼素可泰城主爲哦雅曇摩羅闍(哦雅是大城官名)。可見 1412—1416 年間,素可泰已降爲城主的地位。

從以上資料可以看出,素攀王系和素可泰蘭甘亨王系間通過婚姻逐步合併的過程始于立泰王時期,後來,坤鑾拍五支持立泰王系在族系紛争中登上王位,造成素可泰王系和素攀王系的特殊關係。後來,在素可泰的甘烹碧城主的支持下,素攀王系的因他拉差在大城登位。至此,才進入素可泰併入大城的最後階段。⑧

因他拉差王登位後,分立三個王子,長子轄素攀,次子轄猛訕(今猜納),三子轄猜納(今彭世洛)。⑨三子召三披耶的母親是素可泰王系,故由他轄彭世洛名正言順。因他拉差王死後,長子和次子爭王位,進行象戰,雙雙死去。三子于是即位,王號波羅摩羅闍提臘二世 Borommaracha II(1424—1448)。1424年召三披耶回大城爲王時,把彭世洛交還給波羅摩班 Mahathammaracha IV(1419—1438),素可泰又恢復到屬國的地位,從其王名的改變可以看出。

這時期,大城王國在彭世洛城分權,以統治原屬素可泰國的北方城邑。但這個在彭世洛城的第二權力中心,並不是從大城分權的,而是原素可泰邦獨立自主的自治權力的延續。這樣的權力中心,原來設在素可泰,後期轉到彭世洛來,其頭人駐在彭世洛。大城王國合併素可泰後,是通過血緣關係中輩份層次高低、資格深淺而爲人接受來控制素可泰的。同時,給原素可泰邦統治者在彭世洛享有副王的地位。

這樣的合併當日不能給大城王國一個統一的統治局面。

二、岱洛格納王的政治改革

召三披耶爲王大城後,遣子轄彭世洛。公元1448年,召三披耶逝世,王子從彭世洛回大城繼位,王號波羅摩岱洛格納 Boromma Trailokanat(1448—1488),華文稱孛剌藍者直波里,其對音是 Phra Rachatibodi。他隨即把原皇宮賜建爲越拍室訕碧寺,在北邊河畔另建新宮,並對國家的行政作大規模政治改革,如劃分軍民二政,各設官階品級,頒佈官吏統治法和宮廷法,加強中央集權,把國家權力高度集中在國王手中。他是大城王朝在位最久的國王,在位時間長達40年。

《故都紀年》記載他在位期間的事迹如下:

813年羊年(1451),清邁大王(滴陸王)舉兵來取猛查岡勞。取得查岡勞後,又來取素可泰城,不成,撤兵回去。

818年鼠年(1456),王命去取猛歷索廷城,王親率援軍駐甘烹碧城班坤區。

820年虎年(1458),王行功德,鑄造500尊菩薩像。

822年龍年(1460),大事慶祝,賜僧衆、婆羅門和賣藝人。是年,室塞察那萊城主拍耶程良反,率民衆投奔清邁大王。

823年蛇年(1461),拍耶程良率清邁兵來取彭世洛,大事劫掠,但未能取下該城。于是轉戰甘烹碧,大肆劫掠七日,亦未能取下該城。清邁軍于是撤兵回去。

824年馬年(1462),納空泰城主率衆遷逃往難府。王令軍部(拍格拉洪)去追回。得令後,軍部率兵奪回清邁軍取去的素可泰。

825年羊年(1463),因清邁王準備率兵南下。王到彭世洛登位。大城由其子繼位,王號波隆摩羅闍提臘(三世)Borommaracha III。那時,清邁的陶陸王(即清邁大王)從清邁舉兵來取素可泰。岱洛格納王和其子因陀羅闍率兵去保衛素可泰。波隆摩羅闍自大城率兵助戰,擊潰清邁大王的拍耶育提沙提拉軍,又與萬納空遭遇,與萬納空作象戰。那一役甚爲混亂,老撾、清邁之敵一共四頭象圍攻王象。此役,因陀羅闍王子面部中槍。最終清邁大王軍罷兵回清邁。

826年猴年(1464),王命建越朱拉瑪尼寺大佛堂。次年,1465年,王在越朱拉瑪尼寺出家,八個月後還俗。

836年馬年(1474),從清邁軍手中奪回程良室塞察那萊城。

837年羊年(1475),清邁大王與岱洛格納王表友好。

846年龍年(1484),頌德拍色他提臘召和拍波隆摩羅闍提臘一道剃度。

847年蛇年(1485),王子還俗,任命爲副王。

850年猴年(1488),副王拍波隆摩羅闍提臘出兵取土瓦城。城將陷時,發生幾起不祥的徵兆:一黃牛生下一八足牛犢;母雞孵出一只四脚小雞;雞孵三個蛋得六只小雞;米發芽。同年,岱洛格納王在彭世洛去世。

概括地説,當岱洛格納王實行中央集權,廢棄統治北方邦副王職位時,素可泰頭人對未能當上副王,僅任彭世洛城主感到不滿,于是傾向清邁,引清邁滴陸王(明史刀招孟禄,Tilokaracha,1441—1487年5月24日)南下,發生大城與清邁爭奪原素可泰疆域的戰爭。

育提沙提拉王子是素可泰王係摩訶曇摩羅闍四世波隆摩班之子,年齡與岱洛格納相近。岱洛格納生于1431年,7歲時,曾以大城王朝副王的身份統治彭世洛。育提沙提拉和岱洛格納既是表兄弟,又是童年摯友。[⑩]

傳説他們之間有約,他日岱洛格納若當上大城國王,將立育提沙提拉爲副王。可是,結果育提沙提拉没有當上副王,只任了彭世洛城主而已。育提沙提拉很生氣,于是投向有姻親關係的清邁王滴陸王。當素可泰北上投訴時,滴陸王認爲他對素可泰的疆土亦享有同樣的權利,于是出兵素可泰。育提沙提拉于1438—1451年間統治彭世洛,史稱拍耶程良,于1451年背叛。他背叛後,其王系没有男性繼承人。此時,可能由岱洛格納的母后來轄素可泰,因爲他是賽呂泰王的女兒。1463年間,母后死,岱洛格納遂把大城交給兒子波隆摩羅闍,自己以賽呂泰王的外孫身份于1463年統治彭世洛,以抵抗清邁。戰爭初期,大城失去室塞察那萊。1465年,王在彭世洛朱拉瑪尼寺出家。他遣高僧去清邁和談,要討回室塞察那萊城,不果。于是同年還俗,重登王位。

三、林霄姚隆使暹羅

按《憲宗實錄》,成化十八年(1482),暹羅國遣使來貢,請册封國王世子國隆勃剌略坤息利(剌)尤地亞爲國王。是年七月載:

> 己卯,暹羅國差正副使坤望群謝提等來朝請封,貢方物。賜宴及金織衣綵段絹布,並賜冠帶,仍令齎敕及文錦綵段回賜其國王及妃。庚辰,以刑科給事中林霄爲正使、行人姚隆爲副使,齎詔封暹羅國王子國隆勃剌略坤息利尤地亞為國王。

這個王子名國隆勃剌略坤息利尤地亞,其對音宜爲 Krom Phra Nakhon Sri Ayudhya,不是 Krung Phra。這裏 Krom Phra 是 Krom Phra Rachawang Bowon 副王的省稱。而國王的稱呼是森列拍臘照古龍拍臘馬諱陸坤司由提呀菩埃(康熙三年,1664 年暹羅國王那萊),其對音是 Somdej Phrachao Krung Phra Maha Nakhon Sri Ayuthya。

1482 年林霄來暹羅時,是岱洛格納王在位之末期。

嘉靖《太平縣志》卷七《人物下·死事》有傳云:

> 林霄,……庚子(十六年,1480)陞刑科給事中。……憲皇選于衆,賜一品服,奉命使暹羅封其國王。……已而至其國,竟以議相見禮不合,遂不肯宣詔命。彼乃除館于其西郊,供張甚薄。公不屈,遂憤憤得疾死。已而副使姚行人隆竟折節見,獲厚宴寶賂以歸。……

此事又見于《武宗實錄》弘治十八年(1505)六月庚午,記云:

> ……如往時給事中林霄之使滿剌加,不肯北面屈膝,幽餓而死,而不能往問其罪,君命國體不可不惜。大抵海外之國,無事則廢朝貢而自立,有事則假朝貢而請封,……

光緒《台州府志》卷五八《人物傳二·名臣二》亦有林霄傳。云:

> ……十八年(《明史·外國傳》),暹羅遣使入貢且告喪,帝命霄及行人姚隆往封其子國隆勃剌略坤息剌兀地為王。……至其國,以議相見禮不合,遂不肯宣詔。除館西郊,供帳甚薄。霄不屈,憤憤成疾死。姚隆折節,獲厚宴寶賂以歸。……

林霄到暹羅,到底發生了什麼樣的爭端,因此受辱?

陳學霖氏引了《武宗實錄》弘治十八年(1505)六月庚午,記占巴王子來貢事,云:

> 占城國王子沙古洛遣使沙不登古魯來貢方物,乞命大臣往其國,仍以新州港等處封之,然不明言其父古來已薨與否,別有占奪方輿之奏始略及焉。給事中任良弼等言:"請封之事,當酌量審處。……邇年,蓋因國土削弱,假貢乞封,仰伏天威,以讋服其鄰國。

其實，國王之立與不立，不係朝廷之封不封也。……萬一我使至彼，古來尚存，將遂封其子乎？抑以義不可而止乎？脅迫之間，事有難處者。如往時給事中林霄之使滿剌加，不肯北面屈膝，幽餓而死，而不能往問其罪，君命國體不可不惜。大抵海外之國，無事則廢朝貢而自立，有事則假朝貢而請封，今者占城之來，豈急于求封，不過欲復安南之侵地，還廣東之逃人耳。

這段話其實已隱約透露，林霄來暹羅遇到的正是類似的"父王在，子請封"之事。

1463 年，清邁滴陸王率兵南下。岱洛格納王爲了對付清邁，被迫到彭世洛爲王，大城由其子繼位，王號頌德波隆摩羅闍提臘(三世)。這位波隆摩羅闍提臘就是《實録》中的國隆勃剌略坤息利尤地亞王子。《故都紀年》1488 年的記載，稱"副王拍波隆羅闍提臘"。

1463 年，他在大城登基時，其父王岱洛格納尚健在，在彭世洛全力對付清邁，前後 12 年，幾經波折，一度出家。直到 1475 年，清邁大王刀招孟禄罷手，大城才得與清邁言和。

與清邁的矛盾解決後，這時，大城王國範圍内似"天有二日"，岱洛格納王在彭世洛，波隆摩羅闍在大城。

由于波隆摩羅闍是岱洛格納之子，對他們的年齡的討論，對此問題的瞭解或許有所裨益。

岱洛格納生于 1431 年。[11] 1438 年素可泰王波羅摩班死，他才七歲，到彭世洛爲副王。1448 年 17 歲繼父爲王。32 歲時到彭世洛，同時，任其子波隆摩羅闍爲副王，主政大城。此時，波隆摩羅闍應不到 14 歲。

到了 1482 年，波隆摩羅闍還不到 33 歲，在大城掌權已近 20 年了，面對著"一國二主"的新局勢，加上父王岱洛格納王 1472 年[12]在彭世洛生的兒子拍色他提臘和他的留在彭世洛的兒子拍波隆摩羅闍提臘都已剃度、還俗，他不能不對自己前途有所考慮。

爲了增加其政治資本，建立其繼位之聲勢，他于是想到向中國請封。

明朝如所請，派了林霄和姚隆帶了詔書來暹羅。林霄到大城後，意外地發現國王尚在，即以"議相見禮不合，遂不肯宣詔命"。而波隆摩羅闍三世以爲，他在位大城已二十年，面對新形勢，求封心切，對明使的拒絶感到憤恨，于是發生争拗，而霄堅持不讓，遂爲挫辱蒙羞，"除館西郊，供帳甚薄"，幽憤得疾而死。

1485 年，拍色他提臘在彭世洛被任命爲副王，時十三歲。

1488 年，岱洛格納王死，波隆摩羅闍成了大城的真正國王，他改王號爲因他拉差，是爲因他拉差二世 Intharacha Ⅱ。

《故都紀年》記載岱洛格納王去世那一年時寫道：

850 年猴年(1488)，副王拍波隆摩羅闍提臘出兵取土瓦城。城將陷時，發生幾起不祥的徵兆:一黃牛生下一八足牛犢;母雞孵出一只四脚小雞;雞孵三個蛋得六只小雞;米發芽。同年,岱洛格納王在彭世洛去世。

這條記載對波隆摩羅閣三世時代給出某種暗示,這暗示對林霄的屈死作了個模糊的注脚。

1491 年,波隆摩羅閣三世去世。拍色他提臘在大城繼位,王號頌勒拍拉瑪蒂波里二世。這是兄終弟及的泰族古代王位繼承的模式。

上述研究足以證明,《明史》卷 324《暹羅傳》載"(成化)十八年遣使朝貢,且告父喪。命給事中林霄、行人姚隆封其子國隆勃刺略坤息刺尤地爲王"中的"父喪"云云,實是想當然的。

① 陳學霖《明成化林霄姚隆出使暹羅之謎》,見北京中華書局《文史》第 48 輯(1999 年第三輯),91 頁。本文引文未另注明出處者,請參閱此文。
② Srisakara Vallibhotama《Siam:Thailand's Historical Background from Prehistoric Times to Ayuthya》,瑪滴春出版社,1991。Charnvit Kasetsiri《Ayutthaya:History and Politics》,Toyota Thailand Foundation,1999;拙譯《暹羅國發展史》,《星暹日報》,1992 年《泰土文物》版。
③ 見《羅斛與麻里》,《暹國管上水速孤底論》,《上水方位考》,《從中國史料看"暹是素攀"》,收在拙著《泰國古代史地叢考》,北京中華書局,2000 年。
④ 本文人名所注英文拼寫和在位年份,皆參考 David K. Wyatt《Thailand – A Short History》,Thai Watana Panich & Yale University Press 1984 Appendix A,B,C,309—313 頁。
⑤ 巒巴塞本《故都紀年》,王文達譯,載鄒啓宇《南洋問珠錄》,雲南人民出版社,1986 年 8 月一版,151 頁。
⑥ 查岡勞城,傳統的說法是今甘烹碧城。但披色·謝占蓬認爲應是披猜城。見拙譯《查岡勞不是甘烹碧辨》,載曼谷泰中學會《泰中學刊》,1996 年。
⑦ 披色·謝占蓬《素可泰王位繼承問題》泰文《藝術家》第 21 卷第六期公元 1978 年 3 月號;《昭母之子相繼爲王素可泰》,《藝術與文化》,1990 年第一期。
⑧ 披色·謝占蓬《素可泰併入大城辨》,泰文《藝術與文化》1984 年 10 月號,拙譯,見曼谷《星暹日報》1997 年 7 月 22、26 日《泰中學刊》327—328 期;披色·謝占蓬《甘烹碧城的興起》,泰文《藝術與文化》。1996 年 4 月號,拙譯,見曼谷《星暹日報》1996 年 8 月 13、17 日《泰中學刊》230—231 期。
⑨ 泰文古籍中的猜納一地爲今彭世洛,而非今猜納。見巴碩納納空《彭世洛和素可泰王系》,載泰文《巴碩氏碑刻和歷史》第 159 頁,拙譯,見《星暹日報》1995 年 7 月 14 日《泰中學刊》第 82—83 期。又見披色·謝占蓬《雙桂·猜納·彭世洛》,泰文《藝術與文化》1994 年 7 月號,拙譯,見曼谷《星暹日報》1997 年 7 月 22、26 日《泰中學刊》第 327—328 期。
⑩ 披色·謝占蓬《拍育提沙提拉—素可泰末代王系的結局》,泰文《藝術與文化》1994 年 7 月號,拙譯,見曼谷《星暹日報》1995 年 4 月 18 日《泰中學刊》第 99 期。
⑪ Charnvit Kasetsiri《Ayutthaya:History and Politics》,Toyota Thailand Foundation,1999,29 頁。
⑫ 見披色·謝占蓬《白霜滿頭的國王》,泰文《藝術與文化》,1990 年 4 月;拙譯載曼谷《星暹日報》1997 年 10 月 21—28 日《泰中學刊》第 352—354 期。

《續資治通鑑長編》點校本卷三二至卷一二三校勘劄記(六)

高 紀 春

卷一〇五天聖五年十月癸酉(頁2451):奉安真宗御容于慈孝寺、崇政殿。

按:崇政殿,當作"崇真殿",《宋會要》禮一三之三、《宋史》卷九《仁宗紀一》皆作"慈孝寺崇真殿",可證其誤。

又本條謂奉安真宗御容于慈孝寺内之崇真殿,"慈孝寺"爲"崇真殿"之限定詞,其間不可點斷,今以頓號斷開,則失其本意矣。

卷一〇六天聖六年八月戊寅(頁2480):……開封府判官、殿中侍御史張逸爲契丹妻正旦使,内侍禁、閤門祗候劉永劉釗副之。

按:劉永劉釗,浙局本原刻如此,本書文淵閣本及《遼史》卷一七《聖宗紀八》太平八年(即宋天聖六年)十二月丁亥皆作"劉永釗",又《宋史》卷四六三《劉知信傳附劉承宗傳》謂"承宗子永釗,右侍禁、閤門祗候"。據知浙局本"釗"上衍一"劉"字。

卷一〇八天聖七年六月丁未(頁2515):大雷雨,玉清昭應宮災。宮凡三千六百一十楹,獨長生崇壽殿存焉。

按:"三千六百一十楹",《長編紀事本末》卷三二《玉清昭應宮災》、《宋會要》瑞異二之三三、《宋史》卷六三《五行志二·火》皆作"二千六百一十楹",《容齋隨筆·三筆》卷一一《宮室土木》作"二千六百一十區",九朝編年備要卷九作"二千六百餘楹"。此處"三"當是"二"字誤字。

卷一〇九天聖八年五月甲寅(頁2539):賜信州龍虎山漢天師張道陵二十五世孫乾曜號虛靖先生,以其孫見素爲試將作監主簿,仍令世襲先生號,蠲其租課。

按:虛靖先生,《宋史》卷九《仁宗紀一》作"澄素先生"。又《宋史》卷二〇《徽宗紀二》崇寧四年五月載"賜張繼先號虛靖先生。"《宋史全文》卷一四崇寧四年五月丙午亦載:"漢天師三十代孫繼先賜號虛靖先生,與免本户田産租徭。"又《宋會要》崇儒六之三四云:"徽宗崇寧四年六月,詔信州龍虎山上清觀漢天師三十代孫張繼先特賜號虛靖先生。"蓋"虛靖先生"乃崇寧四年賜予漢天師三十代孫張繼先之號,天聖八年五月甲寅賜張乾曜之號當爲"澄素先生",此作"虛靖先生"顯誤。

卷一〇九天聖八年五月丙辰(頁2539):大雷電。

按:"大雷電",《宋史》卷九《仁宗紀一》、《文獻通考》卷三〇五《物異考一一·電》皆作"大雨電"。

卷一一〇天聖九年九月丙子朔(頁2566):内殿承制、閤門祗候、都大巡檢汴河隄孫昭請雍邱縣湫口治木岸以束水勢,從之。

按:本條干支,浙局本原刻如此。然本月朔日干支實爲"丙午",本書文淵閣本亦恰作"丙午",則浙局本作"丙子朔"者,"子"當爲"午"字形似之誤。

卷一一二明道二年四月壬戌(頁2615):始御崇政殿,改命張士遜爲山陵及園陵使。

按:崇政殿,《長編紀事本末》卷三三《追尊莊懿太后》條載同,然《宋會要》禮三二之四、《宋史》卷一〇《仁宗紀二》皆作"紫宸殿"。按:紫宸殿原名崇德殿,明道元年十月甲辰改名紫宸,本書卷一一一及《長編紀事本末》卷三二《大内災》條皆可考。又《宋會要》方域一之四云:"紫宸殿舊名崇德,明道元十月改,即視朝之前殿,每誕節稱觴及朔望御此殿。"蓋仁宗自明道二年三月甲午章獻太后崩,即輟視朝,至四月壬戌,以群臣之請,始御正殿視朝,而正殿者,紫宸殿也。依文意,此處當作"紫宸殿"是。或本書仍用其"崇德"舊名,而後世流傳,誤"崇德"爲"崇政"耶?

説我國古代史書人名索引

曾　貽　芬

　　索引,近代又稱"通檢"或"引得",它是按一定方法編制的檢索有關文獻資料的工具書。顧名思義,史書人名索引即是專指檢索某些史書人名的工具書。衆所周知,時間、地點、人物,是構成史書記事的三要素,對於紀傳體史書,人物尤其顯得重要,而史書人名索引則能簡便地檢索到所需人物,能由此了解與其相關的事件,這大概就是我國史書人名索引在三百多年前即出現的原因。

　　我國現存最早的史書人名索引是明代學者傅山編著的《西漢書姓名韻》和《東漢書姓名韻》。時至清代,又有汪輝祖編著的《史姓韻編》,檢索二十四史各史的人名。傅編《姓名韻》和汪編《韻編》其功能如何,有何特點,本文即通過具體實例,對這些問題作一初步探討。

一

　　明末學者傅山讀班固《漢書》,"見諸傳中附見諸人最有奇節高行,愈益好之矣"。尤其是發覺"且同姓名,如安國武侯(王陵)著矣,而又有沛公至丹水,襄侯陵降之王陵;東陵侯召平著矣,而又有爲陳勝狗廣陵與齊相者,兩召平;彈冠之貢禹著矣,而前有高祖時舉冬之貢禹;……紅休侯(劉歆)著矣,而同時復有莽封祁烈伯、奉顓頊後之劉歆之類,不一二數",於是"因比而輯之,編以《洪武正韻》,名下略綴一半句,便參考焉"。又應其子傅眉之請,亦編范曄《後漢書》,而且"綴范詳于班書"。[①]二書成,合稱《兩漢書姓名韻》,這是現存最早的專書人名索引。傅山一生著述頗豐,據徐永昌言,其著述間擬屬索引者尚有"《春秋人名韻地名韻》《國策人名韻》"等,遺憾的是,"多湮没散佚,不復可見"。[②]其實《兩漢書姓名韻》也命運多舛。從此書序寫于壬午八月推測,此書當完成于崇禎十五年(1642),但未見付梓,《明史·藝文志》以及清代所編目録亦皆無著録。直到二十世紀三十年代,山西書局搜集先賢遺著文獻時,才從平遙王子仁手中借得《東漢書姓名韻》的稿本。時隔不久,在青島從丹徒丁柏岩處得到《西漢書姓名韻》稿本,此稿後有丁傳靖跋,其間稱,"此本楷法古樸,饒具平原(指顏真卿)氣息。篇首復標明子眉壽髦、侄仁壽元同抄較,則爲壽髦手抄原本,無疑。篇中間有標明傅山曰處,字較

大,且爲行書,或是先生之手批。此書徧檢各書目,並質之藏書家,皆未見刊本,幸此原稿猶
存天壤,且完整如新,人間恐無第二本矣"。③丁氏不僅妥善地保存了這一稿本,而且證明它
是唯一流傳下來的《西漢書姓名韻》。山西書局于一九三六年排印出版的《西漢書姓名韻》
《東漢書姓名韻》(下文分別簡稱《西漢》《東漢》),是傅山《兩漢書姓名韻》的第一個刊本。《販
書偶記續編》史部姓名類著録了此書,"《兩漢姓名韻》無卷數。清太原傅山編輯,民國二十五
年山西書局以古宋字排印本"。

　　本書有其獨具的特點,今分別論次如下:

　　一、比而輯之,編以《洪武正韻》。這表明《兩漢姓名韻》是以《洪武正韻》編排的人名索
引。本書目録按平、上、去、入,一東、二支、三齊、四魚……的順序排列,與《洪武正韻》相同,
但屬某韻目中的單字排列則與《洪武正韻》不盡相同。現以入《兩漢姓名韻》的平聲東韻爲例
對比如下:

《洪武正韻》:

　　東　通　同　童　銅　彤　龍　蠪　隆　逢　蒙　從　宗　縱　叢　蕺　琮　洪　鴻
　　公　翁　風　豐　酆　封　馮　松　崧　嵩　充　冲　種　中　忠　終　戎　崇　融
　　容　庸　顒　弓　躬　官　恭　共　龔　邛　農　邕　雍　雄　熊

《西漢書姓名韻》:

　　公　通　忠　宗　崇　官　充　中　翁　恭　豐　龍　隆　容　同　種　雍　躬　弓
　　農　縱　封　庸　融　蒙　馮　熊　童　龔　戎　松　逢　共　佟　綜　酆　從　蕺
　　彤　雄　鴻　東

《東漢書姓名韻》:

　　通　彤　躬　豐　戎　崇　松　崧　恭　終　隆　融　宗　官　嵩　鴻　雄　種　冲
　　蠪　龔　容　酆　忠　逢　琮　顒　龍　邕　洪　佟　公　熊　封　蒙　充　馮　雍
　　翁　風　邛　同　銅　從　蕺

《兩漢書姓名韻》以人名的最後一字的韻作爲序號,一個序號内,不同的人名主要以其出現前
後爲序,如《西漢》平聲東韻"公"字,"吕公,《高紀》","薛公,《高紀》","滕公,《高紀》","董公,
《高紀》"……"申公,《武紀》","吳公,《公卿表》","次公,《功臣表》","杜文公,《藝文志》","丁
公,《季布傳》"……又如《東漢》平聲灰韻"恢"字,"公孫恢,《光武紀》","杜恢,《安帝紀》","阜
平王劉恢,《光武十王傳》","趙恢,《隗囂傳》"……。但也時有例外,如《西漢》平聲東韻"公"
字,"園公,《王貢傳序》(即《王貢兩龔鮑傳》序)"此傳在《漢書》卷七二。"蔡公,《藝文志》",此
志于《漢書》卷三〇。"淳于公,《刑法志》",此志于《漢書》卷二三。這樣顯得雜亂無序,無規
律可尋,雖屬個別,但畢竟是瑕疵。

　　同名同姓者排在一處,順序亦以其出現先後爲次。如《東漢》平聲真韻"純"字,收録兩個張純,前者首見於《光武紀》,後者首見於《靈帝紀》。光武帝公元 25—57 年在位,靈帝在光武帝去世一百餘年後的 168 年即位。顯然,兩個張純絶不會是同一人,但傅山還是援引原書記載,"張純,《光武紀》,建武二十三年(47)十月丙申,太僕張純爲大司空代杜林……張純,《靈帝紀》,中平四年(187)六月,漁陽人張純叛……"這樣區別二同名者的證據更爲確鑿。而援引史實對於分辨時代相近的同名者,則是必不可少的。如《西漢》平聲真韻"臣"字,有三吕臣,"吕臣,陽信侯吕青之子。沛公與羽攻陳留,聞梁死,乃與將軍吕臣引兵而東,徙懷王都彭城,吕臣軍彭城東。孝惠四年嗣,謚頃"。"吕臣,《陳勝傳》,勝故涓人吕臣爲蒼頭軍,起新陽,攻陳下之,殺莊賈,復以陳爲楚。秦復攻陳,下之。吕臣走,與番盗英布合攻秦"。"吕臣,《功臣表》,寧陵夷侯,以舍人從起留,以郎入漢,破曹咎成皋,爲都尉擊豨,功侯千户"。傅山所引史實,反映出三人不同的身份和事迹,那麼漢初有三個名爲吕臣的人,就確實無疑了。

　　《藝文志》出現的作者,亦單列一目。如《西漢》上聲紙韻"子"字,"吳孫子,兵家八十二篇,武也"。"閭丘子,陰陽家十三篇,名快,在南公前"。對於有多種著作的作者,不輕易認定爲一人,而是分別立目,如"務成子,小説家,《務成子》十一篇。注稱堯問,非古語"。"務成子,《災異應》十四卷"。"務成子,《陰道》三十六卷"。④務成子這三部著作,分別著録於《藝文志》之諸子、術數、方伎三略,雖然務成子博學多才,所涉知識面廣,但在没有其它記載的情況下,將其列爲三目,更爲客觀。另外,《西漢》平聲真韻"軍"字,"終軍,《藝文志》有《終軍》八篇"。"終軍,本傳字子雲,濟南人……軍死年二十餘,世謂之終童。又見《南粤傳》"。《漢書》有《終軍傳》,但傳中未提及有著作傳世。傅山將終軍列爲兩目,這與務成子列爲三目,都體現了傅山所撰索引學風嚴謹,不輕易下結論。

　　一人之異名兩列。《西漢》平聲真韻"詢"字,"宣帝名詢";上聲紙韻"已"字,"病已,宣帝"。又如去聲翰韻"衎"字,"劉衎,中山王興之子,是爲平帝";上聲紙韻"子"字,"劉箕子,平帝本名箕子"。又如《東漢》上聲巧韻"寶"字,"劉寶,《文苑傳》劉珍,一名寶"。平聲真韻"珍"字,"劉珍,《安帝紀》,《和熹后紀》……,《清河王傳》……,《北海靖王傳》,《文苑傳》字秋孫,又作祕孫,南陽蔡陽人……,《劉毅傳》……,又見《李尤傳》,《蔡倫傳》,《張衡傳》見驗下"。《後漢書》卷八〇上《文苑傳》載,"劉珍字秋孫,一名寶,南陽蔡陽人也"。由此看來,劉珍是通用姓名,傅山以其爲主目詳細著録,顯然是恰當的,而異名亦著録,與主目互補,雖簡明,但也達到無遺漏的目的,同時還增加了檢索途徑。

　　還有一點值得注意,即屬于兩個韻部的字亦兩列,如《東漢》平聲先韻"鱄"字,"馬鱄,《馬嚴傳》肅宗即位,除子鱄爲郎,令勸學省中。又上聲"。上聲銑韻"鱄"字,"馬鱄,《馬嚴傳》。又見先韻"。又如上聲銑韻"儁"字,"沮儁,《董卓傳》車駕至華陰……射聲校尉沮儁被創墜馬見害,後贈爲弘農太守。又見震韻"。去聲震韻"儁"字,"沮儁,《獻帝紀》興平二年,東澗之敗,催殺射聲校尉沮儁。後贈弘農太守"。同一個字屬于兩個韻部,説明它有兩個讀音,作爲人名,選取那個讀音,純係個人行爲,然而隨着時間的推移,後人很難確知其人名所取讀音。傅山採取類似互著的方法,同名兩列,給讀者一個選擇的空間,充分體現撰者對索引檢索功能的高度重視。

　　傅山在自序中稱"綴范詳于班書",具體表現是《東漢》不僅與《西漢》一樣,序編《後漢書》正文中出現的人名,而且也收李賢注中出現的人名。如平聲真韻"芬"字,"董芬,《董卓傳》注,袁宏《紀》,封中丞董芬爲列侯"。"董芬,《左慈傳》注,《典論》曰,甘始來,衆人無不鴟視狼顧,呼吸吐納。軍祭酒弘農董芬爲之過差,氣閉不通,良久乃蘇"。兩個董芬,前者出于《董卓傳》注所引袁宏《後漢紀》,後者出于《左慈傳》注所引曹丕《典論》。又如入聲質韻"栗"字,"扈栗,《哀牢夷傳》注,九隆代代相承,柳貌死,子扈栗代"。此則出自《哀牢傳》。又如去聲漾韻"况"字,"鄧况,《鄧彪傳》注,《續漢書》曰,其先楚人鄧况始居新野,子孫以農桑爲業"。此取自《續漢書》。從以上幾例不難看出,這些人名不見于本書正文,僅見于注文,將注文中的東漢人物列入《東漢》,無疑增加了東漢人名的著錄量,而更重要的是,反映出傅山對《後漢書》李賢注補充大量史料這一特點的深刻認識,並利用索引這一形式,擴大其影響。很顯然,《兩漢書姓名韻》不是單純的工具書,它含有很強的學術性,實際上也是一部考辨人物的著作,這在人名下的陳述中,表現得更爲突出。

　　二、名下略綴一半句,便參考焉。這"一半句"中包括索引應具備的兩個方面內容,即出處與注釋,而注釋豐富的內容,最能體現《兩漢書姓名韻》的特點。

　　《兩漢書姓名韻》基本上按原書篇目先後順序注明人名出處。如《西漢》平聲東韻"龍"字,"華龍,《藝文志》(卷三〇)……《王褒傳》(卷六四下)……《蕭望之傳》(卷七八)……"又如《東漢》入聲屑韻"節"字,"曹節,《靈帝紀》(卷八)……《蔡邕傳》(卷六〇下)……《竇武傳》(卷六九)……《陽球傳》(卷七七)……《宦者傳》(卷七八)……"以上幾篇都引了原文。嗣後還有幾篇只列篇名,"《韋彪傳》(卷二六)《桓彬傳》(卷三七)《陳球傳》(卷五六)《申屠蟠傳》(卷五三)《張奐傳》(卷六五)《陳蕃傳》(卷六六)《黨錮傳》(卷六七)"。這幾篇除《陳球傳》與《申屠蟠傳》位置應對調外,也都是按先後順序排列的。另外,有的條目不僅注明出于何篇,而且指出在何人之下,如《東漢》平聲侵韻"欽"字,"毛欽,《張儉傳》外黃令毛欽,見李篤下"。《後漢書》卷六七《張儉傳》"(張儉)後流轉東萊,止李篤家。外黃令毛欽操兵到門……"又如平聲尤韻"衷"字,"鮮于衷,《陰識傳》上谷鮮于衷,見張宗下"。《後漢書》卷三二《陰興傳》"與同郡張宗、上谷鮮于衷不相好……"以上二例足以證明,這樣的標識再次縮小了檢索人名的坐標,方便了讀者。還有一點,《東漢》有的條目不僅注明人名所在篇目,而且還標明卷數,如平聲麻韻"嘉"字,"趙嘉,九十四卷《趙岐傳》"。又如入聲屋韻"叔"字,"閔仲叔,八十三卷(今標點本五十三卷)序見頁下。《獨行傳》《李郃傳》"。這種情況雖然不多,但它反映出撰者已注意到卷數與篇目在表明出處上所起的作用是一致的,初顯以卷數標明出處的端倪。人名索引采用卷數標出處不僅簡明,而且便于規範,近現代編制索引,從哈佛燕京學社的引得,到中華書局的二十四史各史人名索引,都採用了標明卷數的辦法,充分證明了以卷數(包括頁數)標明出處的優點。

《兩漢書姓名韻》人名下的注釋所涉内容廣泛。其一爲人物事迹簡介,《兩漢》絕大多數條目,都引所出篇章的内容作爲人物概貌的介紹,如《西漢》平聲陽韻"光"字,"張光,《劉屈氂傳》太子賓客張光等,商丘成獲之"。爲使簡介内容豐富充實,所引記載不限於一篇。如《西漢》去聲蔗韻"舍"字,"周舍,文十四年周舍爲衛將軍。《匈奴傳》周舍爲將軍,長安備胡寇。《百官公卿表》十四年,中尉周舍"。又如《東漢》平聲真韻"津"字,"趙津,《陳蕃傳》小黄門趙津等乘中官勢犯法,太原太守劉瓆考殺之。《王允傳》允爲郡吏,捕趙津殺之",皆非僅引一傳。而且注文的内容,也是採録對象,這與上文談到的《東漢》收録注文人名相得益彰。如《東漢》入聲藥韻"角"字,"張牛角,《靈帝紀》中平二年,黑山賊張牛角並起。《袁紹傳》注,博陵張牛角與張燕合攻癭陶,中流矢。(此注出自《九州春秋》)互見燕下。《臧洪傳》注,博陵張牛角之起,衆次癭陶,牛角爲飛矢所中,告其衆曰,必以燕爲帥。(此注據《魏志》語)"《兩漢書姓名韻》人名下的簡介,使讀者能對兩《漢書》出現的人物的基本情況有所了解,而徵引原書注文,更擴大了取資範圍,即豐富了簡介的内容,也提高了簡介的學術性。

其二,考辨同名,這部分最能反映《兩漢書姓名韻》的學術水平。傅山在序中就提到《漢書》中同姓名者,不一二數,所以在書中對其作了詳盡地考辨,予以釐清。如《西漢》平聲侵韻"歆"字,列有兩劉歆,"劉歆,《外戚恩澤侯表》紅休侯,元始五年封。莽篡,爲國師,後爲莽殺。《律曆志》……《韋宣成傳》中壘校尉劉歆……《翟方進傳》……《翟義傳》爲揚武將軍。《元后傳》……《莽傳》劉歆典文章。建國元年,少阿、羲和紅休侯劉歆爲國師、嘉新公。……""劉歆,《莽傳》封劉歆爲祁烈伯,奉顓頊後。注師古曰,上言紅休侯歆爲國師、嘉新公,下又云國師劉歆子疊爲伊休侯,是則祁烈伯自別一劉歆也"。《漢書·王莽傳》載,"劉歆爲祁烈伯,奉顓頊後;國師子疊爲伊休侯,奉堯後"。故顏師古方有"祁烈伯自別一劉歆"之斷語。傅山正是認真地研讀了《漢書》及師古注,將劉歆辨爲二人。又如《西漢》入聲陌韻"國"字,有兩個韓安國,"韓安國,《武紀》大司農安國出會稽救南粵。《閩粵傳》……本傳字長孺,梁成安人也。《濞傳》……《匈奴傳》……又漢使將軍韓安國屯漁陽"。"韓安國,《馮奉世傳》復發募士萬人,拜定襄太守韓安國爲將軍,未進,聞羌破,還。師古曰,自別爲一韓安國,非武帝時人也"。對此傅山也吸收了師古的成果。據《漢書》記載,大司農韓安國出會稽,是武帝建元六年(前

135），而拜定襄太守韓安國爲建威將軍則是元帝永光二年（前42），二者相距近百年，二韓安國顯然不是同一人。又如《東漢》平聲侵韻"歆"字，"張歆，《桓帝紀》建和三年十月，大司農河南張歆爲司徒代袁湯也。注，歆字敬讓。……《袁術傳》注，張範、張承，司徒之孫也"。"張歆，《張禹傳》父歆，初以報仇逃亡，後仕爲淮陽相，終於汲令。注，《東觀記》歆守臯長，有報父仇賊自出，歆召囚詣閣，曰，'欲自受其辭'。既入，解械飲食，便發遣，遂棄官亡命……"前張歆，河南人，桓帝建和三年（149）大司農；後張歆，襄國人，張禹父，其卒，汲吏人賻送前後數百萬，悉無所受。張禹死於安帝永初七年（113），此時較前張歆任大司農早36年，何況其父？所以兩個張歆不應混爲一人。以上數例足以說明傅山《兩漢書姓名韻》具有很高的學術性。遺憾的是，與中華書局標點本《漢書》《後漢書》配套的《漢書人名索引》《後漢書人名索引》無視傅山的考辨成果，將兩個劉歆、兩個韓安國、兩個張歆皆混爲一人，而且混爲一人者絕不僅此而已，還大有人在。傅山遇到名同人異的情況，通常採取分列其名，然後在名下分引不同史實，讓讀者自己從不同的記載中確認其不同。當然，必要時也有明確的意向，如《西漢》平聲蕭韻"堯"字，"大司馬堯，《百官公卿表》永光二年，無姓"。"大司農堯，《百官公卿表》元延三年，無姓。傅山曰，與前永光二年堯去三十二年"。傅山以二者相距三十二年爲由，認爲不是同一人。雖然不能武斷地說一個人不可能連續三十二年任同一官職，或三十二年後又任同一官職，但從歷史記載考察，這種可能性很小，所以確認其爲二人是有道理的。又如《東漢》平聲庚韻"成"字，"張成，《光武紀》建武三年十一月，朱祐等斬延岑將張成。《朱祐傳》……臨陣斬成"。"張成，《黨錮傳序》河内張成善說風角推占，當赦，遂教子殺人……""張成，《張儉傳》父成，江夏太守"。其後有"傅山曰，與前風角張成同姓名"。三個人同名是顯而易見的，爲何又如是說呢？因爲第一個張成是東漢初年人，與後兩個張成都是東漢後期人顯然不同，而後兩個張成由於時代相近，稍不留意就可能混爲一人，所以傅山予以特別提示。傅山《兩漢書姓名韻》考辨同名，根據具體情況採取不同的方式，從而它給予讀者的不僅僅是結論，也包括考辨的方式和過程，使讀者從中得到研究方法的教益。

其三，對原書記載有所質疑。《西漢》上聲有韻"曹壽，《衛青傳》平陽侯曹壽尚武帝姊陽信長公主。師古曰，當是參後，然傳及表並無之，未詳。《去病傳》曹壽有惡疾"。顏師古從曹壽能尚漢武帝姊，認爲他是曹參之後，但《曹參傳》《高惠高后文功臣表》皆無記載，"未詳其意也"。又如去聲蔗韻"劉舍，《百官公卿表》景五年，姚丘侯劉舍爲太僕。七年，爲御史大夫，三年遷。中元三年爲丞相，後元年舍死。師古曰，侯表及諸傳皆桃侯，獨此爲姚丘侯，疑誤也"。以上對原書記載的質疑，都援引了顏師古的注，顯然傅山同意顏師古的看法。但有時也不是簡單地贊同，如《西漢》平聲陽韻，"于長，《藝文志》陰陽家，于長《天下忠臣》九篇。注，平陰人。《別錄》云傳天下忠臣"。以上所引"《別錄》云"是顏師古的注，傅山由此得到啓發，提出

"傳天下忠臣如何陰陽家"的質疑,班固稱"陰陽家者流,蓋出於羲和之官,敬順昊天,曆象日月星辰,敬授民時,此其所長也。及拘者爲之,則牽於禁忌,泥於小數,舍人事而任鬼神"⑤。于長書"傳天下忠臣"與陰陽家的主旨風馬牛不相及,將于長書列入陰陽類就不免有分類不當之嫌;或"傳天下忠臣"的于長乃另有一人,顏師古將其與作爲陰陽家的于長混爲一人了。《兩漢書姓名韻》作爲索引,指出原書對人物的記載有與理不符之處,是在提供檢索方便的同時,提醒讀者應注意這些問題,實際是爲讀者的研究提供了可參考的綫索,這樣的客觀效果,表明《兩漢書姓名韻》不僅僅是一部索引,它還有更廣闊的內容。

其四,引用他書考證原書。《東漢》平聲魚韻"優留單于,《匈奴傳》章帝章和元年,鮮卑入左地擊北匈奴,大破之,取其匈奴皮而還。不著單于名。注,劉攽曰:'匈奴一種,安能盡取其皮,明多匈奴二字,或云取其胸皮。'"其中的注當爲傅山所作,他引用了《東漢刊誤》的校勘成果,指出原書之誤。但有一點必須指出,不論是劉攽所見《後漢》,還是現存《後漢書》均著有單于名,即"斬優留單于,取其匈奴皮而還"。故稱其"不著單于名"顯然是傅山之疏忽。儘管如此,也不影響以引用《東漢刊誤》爲例,說明《東漢書姓名韻》是在閱讀了大量有關《後漢書》典籍之後做的索引,這樣的索引能夠體現出撰者的研究水準。而另一例更能說明這一點,《西漢》去聲泰韻收令狐邁,人名下的注釋曰:"宇文周書《令狐整傳》,黑獺常謂整曰,'卿遠祖立忠而去,今卿立忠而來,可謂積善餘慶'。整遠祖建威將軍邁,不爲王莽屈,其子孫(《周書》作"稱"避地河右。故《周書》於下有"太祖"二字)稱之云。今《漢書》乃不見此人"。傅山作《漢書》的人名索引,能聯繫《周書》的記載,足見其諳熟明以前的正史,認爲以令狐邁的事迹當入《漢書》,雖然《漢書》未載令狐邁,傅山還是將其列入《西漢書姓名韻》。這樣做雖超出了《漢書》的範圍,有乖索引體例,但他補史的意圖還是應予肯定的。

另外,《兩漢書姓名韻》的注釋中還有不少評論人物的內容,如《西漢》入聲藥韻"張博,淮南王舅張博。元帝建昭二年,坐窺道諸王以邪意,泄省中語,腰斬。……《京房傳》……詳《淮陽憲王傳》"。傅山稱此人"大無賴人也"。又如《東漢》平聲東韻"樊崇,《玄傳》注,《東觀漢記》曰……《劉盆子傳》……"其下有傅山語:"此樊能爲賊也,非尋常人矣。又能與莽兵戰,大強人意。又知降漢,益發醒事。"再如平聲侵韻"韓歆,《光武紀》……沛郡太守韓歆爲大司徒代侯霸……《鄧禹傳》……《岑彭傳》……《侯霸傳》……好直言,帝不能容。……又證歲將飢凶,坐免歸田里。猶不釋,遣使宣詔責之,歆及子嬰竟自殺。……後千乘歐陽歙、清河戴涉相代爲司徒下獄死。自是大臣難居相任云。《鮑永傳》……《范升傳》……《袁安傳》《謝該傳》"。傅山從韓歆的遭遇中,發出"褊哉,中興之主"的感慨。綜合以上二例,不難看出,傅山既不因樊崇是賊,就否定他的才能和膽識;也不因光武帝是中興之主,就無視他的偏執。這些簡賅的評論,反映出傅山對歷史人物的看法比較客觀,而且也不失公允。統觀《兩漢書姓名韻》注釋部分所包含的各方面内容,它們都凝聚着傅山的研究心血,應該説《兩漢書姓名韻》是在充分研究兩《漢書》的基礎上編就的索引,甚至可以説這是一部以索引形式出現的著述。

《兩漢書姓名韻》是現存第一部人名索引,其開創之功不可没,而其存在明顯不足亦無庸置疑。下面即就其不足略陳管見。

拘泥用韻規則,以人名最後一字爲序號。這樣,索引序號便不可避免地過多,卷首目録只能列韻部順序,不能在每個韻部下列索引中出現的字,而且這些序號也不完全是按《洪武正韻》的順序排列的,所以,使用這部索引對於熟悉音韻的學人也不便捷,何況一般的學人!再者,漢民族姓氏傳統是以姓爲先,同一家族用同一個姓,同姓是他們之間關係的一種標志。《兩漢書姓名韻》却抛開姓氏,以繁複的人名最後一個字爲韻,這樣便將同姓的人分別列在了不同的韻部,各自孤立,或時有不注出處者,使本來在原書中很容易依同姓家族查到的人,在索引中却要細細尋覓。如西漢朱虚侯劉章入平聲陽韻,其子劉喜入上聲紙韻,孫劉延在平聲先韻,曾孫劉義在去聲置韻。而劉喜這一條不注出處,"城陽王章子,嗣爲王。後孝文十二年徙淮南,又復還王城陽"。要知劉喜出處,必須先查劉章。類似的情況還不少,如《西漢》去聲暮韻有"班固,彪子"。這也必須先在平聲尤韻查到班彪,才能得知班固的出處。如以姓爲序號,情況便會簡單得多。所以以人名最後一字爲序號,造成檢索不便,是《兩漢書姓名韻》一大不足。

以篇名標識人名出處。《兩漢書姓名韻》注人名所出之篇,基本上按篇目順序排列,如《東漢》平聲真韵"尹勤"條,其出處依次爲《殤帝紀》(卷四)、《安帝紀》(卷五)、《魏霸傳》(卷二五)、《陳寵傳》(卷四六)、《張禹傳》(卷四四)。儘管如此,只根據篇名也很難推測出其在書中的大致位置,所以翻檢起來不如標明卷數來得便捷。還有,《兩漢書姓名韻》不少人名下不注出處篇名,其中以《西漢》更爲突出。如《西漢》上聲姥韻"蘇武"條、軫韻"王惲"條,去聲敬韻"傅勁"條,《東漢》平聲魚韻"曾於"條、庚韻"皇女小迎"條等等,查這類人名簡直是太困難了。還有一種情況,即有的人在原書中有傳,却不注出處,或不注明本傳,如《西漢》去聲暮韻"英布,故楚將……番陽人殺之"。《漢書》卷三四有《英布傳》,而此處不注明。震韻"翟方進,高陵共侯……《馮參傳》……《薛宣傳》……"《漢書》卷八四有《翟方進傳》,亦不注明有專傳。《東漢》平聲寒韻"周磐,字堅伯……"《後漢書》卷三九有傳。删韻"井丹,字大春……"《後漢書》卷八三有傳。這麼多人名不注出處,看來不像偶然疏忽,可能是撰者主觀認爲没有必要注明,這説明撰者對索引的性質認識還有不足,同時也體現出該索引尚不成熟。

除此之外,《兩漢書姓名韻》還有一些疏漏。將無姓名者列入,《西漢》上聲紙韻"孫建世子,……令成新公孫建世子褕飾將醫往問疾"。這"孫建世子"只是其身份,並非人名,不應與人名等列。將非姓名列入,如"史通子,《遷傳》,王莽求封遷後爲史通子。無名。李奇曰,史通國子爵也"。既引了李奇曰,就説明撰者知道史通子不是人名,但還是列入,反映出撰者對入列此書的範圍界定不够嚴謹。還有一種情况,平聲尤韻"開牟,《陳湯傳》捕得康居貴人貝色子男開牟以爲遵(當作導)"。而上聲紙韻"貝色子,《陳湯傳》捕得康居貴人貝色子以爲導。貝色即屠墨母之弟"。貝色子即開牟,撰者在"貝色子"條,有意將"男開牟"删除,出現一人兩出,顯然是理解之誤。儘管《兩漢書姓名韻》有這樣那樣的不足,但它作爲現存第一部史書人名索引,其開創之功,是顯而易見的。同時,以人名條析文獻,也是對文獻整理的一種嘗試,所以,在中國歷史文獻學史上也應有它的一席之地。

二

　　清乾隆年間,汪輝祖撰就的《史姓韻編》,是繼傅山《兩漢書姓名韻》之後出現的又一部史書人名索引。此書"摘二十三史中記載之人,分姓彙録,依韻編次,以資尋覽"。⑥後又得"邵編修二云以新葺《舊五代史》鈔本見寄,復次第增補之,爲卷六十四"。由此可知,《史姓韻編》(下文簡稱爲《韻編》)以二十四史爲收録範圍,而且主要以有傳之人爲入編對象。汪輝祖在自序中還提到"編録之時,遇其人勳節燦著,傳目雖不標名,亦必附載於篇。儒林、黨錮、孝友傳序之所録者,概不敢遺。雖非爲傳中人詳世系,而賢臣名將或並其先人後裔牽連及之,若外戚、若權奸往往亦附所自出,竊於是寓勸懲之意焉"。所以,傳目無名者亦以其本人事迹或與傳主的關係,酌情入編。這樣無疑擴大了檢索範圍,而且正如魯仕驥所言,"好學君子因此而爲得姓之人溯所自出,則是書也不獨爲讀史示之階梯,亦可爲讀《通志》導之先路也"。⑦《韻編》"分姓彙録"即以姓類分人物,將同姓之人彙集一處,而"依韻編次",即以姓所屬平水韻韻部爲編其順序之依據。此書序特別强調編書之目的是"以資尋覽",可見汪輝祖對索引檢索功能的認識是非常明確的,也正因爲有這樣的認識,使《史姓韻編》作爲索引更爲規範,爲索引的發展做出貢獻。其特點大略如下:

　　一、彙録有則,編次有序。《韻編》以人名的姓氏爲序號,漢族人的姓是可以計算的,即使加上一些少數民族的姓,也遠比以名字最後一字之韻爲序號少得多,所以《韻編》的目録不僅標出卷數,而且列出某一韻部下在二十四史中出現的姓氏,如卷十九歌韻,下列的姓氏有何、佗、和、羅、娥、哥舒、阿史那、柯、那。有這樣的目録,可以按韻很快知道所找人名在《韻編》中的大致位置,即便不熟悉音韻,依頁翻檢,也能較快了解要找人名的姓氏是否列入,排在哪一卷。《韻編》以姓氏類分人名,合乎漢人稱謂習慣,更便於檢索是顯而易見的,但其功用還不止於此。同姓有關係的人名列在一處,雖非爲人物詳世系,但還是能使讀者對人物之間的關係有所了解,或許還能獲得更多的信息。如卷九真韻"陳洪進,《宋史》卷四百八十三,漳泉陳氏世家,泉州仙遊人"。"陳文顥,附陳氏世家。洪進子,字仲達"。"陳文顥,附陳氏世家,洪進子"。"陳文顥,附陳氏世家,洪進子"。"陳文頊,附陳氏世家。文顯子,洪進以爲子"。《宋史》列傳二三七——二四二爲世家,其序稱"今傚歐陽修《五代史記》,列之世家。凡諸國治亂之原,天下離合之勢,有足鑒者,悉著於篇。其子孫諸臣事業有可考者,各疏本國之下。作《列國世家》"。漳泉陳氏雖未稱帝,但也稱霸一方,對當地的歷史有重要影響,將這一家族的主要成員一並列出,爲了解他們提供了方便。又如卷三三尤韻"劉交,《前漢書》卷三十六。楚元王,字游。高祖同父少弟"。"劉禮,附交傳,目無名。交子,平陸侯,嗣楚王"。"劉辟彊,附交傳,目無名。交孫,字少卿,不肯仕"。"劉德,附交傳,目無名。辟彊子,字路叔。宣帝時累封陽城侯,謚繆侯"。"劉向,附交傳。德子,字子政,本名更生。居列大夫官前後三十餘年"。"劉歆,附向傳。向子,字子駿,官至京兆尹,封紅休侯,改名秀,字穎叔。王莽篡位,爲國師"。西漢末年劉向、劉歆奉敕校書,分別撰成《別錄》《七略》,在歷史文獻學史上有重大貢獻。由於《韻編》按姓類編,不僅能很容易地找到這對事業相承的父子,而且可以了解他們出自何世系,這對于全面認識他們也有一定裨益。當然,以姓爲序號最大的功績還是方便檢索,近代所編人名索引亦多採此法,也證明了這一點。應該説從傅山以人名最後一個字檢索,到汪輝祖以姓檢索,是索引檢索的一大進步。

《韻編》所錄人名多取自史書列傳的傳目,而傳目即以人名爲目,與其以姓爲序號之原則不悖,但也有例外,如汪輝祖在序中提到"《史記》留侯、老子諸篇",爲統一體例,"則各標本姓,而注曰目作某某",[⑧]如卷二二陽韻"張良,《史記》卷五十五,目標《留侯世家》,其先韓人。《前漢書》卷四十"。又如卷五一未韻"魏冉,《史記》卷七十二,目標穰侯,秦昭王母宣太后弟。其先楚人,姓芈氏,後姓魏,名冉"。二十四史中還有一些人的姓不可考,若入以姓爲序號的《韻編》有乖體例,於是"別爲佚姓一條",其中收《後漢書》卷一一三的漢濱(當作陰)老父、陳留老父,《晋書》卷九四的瞿硎先生,《明史》卷一四三的台州樵夫、溫州樵夫(原書作"又台州有樵夫……而溫州樂清亦有樵夫……二樵皆逸其名"。今《明史人名索引》則作"台溫二樵"錄之)等。另外還有佚名者亦列此條,如"皂旗張,《明史》卷一百四十二,附《瞿能傳》"。對此,序中交代説,"皂旗張,名佚而姓不可編,亦附焉"。至於釋老,汪輝祖認爲他們同屬異端,但"道士有姓,而沙門之姓不著",所以釋家與佚姓彙爲一卷,別於姓編。而道士則因有姓亦入姓編,如卷九真韻有"陳摶,《宋史》卷四百五十七《隱逸傳》,字圖南,亳州真源人"。卷五六宥韻有"寇謙之,附讚傳(《魏書》卷四二),目無名,讚弟"。其實《魏書》卷一一四有《寇謙之傳》,這無疑是其疏漏,但就總體而言,這種做法還是應該肯定的。

由於《韻編》收錄二十四史的人名,就會遇到大量的少數民族姓名,其中遼金元三史的少數民族姓名,在清初幾乎都做了改譯。對此,汪輝祖根據不同情況,作了相應的規定。按照

"《通鑑綱目續編》改本,惟遼之耶律、蕭,金之完顏並仍其舊",這"三姓之人名,雖多須譯改,而姓自定",⑨因此照例入姓編,耶律入卷二〇麻韻,蕭入卷十六蕭韻,完顏入卷十四寒韻。其次,"其蒲察、斜卯、紇石烈、温迪罕諸部,移剌、唐拓(當爲括)、夾石、粘割諸姓及元之國姓奇渥温無不譯改,方今敕纂《三史語解》未奉頒發,新改之名無由周悉,是用仍依舊名,彙編專爲一卷。恭侯欽定書行,祗遵改正,且是書爲讀者便檢閱也"。對於彙編,本書目録的注有説明,"三史標名不著姓,及姓須譯改者,俱依韻彙編。"納入彙編者,《遼史》有"奚和朔奴,《遼史》卷八十五"。"孩里,《遼史》卷九十七"。"古迭,《遼史》卷一百一十四"等,共録七人。《金史》有"移剌温,《金史》卷八十二"。"烏延蒲魯渾,《金史》卷八十"。"烏古論鎬,《金史》卷一百十九"等一百一十三人。《元史》有"阿术,《元史》一百二十八"。"木華黎,《元史》卷一百十九"。"石抹狗狗,《元史》卷一百六十六"等一百六十三人。另外還收了《明史》所附元人,如"擴廓帖木兒,《明史》卷一百二十四"(此人在本卷《元史》内亦收録)。"伯顏子中,卷同上,附《陳友定傳》"等十人。再次,對入彙編者,依其不同情況,又有具體規定,"凡名之一望而知爲非姓者,如金之烏春、桓赧、麻産、石家奴(後三人不見於彙編),元之安童、桑哥、全普庵撒里、畢也速可立(後一人不見彙編)之類,較然不必入姓編矣"。這類人名只入彙編,而"若唐兀氏之余闕,與漢人姓名何異"?這類人名兩收,既入姓編又入彙編,卷三魚韻有"余闕,《元史》卷一百四十三……按,闕非余姓,又入《元史》卷"。卷六一《彙編》之《元史》卷有"余闕,《元史》卷一百四十三,唐兀氏"。兩收者還有"遼之奚和朔奴、奚回離保,元之來阿八赤、楊賽因不花、張萬家奴、劉哈剌八都魯之類,姓不須譯,而名須譯改,故姓編與彙編兩收之"。⑩不難看出,這類兩收的姓名,第一個字都與漢姓相同,這樣做除第一字不須譯改符合姓編的體例外,同時也可以方便不熟悉遼、金、元人姓名者檢索。這與撰者在《三史語解》未頒之前,先撰一卷彙編"爲讀者便檢閱也"的宗旨一致,反映出汪輝祖編《史姓韻編》,已經非常重視索引的檢索功能。

　　《韻編》人名按平水韻平聲一東、二冬……上聲一董、二腫……去聲一送、二宋……入聲一屋、二沃……一百零六韻編次。但屬某一韻的姓,又不完全按平水韻的次序編列,以屬冬韻姓爲例對比如下:

平水韻:

　　宗　鍾　龍　容　庸　封　雍　龔　松

《韻編》:

　　馮(平水韻屬東韻)　龔　庸　鍾　宗　封　松　雍　龍　容

《韻編》中同姓的人名按二十四史的順序(卷首有二十四史的序列)編排,一史中同姓者按卷數先後排列,如卷一東韻熊姓,"熊遠,《晋書》卷七十一……""熊曇朗,《陳書》卷三十五……

《南史》卷八十《賊臣傳》"。"熊望,《唐書》卷一百七十五……《舊唐書》卷一百五十四"。"熊士瞻,《唐書》卷一百九十五……""熊本,《宋史》卷三百三十四……""熊朋來,《元史》卷一百九十……""熊天瑞,《明史》卷一百二十三……"又如卷一五先韻"全琮,《三國志》卷六十"。"全景文,《南齊書》卷二十九"。"全緩,《陳書》卷三十二……《南史》卷七十一"。"全普庵撒里,《元史》卷一百九十五"。"全思誠,《明史》卷一百三十七"等。這樣編,便於檢索自不必言,而且也比較容易知道有幾個同名者,由於《韻編》以收錄有傳之人爲主,並只出現一次,如錄《前漢書》三個劉賢,分別出自《高帝五王傳》《景十三王傳》《武五子傳》,這應該是三個同姓名的人,如果加上注釋的說明就可以得出肯定的結論。如"劉賢,見《悼惠王子傳》(《前漢書》卷三八),肥子,菑川王"。"劉賢,卷同上(《前漢書》卷五三),附《膠東康王寄傳》,目無名。寄子,哀王"。"劉賢,附《旦傳》(《前漢書》卷六三),目無名。旦子,定安侯"。⑪顯然,這樣的注釋很重要,實際它是對多人同名的考訂,它是索引的一個必不可少的重要組成部分,具有較高的學術性。下面我們即就其注釋部分作一較詳剖析。

二、注釋内容豐富簡明。《韻編》中人名下的注釋内容,大致包括出處,以及足以與他人區别的字、籍貫、官職等,必要時還有撰者的按語。

《韻編》出處統一標明卷數,由於收二十四史人名,所以還要注明書名,如卷九真韻"陳萬年,《前漢書》卷六十六"。卷五十八藥韻"索靖,《晋書》卷六十"。若一人見於二史即俱出,如卷五十六屋韻"陸山才,《陳書》卷十八……《南史》卷六十八"。卷五十七質韻"畢構,《唐書》卷一百十八……《舊唐書》卷一百"。有時也標明篇目,如卷二十二陽韻"張允濟,《唐書》卷一百九十七《循吏傳》……《舊唐書》卷一百八十五上《良吏傳》"。出於同卷的同姓者,前者注卷數,後者則依具體情況而定。如卷二十一陽韻"楊畏,《宋史》卷三百五十五"。"楊汲,卷同上"。卷六十二收佚姓人名,亦採用此法,如"松江漁翁,《宋史》卷四百五十八《隱逸傳》"。"順昌山人,卷同上"。"南安翁,卷同上"。不論楊汲,還是順昌山人、南安翁,都是傳目有名,即注"卷同上"。而對于傳,目無名者,則多稱附某某傳,但其中亦不盡相同,如卷八灰韻"雷有鄰,附《德驤傳》(《宋史》卷二七八),目無名,德驤子"。雷有鄰在雷德驤傳後確有附傳,目無名,是《宋史》的疏漏。卷三魚韻"閭毗,《魏書》卷八十三上《外戚傳》……《北史》卷八十《外戚傳》"。"閭惠,附《毗傳》,目無名,毗子"。考《魏書》《北史》中有關閭惠的記載,實際上僅有"子惠襲"三字,當然不能算是傳。由於《韻編》收錄與傳主有牽連的先人後裔,所以在《韻編》以附某某傳出現的無傳者占有相當的比例。《韻編》人名出處一律採用注書名卷數,尤其是卷數是以數字表示,使得人名出處簡明規範,檢索非常便利,這可以說是《韻編》對索引發展作的重要貢獻。

《韻編》注釋中對人物的介紹概括簡約,一般包括字、籍貫、官職、事迹以及與傳主的關係。如卷九真韻"陳傅良,《宋史》卷四百三十四,字君舉,温州瑞安人"。卷三十陽韻"方逢時,《明史》卷二百二十二,字行之,嘉魚人,功名與王崇古相亞,時稱方王"。對有異名者,在注釋中注明,如卷一東韻"公孫度,《三國志》卷同上……初名豹,與元菟太守公孫琙子同名。琙子豹年十八歲蚤死"。又如卷二十一陽韻"楊沃衍,《金史》卷一百二十三《忠義傳》,一名斡烈,賜姓兀林答。朔州静邊官莊人,以有戰功賜今姓"。"楊伯仁,《金史》卷一百二十五《文藝傳》伯雄弟,字安道,初名伯英,避太子光英諱,改今名"。以上三例有一個共同點,即交代了一人有異名的緣由,提供給讀者的不僅僅是一個不同的名字,還有與其相關的内容,擴大了讀者的了解範圍。對于記載有異的人名,《韻編》注釋亦有適當的説明,如卷五十九藥韻"郭誼,《五代史》卷二十《周世宗家人傳》,世宗長子越王。《舊五代史》卷一百二十二《周書·宗室傳》作宗誼"。由於無法證實"誼"或"宗誼"的正誤,兩存是最佳的辦法。又如卷六十一"昔里鈐部,《元史》卷一百二十二,昔里氏也。鈐部亦云甘卜,音近互用"。這裏不僅注明其異名,而且還引用《元史》對異名産生的推測,爲讀者提供了更多的信息。注釋内容還有一項就是指明避諱,如卷一東韻"公孫宏,《史記》卷一百十二……敬避廟諱……《前漢書》卷五十八"。此人在《史記》《漢書》中均有傳,皆作公孫弘,因避乾隆帝(弘曆)名諱而改作宏。又如卷七虞韻"西門季元,《唐書》卷一百八十一附《曹確傳》,目無名,懿宗時神策中尉。敬避廟諱"。此人名季玄,爲避康熙帝(玄燁)名諱而改玄爲元。汪輝祖身爲清代人必須遵守避諱的規定,儘管是人名索引,也得按避諱規則改動歷史人物的姓名。過去撰著、刻書都會遇到避諱的問題,通常不做特别説明,衆所周知的當朝國諱就更不必説了。而《韻編》則一一指出,説明撰者深知人名用字的特殊性,如果不指明避諱,會引起不必要的誤解,影響讀者閲讀原書,這再次體現出汪輝祖對人名索引的工具書性質有較深刻的認識。

　　所涉廣泛的按語,豐富了注釋的内容,增强了《韻編》的學術性。卷八灰韻"崔鑑,《明史》卷二百九十七《孝義傳》,京師人。父狎娼,娼辱鑑母,鑑殺娼。刑部尚書聞淵以鑑志救母,議貸罪"。後有汪按,"《七卿年表》,淵爲尚書在嘉靖二十一年至二十六年"。《明史》並未明記崔鑑救母的時間,按語點出聞淵任尚書的起訖年代,間接交代了崔鑑事件發生大致時間,這無疑是對崔鑑本傳的補充。又如卷五十有韻"柳璨,《唐書》卷二百二十三下《奸臣傳》,公綽族孫,字炤之,爲人鄙野,其家不以諸柳齒,自布衣至宰相不四年"。其後有"按,《公綽傳》,璨父遵,公器子"。據《舊唐書》一百六十五《柳公綽傳》載,"公綽伯父子華",其子公器生遵,遵生璨。有了這按語就可以釐清稱璨爲公綽族孫的世系,以證"不以諸柳齒"之不誣,也起到輔助讀者理解原書的作用。對於原書記載欠妥處提出質疑,也以按語的形式表現,如卷二十一陽韻"楊棟,《宋史》卷四百二十一,字元極,眉州青城人。度宗時,仕終資政殿大學士"。汪輝祖按語曰,"《元史·虞集傳》,集外祖楊文仲族弟(棟)明性理之學,當即此人,惟稱官參知政事,與傳不同"。據《宋史》載,楊棟於宋理宗時,"進同知樞密院事兼權參知政事,拜參知政事",也曾"以資政殿大學士充萬壽觀使"。既然《宋史》有楊棟"拜參知政事"的記載,《虞集傳》中惟稱此職也未嘗不可,因爲這不是楊棟的本傳。其實二者的不同在於《虞集傳》中稱楊棟爲楊文仲之族弟,而《宋史·楊文仲傳》記載,"(文仲)丁母憂,釋服,屬從叔父棟守婺州罷歸"。儘管汪輝祖質疑的具體内容不準確,但仍給讀者以啓發,而且也能體現他是在通觀諸史的基礎上編撰《韻編》的,這值得後世學人借鑒學習。《韻編》卷六十一"速不台"條下,有按語,"傳中事迹與一百二十二雪不台相同,一人兩傳"。刊於乾隆四年的殿本有《考證》,《元史》卷一百二十二《考證》云,"祖庚按,一百二十一卷已載《速不台傳》,此傳詳略不同,實則一傳"。汪輝祖與祖庚意見一致,以按語的形式指出《元史》的失誤,免去讀者考辨之勞。另外,按語還對一些問題作必要的解釋。如有人提出"周世宗柴氏子也,於世宗諸子姓俱從郭母,乃失實。"[12]汪輝祖在自序中已有辯駁,"柴守禮爲世宗本生父,世宗即位,禮以元舅,是世宗仍父太祖也,其子能不承祖姓乎"!而在卷五九"郭誼"條下又有按語,"世宗本姓柴,幼從姑聖穆皇后長太祖家,太祖遂以爲子,其子宜從柴姓。然世宗即位後,于本生父柴守禮第以元舅禮之,未嘗復姓也,故諸子並入郭氏"。這裏重申世宗諸子入郭氏的理由。歷史上改姓也不止後周一家,如北魏,但其與後周不同,"魏之改姓,雖始孝文,而宗室諸傳俱無復稱拓跋者,自不必分改姓以前從其初姓矣"。[13]而後周宗室在《新五代史》中均姓柴氏,在《舊五代史》中則姓郭氏。《韻編》列五代人物以《新五代史》爲先,而在後周宗室姓氏上則以《舊五代史》爲準,所以這條按語非常必要。按語也涉及考辨同名,《韻編》通常不著意考辨同名,多以不同的事迹予以區別。然而爲數不多的考辨則非常精彩,如卷十真韻"淳于髡,《史記》卷一百二十六《滑稽傳》,齊贅壻,以譎諫齊威王"。嗣後有按語,"卷七十四《孟子傳》,有齊人淳于髡,在梁惠王時終身不仕。是兩人"。據《滑稽傳》載,淳于髡"齊之贅壻也,長不滿七尺,滑稽多辯,數使諸侯,未嘗屈辱……威王八年,楚大發兵加齊,齊王使淳于髡之趙請救兵……趙王與之精兵十萬,革車千乘。……以髡爲諸侯主客。宗室置酒,髡嘗在側"。《正義》解主客,"今鴻臚卿也"。《孟子傳》"淳于髡,齊人也。博文強記,學無所主。……後淳于髡見,壹語連三日三夜無倦。惠王欲以卿相位待之,髡因謝去。於是送以安車駕駟,束帛加璧,黃金百鎰。終身不仕"。兩個淳于髡傳,事迹又如此不同,但一些人只注意到兩傳姓名相同,所在地點、所見人物不同,就將兩傳合併,視其爲一人,如《孟子正義·離婁上》即稱"(淳于)髡在齊仕威、宣兩朝,又仕于梁惠王者也"。綜合《史記》《戰國策》記載,淳于髡在齊爲官三十年左右,官至主客。對於淳于髡去魏國,《正義》這樣解釋,"《魏世家》明云卑禮厚幣以招賢者,鄒衍、淳于髡、孟軻皆至梁"。但是《孟子正義》卻忽略了《滑稽列傳》之淳于髡官至主客,而《孟子傳》之淳于髡謝絕了梁惠王所委重任,終身不仕。儘管齊威王在位時間(前 378—前 342)與梁惠王在位時間(前 370—前 335)有參差,淳于髡有可能由齊至魏,佀關鍵是,淳于髡在齊曾爲官,即使不任魏官,也不能稱之"終身不仕"。所以,見梁惠王的淳于髡與仕齊威、宣二朝之淳于髡是兩個人。汪輝祖雖然未闡述其認爲《史記》有兩個淳于髡的根據,但其肯定的結論,必然是建立在認真研究原書及其相關資料基礎上的。傅山、汪輝祖所編人名索引都告訴我們,只有認真研讀原書才能編出真正爲讀者提供方便,而不致誤導的高水平索引,也才能發揮索引在學術研究中的作用。

　　然而,《韻編》也存在不足,即未盡收二十四史人名。汪輝祖在自序中申明,"帝后不繫于姓,明所尊也"。這與清代避諱甚嚴有關,乾隆四十二年,四庫館臣進呈李薦《濟南集》有"漢徹方秦政"句,《北史·文苑傳》叙有"頡頏漢徹"句,乾隆聖諭以漢武帝"尚爲振作有爲之主",勅令將"漢徹"改爲"漢武",對于以上兩句所涉秦政、曹丕,則曰"秦後之人深惡痛絶,因而顯斥其名,尚無不可;若曹丕躬爲篡逆,稱名亦宜"。[14]此聖諭載於《四庫全書總目》卷首,"使天下知皇帝之尊,百世下猶可爲厲也"。[15]《韻編》撰於此聖諭之後,面對難把握的避諱,採取"帝后不繫於姓"的做法,就不至因一時疏忽招致禍端。這不能不說是汪氏的聰明,當然也是他的無奈。至於東晋之十六國和五代之十國,雖然也有帝號,但歷史上多視其爲僭越之君,《晋書》將其列入載記,《新五代史》列其爲世家,故《韻編》"仍以姓編之",如卷五七收西秦烈祖乞伏國仁、後主乞伏慕末,卷二六收前蜀高祖王建、後主王衍等。儘管《韻編》不收歷代帝后有可以理解的原因,但由此而造成檢索不便仍然是客觀現實,這與編撰索引的宗旨相悖。汪輝祖在序中只稱"帝后不繫於姓",歷代宗室王侯皆應入姓編,而令人費解的是,《史記》所載先秦的侯王則不入姓編,如周公旦、唐叔虞、呂尚等皆不見於姓編。實際情況是,《韻編》不錄《史記》的《五帝本紀》至《秦本紀》,《吳太伯世家》至《田敬仲完世家》共二十一卷的主要人物。《史記》是《韻編》的收錄範圍,捨棄部分篇章的人物不錄,顯然不合體例。另外,二十四史中只有《史記》是通史,其中包括大量有關先秦的重要史料,而《韻編》不收錄先秦主要人物,這樣就不能爲了解研究先秦歷史提供方便,嚴重地影響了《韻編》的使用價值。

　　《韻編》還以"男女宜有別"爲名,將"公主、列女各以類編,而不以姓分",在書中占兩卷,而公主只占四頁,個中原因有二。其一,從隋蘭陵公主始錄,實際《漢書·外戚傳》即載景帝王皇后"長女爲平陽公主,次南宮公主,次隆慮公主"。《後漢書·皇后紀下》附皇女,"皇女義王,建武十五年封舞陽長公主……"等共三十人,而《韻編》皆未錄。其二,多以傳目錄入,而不錄其封號,如唐代公主即按《唐書》卷八三《諸帝公主傳》傳目收錄:世祖一女、高祖十九女、太宗二十一女……等列目,偶或列其封號,也是因爲有其傳目,如唐平陽公主,《舊唐書》卷五八在傳目柴紹下有"平陽公主,馬三寶附",又如宋秦國大長公主,《宋史》卷二四八《公主傳》傳目爲"秦國大長公主、太祖六女、太宗七女……"等,平陽公主雖不是人名,但是能確指某人的封號,而"世祖一女",既不是封號,更不是人名,將其作爲條目列入《韻編》,不符合人名索引的體例,再者,入傳的公主都有簡介,有的還記述詳盡,撰者不一一列出,而以某某幾女概括之,不免有草率處置之嫌。何況,汪輝祖在序中提到收錄賢臣名將"先人後裔牽連及之",公主作爲帝王之後裔,豈能如此收錄!《韻編》中列女以類編,"惟秦良玉獨編於姓,遵史例也"。同樣是女姓,同樣有傳,秦良玉爲何入姓編,汪輝祖所稱"遵史例",即《明史》卷二七〇爲秦良玉單獨立傳,不同于入類編的女性多出于列女傳,似乎入類傳、單立傳成了入類編或姓編的標準,而汪輝祖講得很明確,列女以類編,是因爲"男女宜有別也",秦良玉既是女性,就應入類編,將其列入姓編,姑且是"遵史例",卻自壞《韻編》男女有別的體例。其實以男女有別爲由,將女性排出《韻編》主體姓編之外,的確有歧視女性的意味,把這樣的人文觀念引入人名索引,在一定程度上影響了它的價值。

　　《韻編》主要收錄有傳之人,旁及傳主先人後裔,但在具體操作中並不完全如此。如卷二一陽韻"楊雲翼,《金史》卷一百十,字之美,其先贊皇檀山人"。《金史》本傳有載,"六代祖忠客平定之樂平縣,遂家焉。曾祖青、祖郁、考恒皆贈官於朝"。楊忠、楊青、楊郁、楊恒在《楊雲翼傳》中不過一提而已,亦皆入《韻編》。然而,《元史》卷一六五有《鮮卑仲吉傳》其後附其子誠、准傳,《韻編》卷一五先韻却只收鮮卑仲吉。又如《南史》卷七七《恩倖傳》有杜文謙,此人雖傳目無名,實際有獨立的傳,亦未錄。這不僅僅是漏載,而且也是未嚴格按體例收錄,這類情況達到一定數量,就不免有隨意收錄之嫌了。

　　另外,《韻編》也有錯錄之處,如卷一東韻"宗夬"條後有"宗景,附夬傳,目無名,夬祖。宋徵士,不就"。《南史》卷三七"……夬字明揚,祖少文,名列《隱逸傳》"。卷七五"宗少文,南陽涅陽人也。祖承,宜都太守"。《宋書》卷九三"宗炳字少文,南陽涅陽人也。祖承,宜都太守"。《梁書》卷一九《宗夬傳》宗炳作宗景,此乃姚思廉避唐諱所改。汪輝祖疏忽不審,錄爲宗景,而且也錄"宗炳,《宋書》卷九十三《隱逸傳》,字少文,南陽涅陽人"。此簡介與"宗景"條完全不同,儼然是兩個人。有趣的是,《宋書》卷八四《鄧琬傳》有載,"荊中治中宗景、土人姚倹等勒兵入城",《南史》卷四〇《鄧琬傳》有相似的記載,關於此人僅此數語,就不免想到《韻編》的宗景,而要辨不是一個人也須費些思量,這無疑給檢索者帶來不便。儘管如此,但與《韻編》首次以姓爲序號、人名出處以卷數標出這些對人名索引發展的重大貢獻相比,不過是些瑕疵而已。

　　光緒十一年,莊鼎彝《兩漢不列傳人名韻編》面世,雖仍稱韻編,但在韻編前冠以"人名"二字,強調這是人名索引。由於是書收錄"不列傳"人名,故亦不收錄帝后,卷一爲宗室、公主、列女,卷二方以韻收錄人名,而每一韻中,先是按屬此韻的姓排列人名,然後又在四夷、列女名目下按韻列人名,人名出處又以篇名標出。顯然,這部索引的撰成受到傅山《兩漢書姓名韻》和汪輝祖《史姓韻編》的影響，又有自己的特點，有獨立存在的價值。

① 以上引文皆見《兩漢書姓名韻序》。
② 《傅青主先生〈兩漢書姓名韻〉序》見《兩漢書姓名韻》卷首。
③ 丁傳靖跋語見《西漢書姓名韻》卷末。
④ 《西漢書姓名韻》第五册《上聲·二紙》
⑤ 《漢書·藝文志》
⑥⑧⑨⑩⑫⑬ 汪輝祖《史姓韻編序》見《史姓韻編》卷首。
⑦ 魯仕驥《史姓韻編序》見《史姓韻編》卷首。
⑪ 《史姓韻編》卷三三。
⑭ 《乾隆四十二年十月初七聖諭》見《四庫全書總目》卷首。
⑮ 陳垣《史諱舉例》卷八。

《續資治通鑑長編》點校本卷三二至卷一二三校勘劄記(七)

高 紀 春

卷一一五景祐元年十一月辛亥(頁2707):南平王李德政遣静海節度判官陳應機、掌書記王惟慶來獻方物、馴象二。

按:南平王李德政,考李德政由交趾郡王進封南平王在寶元元年十二月,事見本書卷一二二、《宋史》卷四八八《交趾傳》、《九朝編年備要》卷一○,此處"南平王"當爲"交趾郡王"之誤。

卷一一七景祐二年七月戊申(頁2748):廢京西采柴務,以山林賦民,官取十之一。

按:京西,浙局本原刻如此,蓋倒文也。本書文淵閣本及《宋史》卷一○《仁宗紀二》皆作"西京",可據以乙正。

卷一一九景祐三年八月丙辰(頁2799):左正言、知制誥、史館修撰宋祁爲契丹生辰使,禮賓副使王世文副之。……

按:《遼史》卷一八《興宗紀一》重熙五年(即宋景祐三年)十月記事云:"宋遣宋郊、王世文來賀永壽節。"作"宋郊"而非"宋祁"。傅樂焕先生《宋遼聘使表稿》云:"《遼史》作'宋郊'誤。"今考宋郊乃宋祁之兄,即宋庠也。本書卷一二一寶元元年三月戊戌載:"刑部員外郎、知制誥宋郊爲翰林學士。上初欲用郊爲右諫議大夫同知樞密院事,中書言故事無知制誥除執政者,乃先召入翰林。左右知上遇郊厚,行且大任矣。學士李淑害其寵,欲以奇中之,言于上曰:'宋,受命之號也,郊,交也,合姓名言之,爲不祥。'上弗爲意。他日,以諭郊,因改名庠。"其下注云:"庠更名在十二月乙未,今聯書之。"故李燾《長編》寶元元年以前記事,皆作"宋郊"而非"宋庠"。又《宋史》卷二八四《宋庠傳》云:"庠天聖初舉進士,開封、試禮部皆第一,擢大理評事、同判襄州。召試,遷太子中允、直史館,歷三司户部判官,同修起居注,再遷左正言。……久之,知制誥。……兼史館修撰、知審刑院。……改權判吏部流內銓,遷尚書刑部員外郎。仁宗欲以爲右諫議大夫、同知樞密院事,中書言故事無自知制誥除執政者,乃詔爲翰林學士。帝遇庠厚,行且大用矣。"此寶元元年以前,宋庠官職遷除之大概也,《長編》寶元元年以前記事亦可考。又《宋史》同卷《宋祁傳》云:"釋褐復州軍事推官。孫奭薦之,改大理寺丞、國子監直講。召試,授直史館,再遷太常博士、同知禮儀院。……遷尚書工部員外郎、同修起居注、權三司度支判官。……徙判鹽鐵句院,同修禮書。次當知制誥,而庠方參知政事,乃以爲天章閣待制,判太常禮院、國子監,改判太常寺。"考宋庠參知政事在寶元二年十一月,則此前宋祁不得爲"知制誥"甚明。蓋寶元以前宋祁未嘗任"左正言知制誥史館修撰",任此官職者乃其兄宋庠(郊)也。則景祐三年八月以"左正言知制誥史館修撰"使遼者必是宋郊,《長編》作"祁"誤,當從《遼史》作"郊"是。

卷一二○景祐四年二月己酉(頁2820):祔葬莊惠皇太后于永安陵之西北隅。

按:永安陵,《宋史》卷一○《仁宗紀二》作"永定陵"。按莊惠皇太后乃真宗之后,真宗陵名爲永定,而"永安"乃宣祖陵名也。此作"永安"必誤,當從《宋史·仁宗紀》作"永定"是。

卷一二三寶元二年四月壬申(頁2903):詔昭州運糧丁夫爲蠻寇殺害者,免其家差徭三年、賦稅一年,傷者免賦稅一年。

按:免其家差徭三年,浙局本原刻如此,檢本書文淵閣本"三年"作"二年"。又《宋史》卷一○《仁宗紀二》寶元二年四月壬申條載:"免昭州運糧死寇者家徭二年,賦租一年。"亦作"二年"。據知浙局本作"三年"者誤也,當從文淵閣本作"二年"是。

新見近代文學家集外詩文考略

左 鵬 軍

筆者於近期獲見近代文學家黃遵憲、梁啓超、鄭孝胥、陳三立和丁日昌集外詩文若干,這些詩文不僅五人作品集中不收,而且年譜傳記、著述目録等著作中也不收,亦未見其他研究者提及,當係近代文學史料的新發現。爲便於同道深入研究,現將這些材料公之於衆,並就目下之所能,對有關情況略作考證説明。或有未當之處,高明教正是幸。

一、黄遵憲集外詩二首

前不久,香港鄧又同先生再次將一批文物捐獻給廣州博物館,黄遵憲贈張蔭桓七律二首就在其中,現抄録如下(標點爲筆者所加,第二首第五、六、八句後小字爲作者原注):

樵丈尚書六十有一賦詩敬祝

入丁出丙壽星祥,四國傳誇天上張。冠冕南州想風度,樞機北斗在文昌。
金城引馬迎朝爽,銀漢歸槎照夜光。揮麈雄譚磨劍氣,獨因憂國鬢蒼蒼。

以詩壽樵丈尚書蒙賜詩和答依韻賦呈

往迹雲泥偶一論,喜公氣海得常溫。北山王事賢勞甚,南斗京華物望尊。
橫榻冰廳爭問禮,公不由進士而兼署禮部侍郎,實異數也。
鳴珂紫禁獨承恩。吾粵先輩賜朝馬者無幾,即莊滋圃、駱文忠兩協揆亦未拜此賜。
玉缸酒暖朝回會,願聽春婆説夢痕。賜詩有海國春婆之語。

此批文物皆爲鄧又同祖父鄧華熙遺物。鄧華熙(1826—1916),字小赤,又作筱赤,又字小石,室名納楹書屋。廣東順德人。咸豐元年辛亥(1851)舉人,歷任雲南按察使、湖北布政使、安徽巡撫、山西巡撫、貴州巡撫等。卒謚和簡。鄧華熙爲晚清重臣,與晚清名臣名士多有交往,張蔭桓、黄遵憲與之同爲廣東同鄉,彼此關係密切。因此這兩張詩箋之真實性當可靠無疑。鄧又同手書説明文字曰:"愛國詩人黄公度詩稿墨寶 世愚侄鄧又同拜題。"可見鄧黄兩家爲世交,關係非比尋常。

這兩首七律均以正楷書寫於刻印有雙龍圖和雙鈎"壽命昌永"四字之淺黃色紙箋上,兩張紙箋樣式完全相同,每張書詩一首,詩後各署"遵憲呈稿"四字,之下分別鈐有"黃公度"陽文篆書朱印,係黃遵憲親筆無疑。而且,從所用紙箋、書法筆迹、所鈐印信等方面情形來看,將這兩首七律鈔寫於兩張紙箋之上當係同時所爲。

這兩首七律,黃遵憲晚年編定詩集《人境廬詩草》十一卷(清宣統三年日本初刊本,民國二十年上海商務印書館再版本)中未收,北京大學中文系近代詩研究小組編《人境廬集外詩輯》(北京:中華書局,1960 年)亦不載,後人搜集整理的黃遵憲文鈔、詩文集,如錢仲聯《人境廬詩草箋注》(上海:商務印書館,1936 年;上海:古典文學出版社,1957 年;上海:上海古籍出版社,1981 年)、鄭海麟、張偉强編校《黃遵憲文集》(京都:中文出版社,1991 年),均未收録,亦未見其他有關論著、論文提及。這兩首七律是新發現的黃遵憲集外佚詩,爲黃遵憲研究提供了一份有價值的新材料。以往所見黃遵憲墨迹,多爲行草書,其楷書相當少見,其印章亦不常見,凡此均表明這兩幀詩箋值得珍視。

從標題、内容、作者自注等來判斷,這兩首七律確係呈送張蔭桓之作。張蔭桓(1837—1900),字樵野,廣東南海人,生於清道光十七年丁酉正月初四日,即公元 1837 年 2 月 8 日。從第一首標題推斷,此篇賀壽之作作於張蔭桓六十一歲生辰之時,時間當爲光緒二十三年正月初四日,即公元 1897 年 2 月 5 日,或者此前不久。關於張蔭桓六十一歲生辰,翁同龢在光緒二十三年正月初四日日記中云:"張樵野生日,往祝未入。送席一桌(四兩),酒一壇(二兩)。"(陳義傑整理《翁同龢日記》第六册,北京:中華書局,1998 年,第 2972 頁)黃遵憲將此詩呈上不久,張蔭桓亦以詩作答,黃遵憲遂又作第二首,再次呈送。此時黃遵憲五十歲,方受朝廷之命出使德國,而德方不願接受,正在京城等待朝命,不久即出都赴湖南就長寶鹽法道任矣。此時張蔭桓亦在京城,後不久即受命出使英、美、法、德、俄諸國。

黃遵憲與張蔭桓私交較厚,來往頗多。《人境廬詩草》及《人境廬集外詩輯》中,存有二人唱和之作多篇。尤可注意者,在《人境廬詩草》卷六《歲暮懷人詩》中,有一首懷念張蔭桓之作云:"釋之廷尉由參乘,博望封侯自使槎。官職詩名看雙好,紛紛冠蓋遜清華。"

筆者嘗遍檢張蔭桓詩集:清光緒丁酉(光緒二十三年,1897)初冬京都刊本《鐵畫樓詩鈔》五卷,光緒二十八年(1902)觀復齋校刊本《鐵畫樓詩續鈔》二卷,希冀一覽張蔭桓六十一歲生日時酬答黃遵憲之詩,惜未獲見。可知正如黃遵憲此二詩未編入《人境廬詩草》一樣,張蔭桓同時和答之作亦未收入詩集。《鐵畫樓詩鈔》卷二有《直東旱甚吾粵乃苦霪霖感事簡黃公度》一首,卷五有《次韻公度感懷》一首,可見張黃二人之詩歌交往。張蔭桓這兩首詩更堪與《人境廬集外詩輯》收録之《張樵野廉訪以直北苦旱嶺南乃潦詩見示次韻和之》、《人境廬詩草》卷

八《感懷呈樵野尚書丈即用話別圖靈字韻》諸詩對讀。

此次新發現的這兩首黃遵憲集外佚詩,不僅爲黃遵憲研究提供了新資料,殊爲可貴,也爲考察黃遵憲與張蔭桓之關係交往,提供了新材料,極爲難得。

二、梁啓超集外文一篇

高葆勛著《動忍廬詩存》,中華民國二十一年五月(1932年5月)由位於廣州廣大路的後覺學校出版發行,鉛印綫裝一册。此書版權頁方框内"版權所有　不許翻印"八字處,鈐有陽文篆書朱印"動忍廬",據此判斷,此書當係作者自印本。扉頁有易順鼎"甲寅五月"(1914年5月至6月)所題"動忍廬"三字。卷首依次有林紓、梁啓超、詹憲兹序文各一篇,之後是作者自序。其中梁啓超所作序文尤堪重視。查閲目前收録梁氏著作最爲齊全的《飲冰室合集》(林志鈞編,北京:中華書局,1989年),未見收録此文。復查檢丁文江、趙豐田編《梁啓超年譜長編》(上海:上海人民出版社,1983年)、李國俊編《梁啓超著述繫年》(上海:復旦大學出版社,1986年)、吳天任編著《民國梁任公先生啓超年譜》(臺北:臺灣商務印書館,1988年),各書均不載此文,且未見關於此文之任何信息。

由此可知,梁啓超爲高葆勛《動忍廬詩存》所作序文向爲研究者所不知,是新發現的一篇梁啓超集外佚文。現將此文録出如下(標點爲筆者所加):

梁 任 公 序

古之詩,不出乎六義也。漢以來之樂府歌謡,唐以來之感遇遣興,猶有六義之遺風。後世詩集,强半為文酒酬和、揄揚贈序之作,翻閲集中,一種世俗鄙俚之習,敷陳粉飾之詞,滿目煙蕪,真義銷亡,至此已極。嗚呼!詩之不見重於世,匪一朝一夕之故,而積習有以誤之已。向者啓超由滬來京,得讀濟南高君動忍廬詩一過,其間雖不乏紀遊紀事,而大段尚不出乎六義之外。文酒酬和、揄揚贈序諸什,反覺寥寥可數。若高君殆知詩之道者歟!古人之詩,往往有詩無題;今人之詩,往往有題無詩。青蓮之所以為詩仙者,在能超然塵埃之表;浣花之所以為詩聖者,在能蟬脱世垢之羈。希臘詩人尼采曰:"吾愛以血書者。"蓋足以見真性情真境界也。高君之詩,其性情境界見諸辭表,矯然有絕俗之志,近世詩集所僅見焉。

中華民國十年二月,新會梁啓超識於燕京。

由文中可知,此序1921年2月撰於北京。當時梁啓超遊歷歐洲歸國已一年多,居住於天津,經常往來於津、京之間,主要從事講學、著述活動,仍關心現實政治狀況並爲之盡力奔波。梁啓超在序文中對高葆勛之詩給予高度評價,尤其是針對當時"詩之不見重於世"、"往往有題而無詩"的不良狀況,肯定高葆勛詩作之不同流俗和獨具面目。這些評論當係梁啓超閱讀動忍廬詩之真實感受,非一般客套敷衍之言。其中所表現的詩歌理論觀念,可與梁啓超其他論詩之作如《飲冰室詩話》(1902—1907)、《中國韻文裏頭所表現的情感》、《情聖杜甫》、《美術與生活》、《屈原研究》(均1922)等相參觀,有助於更全面、更完整地認識梁啓超的詩歌主張乃至他全部的文學理論思想。而"希臘詩人尼采"云云,顯係梁啓超筆下偶誤,錯將德國哲學家尼采誤爲希臘人。

《動忍廬詩存》的作者高葆勛,生卒年未詳,生平事迹亦知曉不多。筆者目前僅知:高葆勛,字鳴劍,山東濟南人,長於廣州。十六歲奉祖父之命應童子試,獲府學第一名。後赴北京應順天鄉試,並投考京師大學堂,師從桐城大儒吳汝綸受學,爲其晚年弟子。曾任粤城中學監督、善慶中學堂監督、高州中學堂監督等職。於光緒二十八年中秋(1902年9月16日)赴日本,至橫濱、東京、大阪等地,主要考察教育與政治狀況。1903年2月9日(光緒二十九年正月十二日)吳汝綸在桐城家鄉辭世時,高葆勛正在東京,嘗作《哭桐城吳摯甫師汝綸東京》詩哀悼。高葆勛從不以詩人自命,服膺韓愈"餘事作詩人"之説,主要從事教育、政治等活動。除該詩集外,尚著有《治國芻言》等。

從《動忍廬詩存》部分詩篇中,可推知作者出生的大致時間。《甲寅渡歲燕市旅館柬林琴南紓索和》有句云:"九衢燈火消今夕,四十頭顱一問天。"甲寅爲1914年,此時高葆勛年齡在四十左右,詩中取其整數曰"四十",依此推斷,當生於1875年前後。《哭王静庵二首》係得知王國維自沉北京頤和園昆明湖消息後所作,時間必在1927年6月2日即王國維自盡之日以後。七律《五十初度和顧亭林》首聯云:"衰年冉冉事何成,蓬轉鷗盟了半生。"是爲作者知命之年的感慨。《動忍廬詩存》中華民國二十一年五月(1932年5月)在廣州刊行,據版權頁上所鈐朱色陽文篆字印章"動忍廬"三字來判斷,此時作者當尚健在。如生於1875年左右的推斷與實際情況相距不遠,則至詩集出版時,高葆勛已年近花甲矣。

三、鄭孝胥集外詩一首

最近,於一偶然機會,見晚清民國重要政治人物、著名詩人鄭孝胥五律一首,查檢刊行於民國二十六年(1937)以後最稱完善之十三卷本《海藏樓詩》,不見此詩,可知爲鄭孝胥集外佚詩。現鈔録並略作説明如下:

　　　　詩書定何罪,舉世棄如遺。劫宰存諸子,殷勤得所師。

　　　　鷄鳴休失旦,豹隱自留皮。汝倡予能和,長歌不厭悲。

奉贈　國學保存會諸君　戊申三月孝胥

(下鈐印二方:一爲陰文篆書"鄭氏孝胥",

一爲陽文篆書"蘇戡")

此係鄭孝胥親筆所書詩幅,長約 60 餘公分,寬約 20 餘公分。1998 年 12 月 22 日至 24 日,廣東炎黃文化研究會在順德召開"黃節先生學術研討會",會議期間展出黃節遺著遺物,中有廣東省中山圖書館所藏《國粹學報彙編》,鄭孝胥此詩幅即附於其間。從詩幅之折痕判斷,很可能是夾於《國粹學報》中隨之發行者。詩後所鈐印章非紅色,而爲黑白二色,筆者所見之詩幅似爲影印件。

光緒三十一年(1905)初,黃節、鄧實、章炳麟、馬叙倫、劉師培、陳去病、諸宗元、黃賓虹、高吹萬、高旭、馬君武、蔡哲夫、胡樸安、姚光等一批人物,感於國勢日蹙,群小當道,欲尋求拯救國家、振興民族之途徑,遂創立國學保存會於上海。《國粹學報》光緒三十一年正月二十日(1905 年 2 月 23 日)創刊於上海,以"發明國學,保存國粹"爲宗旨,宣傳反清思想,闡發學術傳統,鄧實主編,章炳麟、劉師培、陳去病、黃節等均爲主要撰稿者。由"奉贈"二字可知,此詩是鄭孝胥應國學保存會之邀而作。"戊申"爲光緒三十四年(1908)。當《國粹學報》創刊三周年之際,嘗邀請各界名流爲之寫詩題詞慶賀。陳三立《散原精舍詩》卷下有《〈國粹學報〉屆三年紀念徵題》五律一首,詩云:"稂秕揚萬古,神血凝三年。作者有憂患,傳之寧偶然。輝光天在抱,鈎索月窺椽。觀海難爲水,斯文與導川。"鄭孝胥之詩亦當作於此時。

鄭孝胥於光緒三十四年三月初十日(1908 年 4 月 10 日)日記之末,對此事有記載云:"夜,作《國學保存會》詩一首。"(勞祖德整理《鄭孝胥日記》,北京:中華書局,1993 年,第 1137 頁)即當係指上引之五律而言。時鄭孝胥在上海。由此詩幅亦可知,前引日記中之"《國學保存會》"五字加書名號欠妥,詩題當作《奉贈國學保存會諸君》。此詩對認識鄭孝胥對"國粹"之態度、與國學保存會及《國粹學報》之關係及其文化心態,均頗有價值,足當重視。

四、陳三立集外文一篇

湖南湘鄉陳翰《劍閑齋遺集》卷首,有江西義寧陳三立(1852—1937)所作序文一篇,爲《散原精舍文集》所未收,亦未見其他研究著作提及。從諸方面情況來看,此文爲陳三立所作之真實性不必懷疑,可確認係新發現的一篇陳三立集外佚文,現全文録出如下(標點爲筆者所加):

詩 序 一

嗚呼!此吾友湘鄉陳君子峻之遺詩也!始與子峻遊處時,志盛氣銳,方討百家,習國故，傑然欲有為於世，頗不數數究心文辭聲韻間。遂翔江海，迄無所遇，盛年徂謝。凡知子峻者，莫不重惜之。今不共子峻談讌二十餘年矣！賢子爾錫，出示兹編，務澤於古，而才氣足以緯之。雖摩蕩萬象，或未竭其能而盡其變，要自卓犖典重，遠出於流俗，亦有以傳其生平者。天儻假子峻以年，使躬閱今日奇變，慷慨鬱積，必且益有所為。然而心腑魂魄，不攖亘古非常之痛酷，以完其神明，且獲後之人不復列為志亂詩史之一，吾子峻又未為不幸也。癸丑七月，義寧陳三立題記。

陳翰（1855—1896），字裕楣，號子峻，又號德軒。湖南湘鄉人。據其次子爾錫《府君行述》所述，陳翰生於咸豐五年六月六日（1855年7月19日）丑時，卒於光緒二十二年二月九日（1896年3月22日）戌時。少年肆力於學，嘗與邑人結社於東山，倡導詩古文詞，時人目之為東山十子。二十五歲，以經學第一名補縣學學生，求學於長沙思賢講舍，深得主講湘陰郭嵩燾（筠仙）、長沙彭申甫（麗生）推許。究心於時務，又嘗往返於東南各省為幕僚，終無所遇。"子峻負奇氣，究經世之略"（陳三立《湘鄉陳子峻墓志銘》）。後淡於世情，回鄉設館授徒，從游者甚衆。"其學主於義理，輔以漢儒經學，意在匯一漢宋而濟之以當世之務。詩則今體及七古多以唐人為宗，五古規法漢魏六朝以迄盛唐諸家，互有取捨出入，要皆不欲作唐以後語。"（陳爾錫《府君行述》，《劍閣齋遺集》後附）。著有《劍閣齋師門答問》、《讀經雜鈔》、《讀左蒙求春秋集說》、《樂府類注》、詩話、駢體文、公牘、論事文等。

《劍閣齋遺集》為陳翰次子爾錫編輯而成，綫裝三册，1928年刊，凡六卷，前四卷為古今體詩，卷五為詞，卷六為文。其中詩歌"先後經陳散原、黃海霞、魏蓮裳、曾洛園諸先生閱定"（陳爾錫撰書後識語）。是書由柯劭忞於"戊辰孟秋"（1928年孟秋）題寫書名"劍閣齋遺集"。卷首依次有義寧陳三立、桐城吳巨綱所作詩序各一篇，湘鄉周蕃所作文序一篇。書後依次有彭申甫（麗生）、郭崑燾（意城）、王闓運（壬秋）、鄧輔綸（彌之）、鄧慶元（良輔）、朱應虞（恢元）、魏程搏（蓮裳）、曾希文（仙亭）、於士廉（蓮生）九人之題詞，之後是陳爾錫關於此書編輯印行之識語和《府君行述》，最後附陳三立作《墓志銘》。

書後所附之《墓志銘》，即收入陳三立《散原精舍文集》卷十一之《湘鄉陳子峻墓志銘》，字句偶有異同。如《散原精舍文集》本《湘鄉陳子峻墓志銘》言陳翰有"女三人，孫三人"（錢文忠標點《散原精舍文集》，瀋陽：遼寧教育出版社，1998年，第173頁），《劍閣齋遺集》後附《墓志銘》則云有"女三人，孫四人"。尤其重要者，前者云："子峻葬所為縣東鳳一都樊家山，葬以卒之歲某月日"（錢文忠標點《散原精舍文集》，瀋陽：遼寧教育出版社，1998年，第173頁），後者則為："子峻葬所為縣東鳳一都東臺山後麓樊家山，葬以卒之歲辛酉三月六日。"後者所述更加準確。《散原精舍文集》本《湘鄉陳子峻墓志銘》不署寫作時間，僅言"子峻既歿二十餘年"。依後一種版本中所云"辛酉三月六日"，即1921年4月13日，則可確定此文寫作時間即在此時,或此前不久,距陳翰之卒已二十五年,與文中所述時間相合。

陳三立這篇陳翰詩集序文,寫作時間爲癸丑七月,即 1913 年 8 月,文中對陳翰其人其詩、際遇遭逢多有深入之介紹,多理解同情之語,亦寓作者個人之人生時勢感慨,情感之深摯,用語之愷切,非一般應酬捧場之作所可比。此文與《湘鄉陳子峻墓志銘》是目前所見陳三立所作關於陳翰之全部文字。此文之大可注意者還有一處,即文末所云:"天儻假子峻以年,使躬閱今日奇變,慷慨鬱積,必且益有所爲。然而心腑魂魄,不攖亙古非常之痛酷,以完其神明,且獲後之人不復列爲志亂詩史之一,吾子峻又未爲不幸也。"除表現陳三立對死者痛惜深惋之情外,還透露出當清朝傾覆、民國肇建,時勢世道發生巨變之際,陳三立極其矛盾痛苦、無可奈何的文化心態,對了解當時陳三立的思想變化和情感狀態有一定價值。

《散原精舍詩》中,並未留下有關陳翰之作,《劍閑齋遺集》卷三中,却有《送陳伯嚴入都》五古一首,同卷《泉州懷人詩》十八首之七爲懷陳三立與羅順循二人之作。陳翰詞作與文章中,亦未見提及陳三立。凡此皆表明,陳三立爲陳翰詩集所作這篇序言,對研究二人之聯繫交往相當珍貴,具有重要的文獻價值。

五、丁日昌七律二十首

許善長著《碧聲吟館談塵》,西泠印社吳氏聚珍版,民國年間刊行。是書卷一載有丁日昌七律《潮州感事詩二十首》,爲丁氏詩集《百蘭山館古今體詩》所不收,亦未見其他有關著作提及,當係新發現的丁日昌集外佚詩。

許善長(1823—1889 以後),字季仁,一字元甫,號玉泉樵子,別署栩園、西湖長,館名碧聲吟館。浙江仁和人。晚清著名戲曲家、文學家,著有雜劇、傳奇、詩文多種,合刻爲《碧聲吟館叢書》。《碧聲吟館談塵》凡四卷,六十六則,爲筆記文學集,內容廣泛,舉凡文史、輿地、名物、名人佚事、醫術藥方無所不包。現將書中所載丁日昌詩鈔錄如下(標點及各詩序號爲筆者所加,第二首末句後小字爲作者原注):

潮州感事詩二十首

(一)

不信天心付劫灰,西風永夜角聲哀。五千里外烽煙接,二百年餘殺運開。

滋蔓不圖成禍水,養癰平日讓通才。如何文物聲名地,太息塗膏遍草萊。

(二)

曾聽元戎將略無,千杯壯志勵庸夫。未能一戰師先老,絕少奇兵計已麤。

聚鐵可堪州鑄錯，唱籌今見米成珠。三年轟破襄陽未，一炮功成萬骨枯。向帥鑄六萬斤銅炮。

（三）

蔓延吳楚又青徐，總是西南漏網餘。本仗虎頭能定遠，誰知螳臂竟當車。連營處處嚴溝壘，募卒頻頻到里閭。戰剿無能抄掠慣，濫將潮勇漫吹噓。

（四）

焚劫沿途篋笥充，歸來翻作應聲蟲。盟雞甫歃萑苻血，喚鶴先驚草木風。難解網開憑聚散，倘因人密藉疏通。圖成鄭俠流亡苦，多少蒼生類轉蓬。

（五）

星散兵權志不牢，秦風誰肯篤同袍。倚天處處誇長劍，縮地人人望大刀。顔説將才多似鯽，翻教群盜起如毛。牢騷我欲呼天問，閶闔蒼蒼爾許高。

（六）

妖氛飄瞥武寧空，臣職能完共效忠。血灑郊原秋草碧，魂歸兜率陣雲紅。當關守禦兵無志，與士存亡鬼亦雄。辛苦城東方義士，破家收復也無功。

（七）

海濱鄒魯也干戈，遍地豺狼奈若何。將帥立功今日少，秀才作賊古來多。漫傳白起曾降趙，難信黄巢竟渡河。十萬橫磨誰請得，有人洗耳聽鐃歌。

（八）

雄關屹屹駐旌旄，未見烽煙便遁逃。宵濟有聲舟掬指，誅求無厭帥吹毛。呼庚漫谷軍儲竭，棄甲頻聞將略高。七十里程三日進，笑君此腹負羊羔。

（九）

進等求魚退守株，議征議撫總躊躇。民欺官懦多中立，賊恐糧豐阻轉輸。有令開倉仍米貴，無方剿寇仗天誅。背城借一尋常事，早晚軍門看獻俘。

（十）

不事芸窗不力田，鬥爭都覺性情偏。誦詩口上難三百，募勇江東易八千。偶執干戈聊掩耳，無多金穴漫垂涎。紛紛義舉誰其義，誰續遺經瘠士篇。

（十一）

為盜為兵若轉圜，但逢利藪便開顔。飛符祇覺軍如戲，失律安知令似山。海鶴不來春黯淡，鱷魚雖去俗冥頑。蠻方積習由來久，誰挽頹風到闒閩。

（十二）

春盡興師秋又涼，飛鳶難達陣雲忙。援兵未見傳三豕，逆焰猶聞逼五羊。

不信天將拋海嶠，更何人可掃欃槍。聖明應為瘡痍痛，矯矯貔貅出建章。

（十三）

勛業文章事本殊，籌邊難覓辟兵符。未經談虎容先變，直到亡羊注已孤。

諸葛世原稱盡瘁，呂端人尚說糊塗。瀛洲形勝關閩粵，奏凱何時答廟謨。

（十四）

雌黃眾口易波瀾，旁午軍書力既殫。杯底有蛇饒舌苦，河東無粟盡心難。

天人儻許通三策，經濟猶須用五官。橫目幸留冬愛在，寬和究竟勝貪殘。

（十五）

驚傳風鶴信頻頻，奮勇居然類偉人。失險竟難防子午，出師何必守庚申。

似聞定遠生還易，敢信哥舒死敵真。惆悵填橋少烏鵲，靈旗黯淡楚江濱。

（十六）

烽燧看看遍嶺東，是何時候不和衷。狐疑漫喜歸秦璧，鼠首真驚失楚弓。

已見閫墻分洛蜀，何堪築室付痴聾。諸公須為生靈計，莫但衝冠氣吐虹。

（十七）

捐輸借貸例陳陳，供給軍儲閱夏春。忽欲然眉家索餉，飛而食肉古何人。

辛勤曾否涓埃答，子姓今看破碎頻。縱是艱難須盡力，閭閻指日沐絲綸。

（十八）

月暈重圍野哭哀，半年未見省兵來。官原惡殺留生路，賊本無能燼死灰。

何日膚功消劫運，幾番血戰仗邊才。十年養望非容易，畢竟安危借寇萊。

（十九）

揭普潮澄警報頻，豐城又見楚氛新。空拳退賊真良吏，枵腹從軍果義民。

破斧是誰能建樹，運斤端合借勞薪。鞠䬾呼罷親桴鼓，難怪人歌有脚春。

（二十）

氛祲冥冥戰壘稠，幾看帷幄運良籌。熱腸我縱工秦哭，冷眼人誰作杞憂。

八口妻孥愁滯跡，一年戎馬又殘秋。從來不剿何能撫，辜負長沙涕泣流。

詩前有作者說明曰：“丁雨生中丞日昌，廣東豐順人，弱不勝衣，力學，工吟咏，以廩貢就訓導，時與子雙家叔延珏共在潮州危城中，守禦幾一載，枕戈籌策，真患難交也，以是頗相得。論功銓江西萬安令，涖陞是職。”由此可知，許善長叔父許延珏與丁日昌有着相當密切的關係，這一組詩作的真實性亦可靠無疑。詩後許善長又評論說：“憤懣之氣，溢於言表，詩筆亦恣橫異常。”

許善長叔父許延珏，字子雙。浙江仁和人。廩生。咸豐三年（1853）任廣東惠來縣知縣，咸豐五年(1855)再次擔任是職(據《潮州志·職官志》，饒宗頤總纂，潮州修志館發行，1949年鉛印本)。丁日昌(1823—1882)，字禹生，又作雨生。廣東豐順湯坑人。貢生出身，歷任瓊州府學訓導、江西萬安知縣、蘇松太道、江南洋務局總辦、兩淮鹽運使、江蘇布政使、江蘇巡撫、福建巡撫等，獲賞總督銜。爲晚清重臣，洋務自强運動的主要推動者之一。

　　從丁日昌生平經歷與詩歌內容等方面考察，這二十首七律的寫作時間大致可以確定。咸豐四年(1854)農曆四月，海陽縣三合會吳忠恕起事，農曆七月，吳忠恕等圍攻潮州府城。丁日昌以邑紳身份組織鄉團，率領豐順縣湯坑精悍鄉勇三百人援救，駐扎於橋東寧波寺和韓山書院，把守東路。農曆九月十八日(公曆11月8日)黎明，丁日昌率領鄉勇從筆架山渡凌角池，擊潰吳忠恕駐東津一部，生擒百餘人(據《潮州志》，饒宗頤總纂，潮州修志館發行，1949年鉛印本；《中華民國新修豐順縣志》，民國三十二年鉛印本)。此一戰，解除了府城東路之困，對平定此次三合會之亂，取得整個戰事的勝利起了相當大的作用。丁日昌亦以此次軍功，被任命爲瓊州府學訓導。

　　這二十首七律，當作於咸豐四年甲寅(1854)秋冬之際，詩歌內容亦是反映此次潮州保衛戰的種種情景以及作者在戰爭中的複雜感受，此時丁日昌三十二歲。這些作品對研究丁日昌生平思想和詩歌創作、尤其是早年的詩歌創作，都是十分珍貴的資料。

參考文獻：

黃遵憲著《人境廬詩草》十一卷，宣統三年日本初刊本。上海：商務印書館，民國二十年再版本。

北京大學中文系近代詩研究小組編《人境廬集外詩輯》，北京：中華書局，1960年。

陳義傑整理《翁同龢日記》(六冊)，北京：中華書局，1989—1998年。

張蔭桓著、王貴忱注釋《張蔭桓戊戌日記手稿》，澳門：尚志書社，1999年。

高葆勛著《動忍廬詩存》，廣州：後覺學校出版發行，民國二十一年。

林志鈞編《飲冰室合集》，北京：中華書局，1989年。

丁文江、趙豐田編《梁啓超年譜長編》，上海：上海人民出版社，1983年。

李國俊編《梁啓超著述繫年》，上海：復旦大學出版社，1986年。

吳天任編著《民國梁任公先生啓超年譜》(四冊)，臺北：臺灣商務印書館，1988年。

勞祖德整理《鄭孝胥日記》(五冊)，北京：中華書局，1993年。

鄭孝胥《海藏樓詩》十三卷，約刊於民國二十六年以後。

陳翰著《劍閣齋遺集》六卷，1928年刊。

陳三立《散原精舍文集》，瀋陽：遼寧教育出版社，1998年。

陳三立著《散原精舍詩》，臺北：新文豐出版股份有限公司，1979年。

許善長著《碧聲吟館談麈》四卷，西泠印社吳氏聚珍版，民國年間刊。

丁日昌著《百蘭山館古今體詩》五卷，附詞楹聯，廣州：廣東省社會科學院，1987年重排膠印本。

饒宗頤總纂《潮州志》，潮州修志館發行，1949年鉛印本。

《中華民國新修豐順縣志》，民國三十二年鉛印本。

《明史·烏緝傳》訂誤

鄧　芳

　　《明史》文苑一《烏緝傳》附《烏斯道傳》後，傳文云："子緝，亦善詩文。洪武四年舉鄉試第一，授臨淮教諭。入見，賜之宴，賦詩稱旨，除廣信教授，自號滎陽外史。"

　　此載有誤，其誤有四：

　　一，名字記載之誤。烏斯道《春草齋集》卷十二附錄《正德慈溪縣志·文苑傳》"烏斯道"條載："子熙光，字緝之，亦以詩文擅名，尤精于琴。"《嘉靖寧波府志·文學傳》、《雍正寧波府志·文苑傳》、《雍正慈溪縣志·文苑傳》、佚名《月夜彈琴記》所記俱同。據此可知，烏氏之子名熙光，字緝之。（《光緒慈溪縣志·人物傳》、王鴻緒《明史稿》記烏緝之之名作"熙"，脱一"光"字。）《明史》不記其名"熙光"，誤記其字爲名，且脱一"之"字。

　　二，誤將鄭真事迹闌入烏緝之名下。《明史·烏緝傳》自"洪武四年"以下傳文應爲鄭真事。鄭真，字千之。鄞人，一説慈溪人。號滎陽外史。有《滎陽外史集》一百卷。《明史》所記烏緝之名下諸事俱于《滎陽外史集》有載。《滎陽外史集》之《計偕錄》云："（洪武六年三月）二十六日，……飯後到部，聞有中都臨淮教官之除，益重遠想。"《濠梁錄》云："（洪武六年）三月二十六日，吏部尚書詹公奉旨注儗浙江進士八人爲中立府所屬教官，……于是，中立府臨淮縣儒學教諭，鄭真首獲是選。"《進牌錄》："（洪武十七年九月）初七日，正朝奉天殿，入文華殿聽選。是日，上御西宮大庖，吏部尚書余公某引教官九人入見，賜宴，席上以'菊綻西風'、'露脂楓葉'爲題，諸公應制詩凡若干首云云。""（洪武十七年九月）初九日，朝華蓋殿。教官吳烈等九人就版房聽選侍儀司序班姓，吏部主事張某傳旨召入九人于華蓋殿東頭，賜宴，叩頭謝恩。既罷，各制詩凡若干首云云。""（洪武十七年九月）二十二日，華蓋殿親擢大小官四十二人，臣真等九人咸預其列……鄭真江西廣信府教授……"（鄭真舉鄉試事詳見後文）所記諸事與《烏緝傳》均合。又，明過庭訓《明分省人物考》、明張弘道、張凝道《皇明三元考》、清陳田《明詩紀事》、清朱彝尊《靜志居詩話》亦有《鄭真傳》，所記與《明史》烏緝之名下諸事亦大致相符。而現存有關烏緝之生平史料均不見以上事迹的記載。顯然，《明史》是將有關鄭真的事迹誤記于烏緝之名下。至于《明史》致誤之由，經細勘有關史料，亦可得見：《明史》定本據《明史稿》增删而成。《明史稿·趙塤傳》下附與之同修《元史》，生平可考諸人之傳，傅恕爲其一。《傅恕傳》云："（傅恕）學通經史，與同郡烏斯道、鄭真皆有文名。"故其後附並未參修《元史》之烏斯道、鄭真傳。而《烏斯道傳》又附其子緝之之傳。《明史稿》云："（斯道）子熙亦負才名。真，字千之。洪武四年舉鄉試第一，授臨淮教諭。入見，賜之宴，賦詩稱旨，除廣信教授。自號滎陽外史。"《明史》與《明史稿》體例、文字俱相若，二者相較，知《明史》因刊刻之誤，漏載鄭真之名，以致其生平事迹誤繫于烏緝之名下。

　　三，《明史》記鄭真之號"滎陽外史"當爲"滎陽外史"之誤。據上引史料，鄭真之號均作"滎陽外史"，"滎"、"荣"二字形近而致誤。

　　四，科舉（鄉試）紀年之誤。鄭真《同年錄後跋》（《滎陽外史集》卷三十九）："洪武壬子（洪武五年）秋，浙省遵承詔旨，合九郡之士試之，得四十名，上諸京師，而真忝以末學，獲在首選。"《洪進士哀辭》（《滎陽外史集》卷五十四）："洪武壬子秋八月，浙江省奉上旨以明經試士，某忝以非才，冠四十人之首。"據此，鄭真舉鄉試第一當在洪武五年，《明史》誤繫于洪武四年。（《明史稿》亦誤。）

　　《明史》之武英殿原刻本即有上述諸誤，而後出之本俱不察，以訛傳訛。現予以拈出，供研史者參考。

《漢印複姓的考辨與統計》補正

吴 良 寶

　　《文史》第四十八輯刊登了趙平安先生的《漢印複姓的考辨與統計》一文(以下簡稱"趙文"),以《漢徵》及其《補遺》爲主,結合《姓氏徵》,統計出漢印中的複姓共有一百八十種。這個結論較以往的研究有了不少進展,但仍存在一些明顯的疏漏。今試作補充説明。

　　《漢徵》及《補遺》中有一些複姓爲趙文所漏收,主要有下面幾種:

　　1.東户:《漢徵》十二·二有"東户政印",《姓氏徵》卷下六頁有"東户登"印。《淮南子·繆稱訓》:"昔東户季子之世,道路不拾遺,耒耜餘糧宿諸畝首,使君子小人各得其宜也。"高誘注:"古之人君。"舊以爲"東户"這個姓氏即來源于這位上古君主(見夏樹芳《奇姓通》)。

　　2.東門:《漢徵》六·十二有"東門去病",七·二十二有"東門席",八·一有"東門俋印"等。與"北門"、"西門"相類,"東門"應爲複姓。

　　3.南郭:《漢徵》六·十三有"南郭族印",七·十三有"南郭瓜印"等。鄧名世《古今姓氏書辨證》:"出自齊大夫,居國之南郭,因氏焉。春秋時齊大夫南郭偃會晋而逃歸,又景公子鉏奔魯,亦謂之南郭鉏。"

　　4.胡毋:《漢徵》四·十四有"胡毋去"印,五·七有"胡毋嘉印",十二·十六有"胡毋通印"。《印舉》複姓一有"胡毋恢"印等。應劭《風俗通義·姓氏》:"胡毋氏,本陳胡公之後也,公子完奔齊,齊宣王母弟,別封毋鄉,遠本胡公,近取毋邑,故曰胡毋氏。"

　　5.司宫:《漢徵》八·十九有"□宫兑根",趙文注⑩引作"司宫兑根",但正文中漏收此複姓。《姓氏徵》另有"司宫長史"、"司宫建德"等印。

　　6.長孫:《漢徵》八·十九有"長孫方居",十二·二十一有"長孫横印"。《印舉》複姓二有"長孫少孺"、"長孫安"等印。"長孫"爲常見複姓。

　　7.東谷:《補遺》二·一有"東公廣德"。檢《印舉》複姓二有"東谷廣德",上引"東公"顯係"東谷"誤釋。①"廣德"爲常見漢印人名,"東谷"應爲複姓。古璽中也有此複姓(見《璽彙》三四三四)。②

　　8.公可:《漢徵》七·十八有"公可窯"印。"公可"應讀"公何",《廣韻》公字所列複姓中有公何氏,《姓氏徵》卷上也收有公何複姓。③

9.息夫:《漢徵》十·十五有"息夫隆印"。陳士元《姓觿》:"息夫,《風俗通》云,息國之後。《姓考》云,楚屈禦寇爲息尹,即《左傳》息公子邊也。邊以息尹爲楚大夫,因爲息夫氏。"

10.公耆、公救、公州:《漢徵》十·二十有"公耆長孺",三·二十一有"公救沈印",《補遺》十一·五有"公州長兄",《伏廬藏印》106頁有"公州長樂"等。古書中從咎聲之字與從九聲之字多可通,從求聲之字、從州聲之字也可與從九得聲之字相通。如,《詩·小雅·大東》"有洌汸泉",《釋文》:"汸字又作晷",《爾雅·釋水》"水醮曰屠",《釋文》:"屠又作漸",《説文·水部》引作"汸";《尚書·堯典》:"共工方鳩屠功",《説文·人部》引作"救",《淮南子·原道》:"萬物之變不可究也",《文子·道原》引作"救";《禮記·檀弓上》:"居昆弟之仇",《白虎通·誅伐》引作"讎";《左傳·文公十三年》"魏壽餘",《史記·秦本紀》作"讎餘",馬王堆帛書《春秋事語》作"州餘"。因此"公救"等姓可讀作"公仇",《姓解》:"公仇,《姓苑》:後漢有零陵太守公仇稱。"(注③文已讀"公救"爲"公仇")

11.仲山、中山:《漢徵》九·六有"仲山□印",《姓氏徵》有"仲山賀"印;《印藪》複姓三有"中山壽王","壽王"爲人名,《西泠印社古銅印選》74頁有"西郭壽王"漢印,同書31頁有"中山武强"等印。"中山"可讀"仲山",當爲複姓。

12.苦□:《漢徵》附録九有"苦□宫始",從印面格式看,"苦□"當爲複姓。

13.公羊:《漢徵》二·二有"公羊長印"(與《漢徵》八·十八"信屠武印"格式相同,"長"爲人名,《湖南省博物館藏古璽印集》269號有"西郭長印"漢印),《印藪》周秦十七有"公羊買"漢印。"公羊"爲複姓,《古今姓氏書辨證》:"齊公羊高,子夏弟子,作《春秋傳》。"

漢印中有一些複姓不見于《漢徵》及《補遺》中,而見于《姓氏徵》,且確實可信,趙文也没有收録,主要有:

14.司徒:《印藪》複姓一有"司徒竪·日利"兩面印,《西泠印社古銅印選》77頁有"司徒新印"等。"司徒"爲複姓。

15.槐里:《印藪》複姓一有"槐里饒",《姓氏徵》卷下有"槐里襃"(也見于《印藪》複姓一)。"槐里"與"東里"、"相里"相類,當是以居爲氏。

16.夷吾:《印藪》複姓一有"夷吾遂"印,"遂"爲漢印常見用名(可參《漢徵》二·十四),"夷吾"當爲複姓。《通志·氏族略》:"晋惠公名夷吾,其後支庶以名爲氏。"

17.桑丘:《印藪》複姓二有"桑丘登"印。"桑丘"即"桑邱",《姓考》云:"少昊之後,漢《藝文志》有桑邱公。"

18.中孫:《印藪》複姓三有"中孫諸侯",《姓氏徵》有"中孫勖"。"中孫"即"仲孫",《世本》云:"魯桓公子慶父之後稱仲孫,後又稱孟孫氏。"

19.武城:《印藪》複姓四有"武城除中"、"武城千秋",《姓氏徵》另有"武城未央"。"武城"

當爲複姓，《通志·氏族略》："趙平原君勝，封武城，因氏焉。"

20. 公丘：《印舉》複姓一有"公丘安·日利"兩面印，《印舉》複姓五有"公丘□印"。"公丘"即"公邱"，《姓觿》："公邱，《路史》云滕大夫食邑，因氏。《史記》衛有公邱懿子。"

21. 司城：《印舉》複姓三有"司城忠臣"，《姓氏徵》卷上有"司城弘"印。《姓譜》："宋以武公名司空，故改爲司城。公子蕩爲司城，其後曰蕩氏，世爲司城，因氏焉。"

22. 延陵：《磊齋璽印選存》有"延陵悁"印，《姓氏徵》卷上有"延陵循印"、"延陵可印"（分別見于《陶齋藏印》、《續齊魯古印捃》）。《路史》云："吳季札居延陵，因氏。亦爲延州來氏。"

23. 毋丘：《印舉》複姓二有"毋丘長"印（見于《姓氏徵》卷上），《伏廬藏印》102 頁有"毋丘調"，103 頁有"毋丘翁君"印。《元和姓纂》："其先食邑毋丘，因氏焉。後漢末將作大匠毋丘興生儉。"文獻中或作"母丘儉"，"母"爲"毋"字之誤。④

24. 登徒：《古璽集林》一四一頁有"登徒林"漢印（《姓氏徵》卷上所引）。《文選》卷十九有宋玉《登徒子好色賦並序》："大夫登徒子侍于楚王"，李善注謂"登徒"爲複姓，爲《姓觿》等書所本。曾侯乙墓竹簡一五〇、一五二號有"左登徒"、"右登徒"官職，"登徒"複姓當與"司馬"、"司徒"等氏一樣，屬以官爲氏。⑤

25. 中長：《印舉》複姓三有"中長始昌·中長孺"兩面印，《姓氏徵》有"中長生"印。"中長"即"仲長"，《路史》云："齊公族之後。"《漢書》有仲長統，晋有仲長敖。

26. 車成：《印舉》複姓三有"車成千秋"，《姓氏徵》另有"車成則"、"車成闌"印。《廣韻》九麻"車"字注云："《世本》有車成氏。"《潛夫論·志氏姓》："苦成，城名也，在鹽池東北。後人書之或爲'枯'；齊人聞其音，則書之曰'庫成'；燉煌見其字，呼之曰'車成'；其在漢陽者，不喜'枯'、'苦'之字，則更書之曰'古成氏'。"

27. 叔中：《赫連泉館古印續存》146 頁有"叔中賢·叔中卿"兩面印。《通志·氏族略》"以次爲氏"條："叔仲氏，姬姓，魯公子牙之後也。公孫兹生得臣、彭生，得臣爲叔孫氏，彭生爲叔仲氏。《史記》叔仲會，魯人，仲尼弟子。"

28. 北郭：《印舉》複姓七有"北郭宮印"，《姓氏徵》另有"北郭建、北郭勝、北郭貞"等印。"北郭"也是複姓，《古今姓氏書辨證》"東郭"氏條下謂："出自姜姓。齊公族大夫居東郭、南郭、北郭者，皆以地爲氏。"

29. 大室：《印舉》複姓七有"大室遂印"。《古今姓氏書辨證》："太室山在河南陽城縣西南，其先居人，因山爲氏。"

30. 今留：《印舉》複姓一有"今留禹"印。"禹"爲常見漢印人名，可參《漢徵》十四·十二，《姓氏徵》云："《廣韻》漢複姓有金留氏，出《姓苑》。殆與今留同。"陰從今得聲，古文字中或作𠗐，可證。"今留"當爲複姓。

31.公席:《陶彙》九·十八收有"公席逆"漢代陶私印文,《姓氏徵》卷下收有"公席明"印,"公席"爲複姓。

漢印中有些複姓不見于《姓氏徵》及《漢徵》、《補遺》,爲趙文所不載,主要有下面幾種:

32.白羊:《吉林大學藏古璽印選》第二九五號有"白羊並印"漢印。"白羊"爲複姓,也見于古璽(參《璽彙》三〇九九、三五八三)。⑥

33.水丘:《印舉》複姓七有"水丘誤印"。"水丘"爲複姓,也見于古璽(《璽彙》三五〇八,見注⑥文)。

34.甘士:《印舉》複姓二有"甘士廣印"套印。林寶《元和姓纂》卷五:"《世本》宋司徒華定甘士氏。周卿士甘平公爲王卿士,後氏焉。""甘士"複姓也見于古璽。⑦

35.下軍:《伏廬藏印》六五頁有"下軍□"漢印。"下軍"與"中行"、"左行"等複姓,均來源于古代的軍隊編制。《通志·氏族略》:"下軍氏,《左傳》晋欒黶爲下軍大夫,支孫因氏焉。"

36.歐陽、區陽:《印舉》複姓七有"歐陽湯印"、"區陽□印"。《姓譜》:"越王勾踐之後。支孫封烏程歐陽亭,因以爲氏。望出渤海。"

另外,《補遺》二·一有"門牢安宗",《姓氏徵》還收有"公陵合衆"、"山都勝"(均見于《印舉》)、"表孫帶"、"東鄉未央"、"毋孫通"、"毋諸信"、"公垣不敬"等印,《顧氏集古印譜》4頁有"公孟□印"漢印,見于《古今姓氏書辨證》,也應是複姓。

趙文中有重複統計的現象,如第二部分統計《姓氏徵》及《補正》中複姓時,"東里"就出現兩次(126頁第一行與第九行)。新考的"庚公"複姓已見于《姓氏徵》卷上,失檢。補記中新收"侍其縣"印,已見于《漢徵》十二·二十一,趙文引用《考古》1975年3期的資料,而不直接用《漢徵》,失檢。又,新考辨的"白土"複姓,《漢徵》九·十有"白土席"一例,但書中未收此印中的"白"、"土"字形,或引《璽彙》三二三五進行互證,⑧也不可信。它有可能是"甘士"誤釋,有關討論可參看注⑦文。"闕里"複姓見于《漢徵》十二·一,同卷十二·三有"闕門到",見于《續齊魯古印捃》。從《漢徵》所收"闕"、"到"字形及印面格式判斷,"闕里"可能爲"闕門"之誤,暫存疑。

趙文所收的漢印複姓一百八十種,除去重複者一種,存疑者二種,加上本文列出的四十餘種,漢印複姓的總數當不會少于二百二十種。

附記:本文在寫作過程中,曾得到業師吳振武教授的悉心指導,謹此致謝。

引書簡稱表

《漢徵》:羅福頤《漢印文字徵》,文物出版社,1978年。

《補遺》：羅福頤《漢印文字徵補遺》，文物出版社，1982 年。

《姓氏徵》：羅振玉《璽印姓氏徵》，東方學會，1925 年。

《印舉》：陳介祺《十鐘山房印舉》，北京市中國書店，1985 年重印本。

《璽彙》：羅福頤主編《古璽彙編》，文物出版社，1981 年。

《陶彙》：高明編著《古陶文彙編》，中華書局，1990 年。

①⑧　劉樂賢：《古璽漢印複姓合證三則》，《中國古文字研究》第一輯，吉林大學出版社，1999 年 6 月。
②　吳振武：《古璽合文考（十八篇）》，《古文字研究》第十七輯，中華書局，1989 年。
③　劉樂賢：《漢印複姓雜考》，《于省吾教授百年誕辰紀念文集》，吉林大學出版社，1996 年 9 月。
④　吳金華：《〈三國志校詁〉補編》，《古文獻研究叢稿》，江蘇教育出版社，1995 年。
⑤　施謝捷：《釋戰國楚璽中的“登徒”複姓》，《文教資料》1997 年 4 期。
⑥　吳振武：《〈古璽彙編〉釋文訂補及分類修訂》，《古文字論集初編》，香港中文大學，1983 年。
⑦　施謝捷：《古璽複姓雜考（六則）》，《中國古璽印學國際研討會論文集》，香港中文大學，2000 年。

宋代進士甲第考

何　忠　禮

　　進士甲第，包含了兩個方面的內容：一是每舉錄取進士根據成績高低，分成若干甲，二是朝廷按照分甲高低，分別賜與進士及第、進士出身、同進士出身等資格，以此作爲授官大小的依據。“甲”，有時又稱“科”或“等”，因此分甲與分等、分科爲同一涵義。

　　自唐至明，進士甲第經過了一個漫長的演變過程。唐時科舉尚屬初創，甲第之分十分簡單，進士按成績高低分爲甲、乙兩科（等），皆賜及第。① 由于當時每舉錄取人數不多，且進士無論考取甲科或乙科，都需經過吏部銓試合格才能授官，因此區分甲第的實際意義不大。在極大多數年份裏，進士只存乙科，甚至根本就不分科，致使《通典》作者杜佑也產生“武德以來，……進士唯乙科”②的誤解。

　　入宋，進士甲第經歷了一個複雜的變化過程，如太祖一朝十五舉，承唐和五代之舊，因取士甚少，進士皆不分甲，並賜及第。③但從太宗太平興國五年（980）起，隨着取士人數的大幅度增加，爲了區別對待不同成績的進士合格者，又開始了甲第之分，凡考取甲等的，授將作監丞（從八品），通判諸州；考取乙等的，授大理評事（正八品），知令錄事。④不過，歷太宗、真宗、仁宗三朝，每舉分甲和賜第情況頗不一致：有分甲、乙兩科（等），或分三等、四等、五等乃至六等者；有賜進士及第、進士出身、同進士出身、同三傳出身、同三禮出身、同學究出身、試銜等資格中的兩種或三、四種者,即使同樣的甲第,每擧授官也不相同。

從真宗景德二年(1005)起,宋廷鑒于"策名之士尤衆"和官吏冗濫加深這兩個原因,增加了進士合格者的甲第等級,以作爲"循用常調,以示甄別"的依據。是歲下詔:"應進士、諸科同出身試將作監主簿者,並令守選。"⑤從而改變了北宋前期"釋褐即授官"的慣例。從此以後,甲第高下對進士今後的仕途顯得尤爲重要。

真宗大中祥符四年(1011)十一月,制訂了新的《親試進士條制》,對進士分甲和賜第作了明確的規定:"其考第之制凡五等:學識優長、詞理精絶爲第一等;才思該通、文理周密爲第二等;文理俱通爲第三等;文理中平爲第四等;文理疏淺爲第五等。……上二等曰及第,三等曰出身,四等、五等曰同出身。"⑥可是令人感到奇怪的是,儘管有了這樣的規定,此後三擧(也是真宗朝的最後三擧),皆不遵行。如大中祥符五年貢擧,進士只分四等,賜第只有及第、出身兩種;八年貢擧,分等如何雖不見記載,但賜第仍爲及第、同出身兩種。天禧三年(1019)貢擧,分甲五等,賜第則爲及第、同出身、同學究出身三等。⑦以上與大中祥符四年之制皆不相同。

仁宗朝前期,甲第依然無規可循。從景祐元年(1034)的貢擧起,考取進士的人才正式第爲五等,其中,第一、第二、第三等賜及第,第四等賜出身,第五等賜同出身,與大中祥符三年所定條制也不相同。這樣的甲第之分歷十三擧不變,直到神宗熙寧三年(1070)以後實行新的貢擧條制爲止。⑧

熙寧四年二月,王安石爲了培養變法人才,對科擧考試的內容和考試科目進行全面改革:廢除詩賦、帖經、墨義,改試經義;廢除明經、諸科,獨以進士科取士,"嘗應諸科改應進士者,別作一項考校"。與此同時,對分甲和賜第也作出了新的規定:"(進士)分五等,第一、第二等賜及第,第三等出身,第四等同出身,第五等同學究出身。"⑨當時爲何要增設"同學究出身"這一名目,估計是專門爲了對待那些由諸科改應進士科而登第的人,有意"以同學究耻之"。⑩這種甲第之分,實際上只行于熙寧六年、九年和元豐二年(1079)三擧,"其後第五等,皆上特推恩,復賜同進士出身"。⑪故從元豐五年起,進士科分五等,第一、二等賜進士及第;第三等賜進士出身;第四、五等賜同進士出身,重新恢復了真宗大中祥符四年所定之制,終北宋之世沒有變化。

進入南宋以後,科擧制度基本上沿襲北宋之舊,每擧皆分五等或五甲,分賜進士及第、進士出身和同進士出身。⑫但是,對于每一等或每一甲的賜第情況,史籍記載却很不一致,竟使人不得其要領。如劉一清《錢塘遺事》卷一〇《丹墀對策》條曰:"狀元至第二甲終,皆曰宜賜進士及第;第三甲、第四甲終,皆曰宜賜進士出身;第五甲則曰宜賜同進士出身。"而周密《武林舊事》卷二《唱名》條曰:"第一甲賜進士及第;第二甲同進士及第;第三甲、第四甲賜進士出身、第五甲同進士出身。"《夢粱録》卷三《士人赴殿試唱名》條則言:"第一甲舉人賜進士及第;第二甲賜進士出身;第三至第五甲並賜同進士出身。"

以上三書,皆成于宋末元初,竟分歧如此,究屬何者爲可信,尚須作進一步考辨。

按自唐宋以降,進士賜第從無"同進士及第"這一名目,這在宋代士大夫中是一個極爲普通的常識問題,對于擅長典故、學識非常淵博的周密來説,不可能出現如此明顯的錯誤。因此,他所言之"二甲同進士及第"一説,似可理解爲與第一甲一樣,也賜進士及第之意。如是,則與劉一清所言等第相同。在《紹興十八年同年小録》中,詳細記載了該年所取三百三十一名進士的履歷和分甲情況,其中有九個人的賜第在《南宋館閣録》和《南宋館閣續録》中可以考見,今列表于下。

表一　紹興十八年部分登科進士甲第表

姓名	甲次	賜第	注釋
蕭燧	一甲	進士及第	《南宋館閣續録》卷七
李彦穎	二甲	進士及第	《南宋館閣續録》卷七
尤袤	三甲	進士出身	同上
張恪	三甲	進士出身	同上
芮煇	四甲	進士出身	《南宋館閣續録》卷七
糜師旦	四甲	進士出身	同上
葉衡	五甲	同進士出身	《南宋館閣録》卷七
詹亢宗	五甲	同進士出身	同上
王東里	五甲	同進士出身	同上

從表一可以清楚看出,紹興十八年(1148)進士科的甲第爲:一甲、二甲賜進士及第;三甲、四甲賜進士出身;五甲賜同進士出身。以上與《錢塘遺事》所載合,與《武林舊事》所載也基本相同。不過,紹興十八年尚爲南宋前期,到南宋後期,賜第情況是否會有所變化呢? 對此,史籍記載雖付闕如,但我們仍可將它與已經屬于南宋後期的寶祐四年(1256)和咸淳七年(1271)另外兩次科舉分甲人數、所占比例的對比中,窺見一斑。

表二　紹興十八年、寶祐四年、咸淳七年分甲人數表⑬

甲次	紹興十八年		寶祐四年		咸淳七年	
	人數	比例	人數	比例	人數	比例
一甲	10	3%	21	3.5%	17	3.3%
二甲	19	5.8%	40	6.7%	39	7.8%

續　表

三甲	37	11.2%	79	13.1%	77	15.3%
四甲	122	37%	248	41.3%	198	39.4%
五甲	142	43%	213	35.4%	171	34%

從表二得知,紹興十八年、寶祐四年和咸淳七年録取進士的人數分別爲三百三十人、六百零一人和五百零二人,各不相同,但每甲録取的比例却相當接近,這意味着南宋後期各科的賜第情况與紹興十八年完全一樣,也是一、二甲賜進士及第;三、四甲賜進士出身;五甲賜同進士出身,進一步證明《夢粱録》所記有誤。以上説明,科舉制度進入南宋以後,分甲賜第已大致定型。

這裏順便提一下元明清三代的甲第情况。元代科舉只分三甲,一甲賜進士及第,左右榜各三人;二甲賜進士出身,人數不定;三甲賜同進士出身,人數也不定。[14] 進入明代,除貫徹于科舉制度中的民族歧視政策被取消,一甲三人有了專門名稱以外,與元代基本一致:"分一、二、三甲以爲名第之次,一甲止三人,曰狀元、榜眼、探花,賜進士及第;二甲若干人,賜進士出身;三甲若干人,賜同進士出身。"[15] 清代甲第與明代完全相同,此處不贅述。

① 《册府元龜》卷六四〇《貢舉部·條制第二》:"經策全通爲甲。策通四,帖通四帖以上爲乙。策通三,帖通三以下;及策雖全通,而帖經文不通四;或帖經雖通四以上,而策不通四;皆爲不第。"

② 杜佑:《通典》卷一五《選舉典三》以爲:"明經雖有甲乙丙丁四科,進士有甲乙二科,自武德以來,明經唯有丁第,進士唯乙科而已。"實際上,自武德以後,進士偶爾也有登甲科的,如《舊唐書》卷一二八《顔真卿傳》載:"開元中,舉進士,登甲科。"

③ 《宋會要輯稿》選舉七之一。

④ 《續資治通鑑長編》(以下簡稱《長編》)卷二一,太平興國五年閏三月甲寅條。

⑤ 《長編》卷六〇,景德二年六月丁丑條。

⑥ 《長編》卷七六,大中祥符四年十一月丙子條、《宋史》卷一五五《選舉一》。

⑦ 《宋會要輯稿》選舉七之一二至一三。按大中祥符八年"同出身"原無"同"字,據《長編》卷八四,大中祥符八年三月戊戌條補正。

⑧ 《宋會要輯稿》選舉七之一五至一九。不過,此處言景祐五年貢舉"第爲四等"一語有誤,因爲既然"第等同元年",那麽該年也分爲五等。

⑨ 《長編》卷二二〇,熙寧四年二月丁巳條。按小注脱"元豐二年"一科,今據《長編》卷二九七,元豐二年三月癸巳條小注、《宋會要輯稿》選舉七之二三補入。

⑩ 《長編》卷二九七,元豐二年三月癸巳條小注。

⑪ 《長編》卷二二〇,熙寧四年二月丁巳條小注。

⑫ 參見《宋會要輯稿》選舉八之一至三〇。

⑬ 《紹興十八年同年小録》、《寶祐四年登科録》、劉塤《隱居通議》卷三一《前朝科詔》。

⑭ 《元史》卷八一《選舉一》。

⑮ 《明史》卷七〇《選舉二》。

⑮ 《明史》卷七○《選舉二》。

耶律楚材與早期蒙麗關係

——讀李奎報的兩封信

劉　曉　陳高華

　　耶律楚材(1190—1244),字晋卿,號湛然居士,契丹人,爲我國歷史上傑出的少數民族政治家。十三世紀上半葉,他出仕蒙古宫廷,曾積極輔佐蒙古統治者推行"漢法",在加强中央集權,恢復中原地區的經濟與文化等方面,作出過自己的突出貢獻。有關耶律楚材的生平事迹,國内的研究成果已經有許多,但對於他在早期蒙麗交往中的地位與作用,學者們却一直較少留意。我們在查閱高麗文獻時,找到了與此有關的兩封書信,這兩封書信在研究耶律楚材乃至早期蒙麗關係方面,均有重要的參考價值。

　　書信的作者李奎報(1169—1241),王氏高麗時期的著名詩人、文學家,原名仁氏,字春卿,號白雲居士。黄驪縣(今朝鮮京畿道驪州)人。户部郎中允綏之子。九歲即能寫詩文,有"奇童"之稱。高麗明宗二十年(1190)登同進士第,累官至守太尉、參知政事等職,後以守太保、門下侍郎、平章事致仕。作爲當時著名詩文大家,李奎報"爲詩文不蹈古人畦徑,横鶩别駕,汪洋大肆,一時高文大册皆出其手。"[①]有《東國李相國全集》五十三卷行於世,1996年韓國出版的《韓國文集叢刊》收録了這部文集。該文集的卷二十八題爲"書狀表",並注明爲"鄰國交通所制"。這部分内容,乃李奎報任官期間,爲王氏高麗與蒙古、東夏及金朝的外交往來所作。據《東國李相國全集》所收《李奎報墓誌銘》:"時達旦(即蒙古——引者注)來侵,公以散官,凡講和文字皆主之。……所謂達旦者,頑如禽獸,奏之以均天廣樂而不足以開其胸,投之以隋珠和璧而不足以解其顏,及聞公之文字事意,惻然有感,所諭皆從。"《高麗史》本傳亦云:"時蒙古兵壓境,屢加征詰。奎報久掌兩制,制陳情書表,帝(即太宗窩闊台——引者注)感悟撤兵。"雖然蒙古爲此感悟撤兵,乃誇大之詞,但這一段時期高麗與蒙古的外交文書,大都出自李奎報的手筆,却屬實情。如果我們以《高麗史》卷二十三《高宗世家二》所録高麗與蒙古的十餘件外交文書,同《東國李相國全集》卷二十八《書狀表》所録文書相對照,就不難看出這一點。不過,李奎報寫給耶律楚材的這兩封書信,《高麗史》却没有收録,也許正是由於這一緣故,國内學者在研究耶律楚材乃至早期蒙麗關係時,往往忽略這一重要資料。以下,我們擬結合當時蒙麗關係的歷史背景,對這兩封書信進行一下詳細介紹。

　　以下爲兩封書信的全文。

送晋卿承相書

　　右啓，冬寒。伏想台候，清勝萬福，瞻戀瞻戀。恭惟承相閣下，以磊落奇偉命世之才，際風雲之慶會，孕育周孔，吹噓高舜，擅文章道德之美，潤色帝化，發揮廟謨，使清風爽韻橫被四海者久矣。予以邈寄海外宵遠之邦，故猶不得早聞紫鳳紅鸞之出瑞於上朝，昧昧焉真可笑也。近憑小國使介，略聞緒餘，大恨知之之晚，然在此幽僻之中，尚能邈聽風聲者，豈以其白玉騰精而靈暉之所燭者遠矣，青蘭挺質而餘芳之所播者多焉者歟？猶愈於聾者之便，不聞金玉之音也。瞻望瓊樹，傾渴不已，兼聞閣下乃眷小邦，遇我賤介也，溫然如春，扶護甚力，遂使之遄還，不至淹久，銘感之心，言所不盡也。今者又遣使介詣皇帝陛下，伏望閣下益複護短，特於旒冕之下，乘間伺隙，善為之辭，使小國可矜之狀，得入聽聽，永永保安弊邑，則予雖不敏，敢不報效萬一耶。此言如餂，天日照臨。無任惶悚之至。云云。

送晋卿丞相書

　　云云，季冬。伏惟鈞體，佳勝萬福。予竊伏海濱，聞高誼之日久矣。今丞相閣下以公才公望，黼黻帝化，經濟四海為己任。雖千里之外，想趨鼎席，倍萬瞻企。小國曾於己卯、辛卯兩年投拜。講和已來，舉一國欣喜，方有聊生之望。惟天日照臨，言可餂哉。其享上之心，尚爾無他。近因上國大軍連年踵至，故人物凋殘，田疇曠廢，由是阻修歲貢，大失禮常，進退俱難，以俟萬死之罪，孰為之哀哉？但丞相閣下，通詩書，閑禮樂文墨，位宰相，則其古人所謂修文來遠之意，豈不蓄之於胸次耶？幸今以土地輕薄所産，遣使介奉進皇帝陛下。惟冀丞相閣下，少諒哀祈，以下國小臣可矜之狀，善為敷奏，導流帝澤，更不遣軍興，保護小邦。俾子遺殘民得全餘喘。則其向仰閣下，祝台壽萬年，烏有窮已。謹以不腆風宜，餉於左右，庶或領納，無任惶悚之至。云云。

　　這兩封書信，雖然出自李奎報的手筆，但應是代當時的高麗國王高宗王皞所作。題款中的晋卿，爲耶律楚材的表字。丞相(前一封信作承相，當與丞相同義)，爲時人對耶律楚材官銜的尊稱，耶律楚材當時實際擔任的職務則是中書省的必闍赤(漢語"令史")。大蒙古國時期的中書省，係從蒙古大汗怯薛(漢語"侍從")機構的一部分演化而來，主要由大汗侍從官中主行文書的必闍赤班子組成，與後來元朝建立後的中書省有着本質區別。據《元史》卷二《太宗本紀》，太宗三年(1231)秋八月，"始立中書省，改侍從官名。以耶律楚材爲中書令，粘合重山爲左丞相，鎮海爲右丞相。"這段記載，除了中書省有實物資料可以證明確實存在外，耶律楚材等人的官銜，恐怕只是後人附會，而非當時正式官職。在蒙古人的眼裏，他們仍然只是必闍赤,頂多是必闍赤長,而必闍赤長翻譯成漢語,似乎應以"領中書省事"更爲妥切。② 至於這兩封書信的寫作年代,《東國李相國全集》中雖然沒有標明,但由於卷二十八收錄的書狀表,都是按照作者寫作時間的前後次序排列的,從其中有標明年代的文書,我們不難推斷出這兩封書信,前一封應寫於壬辰年(1232)十一月,後一封應寫於戊戌年(1238)十二月。

李奎報寫給耶律楚材這兩封書信的緣由,是與當時蒙麗關係的歷史背景分不開的。

蒙古與高麗的接觸,最初起因於中國東北地區契丹民族的抗蒙自立活動。公元 1206 年成吉思汗統一漠北諸部,建立大蒙古國後,隨即於 1211 年向金朝發動大規模進攻。在蒙古鐵騎的淩厲攻勢下,金朝防線全面崩潰。同年,久受女真統治者壓迫的契丹人在金朝原北邊千户耶律留哥的領導下,於隆安(今吉林農安)、韓州(今吉林梨樹八面城)一帶起事,"數月衆至十餘萬","營帳百里,咸震遼東"。③ 在屢次打敗金朝軍隊的反撲後,耶律留哥於 1213 年三月自立爲王,建國號遼,年號天統。次年,又於歸仁(今遼寧昌圖)擊敗金遼東宣撫使蒲鮮萬奴的四十萬大軍,並進佔咸平(今遼寧開原),以其爲都城,號中京。雖然在起事後不久,耶律留哥即投靠了成吉思汗,但屬下耶厮不等對此非常不滿,他們在勸説耶律留哥無效後,趁其入覲成吉思汗之際,殺死蒙古派來的受降官員,裹脅耶律留哥部衆,於 1216 年初建立起自己的政權。在蒙古與金朝兩方面的強大壓力下,這批契丹人在東北地區無法立足,遂輾轉渡過鴨綠江,流竄入高麗境內,以江東城(今朝鮮平壤東之江東)爲據點,四處活動。1218 年冬,成吉思汗派遣元帥哈真(又作哈只吉、何稱)、剳剌等率軍一萬,與東夏國蒲鮮萬奴所遣完顏子淵軍二萬進入高麗境內,他們會同高麗所遣將領趙冲、金就礪等一道,共破江東城,消滅了這批契丹人。此次會戰,蒙麗雙方首次發生接觸。次年正月戰役結束後,雙方正式結盟,相約"兩國永爲兄弟,萬世子孫無忘今日"。④

不過,蒙麗雙方的蜜月終究是短暫的。高麗與蒙古的結盟,在蒙古政權看來,實際上就等於"投拜"。自此以後,蒙古即把高麗視爲臣仆,不斷派遣使節,對其徵索,由此招致了高麗的嚴重不滿。1225 年,蒙古使臣著古與在回國途中被殺,兩國爲此中斷邦交達七年之久。蒙古第二代大汗窩闊台即位後,在親自指揮大軍南下滅金的同時,於 1231 年八月,派遣大將撒禮塔等興師問罪高麗。自此,蒙麗關係進入一個新的階段。

在蒙麗雙方早期接觸的這些年裏,李奎報一直在王京(今朝鮮開城)做官。由於他在翰苑等處供職,因職務關係,多次代表高麗方面起草與蒙古往來的文書,《東國李相國全集》卷二十八《書狀表》的前四篇後注明"此已上,蒙古以討契丹入境時所著",實際上即爲李奎報在1219 年前後所作。像首篇《蒙古兵馬元帥幕送酒果書》,當爲代都省(尚書省)答謝蒙古出兵攻打江東城所作,蒙古兵馬元帥應指哈真。第二篇《蒙古國使齎回上皇大弟書》,則爲應付當時蒙古的無厭需索而作,皇大弟應指成吉思汗的幼弟鐵木哥斡赤斤。1231 年蒙麗雙方發生戰争後,蒙古軍隊連下高麗四十餘城,兵鋒直指王京城下。高麗被迫犒師求和,以宗室淮安公侹出使蒙古軍營。這一期間,蒙麗雙方使節往來頻繁,李奎報又開始代高麗方面起草各種表章書信,這就是文集卷二十八《書狀表》的其他部分。

　　1232年春,蒙古在高麗留下七十二名達魯花赤分鎮各地後,開始撤軍。高麗隨即於夏四月,派遣以上將軍趙叔昌、侍御史薛慎爲首的使團入蒙古朝觀大汗窩闊台,正式向蒙古稱臣。[5] 使團的首領趙叔昌,爲前面提到的高麗名將趙沖之子。1218年到1219年蒙古、東夏聯軍攻打江東城時,趙沖作爲高麗西北面元帥,曾向蒙古輸米一千石,並參預攻破江東城的會戰。在此期間,他與蒙古元帥哈真、劄刺等均交從甚密,"劄刺與沖約爲兄弟",[6] "哈真執沖手,泣下不能别。"[7] 1231年撒禮塔軍侵入高麗,趙叔昌時以防戍將軍鎮守咸新鎮,遂以城降,並對蒙古人曰:"我趙元帥沖之子,吾父曾與貴國元帥約爲兄弟。"蒙古軍所過之處,均以趙叔昌爲先導,令其呼曰:"真蒙古也,宜亟出降。"[8] 王京被圍後,趙叔昌又作爲重要信使,頻繁往來於蒙古軍營與高麗宮廷之間。由於趙叔昌的這些表現,蒙古方面對他信任有加,甚至還曾爲他向高麗邀功請賞。[9] 也正是由於有這層關係,趙叔昌雖然受到高麗方面的仇視,可爲了利用他在雙方之間進行斡旋,高麗還是不得不爲其加官進爵,並委派他擔任這次使團的首領。趙叔昌一行入覲時,正趕上窩闊台從河南攻金戰場北返,於是,雙方遂在漠北會面。

　　從前面所引李奎報寫給耶律楚材的第一封信,我們不難發現,耶律楚材也參加了這次使團會見。從李奎報信中所説"兼聞閣下乃眷小邦,遇我賤介也,温然如春,扶護甚力,遂使之遄還,不至淹久"來看,耶律楚材對趙叔昌一行還是非常照顧的。此外,耶律楚材《湛然居士文集》卷七還有《和高麗使三首》:

其　一

神武有威元不殺,寬仁常愧數興戎。仁綏武震誠無敵,重譯來王四海同。

其　二

揚兵青海西凉滅,渡馬黄河南汴空。百濟稱藩新内附,馳輅來自海門東。

其　三

壯年吟嘯巢由月,晚節吹噓堯舜風。兩鬢蒼蒼塵滿眼,東人猶未識髯公。

　　這三首詩的前兩首爲誇耀蒙古政權,後一首則是自我吹噓。其創作年代,王國維在《耶律文正公年譜》列入"不知何時作者",中華書局1986年出版的由謝方點校的《湛然居士文集》則繫於1232年,其下所加按語云:"詩中有'渡馬黄河南汴空'句,圍汴京於西元一二三二年,又

《元史·高麗傳》載太宗四年四月、十月均遣使入朝,故詩應作於是年。"其實,這三首詩應當就是1232年四月耶律楚材與趙叔昌使團一行相互唱和而作,只是耶律楚材是與趙叔昌、薛慎,還是與使團中的其他人唱和,我們現在已經無從知曉了。由於這是高麗使臣第一次見到耶律楚材,所以耶律楚材在詩中才稱"東人猶未識髯公"。使團回國後,大概向高麗詳細匯報了蒙古宮廷和耶律楚材的一些情況,至此,耶律楚材的大名才開始爲高麗方面所知曉。

蒙古大軍撤退後,高麗主戰派勢力開始擡頭。爲避亂自保,在權臣崔怡的主持下,高麗于當年六月份將朝廷遷往江華島,隨後又發生了蒙古在各地所置達魯花赤被殺事件。八月,撒禮塔再次受命出征。高麗雖又不得不多次遣使向蒙古接洽求和,但同時對朝内的親蒙勢力也進行了一連串的嚴厲打擊。像趙叔昌在回國後,即遭受高麗主戰派壓制,從此再也沒有在蒙麗交往過程中露面。蒙古方面大概也猜到趙叔昌處境不妙,曾多次向高麗進行索取,可後者總是閃爍其辭,加以搪塞。李奎報承擔了向蒙古方面進行解釋的工作,像當年十一月在《答沙打(即撒禮塔——引者注)官人書》中,他指出:"叔璋(按,《元高麗紀事》作趙叔璋,《元史》卷二百八《高麗傳》作趙叔章,實即爲趙叔昌——引者注)自上國回來,次不幸值心腹之疾,至今未安較,故未即發遣。"在十二月的《送蒙古大官人書》中,他又説:"所諭趙兵馬發遣事,其寢疾至今,猶未佳裕,故未即依教。不然,叔璋之往來上國慣矣,豈今憚其行哉?"其實,趙叔昌沒有露面,更有可能是遭到高麗方面的軟禁。兩年後,即1234年三月,趙叔昌終於難逃厄運,受畢賢甫之反牽連,被公開處決於市曹。⑩

1232年十月,在趙叔昌使團派出後没過半年,高麗方面又派出以將軍金寶鼎、郎中趙瑞章爲首的另一使團入覲蒙古大汗。⑪此時,由於高麗已經知道耶律楚材在蒙古大汗身邊的重要作用,所以在讓李奎報代高宗起草進呈大汗的陳情表狀的同時,也起草了一封給耶律楚材的書信,此即本文前面所引第一封書信。在信中,我們不難看出,李奎報不惜堆砌華麗的詞藻,對耶律楚材大加吹捧,對於他以前熱情接待趙叔昌、薛慎一事,也表示了感激之辭。直到信的末尾,李奎報方道出高麗方面如此巴結耶律楚材的真實目的:"伏望閣下益復護短,特於旒冕之下,乘間伺隙,善爲之辭,使小國可矜之狀,得入聰聽,永永保安鄙邑。"也就是説,希望耶律楚材在大汗面前多爲美言,把高麗目前的艱難處境,轉呈給大汗,永保高麗平安無事。

耶律楚材對李奎報來信的反應如何,由於史料缺乏,我們不得而知。蒙古在接到高麗使臣的陳情表狀後,於次年即1233年四月,下詔讓高宗悔過來朝,並歷數了高麗以前所犯下的所謂五種罪過:"自平契丹賊、殺劄剌之後,未嘗遣一介赴國,罪一也。命使齎訓言省諭,輒敢射回,罪二也。爾等謀害著古與,乃稱萬奴民户殺之,罪三也。命汝進軍,仍令汝弼入朝,爾敢抗拒,竄諸海島,罪四也。汝等民户不拘集見數,輒敢妄奏,罪五也。"⑫但遭到高麗的拒絕,此後,雙方之間仍然戰亂不止。在此期間,耶律楚材主要致力於在中原地區推行他的"漢法"改革,而李奎報則繼續用自己的筆桿子爲高麗效力,只是此時他外交文筆的對象已經不再是蒙古,而是與蒙古處於對立狀態的金朝、東夏等勢力了,這也是當時高麗靈活外交活動的生動反映。

1238年十二月,高麗又一次派遣將軍金寶鼎、御史宋彦琦等奉表入朝。[13]此時,已於前一年致仕的李奎報再一次出馬,代高宗撰寫了《蒙古皇帝上起居表》等,並再次給耶律楚材起草了一封信,此即本文前面所引的第二封信。同第一封信相比,此時雖然時間已過去六年,但兩封信的目的完全相同,都是爲了博取耶律楚材的同情,希望他能利用自己的現有地位,在蒙古大汗面前多多爲高麗美言。即信中所說"惟冀丞相閣下,少諒哀祈,以下國小臣可矜之狀,善爲敷奏,導流帝澤,更不遣軍興,保護小邦。俾子遺殘民得全餘喘。"此外,從信中所說"謹以不腆風宜,餉於左右,庶或領納,無任惶悚之至"來看,高麗這次除了帶去進貢大汗的禮物外,還給耶律楚材及其手下準備了一份厚禮。

同前一封信一樣,李奎報的這封書信依然是石沉大海,沒有回音。三年後,李奎報去世。而此時,由於蒙古宮廷的内部鬥爭,耶律楚材也開始逐漸失去往日的權勢,在李奎報去世的前一年,他在中書省的職務被楊惟中所代替。"耶律楚材罷,遂以公(即楊惟中——引者注)爲中書令,領省事。太宗崩,太后稱制,公以一相負任天下。"[14]"庚子(1240)、辛丑(1241)間,中令楊公當國。"[15]1244年五月,耶律楚材在抑鬱中離開人世。

最後需要談到的是,耶律楚材與李奎報一生從未謀面,兩人之間自然談不上有什麼交情可言。李奎報代國王高宗起草書信表章,向蒙古統治者乃至耶律楚材陳情,是當時高麗王國靈活性外交政策的具體體現,並沒有什麼個人情感因素摻雜在内。實際上,就李奎報本人而言,作爲高麗歷史上著名的愛國詩人,他對當時侵略其祖國的蒙古政權有着切齒之恨,在其所作詩文中,我們可以很明顯地感受到他的這種心情。[16]對於李奎報所寫書信,耶律楚材心知肚明,沒有給予答覆,也在情理之中。在這裏,我們感興趣的是,從李奎報的這兩份書信,我們可以看出耶律楚材在當時高麗人心目中的份量。那麼,在早期蒙麗關係中,耶律楚材爲什麼能有如此重要的地位呢?我們認爲,除了他作爲窩闊台身邊重臣所發揮的影響之外,更直接的原因還在於當時的高麗王國通行漢文文書,而耶律楚材又在中書省裏分管漢文文書的緣故。實際上,當時高麗王國的上書,也只有通過耶律楚材及其手下必闍赤班子的翻譯,才能够順利地呈遞給蒙古大汗,也正是由於耶律楚材在早期蒙麗關係中的這一重要地位,在耶律楚材於十三世紀三十年代當政期間,高麗王國一直都把他當作一個重要的争取對象。

①　《高麗史》卷一百二《李奎報傳》。
②　中書省機構的實物資料,清代學者錢大昕最早注意到,可參見《潛研堂金石文跋尾》卷一八《湛然居士功德疏》

與《中書省公據》。直到今天,我們仍可在山西省交城縣玄中寺(原稱石壁寺)找到與中書省有關的碑文。這些碑文雖均爲辛卯年(1231)所作,並鑲嵌有中書省官印,但均没有耶律楚材等人的官銜。而在文獻資料中,耶律楚材的官銜稱呼很多,像中書令、中書右丞相、中書大丞相、中書相公、領中書省事等。

③ 《元史》卷一四九《耶律留哥傳》。
④ 《高麗史》卷一○三《金就礪傳》。
⑤ 《高麗史》卷二三《高宗世家二》,《元史》卷二○八《高麗傳》。
⑥ 《元史》卷二○八《高麗傳》,《元高麗紀事》。
⑦ 《高麗史》卷一○三《趙沖傳》。
⑧ 《高麗史》卷一三○《趙叔昌傳》。
⑨ 《東國李相國全集》卷二八《國銜行答蒙古書》。
⑩ 《高麗史》卷二三《高宗世家二》,同書卷一三○《趙叔昌傳》。
⑪ 《高麗史》卷二三《高宗世家二》,《元史》卷二○八《高麗傳》。
⑫ 《元史》卷二○八《高麗傳》。
⑬ 《高麗史》卷二四《高宗世家三》,《元史》卷二○八《高麗傳》。
⑭ 《郝文忠公陵川文集》卷三五《故中書令江淮京湖南北等路宣撫大使楊公神道碑銘》。
⑮ 《郝文忠公陵川文集》卷二六《太極書院記》。
⑯ 有關李奎報愛國主義詩歌的評價,見韋旭升《朝鮮文學史》第三編第三章《愛國愛民的詩人李奎報》,北京大學出版社 1986 年版。

“大秦景教流行中國碑”出土時間考析

計 翔 翔

自“大秦景教流行中國碑”出土以來,學者們做了大量研究。但時至今日,即使有關景教碑出土時地這樣的基本問題也還不能認爲已完全解決。

關於出土時間,明末來華耶穌會士曾德昭(Alvaro de Semedo, 1585—1658)報告説是 1625年,當年其拓片被從陝西送往浙江杭州。他還進一步申明:“三年後,即 1628 年”,包括他在内的幾個神甫前往當地考察。①從 17 世紀 40 年代起,曾德昭的著作《大中國志》在歐洲出有多種版本,②它們與其他耶穌會士的有關信件相印證,使 1625 年(天啓五年)説得到廣泛傳播。許多研究者認爲,曾德昭的“這個説法比較可靠,現已被一般學者所公認”。③凡依據外文資料者,基本上都採納了此意見。國内大型工具書,如《辭源》、1999 年新版《辭海》以及《中國大百科全書》考古學卷的“大秦景教流行中國碑”辭條均作如是説。

主要依據漢語資料的研究者結論有所不同。岑仲勉(1951)、李弘祺(1985)通過對較早出現的漢語資料的否定和對稍後出現的資料肯定的手法,認定碑於 1623 年出土。④

面對説法不一的衆多史料,李弘祺感到很可能在華傳教士及李之藻、徐光啓等人最初獲悉景教碑出土是在 1625 年,因此早期記錄悉作此年。而在岑仲勉、李弘祺以前,馮承鈞

(1931)認爲“大約其出土時在天啓三年(1623)”,用“大約”表示不能完全肯定,又留了個尾巴“要在天啓五年之前也”。⑤伯希和(Paul Peillot)認爲係 1623 年或 1625 年所發現(1927—1928)。⑥夏鳴雷(Henri Havret)曾懷疑景教碑的發現時間可能爲 1623 年(1895—1902)。⑦

當代一些學者在李弘祺文發表的 1985 年後,還發表了一些近似的看法。如徐謙信(1995)宣稱碑出土於“明末天啓三年(1623)或至稍後的天啓五年(1625)中”。⑧謝方(1996)清楚地認識到碑出土於天啓三年,但仍謹慎地表述爲“景教碑最早於天啓三年(一說五年)在陝西西安郊外由農民發現”。⑨不過,這也從另一個側面表明岑仲勉、李弘祺他們的意見並沒有被學術界所接受。

有意思的是,翁紹軍在《漢語景教文典詮釋》正文中說發現於 1625 年,封面裏頁却赫然印有“發現於明朝熹宗天啓三至五年間(1623—1625)”字樣。無獨有偶,直至 1999 年,耿昇在發表於《世界宗教研究》第一期的論文《外國學者對於西安府大秦景教碑的研究》中,開宗明義說該碑 1625 年出土,但在文首的“論文摘要”中却說“自天啓三年(1623)發掘”。

總之,學術界關於景教碑出土時間聚訟紛紜。本文作者在研究曾德昭的《大中國志》並復核中外其他有關史料後,不僅肯定景教碑出土於 1623 年(明天啓三年),而且認爲現存的重要漢語史料之間並不存在某些學者所謂的不可調和的矛盾。⑩

有關景教碑的最初文件,是李之藻寫的《讀景教碑書後》:

盧居靈竺間,岐陽同志張賡虞惠寄唐碑一幅,曰:“邇者長安中掘地所得,名曰‘景教流行中國碑頌’。此教未之前聞,其即利氏西泰所傳聖教乎?”余讀之良然。……詎知九百九十年前,此教流行已久。……天啓五年,歲在旃蒙赤奮若,日躔參初度。凉庵居士我存李之藻盥手謹識。⑪

不少學者據此認爲,景教碑或者至少是李之藻說景教碑出土於 1625 年。在這方面,徐宗澤的意見有代表性,“李公之日期”,“間接亦足以證明碑之發見在天啓五年而非三年”。“張公寄此藏本於李公是專差送去者也”。⑫江文漢又指出:“而且在李之藻的那篇文章中還說:‘詎知九百九十年前,此教流行已久。’從 1625 年上溯至 990 年,正好是阿羅本來長安的 635 年。”⑬

細讀李之藻文,發現上述論斷並不得當。首先,在該文中,李之藻根本沒有直接說出碑的出土時間。他熟悉曆法,記日多用日躔的方法。文末所署日期,據研究係 1625 年 6 月 12 日(天啓乙丑五月初八)。⑭但這是李之藻作文時間,而非碑出土時間。謝方的意見是正確的,但表述得不够理直氣壯:“很可能是天啓三年此碑在西安出土,天啓五年李之藻才首先獲讀此碑。”⑮

其次,說"邇者"的不是在杭州收到拓片後的李之藻,而是在西安寄送拓片時的張賡虞。[16]這一點對正確理解景教碑出土時間至關重要。"邇者"固然"不可能是很久以前的事",但"也不是當下發生的事"。也即可以肯定在張賡虞寄拓片前的某一個時期,但不能肯定前此幾天、幾個月還是幾年。直至 1641 年,耶穌會士陽瑪諾(E. Diaz Junior, 1574—1659)還在說"邇歲幸獲古碑",[17]更能説明"邇"字彈性之大。因此,李之藻也沒有間接説出景教碑發現的時間。

其三,"詎知九百九十年前,此教流行已久",是李之藻寫文章當時的感歎,上溯 990 年,當然是阿羅本來長安年。因此不能爲江文漢等人的意見張目。

從李之藻作文署寫的日期來推斷景教碑出土於 1625 年的學者,其邏輯是:

(一)景教碑出土;

(二)張賡虞馬上拓片;

(三)張賡虞馬上將拓片從西安寄達杭州(且"專差送去者也");[18]

(四)李之藻馬上研究,馬上撰文,時爲 1625 年 6 月 12 日,離該年元旦五個月又十來天。

在上述四項事件中,有的學者認爲,只要完成(三)、(四)兩項即可,所以五個多月的時間綽綽有餘;也有的學者考慮比較全面,但同樣認爲在如此時間完成第(一)至(四)項事務也仍有可能。問題是,他們並不清楚事情的全過程。更嚴重的是,那種"馬上"、"馬上"又"馬上"的假定,很可能只是一廂情願。

曾德昭對景教碑發現的時間,確因他知道 1625 年張賡虞寄拓片給李之藻事而誤解。但他對景教碑發現的全過程瞭解得一清二楚。如果能把這一過程作一仔細排比,那麼,他肯定會對原先的結論產生懷疑。

結合他在《大中國志》中的叙述和李之藻《讀景教碑書後》的有關內容,可以發現其全過程爲:

(一)建築工人們爲修蓋一所房屋而挖掘地基;

(二)掘出一塊大石碑;

(三)建築工人們因碑自身的古老及圖案獨特,書法又好,還有不認得的外國字(叙利亞文)而報告長官;

(四)長官很有興趣,立即去看。讓碑就地安置在一個小拱門下的臺基上,四角用柱子支撐,幾面均開放,既起保護作用,又便於讓人們參觀(先臨時安置);

(五)後來,又讓它遷移到離發掘它不遠的一座和尚廟(崇仁寺)內;[19]

(六)有很多人去看這塊石碑;

(七)終於有一天,張賡虞也前去參觀。雖然他並不是基督徒,但是知道一些有關基督教

的知識。細讀碑文,他感到此碑的内容恐怕與利瑪竇之教有關;

(八)於是,張賡虞就去做了拓片;

(九)做完拓片,他給李之藻寫了一封信,謂:"邇者……。"

(十)他將拓片和信一起寄送杭州(從西安到杭州大約有一個半月的路程);

(十一)李之藻收到拓片後和在杭神甫們一起研究,確認景教碑是他們一直期望和尋求的中國古基督教的明證;

(十二)李之藻和在杭諸神甫歡呼雀躍,將碑文大量刊佈。他本人還爲此撰寫了《讀景教碑書後》,時爲 1625 年 6 月 12 日(天啓五年五月初八)。⑳

在五個半月不到的時間(其間還須扣除人們在歡度傳統春節前後停止正常活動的日子),完成上述所有環節,無論如何是難以想象的。㉑所以,儘管曾德昭把碑的發現時間説成是 1625 年,但是,他實際上傳遞給了我們肯定在 1625 年以前的信息。關於這一點,曾德昭與李之藻、徐光啓的説法不僅没有根本矛盾,而且可以相互印證。

至今所知有關景教碑的第二個重要漢語文件,是《鐵十字著》:

> 鐵十字者,必景教所奉十字聖架,唐人所作也。近天啓乙丑,長安掘地得碑。題曰:"大唐景教流行中國碑"。碑首冠以十字,亦一證也。碑中言景教自唐貞觀九年,大德阿羅本始奉以入中國。國主大臣,如太宗、高、玄、肅、代、憲宗,及房玄齡、郭子儀之屬,悉皆尊奉。貞觀十二年,建寺於京師之義寧坊;高宗令於諸州各置景寺。肅宗又於靈武等五郡建立。則終唐之世,聖化大行。上德高賢,比肩林立,法壇道石、周遍寰宇。何况江右,世載文明。廬陵素稱赤望,有兹事迹,豈足疑哉? 天啓丁卯六月朔書。㉒

該文件也被主張 1625 年説的學者們作爲有力依據。但也有學者因其不倫不類的題目和文中的明顯錯誤,㉓而否認其爲徐光啓的作品。我們認爲如果承認其確係徐光啓所作,那麽也是迄今爲止所有有關景教碑出土時間重要漢語史料中唯一的不是太和諧之音。但是,它對 1625 年説並不十分有利的是,第一,徐光啓本人在不久以後就明確説碑出土於 1623 年。第二,對文中的關鍵語詞"近天啓乙丑"的理解也有不同:學者們在對它作語法分析時,通常把"近"和"天啓乙丑"作同位語看,即"近"就是"天啓乙丑"。然而也有學者認爲不能完全排除"近"作"天啓乙丑"修飾、限制詞的可能。如果是那樣,那麽,"近"可作"接近"講,"近天啓乙丑"也即大約在天啓乙丑時,表示不能肯定;"近"還可作"歷時未久"講,照此理解,"近"字的存在恰恰把"天啓乙丑"給否定了。所謂"近天啓乙丑",可以是"天啓甲子"(1624)、"天啓癸亥"(1623),甚至可以更前些,要在距"天啓乙丑""歷時未久"。因此,這一短文與李之藻的《讀景教碑書後》一樣,都不能作爲肯定景教碑發現於 1625 年的證明。

至今所知有關景教碑的第三個重要漢語文件,是徐光啓大約在崇禎五年(1632)至崇禎

六年(1633)間^㉔所著的《景教堂碑記》:^㉕

　　　我中國之知有天主也,自利子瑪竇之來賓始也。……利子以九萬里孤踪,結知明主,以微言至論,倡秉彝之好,海內實倧之士波蕩從之,而信者什百千萬不能勝疑者之一,何也? 其言曰:“西儒所持論,古昔未聞也!”嗚呼! 古人之前未有古人,孰能無創乎? 天地萬物皆創矣,仰中國之有天教已一千餘年,^㉖非創也,何從知之? 以天啟癸亥關中人掘地而得唐碑知之也。碑文所載貞觀至建中,累朝英誼,崇重表章,事辭頗悉,今已大行世,不具論。……頃自利子以來,雖一甲子而近,乃自阿羅本賓唐,至於今一千餘載,不為不久矣! 以其時考之或可矣,況聖明御世,日月重新,盛德大業,十倍唐宗,皇矣鑒觀,得無意乎? 天人之際,何敢妄意揣摩,則以禎符疊至,景碑同出之祥、卜之也。是為記。^㉗

天啟癸亥爲 1623 年。至此,徐光啟已徹底調查清楚景教碑出土時間。

徐光啟的定論對陽瑪諾極有影響。崇禎十四年(1641),他撰《景教流行中國碑頌正詮》,因明末之亂,三年後始刊行於杭州。其序言說:

　　　……邇歲幸獲古碑,額題景教,粵天主開闢迄降臨,悉著厥端。時唐太宗九年,為天主降生後六百三十五年,至西鎬廣行十道,聖教之來蓋千有餘歲矣。是碑也,大明天啟三年,關中官命啟土,於敗牆基下獲之,奇文古篆,度越近代,置廓外金勝寺中。岐陽張公賡虞,揭得一紙,讀竟踴躍,即遺同志我存李公之藻,云:“長安掘地所得,名‘景教流行中國碑頌’,殆與西學弗異乎?”李公披勘良然,色喜曰:“今而後,中士弗得咎聖教來何暮矣!……”繼而玄扈徐公光啟,愛其載道之文,並愛其紀文字畫,復鐫金石,楷摹千古。……大明崇禎辛巳孟春之望陽瑪諾題。^㉘

因陽瑪諾著作用漢語寫成,並在杭州出版,估計是給來華傳教士閱讀的。他在詮釋過程中,肯定得到了上海、杭州的儒生的幫助,這些人對景教碑出土時間、地點已調查得很清楚。此文中有關發現景教碑的情況,用徐光啟《景教堂碑記》說;而發現後被認定確係基督教曾來華證據的經過,用李之藻《讀景教碑書後》說;它還提供了徐光啟宣傳景教碑的新材料。陽瑪諾之所以瞭解得如此清楚,與他此段時間經歷有關。他 1623 年任中國傳教區副區長,1626年在南京,同年 3 月 1 日他寫的書簡所署地址爲嘉定。^㉙1627 年他被逐避居松江和上海徐光啟宅,後來赴杭州楊廷筠家,並發展寧波教務。1634 年後一度去南昌,1639 年重返寧波。^㉚在此期間,他對景教碑進行了深入研究。他與徐光啟的說法不是如李弘祺所說的“不謀而合”,^㉛而是完全得之於徐光啟等人。

在徐光啟的《景教堂碑記》被重視以前,陽瑪諾的說法頗受懷疑。持 1625 年前出土說的夏鳴雷,本應以陽瑪諾說爲重要證據,却謂陽瑪諾的 1623 年說爲孤證,承認原文在“五”與

“三”之間存有筆誤之可能。㉜江文漢更以陽瑪諾“並未親自見過景教碑”爲由，説“他的説法恐係誤傳”。㉝現在看來，這些懷疑都是站不住脚的。

綜上所述，現在所知的漢語重要文獻，幾乎一脉相承。當時的人們，包括李之藻、徐光啓在内，對景教碑發現時間都有個從大致瞭解到精確把握的過程。由於用漢語在中國國内發表的著作更易於被調查檢驗，其可靠性比國外發表的西語資料當然來得大。因此景教碑 1623 年出土説已經毫無問題。

儘管如此，17 世紀的西語資料却衆口一辭持 1625 年説。在曾德昭的書以後，衛匡國（Martin Martini，1614—1661）在其《中國新地圖集》第四十四頁（陝西省部分）介紹景教碑發現於 1625 年。卜彌格（Michel Borm，1612—1659）在有關景教碑的叙述中也説 1625 年。基爾歇（Athanase Kirchere）採納了他們三家的説法，在其《中國圖志》中使用了同樣的年代。㉞直到該世紀末，法國來華傳教士李明（Louis le Comte，1655—1728）的著作還在這麽説。㉟

我們覺得，一方面，這應歸於曾德昭著作的巨大影響；另一方面，來華耶穌會士即使知道 1625 年説並不正確，他們可能也不願在西方出版的著作中更改這一説法。主要是因爲景教碑發現後，掀起了有關該碑真偽的大辯論，一些人士指責耶穌會士爲了欺騙中國人而偽造了它。㊱作爲信息來源的來華傳教士，自然要注意細節的一致性，不能自己授予反對者口實。

平心而論，在景教碑的意義被充分認識以前，傳教士們當然不會給予它應有的重視。只有到了 1625 年，才先有張賡虞的猜測，後有李之藻及在杭傳教士的肯定，最後還有徐光啓等人的廣爲宣傳散發。所以，來華傳教士在向歐洲報告景教碑時，説是 1625 年出土，固然其中有誤，但仍然是可以理解的。因此，在景教碑被發現問題上，出現了兩個時間：一是碑自身被發現的時間（那當然是 1623 年），二是碑的意義被基督教人士確認的時間（那只能是 1625 年）。兩者中，當時的傳教士和後來的宗教史研究者更關心的應當是後者；而從考古研究等學術的角度看，則有必要弄清其在 1623 年已經出土的事實。

〔本文在寫作中蒙導師黄時鑒教授教正，北京大學榮新江教授提供資料，特此志謝。〕

①　曾德昭著、何高濟譯：《大中國志》，上海古籍出版社，1998 年版，第一九〇———九一頁。

②　在十七世紀四十———五十年代的十五年中，就出了葡萄牙語本（1641）、西班牙語本（1642）、意大利語本（1643）、法語本（1645）、拉丁語本（1654）和英語本（1655）。Carols Sommervogel, S. J. , Bibliothèque de la Compagnie de Jèsus, 12 vols（Brussels and Paris ，1890—1932），vol. 7, p. 1114；D. E. Mungello, Curious Land: Jesuit Accommodation and the Origins of Sinology, Honolulu，1989，p. 75—76；John Lust, Western Books of China Published up to 1850, in the Library of the School of Oriental and African Studies ，University of London；上海圖書館：《上海圖書館西文珍本書目》，上海社會科學院，1992 年版，第三四七———三四九頁。

③　江文漢：《中國古代基督教及開封猶太人》，知識出版社，1982 年版，第三十二頁。持這一意見的，還有德禮賢（《中國天主教傳教史》，臺灣商務印書館，1968 年版，第一四五頁）、阿克·穆爾（《一五五〇年前的中國基督教

史》,中華書局,1984 年版,第三十四頁)、張星烺(《中西交通史料彙編》,中華書局,1977 年版,第一冊,第一一九頁)、徐宗澤(《中國天主教傳教史概論》,土山灣印書館,1938 年版,第七十一頁)、翁紹軍(《漢語景教文典詮釋》,三聯書店,1996 年版,第三頁)、耿昇(《中外學者對大秦景教碑的研究綜述》,載謝方主編:《中西初識》,大象出版社,1999 年版,第一六七頁)等。

④ 岑仲勉:《景教碑内好幾個没有徹底解決的問題》,載《金石論叢》,上海古籍出版社,1981 年版;李弘祺:《景教碑出土時地的幾個問題》,載《中國史新論》,(臺灣)學生書局,1985 年版,第五七三頁。日本學者佐伯好郎也持 1623 年説,見其兩本英語著作: P. Y. Saeki(佐伯好郎), The Nestorian Monument in China, London 1916; P. Y. Saeki, The Nestorian Documents and Relics in China, Tokyo, 1937, 1951。

⑤ 馮承鈞:《景教碑考》,(上海)商務印書館,1970 年版,第三頁。

⑥ 伯希和:《景教碑中叙利亞文之長安、洛陽》,載《通報》,1927 年、1928 年合刊,漢譯載馮承鈞譯編:《西域南海史地考證譯叢》,商務印書館,1962 年重印本,第一編,第三十四頁。

⑦ Henri Havret , La Stèle Chrétienne de Si – Ngan – Fou, Shanghai, 1895—1902. 見謝方主編:《中西初識》,第一七一頁。

⑧ 徐謙信:《唐朝景教碑文注釋》,載劉小楓主編:《道與言——華夏文化與基督教文化相遇》,上海三聯書店,1995 年版,第三頁。

⑨ 謝方校釋:《職方外紀校釋》,中華書局,1996 年版,《前言》第七及八頁。

⑩ 李弘祺認爲"除徐光啓外所有資料都説是 1625 年出土的"(《中國史新論》,第五六二頁)。

⑪ 收入初次刊刻於崇禎二年(1629)的《天學初函》(臺灣學生書局,1965 年影印)。着重號爲本文作者所加。

⑫ 徐宗澤:《中國天主教傳教史概論》,第七十一頁。

⑬ 江文漢:《中國古代基督教及開封猶太人》,第三十三頁。其他學者也有類似意見,參看耿昇:《中外學者對大秦景教碑的研究綜述》(《中西初識》,第一七一頁)。

⑭ 夏鳴雷(Henri Havret)以爲"日躔參初度"爲"小滿",即西曆 5 月 21 日,夏曆四月十六日,有誤。馮承鈞沿其誤。正確的理解,十七世紀初的"日躔參初度"應在"芒種"後、"夏至"前,即陽曆 6 月 12 日。詳前引李弘祺文注四。

⑮ 前引謝方書,《前言》第八頁。着重號爲本文作者所加。

⑯ "從西安寄一份碑拓到杭州在當時交通雖不方便,也仍有可能在半年内寄達。因此'邇者'一語自然可以指天啓五年的上半年"(《中國史新論》,第五五一頁)的説法,就是把'邇者'誤解爲李之藻説的。

⑰ 陽瑪諾:《唐景教碑頌正詮序》,見徐宗澤:《明清間耶穌會士譯著提要》,中華書局,1989 年版,第二三〇頁。

⑱ 我們不得而知的,是徐宗澤這樣説的依據。

⑲ 漢譯本(第一九〇頁)未能將英語本(The History of that Great and Renowned Monarchy of China , London , 1655, p. 157)"He caused it also to be set within the circuit of a Temple belonging to the Bonzi, not far from the place where it was taken up"的"also"譯出,易令人誤解。

⑳ 《大中國志》,第一九〇———九一頁;The History of that Great and Renowned Monarchy of China, p. 157.

㉑ 謝方在《職方外紀校釋》前言(第八頁)中就表示了類似的看法。

㉒ Louis Gaillard, Croix et Swastika en Chine, Shanghai, 1904;轉引自徐宗澤:《中國天主教傳教史概論》,第八〇頁。

㉓ 例如,將"大秦景教流行中國碑"誤作"大唐景教流行中國碑";代宗以後應爲德宗,此文却錯爲憲宗(李弘祺:《景教碑出土時地的幾個問題》,《中國史新論》第五五四——五五五頁)。

㉔ 據梁家勉考證。見王重民輯:《徐光啓集》,中華書局,1983 年版,"校記補"。

㉕ 李弘祺首先引用以證景教碑發現時、地。

㉖ 説句題外話,按照李弘祺用以否定《鐵十字著》爲徐光啓作品的邏輯,《景教堂碑記》也可否定。因爲"仰中國之有天教已一千餘年";"自阿羅本賓唐,至於今一千餘載,不爲不久矣!"的説法明顯有誤。徐光啓 1633 年去世。在他生前,無論如何距阿羅本來華日不足千年,更不要説"一千餘年"。

㉗ 王重民輯校:《徐光啓集》,第五三一——五三三頁。

㉘ 《明清間耶穌會士譯著提要》,第二三一頁。收入《天主教東傳文獻續編》(二)中的《景教流行中國碑頌正詮》文首未載此序。

㉙ 耿昇文,《中西初識》,第一六九頁。

㉚ 費賴之著,馮承鈞譯:《在華耶穌會士列傳及書目》,中華書局,1995 年版,第一一〇———一五頁。

㉛ 《中國史新論》,第五六六——五六七頁。

㉜ 前引耿昇文,《中西初識》,第一七一頁。

㉝　江文漢:《中國古代基督教及開封猶太人》,第三十二頁。這是一種很有趣的邏輯,瞭解景教碑的出土時間,難道一定要"見過"碑嗎? 若此,則李之藻、徐光啓諸人的意見皆不足爲憑了。

㉞　Athanase Kirchere, La Chine Illustrée, Amsterdam, 1670, p. 10, p. 13, p. 8.

㉟　Louis Le Comte, Nouveaux Mémoires sur l'état Present de la Chine, Paris, 1697, p. 390.

㊱　參閱前引耿昇文中"有關大秦景教碑真僞的大辯論",《中西初識》,第一九二——二○○頁。

本刊重要啓事

　　《文史》是中華書局編輯出版的大型綜合性學術集刊,專門刊載研究中國古代和近代歷史、文學、哲學、語言、科技等的高水平的學術文章。自六十年代創刊以來,本刊一直堅持"崇尚實學,去絕浮言"的辦刊宗旨。近四十年來,《文史》以其學術品位高、容量大、文風扎實而蜚聲中外。從 1999 年起,《文史》改爲季刊,每年出版四輯。改版後的《文史》希望學界同仁繼續惠賜佳作,對我們的工作予以批評指導,並從各方面支持和幫助我們的工作。

　　來稿請注意以下事項:

　　1.因本刊係以繁體橫排出版,請儘量投寄繁體橫排打印稿,手寫稿務請謄寫清楚。如本刊決定採用的稿件,請作者在收到用稿通知後惠寄軟盤。

　　2.由於本刊實行匿名審稿制度,作者的姓名、職稱、職務、工作單位、通迅地址等個人情況,請另紙提供。

　　3.正文和注釋格式應遵守國家的有關規定。注釋一律採用尾注。

　　4.請勿一稿多投,如稿件在 4 個月內未收到用稿通知,請作者自行處理。來稿一律不退,請作者自留底稿。

中華書局編輯部

圖書在版編目(CIP)數據

文史.2002年.第1輯.總第58輯/中華書局編輯部
編.—北京:中華書局,2002
ISBN 7－101－03082－3

Ⅰ.文... Ⅱ.中... Ⅲ.文史—研究—中國—叢刊
Ⅳ.K207－55

中國版本圖書館 CIP 數據核字(2001)第 073301 號

文 史

2002 年第 1 輯

總第五十八輯

中華書局編輯部編

＊

中 華 書 局 出 版 發 行
(北京市豐臺區太平橋西里 38 號 100073)
北 京 冠 中 印 刷 廠 印 刷

＊

787×1092 毫米 1/16·17¹/₄ 印張·325 千字
2002 年 3 月第 1 版 2002 年 3 月北京第 1 次印刷
印數:1－3000 冊 定價:32.00 元

ISBN 7－101－03082－3/K·1328